湖南民生调查报告

2022

国家统计局湖南调查总队 编

中国统计出版社
China Statistics Press

2022湖南民生调查报告

图书在版编目（CIP）数据

2022湖南民生调查报告 / 国家统计局湖南调查总队编. -- 北京 : 中国统计出版社，2022.11

ISBN 978-7-5230-0012-0

Ⅰ. ①2… Ⅱ. ①国… Ⅲ. ①社会保障－调查报告－湖南－2022 Ⅳ. ①D632.1

中国版本图书馆CIP数据核字(2022)第206070号

2022湖南民生调查报告

作　　者/国家统计局湖南调查总队
责任编辑/张　洁
封面设计/李雪燕
出版发行/中国统计出版社有限公司
通信地址/北京市丰台区西三环南路甲6号　邮政编码/100073
发行电话/邮购（010）63376909　书店（010）68783171
网　　址/http://www.zgtjcbs.com/
印　　刷/河北鑫兆源印刷有限公司
经　　销/新华书店
开　　本/880×1230mm　1/16
字　　数/470千字
印　　张/19.25
版　　别/2022年11月第1版
版　　次/2022年11月第1次印刷
定　　价/200.00元

2022湖南民生调查报告

编委会

2022湖南民生调查报告

目录

收入篇

消费篇

教育篇

就业篇

2022湖南民生调查报告

医卫篇

社保篇

产业篇

数据篇

2022湖南民生调查报告

收入篇

政策背景

2021年是党和国家历史上具有里程碑意义的一年。湖南省全省上下坚持以习近平新时代中国特色社会主义思想为指导，认真贯彻习近平总书记对湖南重要讲话重要指示批示精神，贯彻落实党中央、国务院决策部署，在中共湖南省委坚强领导下，立足新发展阶段，贯彻新发展理念，融入新发展格局，坚持稳中求进工作总基调，沉着应对复杂形势和世纪疫情，全面落实"三高四新"战略定位和使命任务，统筹疫情防控和经济社会发展，扎实做好"六稳""六保"工作。其中，促进居民收入的稳定发展主要表现在以下几个方面：

一是落实以增加知识价值为导向的收入分配政策。7月，湖南省人力资源和社会保障厅、湖南省财政厅、湖南省科技厅转发《人力资源社会保障部财政部科技部关于事业单位科研人员职务科技成果转化现金奖励纳入绩效工资管理有关问题的通知》，对完成、转化该项科技成果做出重要贡献人员给予现金奖励，建立健全职务科技成果转化管理规定、公示办法，明确现金奖励享受政策人员范围、具体分配办法和相关流程，进一步推动科技成果转移转化。二是继续稳定和扩大就业。3月，湖南省政府出台《湖南省2021年国民经济和社会发展计划》，落实援企稳岗政策举措，完善"湘就业"平台功能，实施专项行动，确保零就业家庭动态清零，并研究制定扩大中等收入群体实施方案，保障和改善社会民生。8月，湖南省人力资源和社会保障厅、湖南省发展和改革委员会、湖南省教育厅、湖南省财政厅、湖南省人民政府征兵办公室联合发布了《关于延续实施部分减负稳岗扩就业政策措施的通知》，贯彻落实稳就业保就业决策部署，推动就业优先政策，确保就业形势稳定。三是调整基本养老金。6月，湖南省人力资源和社会保障厅、湖南省财政厅印发《关于2021年调整退休人员基本养老金的通知》，为2020年12月31日前已按规定办理退休手续并按月领取基本养老金的退休人员调整增加基本养老金。四是调整征地补偿标准。7月，湖南省人民政府公布调整后的《湖南省征地补偿标准》，将各地征地补偿标准在原标准基础上普遍提高5%左右，并提高征收永久基本农田标准至2倍。五是明确企业工资指导线。10月，湖南省人力资源和社会保障厅发布《关于湖南省2021年企业工资指导线的通知》，制定湖南省2021年企业工资指导线，明确湖南省工资指导线基准线为7%，下线为3%，并对企业提出相关要求。六是强化人才引进激励。10月，湖南省财政厅、湖南省商务厅印发《关于支持中国(湖南)自由贸易试验区加快发展的若干财政政策措施(试行)的通知》，提出对于引进符合条件的高层次人才或高级管理人员，所在片区可视情况对其予以适当奖励。七是加大对残疾群体的政策扶持。11月，湖南省政府出台《湖南省"十四五"残疾人保障和发展规划》，完善残疾人社会保障制度，拓宽残疾人增收渠道，促进残疾人自我发展。

(凌　媛)

全景扫描

2021 年湖南居民收入稳步增长 实现“十四五”良好开局

2021 年，湖南积极有效应对部分地区发生的新冠肺炎疫情、罕见高温晴热天气、煤电供应短缺等困难和挑战，民生保障有力有效，城乡居民收入均保持了良好的增长态势，实现了“十四五”良好开局。

一、全体居民收入保持增长态势

2021 年，湖南全体居民人均可支配收入 31993 元，突破 3 万元大关，在全国各省份中居第 12 位，在中部六省中居第 1 位；较上年增长 8.9%，增幅较上年扩大 2.8 个百分点，增速在全国各省份中居第 16 位，在中部六省中居第 4 位；与 2019 年相比增长 15.6%，两年平均增长 7.5%，在全国各省份中居第 9 位，在中部六省中居第 3 位。

（一）从增长速度看

2021 年全体居民四大类收入增速均超过 7 个百分点。其中，工资性收入 15927 元，增长 8.6%；经营净收入 6709 元，增长 11.2%；财产净收入 2413 元，增长 8.4%；转移净收入 6943 元，增长 7.6%。

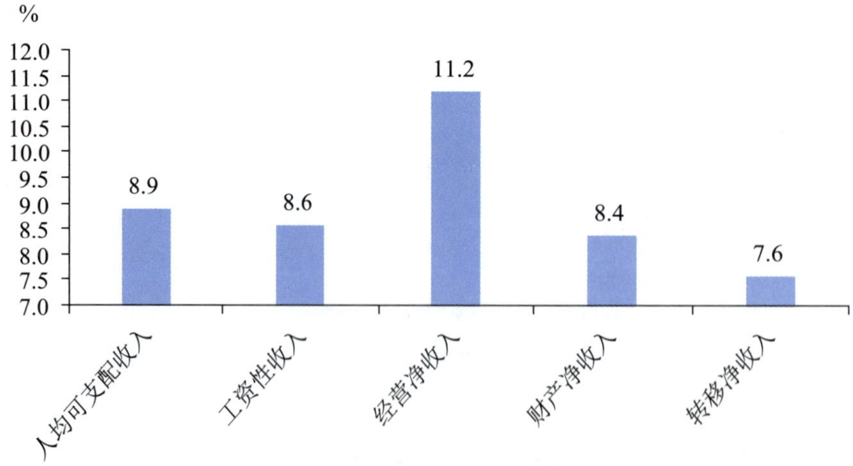

图 1　湖南全体居民收入四大类对比图

(二)从增长贡献率来看

工资性收入对全体居民收入增长的贡献率最高,为 48.3%;经营净收入对全体居民收入增长的贡献率为 25.8%,两项收入贡献率占比达到 74.1%。转移净收入对全体居民收入增长的贡献率为 18.7%。

表 1　2021 年湖南全体居民收入及构成

指标名称	金额(元)	比上年同期增加(元)	名义增速(%)	贡献率(%)	占比(%)
人均可支配收入	31993	2613	8.9	—	—
其中:工资性收入	15927	1262	8.6	48.3	49.8
经营净收入	6709	676	11.2	25.9	21.0
财产净收入	2413	187	8.4	7.2	7.5
转移净收入	6943	488	7.6	18.7	21.7

注:部分数据因四舍五入,存在总计与分项合计不等的情况。

(三)从收入占比来看

全体居民的工资性收入、经营净收入、财产净收入、转移净收入占比分别为 49.8%、21.0%、7.5%和 21.7%。其中,工资性收入和财产净收入占比与上年相比均下降 0.1 个百分点,转移净收入占比下降 0.3 个百分点,经营净收入占比上升 0.5 个百分点。

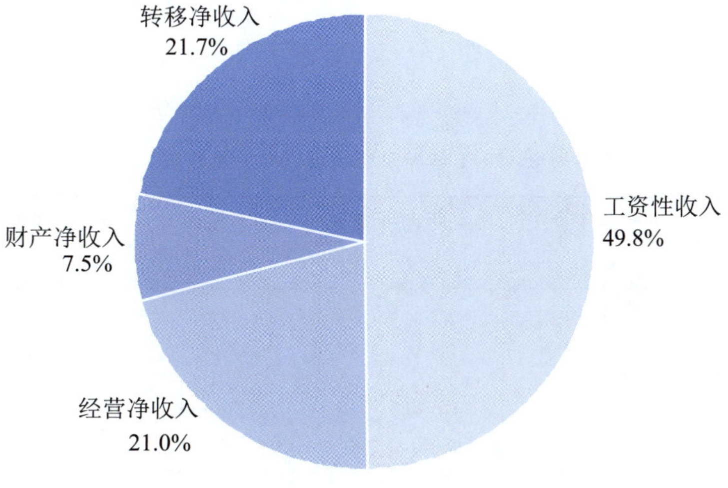

图 2　湖南全体居民收入四大类占比图

二、城镇居民可支配收入稳中有进

按常住地分,2021 年湖南城镇居民人均可支配收入 44866 元,较上年增长 7.6%,增幅较上年扩大2.9个百分点；与2019年相比，增长12.6%，两年平均增长6.1%。

（一）从增长速度看

城镇居民四大类收入均呈增长态势。其中，经营净收入增长10.0%；工资性收入增长7.6%；财产净收入增长7.0%；转移净收入增长6.2%。

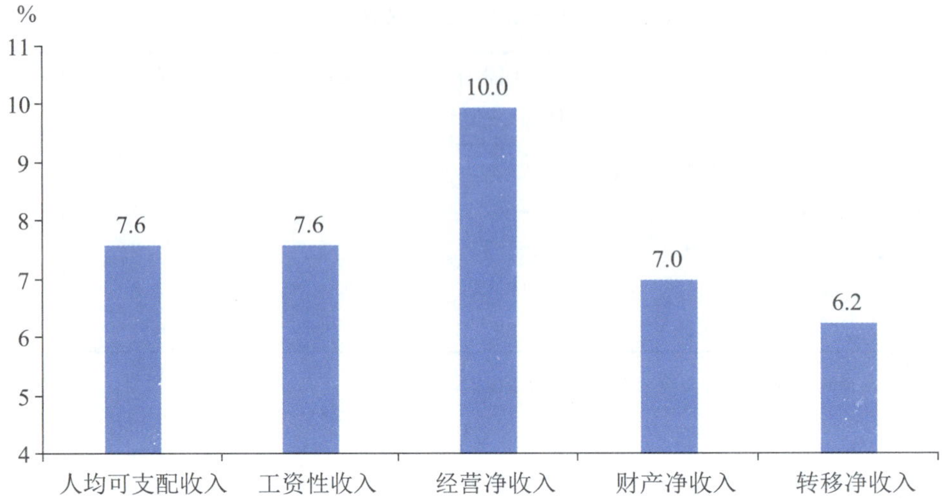

图3 湖南城镇居民收入四大类对比图

（二）从增长贡献率来看

工资性收入增长是城镇居民增收最重要的保障，对城镇居民收入增长的贡献率为53.8%。经营净收入、转移净收入和财产净收入对城镇居民收入增长的贡献率分别为19.7%、17.4%、9.1%。

表2 2021年湖南城镇居民收入及构成

指标名称	金额（元）	比上年同期增加（元）	名义增速（%）	贡献率（%）	占比（%）
人均可支配收入	44866	3169	7.6	—	—
其中：工资性收入	24161	1704	7.6	53.8	53.9
经营净收入	6878	623	10.0	19.7	15.3
财产净收入	4436	290	7.0	9.1	9.9
转移净收入	9391	552	6.2	17.4	20.9

（三）从收入占比来看

城镇居民的工资性收入是可支配收入中占比最高的部分，占53.9%；转移净收入占

20.9%，经营净收入占 15.3%，财产净收入占 9.9%。其中，经营净收入占比较上年上升 0.3 个百分点，转移净收入占比下降 0.3 个百分点，城镇居民收入结构更加优化均衡。

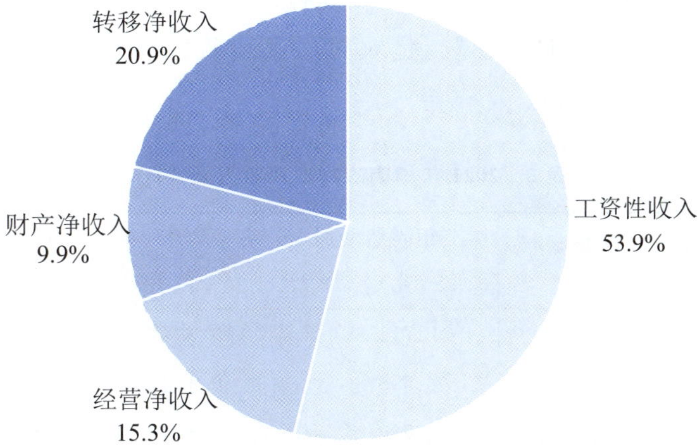

图 4　湖南城镇居民收入四大类占比图

三、农村居民收入增速为“十三五”以来新高

2021 年，湖南农村居民人均可支配收入 18295 元，比上年增长 10.3%，增速为“十三五”以来新高。增幅较上年扩大 2.6 个百分点；与 2019 年相比，增长 18.8%，两年平均增长 9.0%。

(一)从增长速度看

农村居民四大类收入增速均在 9 个百分点以上。其中，财产净收入增长 12.8%；经营净收入增长 12.5%；工资性收入增长 9.1%；转移净收入增长 9.0%。

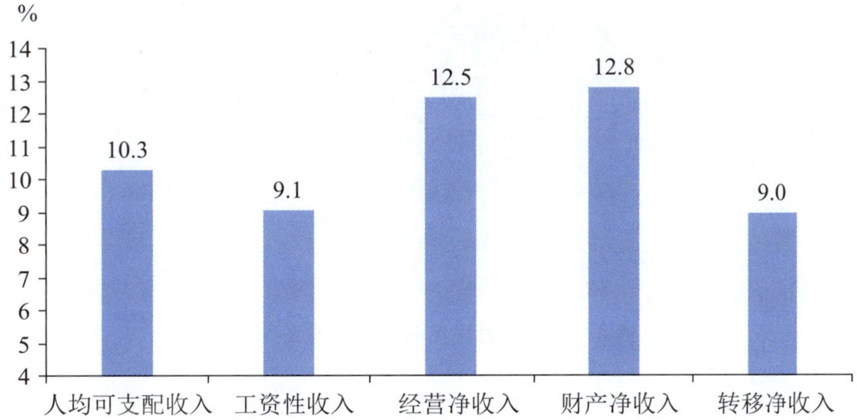

图 5　湖南农村居民收入四大类对比图

(二)从增长贡献率来看

四项收入中,工资性收入和经营净收入对农村居民收入增长的贡献率分别为34.8%、42.5%,两项收入的贡献率达到77.3%,是农村居民增收的主要动力。转移净收入对农村居民收入增长的贡献率为21.0%。

表3　2021年湖南农村居民收入及构成

指标名称	金额（元）	比上年同期增加（元）	名义增速（%）	贡献率（%）	占比（%）
人均可支配收入	18295	1711	10.3	—	—
其中:工资性收入	7165	595	9.1	34.8	39.2
经营净收入	6530	726	12.5	42.5	35.7
财产净收入	261	30	12.8	1.7	1.4
转移净收入	4339	359	9.0	21.0	23.7

(三)从收入占比来看

农村居民的工资性收入、经营净收入、财产净收入、转移净收入占比分别为39.2%、35.7%、1.4%和23.7%。其中,工资性收入和转移净收入占比较上年分别下降0.4、0.3个百分点,经营净收入占比提升0.7个百分点,农村居民收入结构更为合理,反映了全省大力推进乡村振兴工作的显著成果。

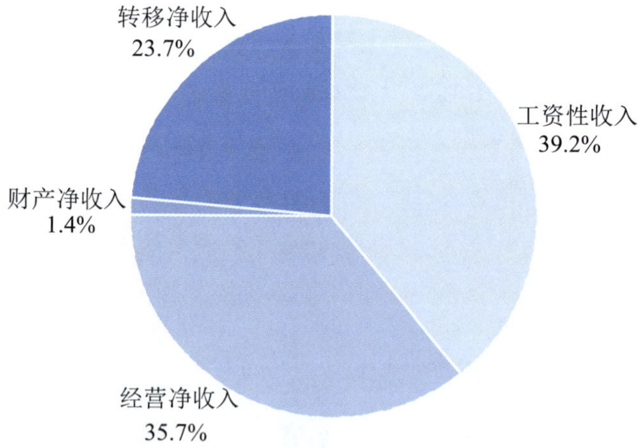

图6　湖南农村居民收入四大类占比图

四、城乡居民收入差距持续缩小

2021年,农村居民人均可支配收入增速比城镇高2.7个百分点。城乡居民人均可支配收入比(以农村居民收入为1)为2.45,较上年的2.51缩小了0.06。

五、居民收入增长的主要因素

(一)宏观经济面表现强韧,为居民增收奠定良好基础

一是主要经济指标数据表现良好。2021年,湖南地区生产总值同比增长7.7%,两年平均增长5.7%。二是积极推进农业生产。种植业方面,全省粮食生产实现“三增”,产量创六年新高。畜牧业方面,2021年全省出栏生猪量和年末生猪存栏量均创五年新高。三是工业生产、效益快速回升。2021年湖南规模工业增加值增长8.4%,两年平均增长6.6%。

(二)就业形势稳中向好,为工资性收入增长提供动力

一是城镇新增就业超额完成任务。2021年,湖南实现城镇新增就业75.3万人,完成年度任务107.6%。二是农村劳动力转移就业呈现良好势头。2021年,湖南新增农村劳动力转移就业44.4万人。

(三)消费市场为经营净收入增长提供动能

一是消费回补释放态势持续巩固。2021年,全省社会消费品零售总额同比增长14.4%,两年平均增长5.6%。二是企业效益持续改善。1—11月,全省规模工业企业实现利润总额增长12.0%,两年平均增长9.5%。全省规模工业39个大类行业全部盈利,其中,22个行业实现利润总额两位数增长。三是减税降费和企业帮扶力度不断加大。自1月1日起,湖南对小微企业年应纳税所得额不超过100万元的部分,在原有的优惠政策基础上,再减半征收企业所得税。对个体工商户年应纳税所得额不超过100万元的部分,在现行优惠政策基础上,减半征收个人所得税。四是进出口贸易快速增长。全年湖南进出口总额增长22.6%,两年平均增长17.3%。

(四)升级的惠民政策为转移净收入增长提供保障

一是财政保障有力。2021年,湖南财政民生支出占一般公共预算支出的比重达七成以上。二是基本养老金上调。2020年7月,省人社厅下文调整退休人员基本养老金,每人每月增加基本养老金50元。三是低保标准上调。城镇方面,从2020年11月起湖南城市低保最低指导标准和城市低保月人均救助水平增长10%。农村方面,从1月1日起,农村最低生活保障指导标准提高到4300元/年。

(五)拓宽的收入来源为财产净收入增长提供潜力

一是存款稳步提高。年末全省金融机构本外币存款余额增长8.6%,两年平均分别

增长9.3%。二是民间投资增速持续加快。2021年，全省民间投资比上年增长9.6%，增幅比上年扩大6.6个百分点。三是持续推动土地流转经营权流转。全省稳步开展第二轮土地承包到期后延包试点，宁远县列入国家试点县；稳定推进农村宅基地制度改革试点，试点范围扩大到4个县市，农村宅基地和集体建设用地房地一体确权登记工作任务已完成过半。

（罗金城）

湖南省脱贫县农村居民收支增速高于全国平均水平

据脱贫县农村住户监测调查数据显示，2021年湖南脱贫县农村居民人均可支配收入比上年增长12.6%，高于全国脱贫县平均水平1.0个百分点。人均生活消费支出增长14.6%，高于全国脱贫县平均水平0.2个百分点。

一、收入保持稳步增长态势

2021年湖南脱贫县农村居民人均可支配收入13537元，比上年增加1514元，增长12.6%，增速高于全省农村平均水平2.3个百分点；比2019年增长23.8%，两年平均增长11.2%。

（一）工资性收入持续增长

2021年湖南脱贫县农村居民人均工资性收入5546元，比上年增加718元，增长14.9%；比2019年增长23.7%，两年平均增长11.2%。人均工资性收入占可支配收入的41.0%，比重最大，对增收的贡献率达47.4%，拉动可支配收入增长6.0个百分点。在农民专业合作社增加、就业优先政策持续强化和涉农项目不断推进等有利因素拉动下，脱贫县农村居民工资性收入持续增长。

（二）经营净收入不断提升

2021年湖南脱贫县农村居民人均经营净收入3469元，比上年增加349元，增长11.2%；比2019年增长18.8%，两年平均增长9.0%。人均经营净收入占可支配收入的比重为25.6%，对增收的贡献率达23.1%，拉动可支配收入增长2.9个百分点。全省粮食产量再创新高、生猪价格逐渐稳定，且政策纾困效果持续显现，市场活力继续回升，二、三产业生产经营活动恢复增长态势，为经营净收入增长提供了支撑。

(三)转移净收入稳步增加

2021年湖南脱贫县农村居民人均转移净收入4329元,比上年增加407元,增长10.4%;比2019年增长27.1%,两年平均增长12.8%。人均转移净收入占可支配收入的比重为32.0%,对增收的贡献率达26.9%,拉动可支配收入增长3.4个百分点。转移净收入中,报销医疗费、赡养收入、基本养老金或离退休金、外出从业人员寄回带回收入均较快增加,增速分别为34.3%、17.5%、17.3%和14.9%,共同推动了居民转移净收入的稳步增长。

(四)财产净收入较快增长

2021年湖南脱贫县农村居民人均财产净收入192元,比上年增加39元,增长25.4%;比2019年增长48.8%,两年平均增长22.0%。人均财产净收入占可支配收入的比重为1.4%,对增收的贡献率达2.6%,拉动可支配收入增长0.3个百分点。利息净收入、出租房屋净收入和红利收入是财产净收入的主要增长点,分别增长85.2%、52.8%和20.8%。

二、生活消费支出稳步提升

2021年湖南脱贫县农村居民人均生活消费支出13338元,比上年增加1697元,增长14.6%,增速高于全省农村平均水平1.4个百分点;比2019年增长24.8%,两年平均增长11.7%。

(一)八大类消费支出呈全面增长态势

2021年湖南脱贫县农村居民八大类消费支出全面增长。其中,人均食品烟酒支出4478元,比上年增加522元,增长13.2%;人均衣着支出645元,增加154元,增长31.5%;人均居住支出3154元,增加297元,增长10.4%;人均生活用品及服务支出687元,增加81元,增长13.3%;人均交通通信支出1247元,增加193元,增长18.3%;人均教育文化娱乐支出1686元,增加300元,增长21.6%;人均医疗保健支出1254元,增加142元,增长12.8%;人均其他用品及服务支出188元,增加9元,增长5.2%。

(二)衣着支出快速增长

2021年湖南脱贫县农村居民人均衣着支出645元,比上年增加154元,增长31.5%;比2019年增长48.9%,两年平均增长22.0%。一方面是由于棉花等原材料价格不断上扬,叠加人工成本持续上升,衣着价格有所上涨。另一方面,上年同期居民受疫情影响抑制的消费需求不断释放,居民在衣着方面的消费支出也随之增加。

(三)教育文化娱乐支出快速提升

2021年湖南脱贫县农村居民人均教育文化娱乐支出1686元,比上年增加300元,增长21.6%;比2019年增长24.6%,两年平均增长11.6%。尽管"双减"政策和新冠疫情有明显影响,但居民的教育文化娱乐消费需求依然坚挺,包括素质教育升温、旅游业和娱乐行业等回暖,消费潜力得到释放,教育文化娱乐消费支出比上年同期仍有较大幅度增长。

(四)汽车及燃料消费是交通通信支出的主要增长点

2021年湖南脱贫县农村居民人均交通通信支出1247元,比上年增加193元,增长18.3%;比2019年增长15.7%,两年平均增长7.6%。一方面国家商务部等多部门下发了促进释放农村消费潜力、平稳和扩张汽车消费、鼓励农村买车或置换等相关内容的通知,工信部在湖南等地开展了新能源汽车下乡活动,人均机动车持有量不断增加;另一方面全球原油市场供应紧张导致国内汽柴油价格不断上涨,交通工具燃料消费支出增加。

(彭晔莹)

民生加油站 MINSHENGJIAYOUZHAN

2021年湖南农村居民人均可支配收入实现"三个高于"

2021年,在省委、省政府的坚强领导下,全省上下齐心,凝聚合力,战疫情、稳煤电、庆华诞,全面推进实现"共同富裕"远景目标、全面推进落实"乡村振兴"发展战略、全面推进实施"三高四新"战略,农村居民人均可支配收入快速增长,增速创"十三五"以来新高,实现"三个高于"。

一、农村居民人均可支配收入实际增速高于GDP增速

2021年,湖南农村居民人均可支配收入18295元,较上年增长10.3%;扣除价格因素,实际增长10.3%(2021年湖南农村CPI与上年持平),高于GDP增速2.6个百分点;比2019年增长18.8%,两年平均增速为9.0%,高于GDP两年平均增速3.3个百分点。

二、农村居民人均可支配收入实际增速高于全国平均水平

2021年,全国农村居民人均可支配收入18931元,较上年增长10.5%;扣除价格因素,实际增长9.7%。湖南农村居民人均可支配收入实际增速高于全国平均水平0.6个百分点。

三、农村居民人均可支配收入增速高于城镇居民人均可支配收入增速

2021年，湖南城镇居民人均可支配收入44866元，较上年增长7.6%，农村居民人均可支配收入增速比城镇居民高2.7个百分点；扣除价格因素，湖南城镇居民人均可支配收入实际增速为6.9%，农村居民人均可支配收入实际增速比城镇居民高3.4个百分点。城乡居民人均可支配收入比（以农村居民收入为1）为2.45，较上年的2.51缩小了0.06，城乡居民收入差距持续缩小。

注：地区生产总值数据来源于《湖南省2021年国民经济和社会发展统计公报》。

（罗金城）

深度透视

湖南农村居民种养收益不及预期
多重难题亟待解决

为深入了解近期湖南农村居民种植、养殖业收益的基本情况，2022年3月国家统计局湖南调查总队在全省14个市州的农村居民中随机抽选了794人开展了问卷调研，并实地走访了85名种植户、52名养殖户。调查结果显示，近年来湖南着力推进农业农村现代化，成效显著，但在当前种养成本上涨等因素的制约下，种养相对收益不及预期，多重难题阻碍农村居民收入进一步提升。

一、政策有力有效，湖南种养业平稳发展

湖南是典型的农业大省，农村地域辽阔，农村居民占全省人口构成的六成左右。省委、省政府历来高度重视农村居民增收工作，以解决城乡发展不平衡、乡村发展不充分的矛盾为主线，以“三高四新”战略为引领，着力构建农业高质高效、乡村宜居宜业、农民富裕富足的农业农村现代化新格局。

（一）狠抓力保，种植业增效稳中有进

一是狠抓政策扶持。2021年，省政府出台支持粮食生产稳定发展的10条政策措施。全年落实中央和省级粮食生产投入资金17.86亿元，各级粮食生产投入资金超过30亿元。积极防范粮食生产风险，在37个产粮大县开展水稻完全成本保险试点，在其余25个产粮

大县实施水稻大灾保险试点，全省水稻保险覆盖率达到73%，高于财政部绩效目标值8个百分点。二是狠抓关键环节。抓好集中育秧，2021年新（改）建标准化育秧基地392个、336万平方米，发展早稻集中育秧988万亩，比上年增加175万亩，带动全省减少早稻直播30%左右。抓好办点示范，创建粮食生产省级万亩综合示范片17个、示范面积26.3万亩，全省各级各类双季稻示范面积达463万亩，示范带动周边地区落实粮食增产关键技术，带动均衡增产，2021年湖南粮食单产平均每亩增加8公斤。三是狠抓抛荒治理。省农业农村厅成立治理耕地抛荒工作专班，指导推进耕地抛荒治理工作。组织86个核查组分地市开展抛荒耕地复耕复种抽样核查，全年共核实122个县市区的427个村民小组。2021年，全省完成复耕面积116.7万亩，其中，复种面积115.0万亩，上茬种植玉米、大豆等作物，下茬种植油菜。

（二）多措并举，养殖业健康稳定发展

一是抓严抓实生猪稳产保供。积极防范化解养殖风险，对新建生猪产业项目"一对一"跟踪帮扶，2021年全省统筹2000万元给予大型种猪企业一次性临时补助。2021年，湖南生猪存栏4202万头，比上年增12.5%，达到2017年的105.9%，创历史纪录。2019年以来累计完成生猪项目新增投资323亿元，新建万头以上大型规模场1014个，规模养殖比重63%，高出全国平均水平2个百分点。引进36个省内外龙头企业投资建设生猪全产业链，新开建年出栏20万头以上生猪全产业链项目48个。二是做大做强特色优势产业。推进湘猪产业集群建设，2021年全省共完成投资9.6亿元，建成一批高标准的养殖加工基地，宁乡猪、沙子岭猪、湘村黑猪、大围子猪等地方猪养殖量100万头、全产业链产值100亿元。建设优质奶源基地，2021年全省新建扩建规模奶牛场8个。2021年全省引进种畜1.2万头、良种母牛4643头，新增犊牛8009头。建设衡阳县等5个优质高效蜂产业发展示范区，全省蜂业产值50亿元。推进"水产千亿产业行动"，2021年全省统筹3.3亿元资金，重点推进水产种业创新、设施渔业、水产品加工和仓储保鲜设施建设；全省池塘养殖384.8万亩，稻渔综合种养514.2万亩、增长3.5%。三是大力推广先进养殖技术。组织38个县实施基层农技推广补助项目，建设科技示范基地44个、培育示范主体903户、辐射带动4500多养殖户，遴选推广养殖实用新技术143项。

二、种养户收益不及预期，但特色种养收益稳定增长

国家统计局湖南调查总队在全省14个市州的农村居民中随机抽选了794人开展了问卷调研，其中，主要从事种植业有642人，占80.9%；主要从事养殖业的有152人，占19.1%。

(一)粮食、生猪等主要种养行业收益不及预期

农牧业种养前期投入普遍较高，而规模种养利润较低，受到疫情、气候、行情等各种不稳定因素影响明显，2021年不少种养户整体收益没有达到预期。在问及2020年和2021年的种养收益情况时，参与问卷调研的农村居民中有438人表示两年都有盈利，利润比上年有所提高，占55.2%；有183人表示两年都有盈利，但利润比上年降低，占23.0%；有173名种养户在两年内出现了亏损，占21.8%。

以水稻种植为例，近年来人力、化肥、农机、土地使用等成本都在不断上涨，而水稻收购价却始终“原地踏步”，2021年虽然水稻丰产，但通过从事种植的直接收益依然很少，主要依靠政府的农业补贴盈利。如永州市道县祥霖铺镇的种粮大户蒋某，2021年种植水稻110亩，实现销售收入11.5万元，扣除种植成本7.7万元，全年种植纯收入只有3.8万元。即使加上水稻补贴、地利保护补贴、价格保护补贴等，全年亩均纯收益也仅为520元/亩(含补贴)，没有达到增产增收的心理预期。生猪养殖方面，虽然2021年湖南的生猪存、出栏量已超过2017年的近年最好水平，但随着猪肉价格大幅下降，叠加非洲猪瘟疫情影响，不少养殖企业和养殖户甚至出现了亏损。益阳市福旺生态养殖发展有限公司的经理温某介绍，2020年公司收益在1600万元左右，而2021年生猪养殖亏损在1000万元左右。长沙市浏阳北盛镇养殖大户鲁某2021年因受到零星猪瘟疫情影响，养殖规模不断缩减，生猪存栏由1500头减少到几十头，能繁母猪由年初的50～60头缩减到5头，养殖生猪亏损了20万元。

(二)特色种养业收益稳定增长

据调查，当前特色种植、养殖业销售渠道较广、抗风险能力较强、收益更为稳健，已经成为农村居民种养户的“新宠”。如怀化市君健中药材专业合作社，是怀化市第一家具有出口中药材资质的农民合作社，签约农户600余户，建立种植基地达6000余亩，覆盖了9个乡镇。2008年来合作社实现销售收入1000余万元，盈利近400万元，给成员返利320多万元，安排就近农民200多人就业。长沙市宁乡坝塘镇养殖大户曾某从沿海地区引种回来养殖的花鸭，个体能长到10余斤，受禽蛋价格稳定增长影响，养殖收入保持稳定增长，目前花鸭已成为当地养殖推广的典范；宁乡坝塘镇养殖大户张某主要从事宁乡花猪养殖，2021年调整猪肉销售渠道，每天杀三头猪在自家超市售卖，因花猪肉口碑和品质较好，能以相对较高的价格售卖，通过调整销售模式，保证了全年的收益。

三、种养收益提升难的原因分析

(一)种植、养殖业自身特点和价格波动周期性影响收益提升

种植、养殖业与其他产业相比，属于周期长、高投入、高风险、低产出的行业，农户需承

担自然灾害、疫病、市场等风险，不确定性因素多。因此，种养收益提升具有天然的产业壁垒。对于当前在种养业生产经营方面存在的最主要困难（多选），参与问卷调研的农村居民中有295人表示种养殖收益低、风险大，占37.2%。郴州市永兴县黄泥镇冰糖橙种植户谢某反映，2021年挂果期雨水过多，导致冰糖橙减产80%左右，尽管销售单价高出2020年2元/斤，但总体全年亏损近5000元。衡阳市衡南县姚某生猪养殖十几年，存栏3000余头，2021年年中生猪价格下跌，每头猪出栏亏损100～200元。

（二）种植、养殖业生产成本不断攀升

国际国内大宗原材料价格、物流成本显著上涨，导致化肥、饲料等种养成本持续上涨，农资价格上涨明显。2021年10月，国内化肥等农资价格均涨至近十年新高。种植、养殖业各项生产成本呈持续上升态势，而产品价格却在波动中保持总体平稳，不断挤压种养户的利润空间。对于当前在种养业生产经营方面存在的最主要困难（多选），参与问卷调研的农村居民中有506人表示化肥、农药、雇工人员工资的种养成本上涨，占63.7%。在问及影响种养收入的主要成本时（多选），选择化肥、药品、饲料等投入的最多，有527人，占66.4%；选择种苗和幼畜等投入的有253人，占31.8%；选择农牧业设施设备费用的有221人，占27.8%；选择机耕机播灌溉等机械费用的有215人，占27.1%；选择雇工人员工资的有209人，占26.3%；选择土地租金的有117人，占14.7%。

种植业方面，主要农资价格和人工工资不断上涨，粮食生产成本逐步提高。以水稻种植为例，娄底市双峰县种粮大户贺某表示，种植一亩早稻或晚稻种植成本1050元，按照早稻和晚稻亩产均为400公斤，早稻和晚稻最低收购价分别为122元/50公斤、128元/50公斤计算，全年双季稻销售收入仅2000元。养殖业方面，以生猪养殖为例，饲养成本包含种猪分摊饲养费用、育肥猪的仔猪购买费、饲料费、防疫费、人员工资、水电费及其他杂费等。近年来，随着防疫、环保成本增加，人工、饲料成本连续上涨，生猪养殖利润空间持续压缩。衡阳市祁东县高张飞夫妻二人经营一家畜牧场，建设初期投入200万元，后续陆续投入20万元，2021年由于价格走低叠加饲料价格上涨，亏损100万元左右。

（三）农业补贴制度有待完善

农业补贴是“三农”政策的重要组成部分，促进了粮食增产和农民增收。参与问卷调研的农村居民中，认为补贴对于稳定生产经营活动，促进家庭增收有很大作用的有247人，占31.1%；认为有较大作用的有276人，占34.8%。但随着种养成本上升、土地流转推进等因素影响，我国农业补贴政策的激励效应也在逐年递减。加之不少国家、省级项目资金需要地方政府配套，当前部分市县财政缺口较大，农业补贴发放不及时的情况时有发生。对于当前农牧业补贴方面存在的问题（多选），参与问卷调研的农村居民中有311人认为补贴金额低，越来越少，占39.2%；有250人认为补贴政策不稳定性，标准变动频繁，占31.5%；有

181 人认为不够公开透明，缺少标准化规范，筛选符合补贴发放标准的种养殖户时易引起争议，占 22.8%；有 120 人认为补贴发放不及时，占 15.1%；有 100 人认为发放流程不规范，有发不到种养殖户本人的情况，占 12.6%。邵阳市邵阳县五峰铺镇油茶种植户莫某表示，油茶从种植到小投产需 6 年，补贴每年按标准发放，6 年总共应发放 1000 元/亩。但目前补贴仍没有及时到位，2021 年才发完 2018 年、2019 年的应发补贴。

(四)农业保险体系亟需进一步优化

自 2012 年发布《农业保险条例》，将财政补贴政策性农业保险、商业保险公司经办政策性农业保险进行制度固化以来，农业保险推广已经成为国家粮食安全方面的基础性工作。调研显示，湖南农村居民农业保险的参保率还有待提升。参与问卷调研的农村居民中，仅有 220 人表示为农作物或养殖产品进行了投保，占 27.7%；574 人表示并未进行投保，占 72.3%。主要原因有以下几个方面：

一是保障水平偏低，不足以覆盖种养户损失。目前农业保险以保障物化成本为主，保障水平偏低。如育肥猪保险，最高保额为 800 元，而按照当前价格，一头猪的价值超过 1600 元。水稻每亩保额最高 360 元，加上水稻大灾保险，每亩最高保额也只有 500 元，远低于实际的物化成本。参与问卷调研的农村居民中，有 172 人享受过农业保险理赔，占 21.7%。而在享受过农业保险理赔的农村居民中，有 118 人表示保险金额仅能覆盖小部分损失，占 68.6%。郴州市资兴市蓼江镇水稻种植户袁某，2021 年中稻剔除各项补贴收入，种植成本约为 900 元/亩。一旦在成熟期绝收，即使按郴州市农业保险 360 元/亩的标准顶格赔付，还亏损 540 元/亩。

二是保险认定和赔付不畅。农业保险现行承保赔付机制还有待完善，对于理赔范围和标准的认定、赔付流程等方面还有待进一步规范，在实际理赔过程中容易出现当事方相互扯皮的问题。574 名未进行投保的农村居民中，有 64 人不参加农业保险的主要原因(多选)是购买手续烦琐、流程复杂，占 11.1%；有 89 人是理赔手续烦琐，赔付要求严格或定损标准不合理，占 15.5%；有 105 人是心存疑虑，担心保险不能及时赔付，占 18.3%。张家界市民宏水稻种植专业合作社曾为制种投保，后因理赔过程不顺利，于 2019 年停保后未再续保。

(五)本地种养产品销售模式有待升级

目前湖南地区的种植、养殖产品销售渠道还是以传统的线下渠道为主，线上渠道较少；销售模式简单，产品附加值低，农产品市场价格波动频繁，种养户对市场判断力差，中间商贩压价，种养户的利润空间被大幅压缩。参与问卷调研的农村居民中，表示在农牧产品销售方面有困难的有 281 人，占 35.4%。在问及农牧产品销售方面的具体困难时(多选)，281 名表示在农牧产品销售方面有困难的受访居民中有 216 人表示销售渠道较窄且不稳定，占

76.9%；有166人表示市场销售价格达不到预期，占59.1%；有109人表示中间商贩压价，占38.8%；还有58人因等不到合适售价而囤货过多，占20.6%。长沙市浏阳市北盛镇种植大户易某反映，国有粮库开库收粮都比较晚，受限于仓储难题，只能以110元/百斤的低价卖给粮贩，而送到粮库能卖到120～130元/百斤。邵阳市新宁县黄龙镇的王某2021年种植产出6万斤脐橙，现仍有剩余3.6万斤等待销售。因为本地企业太少，收购量有限，目前的销售途径就是等待外地个体户来收购。

（王　璐）

市县链接

衡阳居民收入持续增长　后续动力不足问题待解

为深入了解衡阳市城乡居民收入状况，找准有效提高城乡居民收入的路径和措施，2022年4—6月，国家统计局衡阳调查队联合市政府研究室，选取全市8个记账样本点，通过查阅资料、座谈讨论、实地走访等方式，就提高城乡居民收入水平开展了专题调研。本文以调研掌握的情况为依据，对衡阳市城乡居民收入现状和制约居民增收的因素进行深入分析，在此基础上提出关于提高城乡居民收入的对策建议。

一、衡阳市城乡居民收入现状

近年来，随着衡阳市经济实力的不断增强，城乡居民收入稳定增长，居民生活明显改善，改革发展成果更多更公平惠及全体人民。与此同时，居民收入结构不尽合理、收入增长后劲乏力等问题日渐显现。

（一）从居民收入结构来看

城乡居民收入稳步增长，差距逐渐缩小；四项收入（工资性收入、经营净收入、财产净收入、转移净收入）共同发力促增收，但构成仍需优化。一方面，城乡居民收入稳步增长，差距逐渐缩小。2017—2021年，全市全体居民人均可支配收入从23852元提高到32577元，年均增长8.2%。其中，城镇居民人均可支配收入由31300元增长至41364元，年均增长7.4%；农村居民人均可支配收入由16851元增长至23499元，年均增长8.5%，增速快于城镇1.1个百分点。城乡居民收入比由2017年的1.86∶1降低到2021年的1.76∶1，收入差距持续缩小，助推城乡均衡发展，进一步夯实了共同富裕的基础。

表 1 衡阳市 2017—2021 年城乡居民人均可支配收入情况

年份	全体居民人均可支配收入		城镇居民人均可支配收入		农村居民人均可支配收入		城乡居民收入增速差（百分点）	城乡居民收入比
	绝对值（元）	增速（%）	绝对值（元）	增速（%）	绝对值（元）	增速（%）		
2017	23852	8.5	31300	8.5	16851	8.0	−0.5	1.86
2018	25901	8.6	33741	7.8	18250	8.3	0.5	1.85
2019	28222	9.0	36542	8.3	19874	8.9	0.6	1.84
2020	29956	6.1	38479	5.3	21305	7.2	1.9	1.81
2021	32577	8.8	41364	7.5	23499	10.3	2.8	1.76

另一方面，四项收入（工资性收入、经营净收入、财产净收入、转移净收入）共同发力。2021 年，工资性收入是居民收入主要来源，占比超过 50%；经营净收入是强力支撑，在城乡居民收入中的占比分别为 10.7%、22%；财产净收入占比较低，尤其是农村居民财产净收入仅占 1.4%；转移净收入是重要保障部分，发挥着兜底保障功能，在城乡居民收入中的占比分别到 18.0%、25.5%。

表 2 衡阳市 2021 年城乡居民人均可支配收入来源及构成

指 标	城镇居民					农村居民				
	金额（元）	占比	增幅（%）	贡献率（%）	拉动增幅百分点	金额（元）	占比	增幅（%）	贡献率（%）	拉动增幅百分点
人均可支配收入	41364	100	7.5	—	—	23499	100	10.3	—	—
工资性收入	25838	62.5	7.9	65.3	4.9	11995	51.0	10.2	50.7	5.2
经营净收入	4409	10.7	5.8	8.4	0.6	5174	22.0	8.4	18.2	1.9
财产净收入	3666	8.9	4.9	6.0	0.5	333	1.4	5.4	0.8	0.1
转移净收入	7449	18.0	8.6	20.4	1.5	5995	25.5	12.5	30.4	3.1

整体来看，四项收入也还存在一些问题，有待进一步优化。

一是工资性收入增长乏力。从调查情况来看，城镇居民工资性收入主要为机关、企事业单位工资收入，受宏观经济形势和政府增资政策影响，2021 年市本级机关事业单位公务员人均收入同比增长 4.28%，增长十分有限。农村居民工资性收入普遍为建筑业等不固定就业零工，工资收入缺乏稳定性，从衡东县受调查的记账户来看，以打建筑零工为主要收入来源的居民近一年来打工收入减少达 30%以上。

二是经营净收入增长受限。城镇批零住餐因网络购物冲击和疫情影响致使经营收入增长乏力。调研中发现，祁东县 2 户记账户经营日常生活用品小卖部，与往年相比收入减少在两成以上。农民家庭经营在抵御市场风险方面能力较弱，农资投入成本增加，农产品价格不稳，制约了农村居民收入增长。据统计，种植一亩双季稻纯收入在 340 元，种植一亩中稻纯收入在280元左右，近三年来收益没有明显变化。

三是转移净收入拉动减弱。受地方财政压力趋紧，“三保”支出压力加大，一些政策性转移净收入增幅降低，对居民收入增长拉动减弱。比如，2021年衡阳市人均基础养老金标准为119.78元/人·月，在全省一类市州中排名第五。单就养老金对居民收入增长的影响和拉动，衡阳市长期处于落后和劣势。

四是财产净收入潜力未释放。从调查情况来看，全市居民投资理财观念落后，投资渠道不宽，主要是房屋租金，以及部分土地流转租金，有投资理财收入的较少，财产净收入占居民收入的比重较低（2021年，农村居民仅为1.4%），潜力仍未释放。

（二）从在全省排位来看

衡阳市居民收入水平（绝对值）位居全省前列，但增速还不够快。2021年，全市全体居民人均可支配收入、城镇居民人均可支配收入、农村居民人均可支配收入均位居全省一类市州第四，但居民收入增速还不够快，低于全省平均水平。

表3　全省一类市州2021年居民人均可支配收入及排位

地　区	全体居民人均可支配收入			
	绝对值（元）	排名	增速（%）	排名
全　省	31993	—	8.9	—
长沙市	55587	1	8.0	8
株洲市	42402	2	8.2	6
湘潭市	37170	3	8.2	6
衡阳市	32577	4	8.8	4
岳阳市	31236	5	9.3	2
常德市	28733	7	9.4	1
郴州市	29600	6	8.8	4
娄底市	24010	8	9.2	3

（三）从样本点记账户情况来看

中低收入者偏多，高收入者少，记账户收入成长性明显不足。一方面，记账户中低收入者多，高收入者少。从调研的8个样本点共80户记账户情况来看，2021年最高收入户人均103850元（约为全体居民收入的3倍），最低7689元（不足全体居民收入的1/4）。尤其在农村样本点中，30户记账户中有12户为纯留守老人和儿童，主要靠在外打工的家庭成员寄带回收入。

另一方面，记账户收入来源单一，成长性不足。调查的80户记账户中，城镇样本中有15户以房屋、门面出租以及退休金、养老金为主要收入来源，受疫情影响以及网上购物冲击，房屋、门面租金不增反降。农村样本中有半数以自产粮食、蔬菜以及打零工为主要收入来源，且大量留守老人和儿童，劳动力有限，随着年龄增长，收入日渐减少。

二、制约衡阳市城乡居民增收的因素

(一)经济下行影响

当前经济形势不稳定因素增加，存在较大下行压力，一些企业因上下游采购销售渠道影响停产、减产，加之市场需求不足，不同程度出现裁员、减员现象，生产经营困难增大，企业职工增收困难。如衡东大浦工业园一工厂因订单不足，普工收入每月减少1000元左右。服务业受冲击较大，批发、零售、餐饮、住宿传统行业居民收入大幅下挫。如以旅游收入为主的南岳区，2021年仅门票收入同比减收2239万元，下降7.29%。由此带来的旅游食宿、香火祭祀等居民经营收入明显减少。

(二)增收渠道限制影响

从城镇看，就业创业不确定、不稳定因素增多，城镇个体经营户受成本抬高、效益下滑，市场需求不足，居民消费能力释放不足等因素制约，经营收入和工资性收入收益收窄。从农村看，农村居民工资性收入以打工为主，受素质和技能限制，收入相对较低。现农村务工人员仍以亲戚、朋友介绍为主，政府部门的就业服务缺乏组织性和高效性。

(三)生产成本趋高影响

价格因素和生产生活成本成为影响居民收入水平的重要原因。部分开小卖部、做小本生意的记账户受经营成本上升、网购的兴起等影响，经营面临的困难日益增大，经营收入增势明显趋缓。农村居民经营以自产粮食、烤烟、蔬菜等为主，近年来饲料、化肥、农药等农资价格连年上涨，特别是今年化肥涨幅达60%以上，导致2022年种粮大户水稻种植亩均成本上涨16%，加之农业雇工费用持续上升，粮食、生猪等农牧产品收购价格增长缓慢，农民增收受到很大制约。

三、提高城乡居民收入水平的对策建议

(一)加快城镇化，构建城乡一体化格局

城镇化过程在推进基础设施建设和其他产业发展的同时，也有利于实现居民收入的阶梯式增长，对于提升中等收入群体有较大帮助作用。衡阳城镇化发展水平在全省一类市州属于落后位置。一是抓好中心城区的扩容提质。紧紧围绕区域重点城市和省域副中心城市的定位，拓宽区域发展的视野，提高城市辐射能力，扩大城市辐射范围，把衡阳中心城区

打造成带动全市经济发展的核心增长极，进一步聚集人流、物流、资金流、信息流。二是加快推进县城建设。县城是县域政治、经济、文化中心，是吸纳农村人口、加快城镇化进程的重要载体，也是拉动县域经济发展的“火车头”。在推进衡阳城镇化工作中，把县城发展摆到重要位置，明确发展方向，加快扩容步伐。三是加快其他小城镇建设。抓好中心村和农民集中居住区建设，促进农民向城镇和农村新型社区集中。四是加快推进撤县并区步伐。衡阳现有五个城区没有连接成一块，南岳区作为城区的飞地，与中心城区不相连。城市功能现已经覆盖到的地方如三塘、云集等地并没有划为城区，严重制约了当地经济社会发展。可根据发展需要，将周边县市区的部分邻近乡镇纳入划归城区，或对邻近的县城推进撤县设区。

（二）稳定就业，促进工资性收入持续增长

一是挖掘更多就业岗位。实施更加积极的就业政策，充分利用本地工业园区资源、特色产业发展、重点项目建设等开发就业岗位，深入发掘农村重大工程及乡村振兴项目等方面的就业潜力，大力推进乡村车间建设，积极开设保洁员、护林员等公益性岗位，带动居民就业。二是稳定扩大就业市场。全面落实助企纾困系列政策措施，扶持中小企业平稳健康发展，保住市场主体，筑牢就业“蓄水池”。同时，加强技能培训，优化就业服务，充分发挥人力资源现代产业园、企业招工服务小分队的作用，点对点帮助就业困难群体劳动力就业。三是完善工资增长机制。稳固各类政策性增资成果，确保机关事业单位人员工资调整各项政策不折不扣落实到位；借助最低工资标准以及企业工资指导线等，逐步提高在岗人员工资水平。重视对职工合法权益的保护，有效保障城镇居民及农民工工资足额、按时发放。

（三）多措并举，挖掘经营性收入增收潜力

一是积极营造良好经营环境。持续加大小微企业扶持力度，落实扶持创业的各项优惠政策。持续加大对农业的补贴和支持力度，尤其是针对农业产业化投入大、见效缓特点，在财政补贴、小额贷款贴息、税收减免、行业引导等方面给予支持，营造良好的营商环境。二是因地制宜发展特色农业产业。大力发展农业“百十亿”产业和“百十户”产业，做大做强“三黄两茶”特色产业，重点发展生猪、粮食等传统产业，积极发展休闲农业、乡村旅游等新兴业态，通过“保底收益＋盈余分红”“合作社＋订单”等模式，推动小农户与现代农业有效衔接，实现农民稳定增收。三是发展壮大村级集体经济。深入实施村级集体经济发展壮大三年行动计划，支持和服务能人干事创业，发展粮食、烤烟以及家庭农场等多种形式适度规模经营，整合、盘活旧村部、校舍，以及不适宜耕种的田地、荒山等闲置资源，采取资产经营、资源开发、股份合作等方式，建立农户分享村级集体经济经营收益联结机制，把集体所有制的体制优势转化为推动乡村振兴、农民共同富裕的强大动力。

(四)拓展渠道,释放财产性收入增长红利

一方面,拓宽投资渠道,增加城镇居民财产性收入。引导城镇居民转变理财观念,支持城镇居民进行多样化投资,增加良性的金融产品投资,提高储蓄、债券、保险和理财产品等获得收益,鼓励居民以股份制、合作制等形式参与实体投资,盘活居民手存资金、资产,稳步增加财产性收入。另一方面,深化农村产权制度改革,增加农村居民财产性收入。推动“三变”改革(资源变资产,资金变股金,农民变股民),通过加快全市农村土地确权登记颁证、完善农村土地流转交易市场、培育新型农业规模经营主体等,鼓励农村资源、农民资金有序进入市场,引导广大农民采取入股、出租等方式流转土地,努力增加农民基于土地的财产性收入。

(五)完善保障,促进转移性收入持续增加

一要致力社保护民。加大财政向民生的转移支付力度,扩大养老、医疗、社保覆盖面,健全城乡居民基础养老金、失地补贴、高龄补贴标准等动态增长机制,通过收入再分配手段直接增加居民收入。二要致力政策惠民。逐步提高农资补贴标准,加大农业补贴资金整合力度,调整优化涉农专项资金支出结构,建立农业补贴标准动态调整机制,研究完善耕地保护、土地承包经营权和林权流转、粮油生产等直补办法,完善生态公益林补偿制度。逐步扩大农业保险保费补贴范围,适当提高保费补贴比例,增强农民抵御风险的能力。三要致力救助安民。加大对低收入群体的帮扶力度,做好低保户、失业人员、五保户等社会救助工作,适时提高最低生活保障金标准和困难残疾人生活补贴和重度残疾人护理补贴标准。

(王一斌)

四不摘固脱贫成果　三助力促居民增收

——郴州防止返贫监测帮扶机制调查情况报告

2022年是深入实施“十四五”规划关键之年,巩固脱贫成果,力促乡村振兴是经济民生发展的关键。为此,2022年3月国家统计局郴州调查队开展了防止返贫监测帮扶机制调查。调查显示,郴州近两年来坚持“摘帽不摘责任、摘帽不摘政策、摘帽不摘帮扶、摘帽不摘监管”,防止返贫监测帮扶机制与乡村振兴战略相结合,确保了脱贫攻坚成果巩固,居民收入稳步增长。

一、六项保障确保小康路上不落一人

(一)义务教育有保障,教育帮扶实

郴州从“免、补、扶、贷”等方面着手(即对困难家庭学生实行学前教育阶段至高中教育

阶段免费教育、发放生活补助，对困难家庭大学生进行资金扶助、办理助学贷款），切实提高学生教育保障水平。同时，实施“送教上门”活动和“双线三级”（县政府与乡镇、乡镇与村组，教育局与学校、学校与教师）控辍保学以及“三帮一”劝返复学（一名教师、一名村干部、一名家长或监护人帮扶一名辍学学生）机制，确保了全市困难学生无一人失学。

（二）医疗服务有保障，健康帮扶增

郴州以实施“三个一批”为重点，认真开展大病集中救治、慢病家庭医生签约履约服务、“一站式”结算等工作，确保大病集中救治率100%，贫困人口家庭医生签约服务率100%。严格落实“两补贴”政策，对特困、低保对象和非低保对象参加城乡居民基本医疗保险的个人缴费部分分别按照250元/人·年、180元/人·年予以资助；对贫困人口参加扶贫特惠保险保费由财政补贴90%，实现贫困人口参保率100%。严格落实“一减免”政策，对33种大病人员的自付医疗费用进行减免。

（三）安居乐业有保障，安居政策细

郴州紧紧围绕“搬得出、稳得住、能致富、可巩固”目标，从就业和产业两个方面入手进行后续帮扶，在200人以上的易地扶贫搬迁安置点周边，发展一个以上贫困农户参与的规模化农业产业项目、一个以上劳动密集型的工厂企业，着力做到“搬家”更要“帮业”。

（四）饮水安全有保障，供水量质并抓

郴州在重点解决建档立卡贫困村、贫困人口饮水安全问题的基础上，对农村饮水安全工程进行巩固提升，切实加强农村供水工程运行管理，定期进行水质检测，持续保持农村饮水安全问题动态清零，确保水质达标与饮水安全。

（五）民本民生有保障，兜底救助全

郴州持续完善民生兜底机制、社会救助机制、保险兜底机制，为贫困人口特别是丧失劳动能力的贫困户再加一层“保护网”。建立保险兜底机制，设立并壮大扶贫助学基金、扶贫灾害救助基金、扶贫医疗救助基金，切实防止因学因灾因病致贫返贫，让脱贫攻坚释放长远的民生红利。

（六）防贫警示有保障，干预机制先

郴州出台《关于建立防止返贫致贫监测和帮扶机制的实施意见》，着力建立健全防止返贫长效机制，聚焦未脱户、脱贫风险户、边缘户、小额信贷户贷统还分红户等，致力构建防贫动态监测筛查体系、风险应对处置体系和民意畅达回应体系，精准制定医疗、教育、产业、就业等特别帮扶政策，切实防止“边脱贫、边返贫”和“边脱贫、边增贫”现象，完善“互联网＋

扶贫”大数据平台，确保精准脱贫“不落一户不漏一人”。

二、三项助力夯实群众收入稳定增长

(一)克服疫情助力群众补损

一是抓好稳岗就业，确保务工人员走出去。郴州积极落实《国家省市应对疫情影响“干货”政策清单》，做好就业服务；二是抓好产销对接，确保农副产品销得好。与电商平台积极对接，开展优质农产品“进机关、进学校、进医院、进社区、进超市、进企业、进民宿”，并倡导工会组织购买和帮助销售农副产品；三是抓好转产转业，确保特种养殖稳退出。

(二)产业发展助力群众增收

一是精细农业拉动。把传统产业特别是精细农业发展作为拉动群众增收的“引擎”，实施“一村一品、一户一业”工程；二是龙头企业带动。如调研中，村干部介绍，桂东众意公司带动2731户脱贫户成为楠竹工人，年均工资35000元，销售楠竹受益，户均增收3000多元；三是合作组织服务。发展合作经济组织，直接服务农业产业；四是经济能人引导。汝城旱塘村村支书是回乡创办制茶厂的致富带头人，乡镇鼓励他入党，村民推选他为村支书，发挥了他“领头雁”作用。

(三)利益联结强化群众保障

“大型企业+股份帮扶”对脱贫户实行长期股权分红。鑫汇投资公司与中核汇能公司共同成立中核桂东牛郎山风电公司，吸纳5152户12000名无劳动能力户、兜底户、低保户、重残户、重病家庭户等5类脱贫户入股中核桂东风电项目，每人年均可分红1000元以上；“订单农业+消费扶贫”对特优农产品实行订单种植、保底价格收购、统一商标贴牌、对接市场销售。调研中，脱贫户介绍汝城推广公共品牌“富硒茶”，使得贫困户种植的茶业供不应求；“土地流转+产业用工”盘活土地资源，既让村民有稳定租金收益，又使其实现务工增收。方兴菜篮子蔬菜基地流转245户脱贫户土地498亩，每年土地流转金29.8万元，解决脱贫户务工216人，人均月工资2000元以上，每户年均增收30000余元。

三、乡村振兴任重道远，亟待建立长效机制

大力实施乡村振兴战略，仍需将防止返贫监测帮扶机制与乡村振兴战略相结合，建立长效机制。

(一)强化扶心扶志，激活农民内生动力

要加强宣传引导，坚持结对帮扶，乡镇政府部门及村级干部对农民要包干走访，了解民

情民意、及时释疑解惑，有效激活农民自我发展的内生动力，充分发挥农民在乡村振兴中的主力军作用。

(二)抓实产业扶持，促进农业全面振兴

调查中，多名村干部表示，巩固脱贫成果、推进乡村振兴要推动特色产业可持续发展。脱贫户、贫困边缘户和产业大户则表示，脱贫后还希望得到政府或社会对种植业、林业或农产品加工这类产业发展的帮扶。可见产业扶持的重要性。因此，要探索并践行经济社会发展规划、城乡建设规划、土地利用规划和生态环保规划“四规合一”，激励广大农户参与产业发展，促进产业全面振兴。

(三)提质公共服务，夯实农村发展基础

调查中，村干部表示，推进乡村振兴要加强基础设施建设，改善农村人居环境。多名脱贫户、贫困边缘户和产业大户提到希望乡村公路建设能通到田间地头、村里照明能覆盖更广。要加大农村水、电、路、讯、环卫等基础设施。因此，要创新基层治理方式方法，全力提升乡村治理效能，全面筑牢乡村振兴基础。

(四)建好支撑平台，有效吸引人才回乡

调查中，村干部提出建设平台，壮大村级集体经济，吸引人才回乡的期盼。有产业大户也提出，希望在发展产业的同时要发展旅游等多个行业，吸引更多的人来村。因此，要打造平台，抓好土地流转、订单产销、劳务输出、民宿经济等，确保土地活起来、销售旺起来、务工多起来、民宿火起来，从而吸引人才，带动群众增收致富，为乡村振兴提供坚实支撑。

（曹成茜）

娄底：2021 年居民收入稳步增长

“十四五”开局之年，娄底市坚决贯彻党中央和省委、省政府各项决策部署，坚持稳中求进工作总基调，统筹疫情防控和经济社会发展，推动经济社会发展取得积极成效，宏观经济稳步增长，民生得到有力保障，居民收入持续稳步增长。

一、居民收入稳步增长

(一)居民收入稳步增长

2021 年，娄底全体居民人均可支配收入 24010 元，比上年增长 9.2%，增速高于全省平

均水平 0.3 个百分点，居全省第 4 位。比 2019 年增长 16.8%，两年平均增长 8.1%，比全省两年平均增速高 0.6 个百分点。按常住地分，城镇居民人均可支配收入为 34702 元，增长 7.9%，增速居全省第 4 位；农村居民人均可支配收入为 15628 元，增长 10.5%，增速居全省第 6 位。

(二)收入结构保持相对稳定

1. 从分类增长速度看

四大类收入齐头并进。工资性收入 12678 元，比上年增长 8.9%；经营净收入 3368 元，增长 10.5%；财产净收入 1004 元，增长 9%；转移净收入 6960 元，增长 9%。

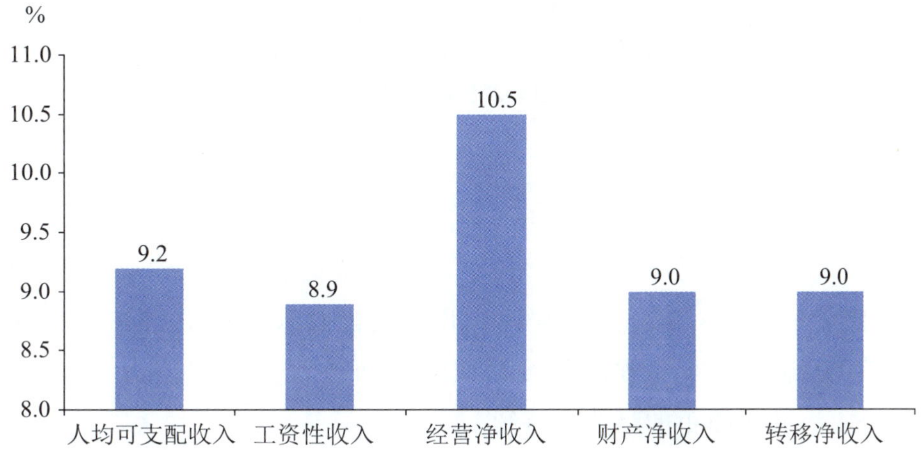

图 1 娄底全体居民人均可支配收入增速四大类对比图

2. 从增长贡献率看

工资性收入贡献最大。工资性收入是居民增收最重要的保障，对居民收入增长的贡献率为 51.4%；经营净收入和转移净收入对居民收入增长的贡献率分别为 15.9%和 28.7%；财产净收入对居民收入增长贡献率最低，贡献率仅为 4.1%。

表 1 娄底居民人均可支配收入及增长贡献率对比表

指标名称	金额(元)	比上年增加(元)	贡献率(%)
人均可支配收入	24010	2017	—
其中:工资性收入	12678	1037	51.4%
经营净收入	3368	320	15.9%
财产净收入	1004	82	4.1%
转移净收入	6960	578	28.7%

3. 从收入占比看

四大类收入占比相对较稳定。工资性收入占比最高，达 52.8%；经营净收入占 14%；

财产净收入占4.2%；转移净收入占29%。近两年只有两大类收入占比略有变化，工资性收入占比较上年上升0.1个百分点，经营净收入占比较上年下降0.1个百分点。

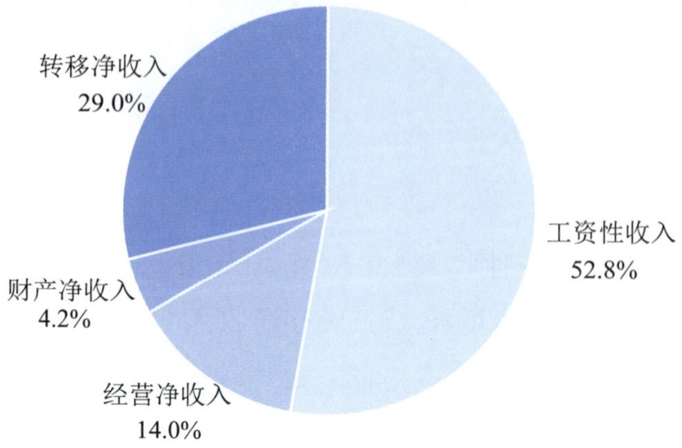

图2　娄底全体居民收入四大类占比图

(三)城乡收入差距呈持续缩小态势

随着乡村振兴推进，农村居民收入增长明显快于城镇居民。2021年，娄底城镇居民人均可支配收入比上年增长7.9%；农村居民人均可支配收入增长10.5%，快于城镇居民收入增速2.6个百分点。2021年娄底城乡居民人均可支配收入比值为2.22，比上年缩小0.05，城乡居民收入差距缩小的趋势在持续。

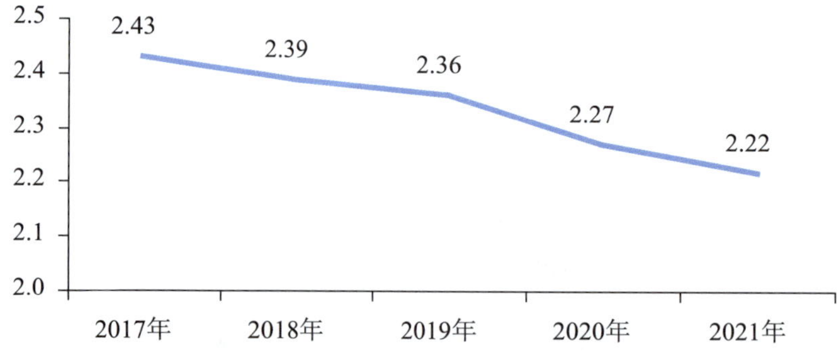

图3　近五年娄底城乡居民人均可支配收入比

(四)脱贫县居民收入增长相对较快

在推动乡村振兴和协调发展战略作用下，涟源市、新化县和双峰县三个脱贫县居民收入增速快于全市平均水平。2021年，涟源市、新化县和双峰县全体居民人均可支配收入分别增长10.5%、9.7%和9.7%，依次快于全市平均水平1.3、0.5和0.5个百分点。

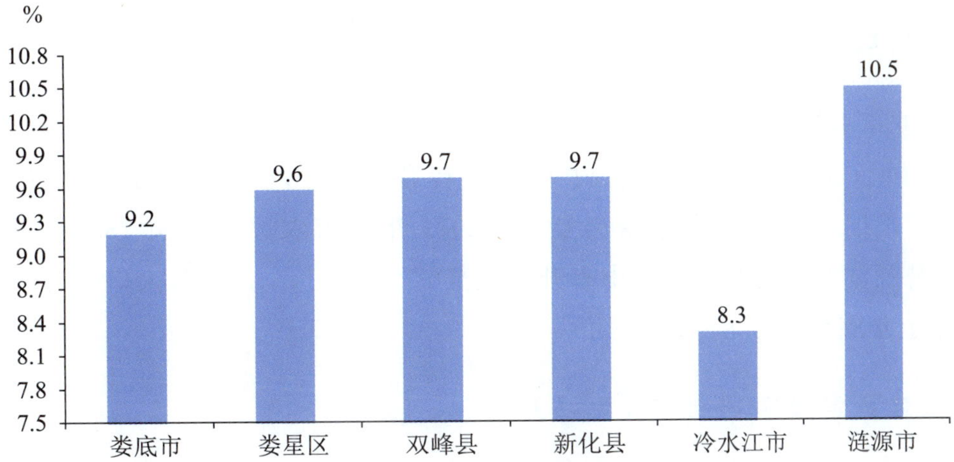

图 4　2021 年娄底县市区居民人均可支配收入增幅

(五)地区间居民收入相对差异在缩小,但绝对差异较大

2021 年,娄底县市区之间居民收入差距较上年有所缩小,但是绝对差异水平依然较大。2021 年,娄底地区居民人均可支配收入差异系数 0.38,比上年缩小 0.01,但是居民人均可支配收入绝对值最高的娄星区是最低的新化县的 2.37 倍。

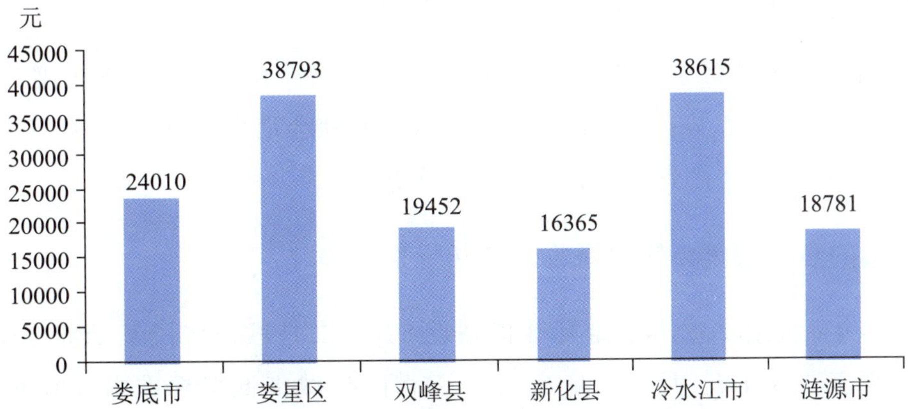

图 5　2021 年娄底各县市区居民人均可支配收入

二、居民收入增长的支撑因素

(一)宏观经济稳步恢复,为增收提供有力支撑

一是部分宏观经济指标数据表现较好。2021 年地区生产总值比上年增长 7.7%,增速与全省持平;地方一般公共预算收入增长 12.6%,高于全省平均水平 4.6 个百分点。二是农业生产稳定向好。种植业方面,2021 年娄底粮食总产量 158.43 万吨,比上年增长 1.56%;粮食播种面积 368.87 万亩,增长 0.94%。畜牧业方面,2021 年娄底生猪出栏 401.86 万头,比上年增长 31.49%。三是工业生产快速回升。规模以上工业增加值比上年增长 7.8%。

(二)保障居民就业,稳定工资性收入增长

一是就业重点指标完成情况较好。2021年,全市城镇新增就业3.66万人,完成省定任务的104.6%;全市完成新增农村劳动力转移就业3.8万人,为年度目标任务的103.3%。二是推动农民工有序返岗复工。2021年全市农民工返岗28.6万人,返岗率100%。三是脱贫人口就业规模稳中有升。截至2021年底,全市脱贫人口外出务工人数达17万人,比上年底增长3.8%。

(三)优化环境,改革开放催生新活力

一是2021年,娄底推出115项便民办税举措,93.7%的政务服务事项"最多跑一次",296件"一件事"实现全省无差别办理。二是2021年,娄底出台优化营商环境"十个严禁",新设企业9855家,新增市场主体约3.7万户。金融支持实体经济成效明显,贷存比达到64%,提高3.6个百分点。三是2021年,实行惠企政策"一件事一次办",累计惠及企业约1.6万家、涉及人数66.6万人、减免税10346.5万元、缓缴公积金3589.4万元、缓缴社保71763.5万元、减免租金3193.2万元。

(四)消费市场回暖为经营净收入增长提供动能

2021,全体居民人均经营净收入3368元,增长10.5%,在四大项收入中增速最快,其主要原因是消费回补释放态势持续巩固。2021年,娄底社会消费品零售总额778.2亿元,比上年增长14.6%,高于全省平均水平0.2个百分点。

(五)升级的惠民政策为转移净收入增长提供保障

一是2021年离退休人员养老金标准提高近5%。二是城镇居民基础养老金由原每人103元/月提高至113.4元/月。三是2020年11月起,城市低保标准由520元/月提高到550元/月,城市低保月人均救助水平由不低于340元提高到不低于374元。四是落实城乡居民医保待遇有力。截至2021年11月底,全市城乡居民医保进入大病保险住院总费用为8.1亿元,基本医保支付3.8亿元,大病保险支付1.4亿元;贫困人口享受大病保险起付线减半约1.6万人,支付大病保险基金4676.5万元。

三、居民增收面临的难点

(一)新冠肺炎疫情零星偶发

从国际看,全球疫情依然严峻,经济复苏前景不明,外贸企业面临巨大挑战,2021年,娄底市出口额38.79亿元,同比下降5.3%,全球疫情的严峻态势影响外贸出口,从而影响

相关从业人员收入。从国内看，我国新冠疫情呈现零星散发状态，对跨区域住宿餐饮、休闲娱乐、文化旅游等非刚需、可选择性消费的传统服务行业的影响不容忽视，给居民增收形势带来不确定性。

(二)城镇居民工资性收入增长乏力

工资性收入是娄底城镇居民收入增长的主要动力，占城镇居民人均可支配收入近六成，但工资性收入主要依赖政策性工资调整和年终绩效考核等奖励工资拉动。一方面，经济发展面临三重压力影响企业职工工资涨幅。另一方面，与全省平均水平比较，存在差距。2020年，娄底“四上”企业在岗职工年平均工资5.98万元，低于全省平均水平6.41万元。

(三)农村生产经营来源比较单一

出售农产品及牧产品是农村居民经营收入的主要来源，农产品结构仍然比较单一，出售农产品主要是水稻，出售畜牧业产品主要为生猪，且农业及牧业收入占经营收入比重较大，农业及牧业收入占第一产业经营净收入的94%，经营收入受市场变化的影响较大。

(四)居民财产性收入体量较小

同发达地区相比，娄底居民财产性收入基数小、来源偏少，在推动居民增收方面力量还较为薄弱，多层次资本市场发展还不够充分，农村集体经济整体发展略显不足。全市城乡居民人均财产净收入占可支配收入的比重多年来处于低位，2021年，全市城乡居民人均可支配收入中，财产净收入的比重分别仅为6%和1%。

四、促进城乡居民增收的建议

从城镇居民增收看，首先是多措并举稳就业，拓展就业途径，保障重点群体就业，加大对新就业形态和灵活就业的支持力度，鼓励劳动者多渠道就业。其次逐步推动城镇居民收入多元化增长，提高劳动者报酬比重，促进工资性收入增长，创造条件提高财产性收入，推动居民收入增长动力，从主要依靠工资性收入逐步转向四大类收入并重的新局面。

从农村居民增收看，首先是根据娄底各地实际，强化乡村规划能力，实现村庄规划应编尽编，分类施策促增收。其次是促进农村产业融合发展，增加家庭经营收入。对于农业经营者，从降低生产成本，稳定农产品收购价格，提升农业科技水平和服务水平，强化农业保险，形成政策兜底。对于非农经营，大力推进创业创新。发展乡村休闲旅游产业，做足“旅游＋”“生态＋”文章。再次是改革农村土地流转制度，增加财产性收入。

（肖应威）

2022湖南民生调查报告

消费篇

政策背景

2022年《中央政府工作报告》指出，要坚定实施扩大内需战略，推进区域协调发展和新型城镇化。畅通国民经济循环，打通生产、分配、流通、消费各环节，增强内需对经济增长的拉动力。通过多渠道促进居民增收，提升消费能力。推动线上线下消费深度融合，促进生活服务消费恢复，发展消费新业态新模式。继续支持新能源汽车消费，鼓励地方开展绿色智能家电下乡和以旧换新。加大社区养老、托幼等配套设施建设力度，在规划、用地、用房等方面给予更多支持。促进家政服务业提质扩容。加强县域商业体系建设，发展农村电商和快递物流配送。提高产品和服务质量，强化消费者权益保护，着力适应群众需求、增强消费意愿。2022年《湖南省政府工作报告》指出，要促进消费持续恢复。巩固提升传统消费，扶持一批老字号领军企业创新发展，促进湘菜、湘茶、湘酒、湘瓷、湘绣品牌化发展。培育消费新业态、新场景，推动新型消费，发展共享消费、定制消费、体验消费和"智能＋"服务消费等新模式。加强县域商业体系建设，推动农村消费梯次升级，促进农村耐用消费品更新换代。支持长沙建设国际消费中心城市，打造一批"夜间经济"地标和商旅文融合"打卡地"。推进知名电商总部入湘，规范发展直播电商、社区电商、乡村电商。加大消费者权益保护力度。基于上述目标准则，中央政府和湖南省各级政府及部门相继出台了系列政策措施。

3月，国家发展改革委会同有关部门和单位研究制定了《加快培育新型消费实施方案》，支持新型消费发展，明确提出培育壮大零售新业态、积极发展"互联网＋医疗健康"、深入发展数字文化和旅游、有序发展在线教育、大力发展智能体育、加强商品供应链服务创新等24个方面的意见，进一步培育新型消费，鼓励消费新模式新业态发展，促进线上线下消费融合发展。9月，国家发展改革委印发《关于完善能源消费强度和总量双控制度方案的通知》，提出合理设置国家和地方能耗双控指标、优化能耗双控指标分解落实、对国家重大项目实行能耗统筹、坚决管控高耗能高排放项目、鼓励地方增加可再生能源消费等17条政策措施，明确了能耗双控制度的总体安排、工作原则和任务举措，进一步促进各地区各部门深入推进节能降耗工作，推动高质量发展和助力实现碳达峰、碳中和目标。湖南省发展和改革委员会于7月印发《关于湖南省"十四五"扩内需促消费畅通国内大循环规划的通知》，加快推动实施扩大内需战略，促进消费扩容提质，融入国内大循环，助力形成新发展格局。提高产品供给质量，促进消费提质，补齐城乡消费短板，释放消费潜力，发展现代商贸流通，理顺消费链条，畅通国内大循环，改善消费环境，适应美好生活需要，推动消费升级。9月，湖南发展和改革委员会印发《关于湖南省继续大力实施消费帮扶巩固拓展脱贫攻坚成果的实施意见的通知》，提出持续扩大产品和服务消费、加快完善流通和销售体系、提升消费帮扶农副产品质量、促进文旅休闲服务业提质增效等四大任务。

（凌　媛）

全景扫描

2021年湖南居民人均消费支出保持增长

2021年，湖南坚持以“稳”字当头谋发展，全面落实“三高四新”战略定位和使命任务，统筹疫情防控和经济社会发展，克服疫情、高温天气、用电紧缺等困难和挑战，居民消费支出保持增长的趋势，为实现“十四五”社会经济发展目标奠定了良好的基础。

一、全体居民消费支出总体回暖

2021年，全体居民人均生活消费支出22798元，在全国各省份中居第12位，在中部六省中居第2位，较上年增长8.6%，增幅较上年扩大6.1个百分点。与2019年相比增长11.3%，两年平均增长5.5%。分类看，八大类消费中教育文化娱乐消费增速超过10个百分点，达到18.3%。生活用品及服务、居住、食品烟酒、衣着、交通通信、其他用品和服务、医疗保健消费分别增长9.5%、8.5%、7.8%、7.5%、5.3%、4.5%、4.3%。

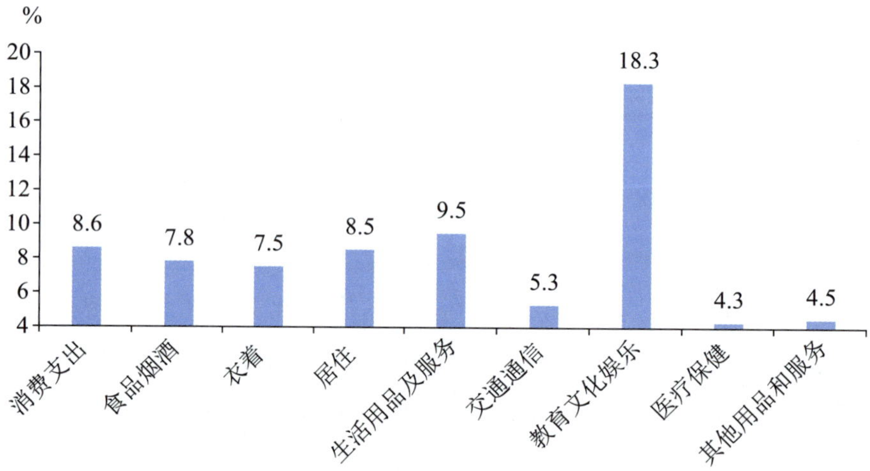

图1　湖南全体居民消费支出八大类对比图

二、城镇居民消费支出稳健增长

按常住地分，2021年城镇居民人均生活消费支出28294元，增长5.6%，增幅较上年扩大6.1个百分点；与2019年相比增长5.1%，两年平均增长2.5%。分类来看，八大类消费全部增长。其中，教育文化娱乐消费增长最快，增长14.8%；生活用品及服务、居住、衣着、食品烟酒、其他用品和服务消费、交通通信、医疗保健分别增长7.1%、6.0%、4.4%、

4.1%、2.8%、2.2%、2.1%。

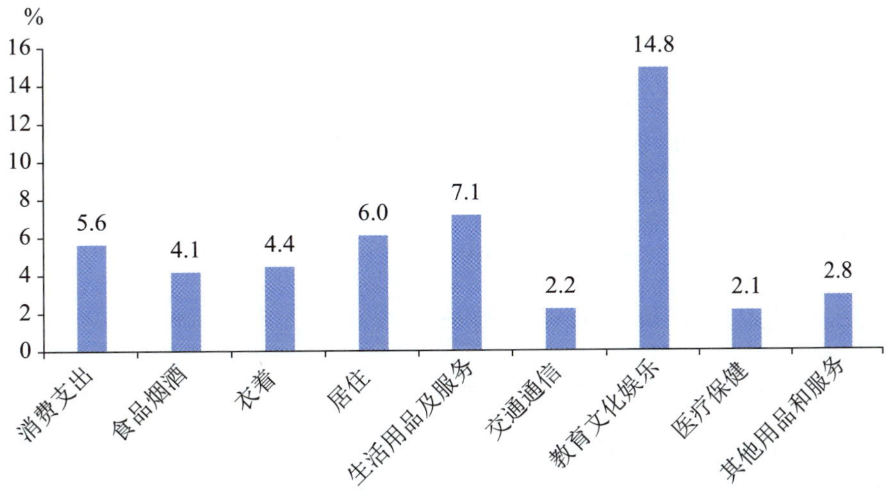

图 2　湖南城镇居民消费支出八大类对比图

三、农村居民消费快速增长

2021 年，农村居民人均生活消费支出 16951 元，增长 13.2%，增幅较上年扩大 6.0 个百分点；与 2019 年相比增长 21.3%，两年平均增长 10.2%。分类来看，八大类消费全面快速增长，有六个大类增速超过 10%。其中，教育文化娱乐消费增长达到 24.0%；衣着、食品烟酒、生活用品及服务、居住、交通通信、医疗保健消费、其他用品和服务分别增长 13.9%、13.3%、13.2%、11.8%、11.0%、7.1%、7.0%。

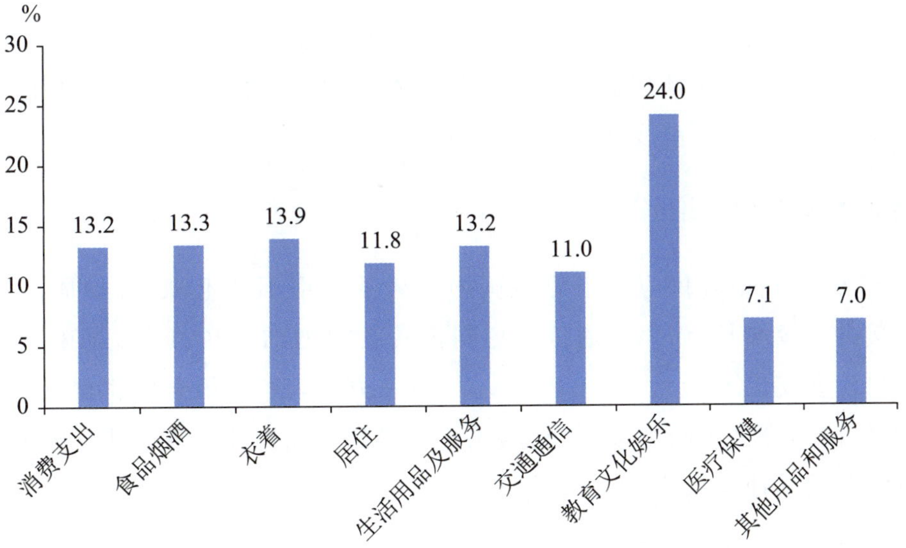

图 3　湖南农村居民消费支出八大类对比图

四、城乡居民消费差距不断缩小

2021年,湖南农村居民人均生活消费支出增速高于城镇7.6个百分点。城乡居民人均生活消费支出比为1.67(以农村居民消费为1),较上年的1.79缩小了0.12。

五、居民消费支出增长的四个主要特点

(一)居民教育文化娱乐消费恢复性增长

教育方面,虽然下半年义务教育阶段“双减”政策出台,居民的校外青少年学科培训支出有所减少,但在省内各院校全面复课的大环境下,叠加校外素质教育成为消费新热点等因素,居民教育消费支出较上年仍保持了较大幅度增长态势。2021年,湖南全体居民人均教育消费支出2318元,增长24.5%。文化娱乐方面,由于下半年少数地区散发新冠疫情影响,居民文化娱乐消费支出增速有所下滑,但年内旅游行业、电影行业回暖的总体趋势没有改变。2021年,湖南全体居民人均文化娱乐支出744元,较上年增长2.4%。

(二)食品烟酒消费支出是居民消费支出增长的主要支撑

2021年,受自然灾害频发和原材料价格上涨等多重因素影响,蔬菜、水果、食用油、调味品、酒类等食品烟酒价格持续上涨。全年湖南全体居民人均食品烟酒消费支出6737元,对居民消费支出增长的贡献率为26.9%,在居民消费支出增长中占比最高。

(三)居民服务性消费增长高于商品性消费

随着湖南社会经济持续加速恢复,旅游、餐饮、家庭服务、医疗服务等服务行业总体呈回暖态势。2021年,湖南全体居民人均服务性消费支出(不含自有住房折算租金)6833元,增长12.4%,高于商品性消费支出5.3个百分点。

(四)能源类消费稳步增长

一方面,全球原油市场供应紧张导致国内汽柴油价格不断上涨,叠加居民出行需求和机动车持有量的持续增长,居民交通工具燃料消费支出增加。2021年,湖南全体居民人均交通工具燃料消费支出635元,增长23.8%。另一方面,2021年全国都经历了水、电价格的调整,天然气国际价格不断走高,带动居民水电燃料消费支出不断上升,湖南全体居民人均水电燃料消费及其他支出为927元,增长10.8%。

(罗金城)

民生加油站 MINSHENGJIAYOUZHAN

完善网络消费者投诉和解机制

全国消协组织积极受理网络消费者的投诉，调解化解网络消费纠纷。落实投诉便利化、规范化措施，提升投诉受理和处理能力，完善网络消费者投诉和解机制。消协组织参与的多元解纷机制，在网络消费者权益保护方面作用越来越明显。在无法通过协商解决纠纷时，消协组织还依法支持消费者诉讼。

2021年我国网络消费领域消费者权益保护工作取得重要进展：在立法保护方面，多个相关部门出台或施行了多部与网络消费者保护相关的法律、行政法规、部门规章或规范性文件。在司法保护方面，人民法院积极探索尝试司法创新，对惩罚性赔偿制度在消费民事公益诉讼中的适用进行了有益探索，并通过多种形式开展审判指导工作。在行政保护方面，市场监管系统和其他行政主管机关不断强化网络消费领域执法，严格依法查处电商、外卖、社区团购等领域的不正当竞争行为。

（摘自：《人民日报》2022年3月16日）

深度透视

湖南居民消费持续回暖
继续激发消费潜力仍需持续发力

为了解湖南省促进居民消费，培育消费热点，拓展消费新场景，激发县乡消费等方面的做法成效，2022年3月国家统计局湖南调查总队在长沙、株洲等8个市州实地调研了14家大型商超、10家企业、1家酒楼，走访了发改委、商务、农业农村等部门。调研结果显示：湖南省各项促消费措施成效明显，居民消费持续回暖，但在释放消费活力、补齐农村消费短板、培育新兴消费等激发消费潜力面还需持续发力。

一、各地刺激消费政策成效显著

(一)新兴消费有亮点

各级政府扶持企业不断加大创新和拓展力度,积极发展智慧消费、体验消费、定制消费、共享消费等新形态,实体商超以直播带货、线上文艺展演等方式,实现线上线下协同,“云消费”悄然兴起。长沙市沃尔玛连锁超市推出近1000种新春商品,凸显差异化的优选年货以及吸睛商品,有效促进消费。餐饮企业采取分时段开餐,推出定制化年夜饭外卖套餐等,有效缓解客流压力,根据对部分重点餐饮企业监测,春节黄金周总营业收入同比增长4.5%。春节期间,独立咖啡厅、24小时健身房、VR体验馆、桌游室等新兴娱乐场所照常营业,有效满足“就地过年”年轻人消费需求。株洲未来云MALL开创新媒体与产业深度融合的全新商业模式,打造全国第一家“5G网红综艺商城”,将直播、微综艺、选秀、商演、网剧等有机植入商业场景之中,集合了99个网红打卡点、中庭SHOW场、11个直播空间与楼顶国潮体育公园,以及各类首入株洲的网红品牌,实现“铺铺都是直播间”“店店都是网红店”的网红集群效应。邵阳城步县着力发挥“社区团购”的便民优势,通过“平台下单、隔日送达、定点提货”的模式,解决居民采购水果、蔬菜、肉品等需求。目前城步县拥有“兴盛优选”“美团”“多多买菜”3家社区团购企业,日均配送约3.7万单,日均销售额超过35万元,这些新兴消费业态的出现极大地方便和丰富了群众购物选项,提升了居民的生活品质。

(二)市场主体有活力

市场主体是社会生产力的基本载体,是经济发展的“顶梁柱”和“发动机”。长沙市深入推进便利店品牌化连锁化发展。通过流通产业资金政策奖励支持7—11、中百罗森、新佳宜等品牌连锁新建门店、引进国际品牌连锁便利店以及培育便利店龙头企业,便利店发展指数连续排名前列,在2021年9月中国连锁经营协会发布的《2021中国城市便利店发展指数》中位居全国第二。同时,鼓励引导商贸文旅融合发展,诞生了一批批长沙商贸文化企业,以新颖独特的方式将文化旅游与餐饮相结合,比如茶颜悦色、文和友等。衡阳市高新区电商产业园自2020年11月开园以来,已签约及上会48家企业,工位招商完成总体任务目标42.7%。

(三)因地制宜有特色

各地政府围绕疫情结束后的新消费热点,结合特色农副产品、餐饮住宿和区域文化消费特色,因地制宜地组织开展形式多样、内容丰富的促消费活动。按照“以政府引导、行业指导、企业主导、市场化运作”的原则,策划举办各类主题活动,持续拉动消费,形成消费高潮。如长沙市开展“春之约、夏之礼、秋之韵、冬之味”主题促消费活动。2021年全年举办促消费活动800余场(次)，各级政府投入超过2318.4万元，参与商家22135余家，拉动销售额同期相比增长40%。湘潭市组织开展“乐享消费 湘当韵味”2021嗨够湘潭消费节，自消费节活动启动以来，参与促消费各类企业达500余家，共计组织200多场次促销活动。有效拉动全市家装用品、家用电器、百货商品、汽车、餐饮住宿等行业消费25亿元，对全市实体行业消费拉动近60亿元。衡阳市2021年3月开展“乐购雁城、美好生活”主题消费促进活动暨春季唯美购物节。活动实现销售额约1.5亿元，同比增长35%，人流量430万人次，同比增长40%；家电电器销售额约1440万元。邵阳市以优质茶叶、水果、油茶、酒等农产品为主，统一质量标准、统一品牌管理、统一包装标识、统一营销模式，打造“邵阳红”品牌。“邵阳红”产品进入步步高超市、北京新发地市场、中石化易捷便利店、央联港等销售网点。举办“邵阳红”网红直播大赛，邀请汪涵等名人为邵阳农产品直播带货，进一步扩大市场影响。

(四)文旅消费促融合

为加快推进“十四五”时期湖南省旅游业高质量发展，湖南省发改委联合省文旅厅发布《湖南省“十四五”时期推进旅游业高质量发展行动方案》，推动各市州加速文旅融合进度，进一步实现消费领域跨界联动和多产业融合。常德市桃花源旅游管理区在秦谷举办“民俗绝技续传承 欢天喜地庆丰收”的活动，活动期间客流量达26万多人次，综合收入达7000多万元。益阳市出台了《关于益阳市加快推进文旅产业高质量发展的若干政策措施》，着力打造“建党百年·湖南六条精品红色旅游线路”之一的“青年毛泽东游学社会调查之路”，同步开发了红军长征遗迹之旅等“1+5”精品线路。锚定“千亿产业”目标，成功引进益阳1969小镇、安化油茶产业园和桃江喜龙美人谷等3个文旅项目。

二、进一步释放消费潜力存在的困难

(一)消费活力未充分释放，仍需继续激发潜力

新冠疫情对消费造成较大冲击，虽然通过采取系列促消费活动，但餐饮、住宿、旅游等行业消费仍然没有完全恢复到疫情前。从政府层面看，市县两级财政相对困难，投入消费促进方面资金有限，难以持续发挥财政资金的杠杆作用；从市场主体看，大型商贸企业重复参加消费促进活动，部分企业已疲于应付，且常态化疫情防控形势下，各市场主体各自的消费促进活动申请难、实施难。

(二)居民消费信心不足，消费疲软现象仍比较突出

收入水平制约了民众消费的进一步扩大。老百姓“钱袋子”鼓起来，消费才能“跑起来”。收入增，前提是就业稳。疫情冲击下，低收入者、大学生、农民工等重点群体就业困难

增加，间接影响到居民收入及对未来的预期。

(三)农村消费基础配套不足，抑制农村居民消费热

农村基础设施相对滞后，农村商超规模小，商品类型少，品质参差不齐，难以满足现代农村居民的消费需求。随着消费习惯的转变，农村地区网购高频化和消费升级的双向发展趋势明显，但农村地区薄弱的网络物流基础、配送驿站等基础设施无法满足农村居民日益增长的网购和销售的需求，影响了农村居民的消费热情和消费水平。

(四)消费吸引力不足，导致消费外流严重

一是目前湖南消费品市场主要仍停留在传统的销售模式中，销售以生活品类为主，品质高、种类丰富的商品市场主要集中在省会长沙，电商、连锁经营、智慧零售等新型消费发展较慢，难以满足部分居民对高端商品和优质服务的需求，高收入群体大多是选择代购，或者网上购物。二是交通便利加速消费外流。国内城市的飞速发展和道路基础设施的逐步改善，极大程度地便利了居民的出行，长沙“半小时经济圈”的形成进一步推动了省会城市的“虹吸效应”。

三、意见建议

(一)增收稳价，提高居民消费能力

一是持续推进收入分配改革，努力破除制约居民消费的体制机制障碍，进一步提升居民消费能力，增强消费信心，充分释放消费潜力，激发经济增长的内生动力。二是稳定生活物价，抓好基本生活物资市场供应，稳定“米袋子”“菜篮子”“油瓶子”“果盘子”等生活物资价格，降低居民基本生活成本。三是千方百计减轻居民住房、教育、医疗等消费压力，降低消费挤出效应，增加居民在娱乐休闲、旅游等方面的消费。

(二)提升服务，改善居民消费体验

多措并举，提升消费服务，提高消费者满意度，营造放心消费的良好环境。一是进一步加强市场监管，采取行动整顿消费市场秩序，重点整顿教育培训、医疗保健、食品药品等民众反映集中的行业秩序。二是建立民间监督和服务维权机制，聘请社会监督员、行业监督员进行消费监督，多点设立并公示举报和维权电话，畅通消费维权渠道。三是强化信用约束和联合惩戒，将违法失信企业“黑名单”依法向社会公示，建立消费侵权曝光平台，鼓励消费者合法曝光商家违法违规行为，提高商业市场主体失信成本。四是增加品质商品供给。发挥流通引导生产的作用，引导企业注重智能化、柔性化设计和生产，满足多样化个性化消费需求。

(三)加强农村基础设施建设,打通物流"最后一公里"

一是实现物流业与商贸业的高度融合,大幅提高供应链、产业链、价值链集成能力。加快平台整合和供应链融合,增强农村物流基础服务能力。加快完善市县乡三级商贸流通体系,加大乡镇运输服务站和快递站点建设支持力度,提高农村物流网络节点覆盖率,为农产品销售、生产资料和生活消费品下乡提供畅通的物流运输保障。实现"乡乡有网点,村村通快递"的目标,解决农村物流配送"最后一公里问题"。

二是大力振兴农村消费。推进农产品冷链物流强链补链,推动城品下乡、山货进城、电商进村、快递入户,推进电子商务助力乡村振兴。

(罗金城)

湖南数字赋能促消费存"三难"

为了解湖南线上线下融合促消费情况,2021 年 11 月国家统计局湖南调查总队在长沙、湘潭等地开展了专题调研。调研结果显示,湖南多措并举促电商产业快速发展,线上线下融合度不断提升,但企业数字化转型支撑不够、专业人才不足、网购监管风险仍存等问题亟须重视。

一、湖南推动线上线下消费融合取得成效

(一)科学引导数字消费量增质升

疫情防控常态化形势下,各地区充分发挥政府引领作用,通过打造线上线下融合消费场景,激活"数字"消费,大力支持消费类企业做大做强、支持网络消费平台,科学引导和鼓励经营主体在做好疫情防控的前提下正常营业,非必要不关门。长沙打造了"线上美食城"全域营销的完整生态,适时推出"银发经济""童经济"等消费政策。打造商、旅、文、金融联动型城市智慧商圈。推广"电子商务平台+社区智能便利店+集成网络终端"社区商业模式。本土企业兴盛优选通过四次迭代探索出"预售+自提"模式,解决电商最大痛点,在细分领域社区电商中成为全国领跑者。株洲依托"智慧株洲"建设"智慧文旅"平台,打造"株洲文化消费信息平台",目前平台注册用户突破 40 万,入驻商家达 100 多家,上架商品 1 万余件,达成交易 20 多万笔,直接促成文化消费 3000 余万元,间接带动消费超亿元。

(二)创新发展农产品消费新融合

湖南积极探索建立村域经济服务和电子商务相融合,多地建立村级电子商务中心。例

如，益阳资阳区张家塞合兴村在村委会的领导下，成立了村电子商务中心，利用东边湾甜酒这个品牌，在村内收集农户种养的鸡、鸭、鱼，瓜、果、蔬菜等农副产品，将符合环保要求的产品，再包装上架进行上网销售。通过天宇科技公司的"仓买买"平台及到村的物流体系，能够让生活在市区的家乡儿女，在12小时内，及时吃到绿色放心农产品。

各地区积极探索直播带货为产品"立名"和"引流"。湘西州通过举办电商博览会，开展了"千村千红 湘西香伴"湘西桃直播、柑橘大直播、湘西年货节、网红直播带货大赛等活动，为湘西州农产品"立名"，进一步提振消费活力。永州江华县举办"瑶山雪梨"区域公共品牌推介会暨"电商助农·乡村振兴"产销对接会，活动通过抖音、快手等平台吸引了全国各地的30余位网红主播到推介会现场开播，活动当天线上直播销售额累计30余万元，线下产品展销、对接会签订意向采购协议金额1000余万元。

（三）政策扶持开创跨境电商新局面

各地区多措并举培育跨境电子商务市场主体，通过出台各项支持政策、建立专项资金项目扶持跨境电商企业，提高外贸增长的质量和效益。长沙建立跨境电商产教融合联盟，在全国率先制定和实施了技能人才培训及评价规范。调查中多家受访企业反映，均享受过政府出台的跨境电商企业扶持政策，部分企业获得过长沙市电子商务产业发展专项资金，受访企业满意度高，获得感强，感受到了营商环境的持续优化。湘潭抢抓发展机遇，外向型企业发展"跨境电商"。构建了多维度公共服务体系，创新以"飞地模式"建成了湖南省首家跨境电商综合服务中心；构建了高质量发展产业体系，全力推进海外仓建设，在境外自建、合作、租赁海外仓共13个，覆盖13个国家和地区。紧紧抓住成功获批全国第五批跨境电商综试区机遇，实施"百企融网闯国际"行动，新增跨境企业100家。

二、三大瓶颈需突破

（一）数字化转型支撑不够

当前，多数电商平台企业采用的数字技术为通用技术，难以满足生活服务企业"短平快"的数字化转型需求。大部分生活服务企业无力投资建设个性化的数字化系统，更倾向购买价格优惠的标准化数字技术服务。构建新的数字技术平台所需要的资金是企业数字化转型面临的主要问题，尤其是生活服务类的企业转型资金更为短缺。一方面，生活服务企业规模小、竞争激烈，大部分资金用于维持日常经营，能用于中长期数字化投资的资金不足。另一方面，生活服务企业大都经营周期短且不具备股权投资条件，很难获得股权融资，同时缺少抵押，债权融资难度大、成本高。

（二）农村电子商务专业人才不足

农村电子商务是线上线下融合的主战场之一。发展农村电子商务离不开专业性人才，尤其是精通计算机、网络技术、线上营销、物流管理而且熟悉农业经济运行规律的复合型人才。农村地区青壮年常年在外务工,留下来的多是老弱妇孺,从业人员不足尤其是专业人才不足成为制约农村电子商务发展的一个突出短板。长沙县某受访者反映,自己曾任职过一家电商公司,但当时因不熟悉电商服务站点业务,影响了购买者电商体验感,甚至出现过因技术原因偶尔关门的现象。

(三)网购监管风险仍存

调查中发现,部分消费者对网购支付安全心存疑虑,例如银行卡资料等个人信息存在被盗取的风险。消费者对网络支付安全的担忧直接影响其消费行为。个人信息被泄露、被不法分子以钓鱼网站骗取钱财、被植入木马病毒获取账户密码、支付数据被篡改等现象,是当前网络消费者面临的主要安全问题。此外,新业态网购消费的兴起给消费者带来便利的同时,线上产品质量、线下物流售后、网购支付的安全监管存在一定风险漏洞。岳阳某消费者反映,自己是“资深”抖音粉,经常去平台推荐的地方进行“探店”消费,遇到过商品与平台推广的内容“货不对板”的情况,担心以后再次遇到在网购消费中被商品的虚假宣传所诱导而进行下单消费,期盼相关部门加强消费者权益保护和对商品质量的监管。

三、几点建议

(一)发挥平台技术优势,推进协同共治

一是搭建数字化治理体系。加强网络消费诚信及网络安全的监管,顺应数字化发展趋势,形成边界清晰、分工协同、平衡互动的治理结构。二是加快生活服务企业数字化诚信标准建设。发挥政府、第三方机构、产业联盟、协会、龙头企业等的引领作用,组织开展行业相关标准制定,形成对行业数字化监管路径指导。三是充分发挥电子商务平台的“媒介”作用,实现政策精准触达中小商户及消费者。引导中小商户深化与平台合作,靶向发力,提升政策的精准度,提高消费者的满意度。

(二)强化要素支撑,夯实发展基础

一是提高技术支撑保障。加强前瞻性基础研究,增加源头技术供给,鼓励支持5G、云计算、边缘计算、大数据、区块链、人工智能等技术在生活服务业落地应用,形成低成本数字化解决方案供给能力,降低企业转型壁垒。二是提供有力财税支持。加大对生活服务业供给侧数字化财政支持力度,对企业上云、数字化设备、服务购买等进行补贴,提高数字化转型资金保障,精准解决中小企业资金短缺难题;完善税收优惠政策,对数字化转型投入力度大、转型程度高、转型效果好的先进企业,按照技术先进型服务企业税率标准征收企业所得税。

（三）加快培育数字化人才，实现人才共享

一是大力推进高层次人才创新载体建设，引进和培育数字经济领域的领军人才和领军型创新创业团队。二是鼓励发挥平台优势，通过政府购买服务、开放政府资源等方式，开设线上线下结合课程，提高数字化从业人员的数字化技能。三是建立“产教融合”人才培养模式。立足当前，建立实操兼备的“实用型人才”培养模式，开设相关课程和实践操作。四是完善“政企共享”人才管理机制。理顺数字经济人才管理机制，建立数字经济人才共享机制，完善现有、重点引进、企业所需等人才数据库，实现政校企间的人才信息互通和资源共享。

（聂倩雯　欧冠丛）

民生加油站 MINSHENGJIAYOUZHAN

2021 年湖南居民消费服务价格指数小幅上涨

2021 年，湖南居民消费服务价格指数比上年上涨 0.8%，涨幅与上年相比高 1.0 个百分点。其中，城市上涨 0.9%，农村上涨 0.6%。服务项目价格走势呈以下特点：

一、文化娱乐服务价格涨幅居前

2021 年，居民文化娱乐消费需求回升，文化娱乐服务价格上涨 1.2%。其中，电影及演出票价格上涨 6.3%，网络文娱服务价格上涨 4.8%。

二、教育服务类价格明显上涨

2021 年，受民办学校办学成本增加影响，教育服务类价格上涨 1.1%。其中，小学初中教育价格上涨 2.9%，课外教育价格上涨 2.2%，学前教育上涨 1.4%。

三、交通费有所上涨

2021 年，国内防疫形势控制得力，居民外出意愿增强，加上燃油等原材料价格上涨，交通费价格上涨 0.9%。其中，飞机票价格上涨 5.7%，长途汽车价格上涨 0.9%，网约车价格上涨 0.7%。

四、医疗服务价格小幅上涨

根据《湖南省现行医疗服务价格项目目录(2020)》，各市县变更医疗服务类项目收费标准。2021 年，全省医疗服务价格上涨 0.7%。其中，护理价格上涨 6.8%，中医治疗价格上涨 5.9%，临床手术治疗价格上涨 2.6%，临床非手术治疗价格下降 0.1%，康复医疗价格下降 0.9%，实验室诊断价格下降 1.1%，一般医疗服务价格下降 2.0%。

五、家庭服务价格上涨

2021年，因劳动力成本增加，家庭服务价格上涨0.8%。其中，家政服务价格上涨2.2%，其他家庭服务价格上涨0.6%，母婴护理服务价格上涨0.5%，家庭维修服务价格上涨0.1%。

六、旅游价格稳中有升

2021年，国内疫情防控形势好转，旅游服务价格上涨1.2%。其中，旅行社收费价格上涨1.3%，其他旅游价格与上年持平。

七、金融及保险服务价格大幅下降

2021年，受银保监会发布的《关于实施车险综合改革的指导意见》政策影响，金融及保险服务价格下降6.7%。其中，车辆保险价格下降10.5%。

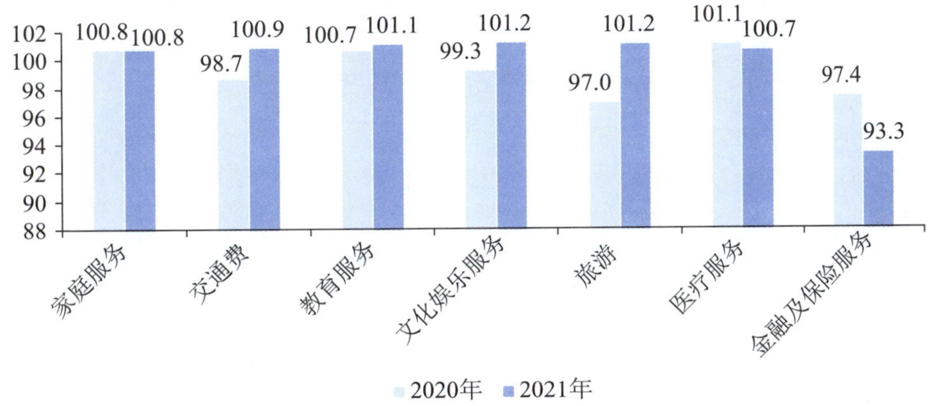

图1　2020年与2021年主要服务类项目价格指数对比图

（邵　羽）

市县链接

衡阳：消费升级态势明显　发展潜力亟待挖掘

——2021年衡阳市居民消费支出分析

随着经济社会的发展，收入水平的提高，衡阳市居民消费能力也稳步增长，消费结构进一步优化，生活质量继续提高。当前，衡阳市城乡居民的家庭消费中，衣、食都得到了基本的满足，人们开始注重高品质的追求，对住和行的要求逐步强烈，消费支出中用于教育文娱的比重明显提升。同时，在全市居民的消费支出结构从生存型持续向发展型和享乐型结构转变过程中，仍有较大消费潜力亟待挖掘。

一、居民消费稳步增长

2021年，衡阳居民人均消费支出达到24960元，同比增长9.3%。其中，城镇居民人均消费支出达到29206元，增长6.1%；农村居民人均消费支出达到20574元，增长13.9%。

从八大类人均消费支出看，呈现"七升一降"态势。其中，食品烟酒支出为7665元，占消费支出比重为30.7%，占比最大。教育文化娱乐支出较快增长，人均为3920元，同比增长20.7%；衣着、居住、生活用品及服务、交通通信、其他用品和服务消费支出平稳增长；医疗保健消费支出有所下降，人均1774元，同比下降0.3%。

表1　2021年衡阳市居民人均消费支出表

指　标	金额(元)	增速(%)	占比(%)
人均消费支出	24960	9.3	100.0
一、食品烟酒	7665	8.9	30.7
二、衣着	1704	7.6	6.8
三、居住	4905	7.7	19.7
四、生活用品及服务	1630	8.5	6.5
五、交通通信	2863	7.3	11.5
六、教育文化娱乐	3920	20.7	15.7
七、医疗保健	1774	−0.3	7.1
八、其他用品和服务	500	9.9	2.0

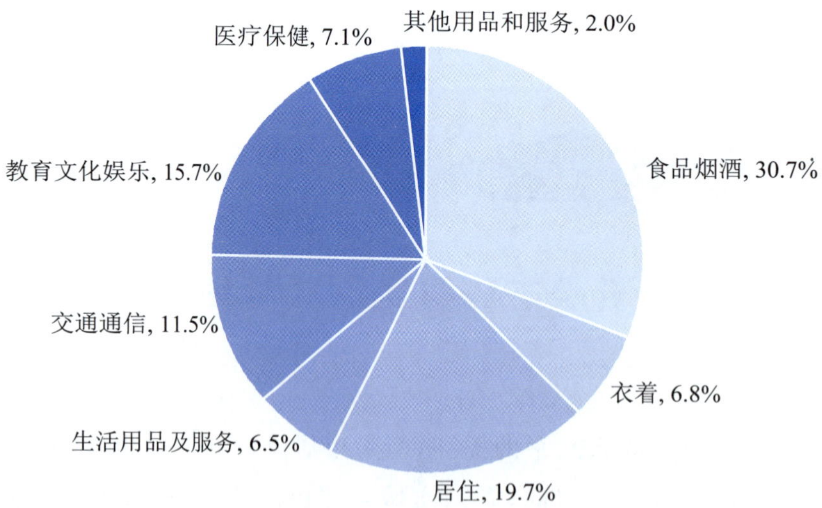

图1　2021年衡阳市八大类人均消费支出结构图

二、消费结构优化升级

（一）城乡差距继续缩小

2021年，衡阳市城乡居民消费支出的差距继续缩小。调查数据显示，城镇居民人均消费支出达到29206元，增长6.1%；农村居民人均消费支出达到20574元，增长13.9%。农村居民人均消费支出增速比城镇快7.8个百分点，城乡人均消费支出绝对值差距从2020年的9464元，降低到2021年的8632元，差距缩小了832元。

（二）饮食结构持续优化

近年来，衡阳市居民饮食观念逐步转变，膳食结构日趋合理，更加注重食品安全和营养搭配。在食品消费中，主食消费支出所占的比重逐年下降。2021年，全市居民用于谷物消费人均145.22公斤，消费量同比下降7.1%。肉类消费人均39.36公斤，消费量增长29.0%，其中猪、牛、羊肉均有增长。全市城乡居民恩格尔系数（居民人均食品烟酒支出占人均消费支出的比重）分别为30.62%、30.83%，与上年基本持平。

（三）教育文娱支出占比提高

随着人们生活水平的提高，追求精神文化消费是目前居民消费发展趋势的一个显著特点，居民在保障吃、穿、住、用、行等基本生活消费的前提下，教育文化娱乐消费已越来越成为居民家庭重要的消费内容。2021年，衡阳市居民人均教育文化娱乐支出3920元，同比增长20.7%，占人均消费支出的比重由上年的14.2%上升至15.7%。其中教育支出2486元，占比10.0%；文化和娱乐支出1433元，占比5.7%。

（四）医疗保健支出有所减少

2021年衡阳市居民人均医疗保健支出1774元，同比下降0.3%。由于2021年以来衡阳疫情防控形势好，没有出现新冠病例，相比于2020年疫情期间有较多个人防护相关支出，如购买口罩、医用酒精等，2021年这一方面的支出有所减少。

（五）生活条件不断改善

2021年衡阳市居民主要耐用消费品拥有量保持继续增长态势。其中，每百户家庭拥有家用汽车36辆，增长24.1%；洗衣机99台，增长4.2%；热水器99台，增长5.3%；空调140台，增长30.8%；电冰箱106台，增长5.0%；排油烟机73台，增长23.7%。

三、需要关注的几个问题

(一)居民消费意愿还不强

面对复杂的宏观经济环境,居民持币观望趋势增强,消费意愿不够强烈,不敢大胆消费,留有余地。据统计,截至2021年底,衡阳市住户存款3511.1亿元,同比增长13.1%。

(二)城乡居民消费水平差距仍然较大

2021年,衡阳市农村居民人均消费支出增速比城镇居民高7.8个百分点,城乡居民消费差距有所缩小。但人均消费支出绝对额仍比城镇居民低8632元,城乡居民消费水平仍有较大落差。从耐用消费品拥有情况看,城镇居民每百户家庭汽车拥有量比农村居民多18辆,空调多98台。

(三)生活必需类消费占比较高

2021年,衡阳市居民“衣食住行”四大类(食品烟酒、衣着、居住和交通通信)支出达到17136元,同比增长8.1%,占消费支出的比重为68.7%。生活必需类消费占居民消费的近三分之二,在相当大程度上限制了居民的其他类消费空间,导致发展型、享受型消费增长受限,影响生活质量提高。

四、挖掘消费潜力的建议

(一)增加居民收入夯实消费根基

要刺激居民的消费支出,增加居民收入是必不可少的基础。影响居民消费结构最直接、最根本的因素就是居民收入。因此,要切实提高居民收入,以促进居民消费支出,从而拉动整体经济增长。全力发展工业,强力推进老工业基地向现代产业强市转变。大力招商引资,鼓励和引导民间资本创业,吸引湘籍企业家来衡阳投资创业。进一步拓宽居民的就业、创业、投资等增收渠道,促进增收多元化,努力实现居民收入增长和经济发展同步,进一步提高居民消费信心和消费能力。缩小城乡居民收入差距,加大各项惠农政策落实力度,切实提高农民增收。

(二)完善保障体系促进消费升级

居住、医疗和教育相关支出,是居民消费的重要部分。因此,要进一步做好住房、教育、医疗等基础服务保障工作,切实减轻居民生活负担,解决居民的后顾之忧,促进居民对发展型和享受型消费的追求,将对美好生活的向往付诸实际的消费行动。减轻群众看病负担,切实做到病有所医。深化养老保障制度，提高养老金待遇水平。做好住房保障体系建设，提高住房使用效率。

（三）优化消费环境畅通消费渠道

加强政策引导，优化商业网点布局，加快新兴地块商圈和社区便民商圈建设，完善地下地面停车设施，降低消费出行时间成本。打造培育一批特色商业街，完善文化、体育等消费设施，打造"一站式"消费终端。大力发展物流运输业，争取让衡阳市成为中部物流枢纽。加快物流信息化、标准化发展，支持大型商贸企业自建配送中心，开展连锁门店集中配送，提升消费便利性。加强价格监督检查，倡导诚信合法经营，进一步提高售后维权便捷程度，为居民营造放心、称心、舒心的消费环境。

（四）转变消费观念释放消费潜力

勤俭节约是中华民族提倡的传统美德，对于地处内地的衡阳人来说，更是如此。因此，改变人们的消费观念对消费支出的优化有非常大的促进作用。应鼓励居民建立健康、科学、合理的消费观念，打破以往的陈旧观念，鼓励居民接受与时俱进的消费观和适度超前消费的新观念，不断提升居民消费的层次。

（王一斌）

株洲：线上线下加速融合　刺激点燃消费热情

科技的进步拓展了新的消费方式，改变着人们的生活，"无人超市""网络支付""网络外卖""无人机快递""主播带货"等等，满足消费者多元需求，进一步提振消费活力。为了解株洲线上线下消费融合发展情况，2021 年 11 月国家统计局株洲调查队实地走访了市发改委、市商粮局、市汽车协会、市服装协会等，结果显示，株洲市加快推进线上线下消费融合，全面提升新型消费产品的供给质量，增强消费对扩内需稳就业的支撑，存在的困难也不容忽视。

一、株洲市多措并举加速推进线上线下融合

（一）政策引导开新路

2019 年出台了《关于促进消费激发居民消费潜力的若干意见》，包括 10 大部分 18 条具体支持政策，从支持消费类企业做大做强、发挥政府引领作用、支持网络消费平台、扩大居民旅游消费等 10 个方面促进居民消费升级。2020 年出台了《关于应对新冠肺炎疫情促进

消费的若干措施》,从支持线上线下融合、提升餐饮服务能力、优化社区便民服务、加快连锁便利店发展,到推进5G消费及应用、开展大宗商品促销、大力促进汽车消费、开展消费积分活动、加快夜间经济发展等,打出政策“组合拳”。2021年制定了《2021年株洲市促进消费工作要点》,明确扩大餐饮娱乐消费、稳定扩大汽车消费等11大重点领域,持续激发消费活力,助推消费市场回暖。

(二)平台建设促发展

株洲依托“智慧株洲”建设“智慧文旅”平台,打造“株洲文化消费信息平台”。据市发改委介绍,目前平台注册用户突破40万,入驻商家由32家增加至100多家,增加了近3倍,上架商品1万余件,达成交易20多万笔,直接促成文化消费3000余万元,间接带动消费超亿元。以餐饮为突破口,通过“政府支持、协会开发”模式,建设株洲市餐饮行业互联网消费服务平台“食在株洲”,平台现有餐饮上下游企业500多家,餐饮企业门店300多家,可提供线上点餐、食材购买、美食团购。平台粉丝量达30万人,日点击上万次,每日稳定订单交易量均在200次以上。同时,积极引导传统生产企业转型,龙头企业开始投入大量财力物力向数字商务转型,如千金、唐人神、沙坡里等中大型生产企业,在近几年中重新整合了公司内部的电商业务,纷纷成立了电商子公司、独立电商部等。

(三)消费活动创活力

2021年以来,株洲市积极开展各类促消费活动,举办2021年株洲市惠民汽车消费节、“百日百场百万人”暨2021芦淞服饰消费节、2021中华茶祖节暨“茶祖红”茶旅文化节等。市商粮局介绍,2021年开展建宁有礼·乐购株洲15场促消费活动,拉动消费15亿元。并大力开展网上年货节等系列活动,各地各平台推陈出新、精彩纷呈,累计在线零售约160万元,线上批发近800万元。

二、存在的困难

(一)新业态新模式发展迅速,缺乏有力监管

据市商粮局介绍,株洲网络零售形成了阿里系(淘宝、天猫)为主,京东商城、苏宁易购、拼多多等电商平台全网销售的体系。株洲商家在“触网生金”的过程中可以选择的方式越来越丰富,但电商企业的分布呈现小、散格局,缺乏龙头企业和产业集聚区,给电商企业监管增加了难度。

(二)电商平台促消百花齐放,缺乏本土品牌

目前株洲形成了以天猫、淘宝为主的传统网店、以阿拉起航为代表的社群电商、以抖

音、快手平台为主的直播电商等各类电商渠道。培育了七十二变、婳妖、战狼等一批本土纯电商品牌天猫店铺以及欧薇服饰、唐人坊、新素白服饰、狼狐轩等一批原创服饰品牌线上线下相结合新模式。虽然在服饰、餐饮等领域已经形成了一批本土品牌，但整体规模和影响力都极其有限，服饰行业品牌多依托天猫、淘宝等网络平台，餐饮行业多依托美团、饿了么等电商平台，没有形成真正的引领型企业，难以形成品牌带动效应。

（三）消费新模式转型升级快，缺乏专业人才

随着服务业新业态、新模式的发展和经济结构的迅速转换，对服务业特别是生产型服务业的需求急剧增加。株洲市汽车协会相关负责人表示，目前服务业高级专门人才储备不足，服务业的蓝领人才存在结构性短缺，精通法律、市场、管理的开放型专业人才十分紧缺。人才结构配置不合理，在信息服务业中，既缺乏创意、规划和设计的高端人才，又缺乏一大批拥有一定技术能力的蓝领。

三、相关建议

（一）丰富形式，加快培育消费新增长

鼓励国家发展在线教育、在线医疗、在线文娱、智慧旅游、智能体育等消费新业态，推动线上线下消费双向提速。大力发展夜间经济，规划建设一批酒吧街、特色小镇等特色街区、夜生活街区，打造时尚消费、品质消费和“夜间经济”地标。

（二）加大投入，促进培育消费新动能

积极打造直播经济新高地，对互联网经济、平台经济加大资金政策支持力度，发挥本地服饰、陶瓷、硬质合金、农副产品等产业优势，重点聚集一批头部直播机构，孵化一批网红品牌，捧红一批网红带货达人，推动传统产业转型升级，为高质量发展提供强劲动力。

（三）丰富内容，大力发展电商新业态

支持“无接触”交易，促进零售实体转型升级，积极培育本地跨境电商产业，积极申报跨境电商试点城市。大力推进直播经济，积极举办直播电商高峰论坛、直播带货大赛等活动，提升电商品牌知名度和影响力。

（朱景楠）

怀化：优化平台企业监管 “强三关”改善消费环境

为了解怀化市在引导平台企业合理降低商户服务费采取的创新举措、取得具体成效及推进相关政策落实落地面临的困难等情况，2021 年 9 月国家统计局怀化调查队对怀化市市场监督管理局、怀化奇讯得网络有限公司、怀化冰浪科技网络有限公司、京东云（怀化）数字经济产业园、京东云（怀化）直播中心、沁云粉馆等部门及平台企业和商户进行了实地走访调查。调查显示，相关部门多项举措查处涉嫌垄断行为的平台企业，保障企业可以在多家平台开展业务，电商、直播平台助力怀化本地农特产品走向全国，但困难与阻力也不容忽视，建议强化平台监管、商户入驻与媒体宣传，合力改善消费环境。

一、平台企业的基本情况

怀化奇讯得网络有限公司是怀化市鹤城区“饿了么”总代理商，怀化“饿了么”2016 年入驻，2019 年被现任负责人黄河接手，公司员工 300 人左右，其中 37 位管理人员，250 位左右相对稳定的外卖骑手，平台签约商户在 1500～1600 家区间浮动。

京东云（怀化）数字经济产业园入园企业 128 家，其中年销售额 2000 万以上 12 家，1000 万以上 6 家，主营电商企业涉及京东、天猫、拼多多、社区团购、直播等诸多渠道平台。京东云（怀化）直播中心由京东云（怀化）团队承建管理，2020 年 11 月 20 日挂牌成立，有 14 间专业直播间，配备专业的视频音频设备，是目前武陵山片区规模最大的直播基地。团队 15 人，常驻主播 10 人，大多是本地网红，借助京东、腾讯、抖音、快手等直播平台，助力怀化市农产品走向全国。京东云（怀化）数字经济产业园穆文镜反映，根据怀化市政府和京东云（怀化）基地要求，怀化云鹰互动科技有限公司争取到央视 2 套《回家吃饭》节目组来怀化录制节目，宣传本地特色美食，助力 2021 京东・怀化首届电商直播大赛。同时，该公司积极落地电商服务体系，对本地企业和院校进行直播及理论培训，培训服务企业 36 家，培训时长 286 小时，培训人员 647 名。园区入驻商家怀化冰浪科技网络有限公司旗下有多个网络店铺，其中最具代表性的是淘宝“甜蜜有礼旗舰店”，店铺以销售冰糖橙、蜜桔、芒果等水果为主，2020 年销售额达 2000 万元。

二、优化平台企业监管，改善消费环境

怀化市市场监督管理局立足市场监管职能职责，进一步强化平台企业监管，引导平台企业合理降低商户服务费，进一步改善消费环境。

(一)强化工作督导

怀化市市场监督管理局深入全市各平台企业进行督导检查和业务指导,引导各平台企业采取减免场地租金、降低推广费用、降低店铺佣金比例等形式,降低商户经营成本,优化营商环境,改善消费环境。从京东云(怀化)数字经济产业园获悉,武陵山电子商务产业园整栋楼提供给企业免费办公。形成生鲜产业聚集规模优势,减低了产品成本,以园区电商主营的生鲜水果为例,2021 年 4 月开店保证金从原来的 5 万元降至 2 万元,费率从原来的 5%降至 3%,平台使用费 1000 元/月(未变)。2021 年京东极速版为重点推广,开店保证金仅需 1 万元,费率 1%。同时,利用平台优势,承建管理怀化市电商直播中心,推进“数字新蓝海”计划,为商户入驻、商品推广提供便利。

(二)强化反垄断监管

怀化市市场监督管理局紧紧围绕强化竞争政策的基础性地位,开拓创新,积极作为,着力预防和制止平台企业垄断行为。5 月 17 日,怀化市市场监督管理局配合市场监管总局对美团“二选一”等涉嫌垄断行为立案调查,成立专案组,依照法定程序,重点对美团实施“二选一”行为情况、保障行为实施的具体措施、造成的损害等情况以及需要调查的 5 家商户进行相关调查,提取相关证据材料。7 月 12 日,配合省垄断局对龙形公司、湖南省信息通信行业协会怀化市办事处、湖南省通信管理局怀化市通信发展管理办公室等 11 个部门进行涉嫌垄断案件的调查。

(三)强化价格监管

切实解决群众价费诉求热点、难点,深入开展居民“菜篮子”价格巡查与监测、违规涉企收费专项整治、转供电环节电价监管,配合开展全省电力价格监督检查,扎实推进价格监管和反不正当竞争工作。针对“拼多多”销售平台有多家商家以低价宣传出售麻阳冰糖橙情况,怀化市市场监督管理局配合省局对“拼多多”销售平台指明直接存在的问题,提出 9 个方面的明确要求,强化该平台企业的自我约束和自我管理,要求承担社会责任,坚持依法合规经营。同时,下发了《关于对柑橘销售市场不正当竞争行为加强监管的通知》,要求各县市区立即对本地柑橘销售市场是否涉嫌虚假宣传等不正当竞争行为展开线索排查及案件查办工作。

三、存在的困难与问题

(一)部分外卖平台经营困难,亏损严重

怀化“饿了么”负责人黄河反映,以平台餐饮为例,大多数抽成费率在 20%~23%,推

介费是商户在平台APP以类似购买流量的模式自愿充钱续费，推介费直接汇到总部，怀化“饿了么”并未收取推介费行为，公司2019年接手至今亏损达800万元。美团在怀化本地市场份额较大，又对部分商户实施“独家”“二选一”行为，如再降低抽成费率，其他平台公司将举步艰难。

（二）外卖平台费率过高，对入驻商户缺乏后期监管

沁云粉馆（湖天路店）老板反映，店里员工4～5人，每日营业额3000元左右，怀化“饿了么”抽成费率20%。商户入驻线上平台门槛并不高，只要“三证齐全”就能入驻。一些只做线上平台无堂食的专业外卖店，餐食价格低廉，店内卫生情况堪忧，平台对此类店铺上线后并无监管，而作为扎扎实实经营堂食店铺来说，经营成本会比专业外卖店要高，抽成20%属于“赔本赚吆喝”的状态。

（三）机构在地方权限有限

京东云（怀化）数字经济产业园穆文镜反映，该机构属于派驻机构，人事、财政在总部，做事相对来说不够灵活。麻阳冰糖橙是怀化本地最大电商产业单品，2021年该项目预算可能会比不上2019年、2020年，穆文镜对2021年冰糖橙产业节项目预算表示担忧。

（四）本地企业、商户商业观念固化

京东云（怀化）直播中心负责人李宝反映，部分本地企业商业意识固化，对直播平台、网红带货等新兴销售渠道接受度、信任度欠佳，不愿投资、不敢试错、不肯尝试。

四、意见与建议

（一）相关职能部门加强“监管关”

相关部门要加强对外卖平台的监管，做到事前合规、事中审查、事后执法全链条监管，营造更加公平、公正的营商环境。依法依规查处外卖平台通过提高费率、降低流量、限缩订单范围、干扰搜索结果等手段强制餐饮企业“独家”“二选一”的行为，保障餐饮企业可以多家平台开展业务。督促引导相关平台企业降低商户服务费，减轻中小商户负担。

（二）外卖平台企业严把商户“入驻关”

平台企业对入驻商户及食品制作过程开展定期检查、实地监测，确保严格遵守国家食品安全法律法规。继续扩大费率透明化、合理化范围，进一步推进费率改革，扩大费率改革试点。

（三）转变本地企业商业观念，加强媒体“宣传关”

大力宣传平台优秀销售案例，相关部门成立专项小组，领导带头参与本地农产品直播带货，鼓励企业、商户对直播平台新兴销售渠道的投资及尝试。

（谭婷婷）

2022湖南民生调查报告

住房篇

政策背景

2021 年是房地产行业的关键转折之年:“十四五”规划全面开启,中央延续“房住不炒”,“三道红线”政策效果愈发显现。与此同时,房地产企业融资受限,房地产行业也面临前所未有的压力,发展节奏整体放缓。

调控方面政策 中原地产研究中心数据显示,2021 年全年调控次数为 651 次,同比上涨 33%,创历史新高。综合全年的走势来看,2021 年房地产市场调控政策整体呈现先紧后松态势。上半年,房地产调控政策以缩紧为主,企业层面“三条红线”、集中供地等政策接连落地。其中,“三道红线”改变了行业“举债扩张”的增长逻辑,房地产去金融化脚步加速;而“供地两集中”政策则旨在降低土地竞拍热度,引导市场合理回归。由于市场对上半年调控政策的收紧反应强烈,下半年新房销售明显遇冷。面对渐渐冷淡的房地产市场,监管层在下半年持续发声稳定预期。12 月,人民银行和银保监会联合印发通知,明确银行业金融机构要按照依法合规、风险可控、商业可持续的原则,稳妥有序开展房地产项目并购贷款业务。包括桂林、晋江、呼和浩特、荆门、衡阳、开封、南宁、保定等部分城市已开始出台政策提振市场,最典型的政策内容是人才补贴、购房补贴。此外,还有城市要求新房销售价不得低于初始备案价的一定比例,限制恶意降价。

保障方面政策 坚持“房住不炒”的定位,大力发展保障性租赁住房政策。3 月 13 日,两会发布《中华人民共和国国民经济和社会发展第十四个五年规划和 2035 年远景目标纲要》,将保障性租赁住房作为实现“房住不炒”政策重要的措施,提出以人口流入多、房价高的城市为重点,扩大保障性租赁住房供给,着力解决困难群体和新市民住房问题。4 月 15 日,住房和城乡建设部、国家发展改革委、市场监管总局等 6 部门联合印发《关于加强轻资产住房租赁企业监管的意见》。《意见》主要从“加强从业管理”“规范住房租赁经营行为”“开展住房租赁资金监管”“禁止套取使用住房租赁消费贷款”“合理调控住房租金水平”“妥善化解住房租赁矛盾纠纷”“落实城市政府主体责任”七方面入手,旨在引导住房租赁企业回归住房租赁服务本源,促进住房租赁市场健康发展。4 月 30 日,中共中央政治局召开会议,再次重申要坚持房子是用来住的、不是用来炒的定位,增加保障性租赁住房和共有产权住房供给,防止以学区房等名义炒作房价。7 月 2 日,为加快发展保障性租赁住房,促进解决好大城市住房突出问题,国务院办公厅下发了《关于加快发展保障性租赁住房的意见》。

金融方面政策 2021 年房地产调控从金融端发力,出台新政定基调,加强市场监管,根据市场变化适时补漏调整,“双管齐下”抑制投机,同时保障房地产市场平稳发展。1 月 1 日,央行联合银保监会发布的《关于建立银行业金融机构房地产贷款集中度管理制度的通知》开始施行,给银行分档设置房地产贷款余额占比上限和个人住房贷款余额占比上限,

"超线"的银行必须限期整改。"两道红线"是继2020年8月住建部、央行对房企有息负债规模设置了"三道红线"之后，房地产市场迎来的又一重磅金融政策。两项政策形成联动效应，切实从源头上控制流入房地产的资金，意味着房地产市场的调控深入到金融端资金的源头，以有效抑制楼市过热。据人民银行网站消息，12月13日，人民银行党委召开扩大会议，对房地产行业提出，坚持"房住不炒"的定位，稳妥实施好房地产金融审慎管理制度，加快完善住房租赁金融政策体系，因城施策促进房地产业良性循环和健康发展。

旧改方面政策 2020年7月，国务院发布《关于全面推进城镇老旧小区改造工作的指导意见》，这意味着：从2021年起，"棚改"退出后，老房子将都会按"旧改"新规来处理。据建设部副部长黄岩介绍，老社区改造主要包括"水煤气管网改造""电梯、停车场、节能养老改造""加大和改进物业管理和公共服务"等。可以说，这一变化的内容非常全面。除了小区的布局和房屋的主体结构，其他室外能源也可以基本改变。2021年3月，《中华人民共和国国民经济和社会发展第十四个五年规划和2035年远景目标纲要》提出"加快推进城市更新，改造提升老旧小区、老旧厂区、老旧街区和城中村等存量片区功能"，足见城市存量更新改造工作在"十四五"时期的重要性。城市存量更新的核心问题在于实施机制。2021年12月14日，住房和城乡建设部办公厅、国家发展改革委办公厅、财政部办公厅联合印发《关于进一步明确城镇老旧小区改造工作要求的通知》（建办城〔2021〕50号），要求各省把牢底线要求，坚决把民生工程做成群众满意工程。

土地政策 2021年7月2日，国务院公布新修订的《土地管理法实施条例》，自2021年9月1日起施行。新的《土地管理法实施条例》专门增加规定：国家对耕地实行特殊保护，严守耕地保护红线，严格控制耕地转为林地、草地、园地等其他农用地。耕地应当优先用于粮食和棉、油、糖、蔬菜等农产品生产。按照国家有关规定需要将耕地转为林地、草地、园地等其他农用地的，应当优先使用难以长期稳定利用的耕地。新的《土地管理法实施条例》完善了土地违法行为的处罚措施，增加了违法占用永久基本农田发展林果业和挖塘养鱼应当承担的法律责任规定，同时提高了对违法占地、违法转让等违法行为罚款的处罚额度。新的《土地管理法实施条例》将"宅基地管理"单列一节，对宅基地布局和建设用地指标安排作出明确规定，要求县级以上地方人民政府应当按照国家规定安排建设用地指标，合理保障本行政区域内农村村民宅基地需求，乡（镇）、县、市国土空间规划和村庄规划应当科学划定宅基地范围。

人口、人才政策 2021年4月，国家发改委印发《2021年新型城镇化和城乡融合发展重点任务》。明确城区常住人口300万以下城市落实全面取消落户限制政策，实行积分落户政策的城市确保社保缴纳年限和居住年限分数占主要比例。城市落户政策要对租购房者同等对待，允许租房常住人口在公共户口落户。推动具备条件的城市群和都市圈内社保缴纳年限和居住年限累计互认。2021年11月底发布的政策显示，凡在上海"五个新城"和自贸区新片区就业的上海市应届研究生毕业生，不必"打分"，符合基本条件就可直接落户。

2021年广州人才引进政策又有惠民新政出炉。《广州市引进人才入户管理办法实施细则》4月22日正式实施，明确取消硕士研究生、博士研究生的留学人员入户社保参保年限限制。同时，对于引进人才申报方式进行了重大改革，符合条件的引进人才今后可以通过用人单位及主管部门申报，还可以选择个人直接申报入户。

湖南省举措 2021年，湖南认真贯彻落实国家房地产调控政策，继续坚持“有房不炒”的政策定位，坚持稳房价、稳地价、稳预期、分类引导、精准施策落实，不断加强房地产市场供需双向调节。上半年，房地产市场稳步发展，下半年随着房地产宏观调控、新冠疫情反复及行业重点企业负面消息影响等多重因素叠加，房地产市场进入调整期。

各市州根据本地房地产市场成交走势、库存状况、房价状况等情况，因地制宜、分类调控，优化房地产调控政策，做到“一城一策”“因城施策”。如长沙继续坚持“五限”政策，坚持调控力度不动摇，全面推进一手房、二手房、保障房、租赁房等涉房业务“一网通办”，实现预售资金、银行贷款资金、公积金、物业维修资金、住房补贴金“五金联动发力”，有效提升市场监测监管能力，保障长沙房地产市场平稳健康发展。湘潭持续贯彻“稳地价、稳房价、稳预期”的政策主基调，先后出台了《关于促进房地产行业高质量发展的若干措施》和《湘潭市房地产市场秩序专项整治三年行动实施方案》等政策，整治和规范全市房地产市场秩序，强化房地产市场监管，提升住房品质，稳定市场预期，完善住房市场和保障体系。株洲出台了《株洲市房地产市场平稳健康发展长效机制“一城一策”工作方案》《关于调整部分住房公积金使用政策的通知》等政策，强化房地产市场信用管理，稳定住房价格和预期。衡阳陆续出台了《关于进一步促进房地产市场平稳健康发展的若干意见（试行）》《衡阳市城区新建商品住房和地下车位财政购房补贴实施方案》等政策，促进房地产市场健康有序发展。

（凌　媛）

民生加油站 MINSHENGJIAYOUZHAN

新《土地管理法实施条例》亮点解读

2021年7月2日，国务院总理李克强签署第743号国务院令，公布新修订的《土地管理法实施条例》，自2021年9月1日起施行。这是《土地管理法实施条例》自1998年全面修订后的第二次全面修订，是保证2019年新修正的《土地管理法》顺利实施的重要法律武器。新《土地管理法实施条例》诸多亮点值得关注：

亮点一：严格控制耕地转为非耕地

1998年的《土地管理法》及《土地管理法实施条例》均将控制农用地转为建设用地作为土地用途管制的核心和重点，对农用地之间的转化缺乏制度性的约束，导致实践中耕地转为林地、草地、园地等现象大量存在，严重影响国家粮食安全。为此，新的《土地管理法实施条例》专门增加规定：国家对耕地实行特殊保护，严守耕地保护红线，严格控制耕地转为林地、草地、园地等其他农用地。耕地应当优先用于粮食和棉、油、糖、蔬菜等农产品生产。按照国家有关规定需要将耕地转为林地、草地、园地等其他农用地的，应当优先使用难以长期稳定利用的耕地。从而进一步拓展了土地用途管制的重点和内容。

亮点二：明确耕地保护的责任主体是省级人民政府

加强耕地保护，必须首先明确耕地保护的责任主体。新的《土地管理法实施条例》在总结多年来党中央、国务院关于强化耕地保护责任主体制度实施经验的基础上，首次从行政法规层面明确了耕地保护的责任主体，规定：省、自治区、直辖市人民政府对本行政区域耕地保护负总责，其主要负责人是本行政区域耕地保护的第一责任人。省、自治区、直辖市人民政府应当将国务院确定的耕地保有量和永久基本农田保护任务分解下达，落实到地块。国务院对省、自治区、直辖市人民政府耕地保护责任目标落实情况进行考核。

亮点三：建立耕地保护补偿制度

为贯彻落实党中央、国务院关于加强对耕地保护责任主体的补偿激励，积极推进中央和地方各级涉农资金整合，按照“谁保护、谁受益”的原则，加大耕地保护补偿力度的要求，新的《土地管理法实施条例》在总结全国部分地方实施耕地保护补偿制度成功经验的基础上，对建立耕地保护补偿制度做出明确规定：国家建立耕地保护补偿制度。耕地保护补偿制度具体办法和实施步骤由国务院自然资源主管部门会同有关部门规定。

亮点四：细化土地征收程序

新的《土地管理法实施条例》以维护被征地农民合法权益为核心，对《土地管理法》规定的土地征收程序进行了细化规定。主要包括：(1)发布土地征收预公告，启动土地征收。市、县人民政府认为符合《土地管理法》第四十五条规定的公共利益，需要启动土地征收的，发布土地征收预公告，开展土地现状调查和社会稳定风险评估；(2)组织编制征地补偿安置方案，并进行公告和听证；(3)签订征地补偿安置协议，对个别难以达成征地安置协议的，在申请征收土地时如实说明；(4)申请土地征收审批；(5)土地征收经依法批准后发布土地征收公告，公布土地征收范围和征收时间，对个别未达成征地补偿协议的作出征地补偿安置决定；(6)实施土地征收。

亮点五：明确集体经营性建设用地入市交易规则

新的《土地管理法实施条例》在《土地管理法》关于集体经营性建设用地入市规定的基础上，进一步明确入市交易规则，要求国土空间规划要合理安排集体经营性建设用地布局和用途，促进集体经营性建设用地的节约集约利用。同时，明确了集体经营性建设用地出让、出租方案的编制和审查要求，规定：土地所有权人应当依据规划条件、产业准入和生态环境保护要求，编制出让、出租方案，报市、县人民政府。集体经营性建设用地出让、出租应当签订书面合同，并对合同应当包括的内容进行了明确的规定。对通过出让方式取得的集体经营性建设用地再转让的，也应当签订书面合同，并通知土地所有权人。

亮点六：保障农村村民的宅基地权益

新的《土地管理法实施条例》将“宅基地管理”单列一节，对宅基地布局和建设用地指标安排作出明确规定，要求县级以上地方人民政府应当按照国家规定安排建设用地指标，合理保障本行政区域内农村村民宅基地需求，乡（镇）、县、市国土空间规划和村庄规划应当科学划定宅基地范围。针对部分地方在合村并居中出现的侵犯农村村民宅基地合法权益的问题，新的《土地管理法实施条例》专门作出四禁止规定：禁止违背农村村民意愿强制流转宅基地，禁止违法收回农村村民依法取得的宅基地，禁止以退出宅基地作为农村村民进城落户的条件，禁止强迫农村村民搬迁退出宅基地。

亮点七：持续优化建设用地审批流程

新的《土地管理法实施条例》在《土地管理法》关于调整农用地转用审批权限、取消省级人民政府批准的征地报国务院备案的基础上，持续优化建设用地审批流程，深化“放管服”改革：一是合并预审和选址意见书，规定：建设项目需要申请核发选址意见书的，应当合并办理建设项目用地预审与选址意见书，核发建设项目预审与选址意见书；二是减少审批层级，规定市县人民政府组织自然资源等部门拟定农用地转用方案，报有批准权的人民政府批准，删去原来“逐级”上报审批的规定；三是简化建设用地报批材料，将现行的“一书四方案”（建设用地呈报书和农用地转用方案、补充耕地方案、征收土地方案和供地方案）合并调整，按照“批什么就审什么”的要求，整合为农用地转用方案和土地征收申请，并明确了有批准权的人民政府对农用地转用方案和土地征收申请审查的要点；四是明确国务院和省级人民政府在土地征收审批中，主要是对土地征收的必要性、合理性、是否符合《土地管理法》第四十五条规定的公共利益确需征收土地情形以及是否符合法定程序进行审查；五是将征地补偿安置方案的决定权交由县级以上地方人民政府负责。国务院或者省、自治区、直辖市人民政府批准土地征收后，对于个别未达成征地补偿安置协议的，由县级以上地方人民政府作出征地补偿安置决定，并组织实施，以体现权责对等，进一步压实了市县人民政府征地补偿安置的主体责任。

亮点八：构建国土空间规划管理制度

将主体功能区规划、土地利用规划、城乡规划等空间规划融合为统一的国土空间规划，是党中央作出的重大决策部署。新的《土地管理法实施条例》在《土地管理法》关于国土空间规划体系和编制要求的基础上，用“国土空间规划”取代原来的“土地利用总体规划”，明确了国土空间规划的效力和内容，规定国土空间规划应当统筹布局农业、生态、城镇等功能空间，划定落实永久基本农田、生态保护红线和城镇开发边界。国土空间规划应当包括国土空间开发保护格局和规划用地布局、结构、用途管制要求等内容，明确建设用地规模、耕地保有量、永久基本农田保护面积和生态保护红线等要求，提高土地节约集约利用水平，保障土地的可持续利用。

亮点九:完善临时用地管理

临时用地是指建设项目施工、地质勘查等需要临时使用的土地。针对实践中存在的临时用地的期限过于单一、临时用地土地复垦责任不落实等情形,新的《土地管理法实施条例》对临时用地管理作出创新规定,明确临时用地应当尽量不占或者少占耕地。临时用地的期限一般不超过二年。建设周期较长的交通、水利、能源等基础设施建设使用的临时用地,期限不超过四年,法律、行政法规另有规定的除外。土地使用者应当自临时用地期满之日起一年内完成土地复垦,使其达到可供利用状态。

亮点十:为土地督察权的行使划定边界

自2004年国务院28号文首次提出建立国家土地督察制度以来,土地督察机构从无到有,在实践中探索,在探索中前进,在监督地方政府依法管地用地、严格保护耕地等方面发挥了重要作用。在《土地管理法》将国家土地督察制度上升为法律制度的基础上,新的《土地管理法实施条例》进一步为土地督察权的行使划定边界,确保土地督察在法治轨道上运行:一是明确国家自然资源督察机构根据授权对省、自治区、直辖市及国务院确定的城市人民政府土地利用和土地管理情况进行督察。二是明确了土地督察的六大核心内容:(1)耕地保护情况;(2)土地节约集约利用情况;(3)国土空间规划编制和实施情况;(4)国家有关土地管理重大决策落实情况;(5)土地管理法律法规执行情况;(6)其他土地利用和土地管理情况。三是明确国家自然资源督察机构行使土地督察权的方式主要包括:向被督察的地方人民政府下达督察意见书,约谈被督察的地方人民政府有关负责人,并可以依法向监察机关、任免机关提出追究相关责任人责任的建议。

亮点十一:挂牌出让有了法律地位

挂牌出让方式是在多年的土地管理实践中探索出的具有强大生命力的市场化配置建设用地使用权的出让方式。2002年原国土资源部11号令《招标拍卖挂牌出让国有土地使用权规定》,明确了挂牌出让国有土地使用权的内涵和程序。实践中,挂牌方式成为国有建设用地使用权出让的主要方式,显示出强大的生命力。这次新的《土地管理法实施条例》首次从行政法规层面确立了挂牌出让方式的法律地位,规定:除依法可以采取双方协议方式外,应当采取招标、拍卖、挂牌等竞争性方式确定土地使用者。

亮点十二:加大对土地违法行为的处罚力度

为了加大对土地违法行为的打击力度,采取长牙齿的措施切实保护耕地,实施世界上最严格的土地管理制度,新的《土地管理法实施条例》完善了土地违法行为的处罚措施,增加了违法占用永久基本农田发展林果业和挖塘养鱼应当承担的法律责任规定,同时提高了对违法占地、违法转让等违法行为罚款的处罚额度。同时,为了有效解决违法建筑的没收问题,新的《土地管理法实施条例》专门增加规定:县级以上人民政府自然资源主管部门没收在非法转让或者非法占用的土地上新建的建筑物和其他设施的,应当于九十日内交由本级人民政府或者其指定的部门依法管理和处置。

(自然资源部门户网站)

全景扫描

2021 年湖南省房地产市场形势

一、2021 年度湖南省房地产市场基本情况

2021 年，湖南省房地产市场进入调整期，房地产开发投资增速持续回落，商品房销售和房地产用地供应均出现下降，房价平稳可控。

(一)房地产开发投资增速继续回落

1—12 月，湖南省完成房地产开发投资 5427.83 亿元，同比增长 11.2%，较 1—11 月回落 1.5 个百分点，已连续 10 个月回落，高于全国平均增速 6.8 个百分点，两年平均增长 10.5%，总量、增速在全国排名第 10 位、第 4 位，在中部排名第 4 位和第 2 位。从投资结构看，住宅完成开发投资 4164.61 亿元，占房地产开发投资的比重为 76.7%，同比增长 15.2%；办公楼完成投资 143.57 亿元，同比减少 18.1%；商业营业用房完成投资 639.78 亿元，同比增长 5.7%；其他房屋完成投资 479.87 亿元，同比减少 1%。

分城市看，1—12 月，长沙市完成房地产开发投资 2236.12 亿元，同比增长 19.7%。三四线城市完成房地产开发投资 3191.71 亿元，同比增长 10.2%。湖南省 10 个市州房地产开发投资实现正增长。其中，增幅较大的为长沙、湘西和永州，分别增长 19.7%、19.2%、17.8%；株洲、湘潭、常德和张家界 4 个市州为负增长，张家界降幅最大，下降 28%。

(二)新建商品房销售面积下降

1—12 月，湖南省新建商品房销售面积 9188.79 万平方米，同比减少 2.6%，较上年同期回落 6.3 个百分点，两年平均增长 0.5%，总量、增速分别在全国排名第 8 位、第 21 位，在中部排名第 3 位、第 5 位。其中，住宅销售面积 8316.71 万平方米，同比减少 2.2%；办公楼销售面积 101.72 万平方米，同比减少 8.1%；商业营业用房销售面积 523.23 万平方米，同比增长 3.3%；其他房屋销售面积 247.13 万平方米，同比减少 11.4%。新建商品房销售额 6040.51 亿元，同比增长 1.6%，两年平均增长 4.1%。其中，住宅销售额 5390.44 亿元，同比增长 3.2%；办公楼销售额 107.05 亿元，同比减少 12.1%；商业营业用房销售额 444.38 亿元，同比减少 7.9%；其他房屋销售额 98.64 亿元，同比减少 17.4%。

1—12 月，长沙市新建商品房销售面积 2605.79 万平方米，占湖南省的 28.4%，同比增长 9.5%，高于湖南省增速 12.1 个百分点，销售额 2620.32 亿元，同比增长 19.3%。三四

线城市新建商品房销售面积6583.00万平方米，同比减少6.7%；销售额3420.19亿元，同比减少8.8%。

（三）商品住宅价格总体平稳

1—12月，湖南省新建商品住宅均价6481元/平方米，中部排名第5位，全国排名第25位，仅高于河南、黑龙江、广西、甘肃、新疆和贵州。1—12月，长沙市新建商品住宅均价10119元/平方米，在30个直辖市、省会城市（除拉萨外）中排名第20位。

（四）新开工面积持续下滑

1—12月，湖南省房地产施工面积42660.89万平方米，同比增长4.7%。房屋新开工面积10168.21万平方米，同比减少6.9%，已连续三个月下降，降幅较1—11月扩大1.9个百分点；其中，住宅新开工面积7992.24万平方米，同比减少3.8%。房屋竣工面积4604.23万平方米，同比增长16.2%。

（五）土地供应量减少

1—12月，湖南省房地产用地供应7956.0公顷，同比减少10.6%，增速较上年同期回落46.1个百分点，两年平均增长10.1%。其中，住宅用地供应量5812.99公顷，同比减少12.2%，占房地产用地供应量的73.1%；商服用地供应2143.01公顷，同比减少5.8%，占房地产用地供应量的26.9%。根据四季度城市地价动态监测数据，从同比看，长沙、株洲、湘潭、衡阳、岳阳、常德住宅用地地价同比增长率分别为2.95%、−0.55%、0.44%、4.98%、5.25%、2.90%；从环比看，长沙、株洲、湘潭、衡阳、岳阳、常德市住宅用地地价环比分别增长0.80%、−0.47%、−0.11%、0.07%、1.02%、0.25%。

（六）房地产贷款增速持续放缓

截至12月末，湖南省房地产贷款余额16341.44亿元，占全部贷款余额的29.3%，同比增长8.5%，较上年同期回落4.8个百分点，增速已经连续三年放缓。湖南省房地产贷款新增1276.7亿元，同比少增484.4亿元。从贷款投向来看，房地产开发贷款余额3956.16亿元，同比增长0.6%，增速较上年同期回落3.7个百分点；个人住房贷款余额11671.46亿元，同比增长12.2%，增速较上年同期回落6个百分点。12月，湖南省首套房贷款平均首付比例、利率分别为33.9%和5.61%，分别低于二套房贷款9.05个和0.35个百分点。

（七）房地产税收保持增长

1—12月，湖南省完成房地产税收收入1216.06亿元，同比增长3%，增速较上年同期提高3.31个百分点，两年平均增长1.34%；占税收总收入比重为26.98%。房地产税收地方部分 1025.49 亿元，同比增长 4.88%；占地方一般公共预算收入比重为 31.55%，占比较上年同期回落 0.95 个百分点；占地方税收收入比重为 45.66%，占比较上年同期回落 1.85 个百分点。

二、下阶段形势研判

2021 年 12 月，中央经济工作会议强调，要坚持房子是用来住的、不是用来炒的定位，加强预期引导，因城施策促进房地产业良性循环和健康发展。在此背景下，湖南省将坚持稳字当头、稳中求进，坚持“房住不炒”定位，稳妥实施房地产长效管理机制。预计湖南省房地产市场呈现以下发展趋势。

（一）房地产开发投资增速持续回落

土地供应减少将影响房企新开工规模，市场活跃度不足、资金压力较大亦降低了部分企业开工意愿，房企投资渐趋谨慎。但在建项目施工规模较大，相关建筑工程投资仍对开发投资形成一定支撑，租赁住房的建设也将对开发投资起到拉动作用，预计湖南省房地产开发投资仍将保持一定增长，增速将回落到个位数区间。

（二）商品房销售增速前低后高

受个别房企资金链紧张、债务违约风险显现等因素的影响，市场观望情绪较重，叠加房地产税试点短期对市场预期或带来一定冲击，需求入市动力偏弱，市场上半年或将延续调整态势，但新型城镇化不断推进，促使刚性需求持续释放，加上信贷环境迎来边际宽松，市场销售规模仍有保障，预计市场将逐渐企稳回暖，湖南省商品房销售增速呈前低后高的走势。

（三）房地产市场分化加剧

长沙经济韧性强、人口吸引力大，市场需求旺盛，房地产市场有望继续保持增长。部分三四线城市市域人口持续流出，城镇人口增长缓慢，产业支撑不足，住房需求疲软，预计市场将延续以价换量，房价下行压力较大。

（湖南省住房和城乡建设厅　湖南省统计局）

深度透视

湖南房地产市场面临四大困难亟待解决

房地产作为社会经济发展的支柱产业之一，一直受到各级政府高度重视。在2022年的政府工作报告中，明确提出要“继续保障好群众的住房需求，坚持房子是用来住的，不是用来炒的定位”，要求“促进房地产市场的良性循环和健康发展”。为了解湖南房地产市场当前发展情况，2022年3月国家统计局湖南调查总队对长沙等9个市州开展了专题调研。调研结果显示，2021年以来，湖南房地产市场延续低迷的行情，面临四大困难亟待解决。

一、房地产市场运行情况

(一)价格指数呈下行态势

2月份，纳入全国70个大中城市房地产调查监测范围的长沙、岳阳、常德新建商品住宅价格指数同比分别为106.0、96.7、96.0。长沙同比涨幅从2021年1月份开始有所回落，岳阳、常德同比跌幅呈扩大态势(见图1)。

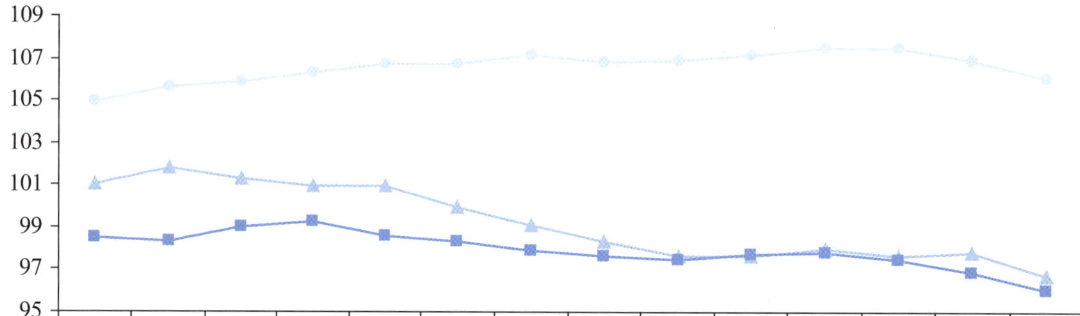

	2021年1月	2021年2月	2021年3月	2021年4月	2021年5月	2021年6月	2021年7月	2021年8月	2021年9月	2021年10月	2021年11月	2021年12月	2022年1月	2022年2月
长沙	104.9	105.6	105.9	106.3	106.7	106.7	107.1	106.8	106.9	107.1	107.5	107.5	106.9	106.0
岳阳	101.0	101.8	101.3	100.9	100.9	99.9	99.1	98.3	97.6	97.6	98.0	97.6	97.8	96.7
常德	98.5	98.3	99.0	99.2	98.6	98.3	97.9	97.6	97.5	97.7	97.8	97.5	96.9	96.0

图1 长沙、岳阳和常德新建商品住宅同比价格指数

2月份，长沙、岳阳、常德二手住宅价格指数同比分别为103.7、97.0、96.6。自2021年9月份以来，长沙同比涨幅收窄；岳阳、常德同比跌幅呈扩大态势(见图2)。

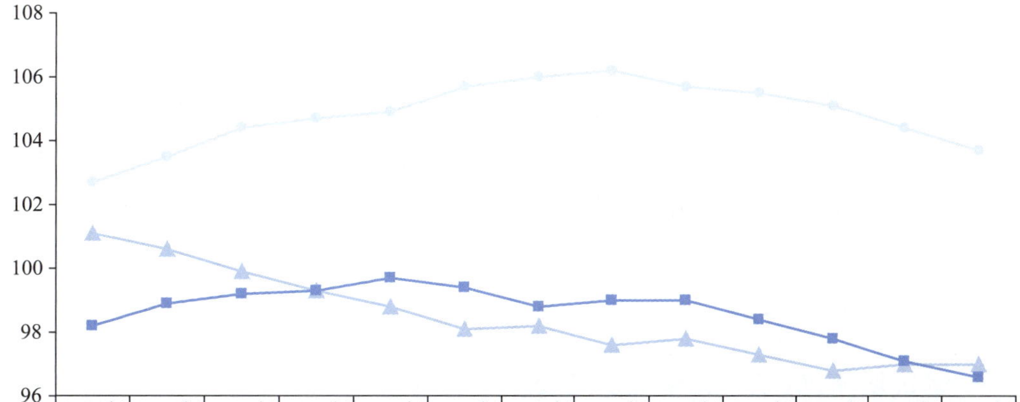

	2021年2月	2021年3月	2021年4月	2021年5月	2021年6月	2021年7月	2021年8月	2021年9月	2021年10月	2021年11月	2021年12月	2022年1月	2022年2月
长沙	102.7	103.5	104.4	104.7	104.9	105.7	106.0	106.2	105.7	105.5	105.1	104.4	103.7
岳阳	101.1	100.6	99.9	99.3	98.8	98.1	98.2	97.6	97.8	97.3	96.8	97.0	97.0
常德	98.2	98.9	99.2	99.3	99.7	99.4	98.8	99.0	99.0	98.4	97.8	97.1	96.6

图 2　长沙、岳阳和常德二手住宅同比价格指数

(二)楼市降温,住宅成交量减少

受全国楼市下行影响,自 2021 年 9 月至今,长沙、岳阳、常德三地新建商品住宅网签成交总量与去年同期相比出现明显减少(见图 3)。

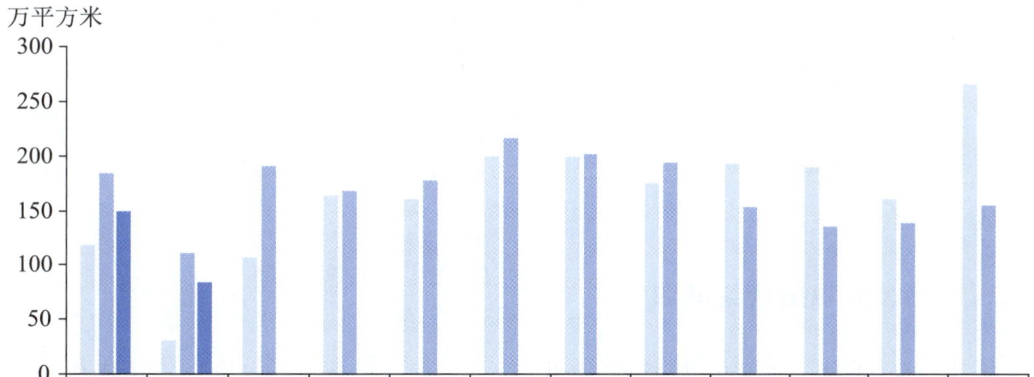

	1月	2月	3月	4月	5月	6月	7月	8月	9月	10月	11月	12月
2020年	117.96	30.87	107.74	163.45	160.69	199.63	199.21	175.91	193.7	189.76	161.28	265.77
2021年	184.94	111.41	191.74	169.07	178.1	217.03	202.1	195.15	154.78	135.94	138.67	156.43
2022年	149.04	85.00										

图 3　长沙、岳阳、常德新建商品住宅成交总量

据部分一线销售人员反映,1—2 月是传统的销售淡季,2022 年 1—2 月来访量不仅少于前几月,也少于去年同期,最终成交量低于去年同期。

（三）库存增加，去化周期延长

2月份，长沙、岳阳、常德三地新建住宅可售面积合计为1485.5万平方米，比上年同期增加14.5%；去化周期为9.0个月，比上年同期延长了1.6个月，处于比较合理的范围内（一般认定合理房地产库存去化周期的上限为18个月）。

二、面临的四大困难

（一）量价双降，房地产市场较为疲乏

调查数据显示，2月份新建商品住宅网签均价除长沙与去年同期基本持平外，其他市州普遍有所下跌，各地销量均出现明显减少。

价格方面，部分新建楼盘为了回收资金、加快去化，在实际销售时会提供折扣等优惠以吸引消费者，造成实际销售价格低于开盘价格。如常德碧桂园均价一度达到6800元/平方米左右，但从去年下半年开始持续大幅度降价，近期已下跌至5500元/平方米左右，给周边乃至全市同类项楼盘带来了较大销售压力，其他楼盘也不得不降价，加入了打价格战行列。

销售方面也不太乐观。长沙是省内房地产市场相对比较活跃的地区，目前出现了比较明显的市场分化，成交逐步偏向高端优质楼盘。如去年底开盘的长沙悦府、瑞和鹿鸣府，价格均超过1.5万元/平方米，首开去化均达90%以上；部分位置偏、配套较差、优势较弱的楼盘，即使价格有较大优势，去化仍然艰难，如辉煌时代城，因教育配套短板，开盘两个月去化仅为5%。其他市州反映市场普遍疲乏，如郴州爱嘉自信房产代理公司刘经理介绍，自2021年7月份以来公司的月均成交量一直在下降，各门店带看量明显减少。郴州美的·云溪府项目销售龙经理反映，2022年春节期间项目来访量仅为去年一半左右，销量也减少了近五成。

（二）市场多方观望情绪渐浓

一是房地产开发企业入市积极性降低。受经济下行压力、房企"三道红线"、银行房贷开发贷受限等多重因素影响，开发商拿地日趋谨慎。长沙2021年底第三批次集中挂牌成交的23宗用地中，22宗为底价成交，本地平台公司和市属国企兜底或参与摘牌的有17宗，企业拿地意愿不强。株洲自然资源和规划局数据显示，2021年房地产开发企业摘得株洲市中心城区开发用地21宗，共98.65万平方米，同比下降78.37%，无论是成交宗数、面积还是成交额，均为近5年低点。常德自然资源和规划局开发利用科负责人介绍，近期开发商拿地热情明显减退，趋于谨慎，拿地价格也很少出现溢价的情况。二是从业人员对房价预期更倾向于稳中有降。根据对80家房地产开发企业调查显示，对未来半年内房价走势预期，有21.2%认为会缓慢上涨，55.0%认为会保持稳定，还有23.8%认为价格会下降。

三是购房者信心不足。受部分房地产企业暴雷以及部分楼盘价格走低等情况的影响，购房者信心有所受挫，更倾向于把现金留在手中。

(三)房地产相关企业风险较大

一是部分房地产开发企业出现停工停产等情况。房企因为去杠杆降负债，前期贷款收紧，加上销售形势不佳、车位积压严重、非住宅库存去化难等因素，房企资金压力凸显。据长沙住建部门3月初调查显示，受房地产系统风险影响，房地产市场短期内存在资金流动性不足、偿债及兑付能力下降等情况，长沙停工项目暂为15个。常德两个“恒大系”的楼盘仍有部分尾盘没有如期交付，引起购房者担忧。二是经纪机构经营压力大。受房地产市场行情影响，二手房市场冷淡，部分经纪机构调整业务重点，由以二手房业务为主转为代售、分销新房，或通过缩减门店缓解经营压力。郴州品德房地产代理公司2021年以来已陆续关闭9家门店，现有门店员工数量从之前的10余人缩减至2～3人，目前靠承接新房业务为继；郴州众联立业房地产代理公司自2021年以来关闭了12家门店。

(四)政策见效尚需时日

湖南各地根据“一楼一策”要求制定落实房地产政策。如长沙抓好“施工单位、金融机构、合作伙伴”三个层面洽谈，把握好各项目的“资金、资产、资源”，2021年底恒大项目全部复工复产，2022年初促成全国首例处置恒大项目纯土地出让。株洲2021年下发“一城一策”工作方案，并于2022年1月7日印发了《株洲市促进商住用地有序供应有效利用专项工作方案》；调整公积金贷款政策，2022年4月对贷款额度计算公式、最低首付款比例规定进行了调整，修改了职工家庭住房套数认定标准。郴州部分楼盘首套房利率从5.64%下调至5.55%，放款周期在10个工作日左右，放款慢、额度少的问题基本得到缓解。

但是，调研发现，现有政策对房地产市场的推动作用比较有限。部分市州反映，虽然银行房贷放贷较去年下半年有所改善，但还未恢复到以前水平，企业资金紧张的情况依然存在。如人民银行数据显示，2022年1月岳阳房地产开发贷款余额为177.4亿元，同比下降了16.6%。调查中，部分购房者表示，房贷利率下降只适当减轻了后期还贷压力，并不是买房与否的决定因素。

三、助推房地产市场平稳有序发展

(一)精准实施房地产政策措施

积极贯彻落实国家调控要求，全面落实因城施策，研判各地房地产市场的运行情况，坚持以问题为导向，实施“一城一策”，综合施策促进房地产市场平稳健康发展。可适当放宽房地产宏观调控政策，在限购、限贷、限价、限售等方面进行调整，通过差别化政策，满足购房刚需和改善型需求。

（二）防范化解市场风险

一是加强日常监测、强化预警研判、形成有力管控，完善土地、财政、税收、金融、市场监管等综合调控手段，通过综合施策、分类调控，防范和化解房地产市场风险隐患与运行矛盾，引导房地产企业充分把握市场规律，避免投机，杜绝长期高杠杆、高负债模式运行。二是开展房地产市场秩序规范整治，防范信访矛盾频繁、不按期交房、恶意降价等情况的发生，维护好行业秩序。三是针对已存风险，按照“一楼一策”要求制定系列措施，督促复工复产。

（三）稳预期提振市场信心

一是紧紧围绕“稳地价、稳房价、稳预期”目标，保持房价稳定，合理确定地价、房价变化幅度，使房地产市场保持比较稳定的预期。二是做好新闻宣传和舆情监测，及时发布数据引导投资和消费，消除误导房地产市场的言论，增强市场信心。

（四）优化结构促健康发展

一是继续保障好群众的住房需求，坚持房子是用来住的，不是用来炒的定位，同时充分考虑不同购房群体存在的差异化购房需求，实现刚需、改善和租赁需求之间的均衡。二是改变以房地产销售量增速为发展方向的思路，优化房地产规划指标，推进住房品质建设。三是根据城市特点进行差异化布局，如长沙、株洲、湘潭可以长株潭一体化为契机，整体规划房地产业发展布局，提升城市价值。

（宋迪敏）

市县链接

2021年长沙房地产市场平稳健康发展

“十四五”开局之年，在疫情反复、全国房地产市场下行压力增大的背景下，长沙市委、市政府继续坚持“房住不炒”的定位，始终紧盯“稳”字当头的调控目标，不断优化产品结构，逐步推出梯次型、差别化、品质化的住宅项目。住宅产品品质得到进一步提升，新建商品住宅价格保持稳中略涨，房地产市场整体保持平稳健康发展态势。

一、房地产市场平稳运行

(一)新房价格指数先高后低，全年稳中有涨

2021年1—6月新建商品住宅价格稳中有升，环比涨幅控制在0.5%～1.3%之间波动。下半年环比涨幅持续回落，至10月涨幅回落至0.2%，12月环比涨幅控制在0.3%。同比来看，1—7月同比涨幅逐月扩大，8月涨幅回落至6.8%后，同比涨幅持续回升。受2020年11月环比下跌影响，2021年11月同比涨幅扩大到7.5%，至12月涨幅稳定在7.5%。

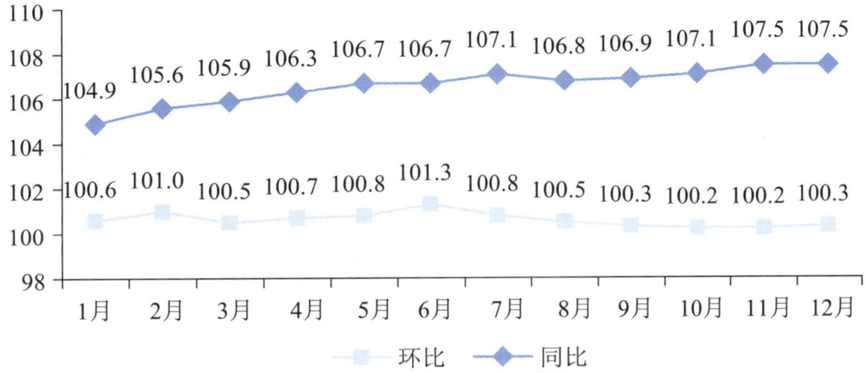

图1　2021年新建商品住宅销售价格指数

(二)新房成交量先多后少，全年同比有所增加

2021年上半年市场热度提升，成交量明显增加，1—6月网签成交61321套，与2019、2020年同期相比分别增加29.3%和42.7%。下半年市场明显降温，从7月开始成交逐月下降，至11、12月有小幅回升。7—12月网签成交56386套，比上半年减少4935套，与2019、2020年同期相比分别减少3.1%和14.8%。全年网签成交117707套，与2019、2020年相比分别增加11.5%和7.8%。

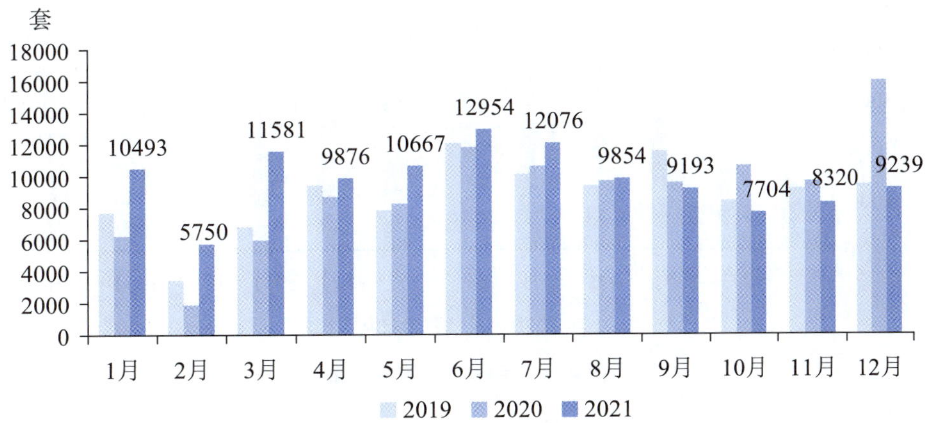

图2　新建商品住宅网签成交量

（三）二手房价格指数先扬后抑，涨幅基本稳定

2021 年 1—7 月二手住宅价格稳中有升，环比涨幅控制在 0.3%～1.2%之间波动。8 月开始涨幅回落，至 10 月首次出现本年度环比下跌，11 月保持稳定，至 12 月涨幅控制在 0.2%。同比来看，1—9 月逐月扩大，10 月开始回落，12 月涨幅回落为 5.1%。

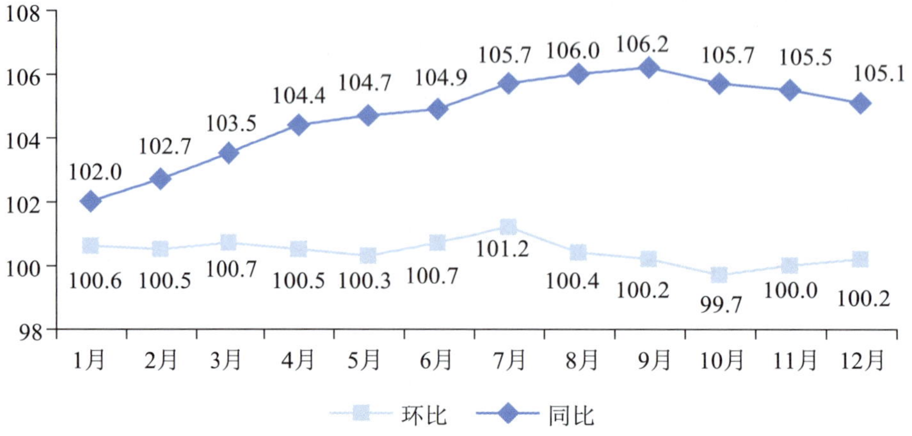

图 3　2021 年二手住宅销售价格指数

（四）二手房成交量先增后减，稳中趋降

2021 年 1—6 月长沙二手房市场延续着 2020 年后期的回暖态势，除 2 月因春节期间影响成交相对较少外，各月成交均超 2900 套。从三季度开始，市场有所降温，成交量逐月下降，从 6 月 3976 套下降至 10 月的 2190 套，11、12 月有所回升，月成交回升至 3000 套以上。分季来看，除一季度受春节假期影响外，二、三、四季度成交逐季下降。四季度成交 8285 套，与二、三季度相比分别下降 22.7%、18.7%。全年月均成交 3077 套，与 2020 年下半年月均成交量基本持平，成交稳定在正常水平。

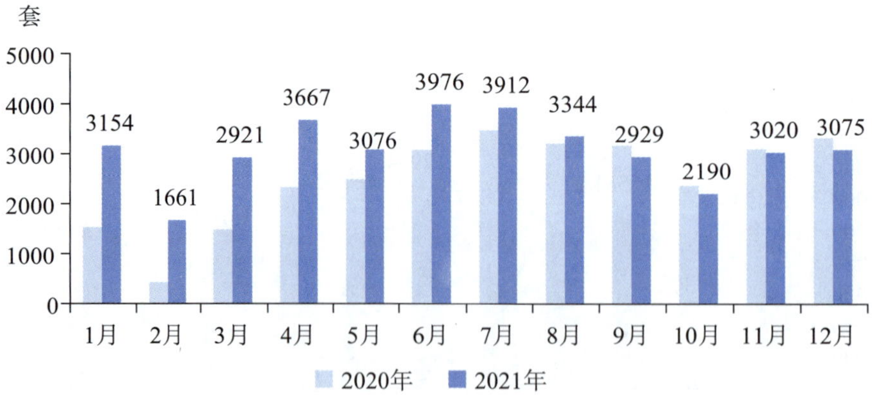

图 4　二手住宅网签成交量

二、房地产市场主要特点

（一）市场稳定，调控政策坚定有力

自 2017 年开始，长沙根据市场变化情况相继出台了“3・18”“5・20”“9・23”等一系列严厉调控措施，特别是 2018 年出台的“6・25”反炒房措施从差异化购房资格、差异化金融税收政策、提高转让年限、限制企业购房等方面形成“一揽子”调控方案，坚决遏制投机炒房。2021 年长沙继续坚持“五限”政策，坚持调控力度不动摇，强有力地保障了楼市的平稳健康发展。长沙强力推进一手房、二手房、保障房、租赁房等涉房业务“一网通办”，预售资金、银行贷款资金、公积金、物业维修资金、住房补贴金，实现“五金联动发力”，增强联动防控，加强信息共享，有效提升市场监测监管能力，保障长沙房地产市场长效长稳。

（二）需求稳健，市场预期趋于理性

走访调研发现，大部分楼盘销售者和购房者对长沙房地产后期发展保持理性积极态度。在政策影响下，购房客户以本市户籍、中青年、首次置业的刚需为主力，首次置业者每年均超过 80%。根据当前“长沙住房”APP 的数据，拥有购房资格人数逐年增加，2021 年，全市注册有购房资格的家庭达到 11.67 万个。市场购房需求和购房预期保持基本稳定，保障了长沙房地产市场长期平稳健康发展。

（三）房源充足，供应均衡保持稳定

2021 年，全市新建商品住宅供应 1955.78 万平方米，同比减少 11.2%，成交 2090.91 万平方米，同比增加 6.0%，整体供需基本保持平衡。全市住宅库存 1525.12 万平方米，去化周期延长至 9 个月。从土拍情况来看，呈“一批热、二批冷、三批稳”的特点，第三次集中供地 26 宗，22 宗底价成交，1 宗溢价成交。第三次土拍稳步好转，保证 2022 年市场供应相对稳定。

（四）转型升级，住宅品质不断提高

2021 年，长沙市结合产业功能定位，逐步推出梯次型、差别化、品质化的住宅项目，既有体现城市特点风貌的地标式建筑，又有满足刚需、一般改善、高端改善的项目产品。从网签数据来看，2016－2021 年，新建商品住宅网签户均面积逐年增大，分别为 107 平方米、112 平方米、117 平方米、122 平方米、126 平方米和 131 平方米。从市场来看，由于长沙房价相比同类城市较低，购房者的购房资金压力相对较小，刚需客户一旦满足资金条件，倾向于购买高品质的住房，能够一步到位，加上二胎、三胎政策放开，大部分购房者会选择户型较大的房源。

（五）结构优化，住房体系逐步完善

长沙多渠道发力聚焦土地要素，优化构建多层次住房发展体系。加强保障性住房建

设，全市累计开工建设(筹集)各类保障房 23.87 万套，发放经济适用住房货币补贴和租赁补贴 4.89 万户，完成棚户区改造 26.92 万户。近年来长沙优化土地供应，保障刚需购房需求，提升住宅品质，打造优质小区，探索差异化政策，支持合理改善型住房需求，逐步形成“低端有保障、中端有供应、高端有市场”的整体格局。

（黄　璠）

湘潭:2021 年房地产市场由热转冷

2021 年，湘潭市委、市政府坚持“房住不炒”定位，出台了一系列市场调控政策。上半年，湘潭房地产市场稳步发展，新建商品住宅供销相对平衡，成交量明显提升，成交均价稳中有涨。下半年随着房地产宏观调控、新冠疫情反复及行业重点企业负面消息影响等多重因素叠加，湘潭楼市由热转冷。

一、房地产市场整体运行特点

(一)同比以涨为主，环比小幅上下波动

2021 年，湘潭市新建商品住宅价格同比累计上涨 1.2%，其中 9 月和 12 月同比下降分别为 0.4%和 0.8%，11 月持平，其他各月同比涨幅均在 0.9%～2.7%的区间内波动。环比价格呈现小幅震荡下跌走势，从 8 月起呈逐渐下降态势，除了 10 月持平，从 0.3%下跌至 0.9%。

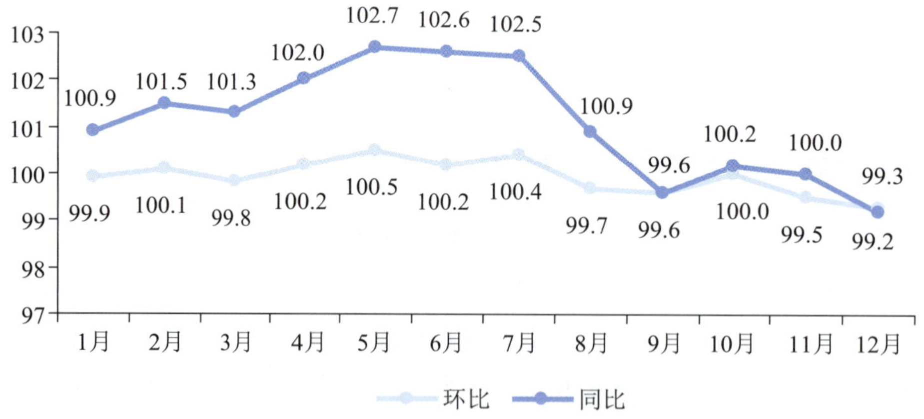

图 1　2021 年新建商品住宅价格指数

(二)楼市高开低走，量跌价稳

2021 年，湘潭市新建商品住宅成交 18436 套，同比下降 29.0%，成交面积 202.8 万平

方米，同比下降 37.2%，12 月成交均价 5702.02 元/平方米，同比微增 1.4%。2021 年上半年，房地产市场整体呈现复苏态势，销售情况较好。下半年受楼市调控政策调控、新冠疫情反复等系列因素影响，市场整体降温，6 月房博会透支一部分消费潜力也一定程度上影响了下半年整体销售情况。

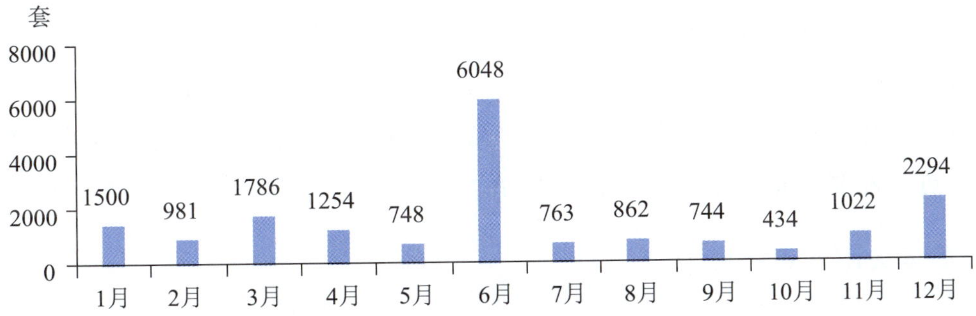

图 2　2021 年新建商品房成交量走势图

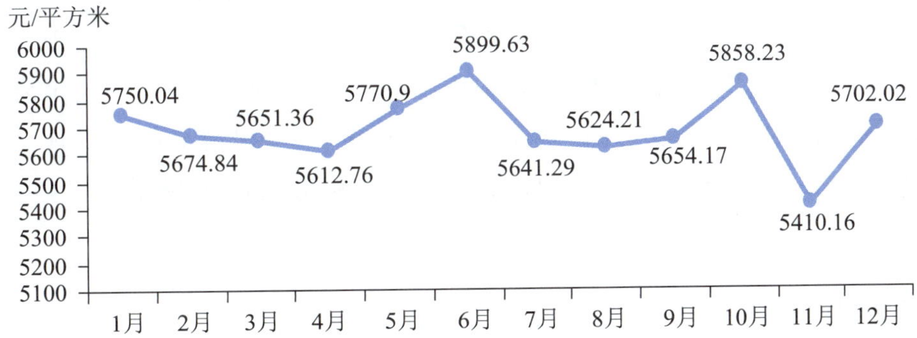

图 3　2021 年新建商品房均价走势图

(三)库存高位运行，去化压力增加

2021 年以来，库存继续维持较高水平。截至 2021 年 12 月底，湘潭市城区新建商品住宅可售面积 293.06 万平方米，同比增长 3.4%，去化周期达到 15.8 个月，随着市场透支和政策调控，整体购房情绪转冷，库存长期处于高位运行不利于市场健康发展，市场去化库存压力加剧。

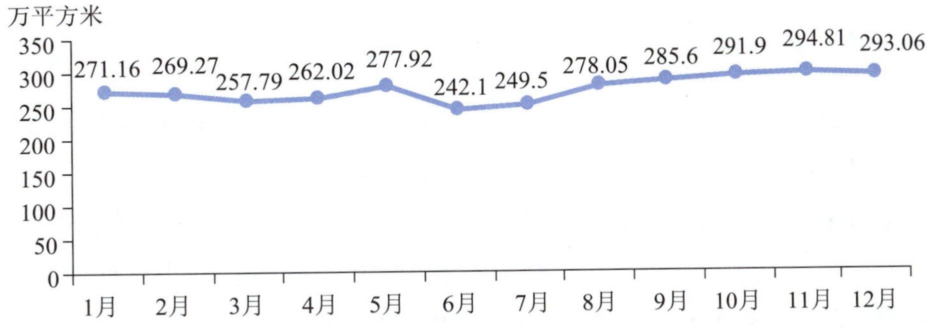

图 4　2021 年新建商品住宅可售面积走势图

二、因城施策稳发展

(一)利好政策注动力

2021年以来,湘潭市持续贯彻"稳地价、稳房价、稳预期"的政策主基调,先后出台了《关于促进房地产行业高质量发展的若干措施》(以下简称《措施》)和《湘潭市房地产市场秩序专项整治三年行动实施方案》(以下简称《方案》)等政策,切实做好整治和规范全市房地产市场秩序,强化房地产市场监管,提升住房品质,稳定市场预期,完善住房市场和保障体系,有效促进了湘潭房地产市场平稳健康发展。

(二)房博会激发市场潜力

湘潭市住建局于6月和12月分别以线上和线下的形式组织开办房博会,优惠政策有效激发了市场需求,两次展会期间,共计销售房屋10762套,销售面积132.74万平方米,销售金额77.15亿元,其中新建商品住宅销售面积105.08万平方米,销售金额71.46亿元;新建商品非住宅销售面积9.21万平方米,销售金额7.12亿元;二手房住宅销售面积18.55万平方米,销售金额8.27亿元。在市场下行加剧的背景下,房博会的圆满成功,有力提振了市场信心,引导了市场预期,为改善群众安居水平和房地产市场平稳发展做出了积极贡献。

(三)成交均价整体稳定

2021年,湘潭市新建商品住宅销售均价11月为5410.16元/平方米,达到全年最低,其他各月在5600~5900元/平方米范围内小幅波动,整体保持基本稳定。在长株潭一体化发展第三届市委书记联席会议上,《湖南湘江新区 湘潭市人民政府关于九华片区综合开发战略合作协议》正式签署,为九华新片区规划了一条可持续发展的融城路径,也给房地产市场注入利好消息,有力提振了房地产企业及购房者的信心。

三、湘潭楼市后期走势判断

(一)市场信心短期难恢复

在住房金融政策高压态势下,房企融资、回款愈发困难,在商品房销售持续放缓的背景下,房企的营收增速大大回落,房企经营压力激增。从走访房企情况来看,三季度以来,各大开发商对楼市未来前景表示不同程度的担忧,各种不利因素的叠加导致楼市信心不振,部分开发商迫于资金压力,低价入市加剧市场竞争,市场预期进一步降低。从各大售楼部现场调研来看,受市场多重利空消息影响,多数购房者已逐步形成房地产市场售价进一步下跌的预期,刚需客户购房更加谨慎,决策周期更长。

(二)楼市稳增长压力较大

两次房博会带来的集聚效果,促推购买潜力的同时,也提前透支了市场,2021 年整体销量赶超压力大。另一方面,湘潭是典型的三四线城市,外来流动人口不多,本地人仍是购房的绝对主力,人口、产业规模效应不明显,内生动力不强。根据最新的人口普查数据显示,湘潭市常住人口为 272.6 万。湘潭市人口总量小,产业优势不明显,内部需求已日趋饱和,一定程度影响房地产市场的发展潜能。

(欧阳幸妮)

房地产市场量价齐跌　潜在风险需谨慎应对

——常德市房地产市场 2021 年度经济形势分析

2021 年,是常德市房地产市场情况变化较大的一年,受新冠疫情、供需关系等因素影响,房地产市场呈明显下滑势头,新房市场量价齐跌,二手房市场持续低迷。

一、市场整体走势及销售情况

(一)新房指数速览

2021 年 1—12 月,常德市新建商品住宅销售价格环比指数分别为 99.9、100.2、100.3、100.0、99.7、99.5、99.9、99.7、99.3、99.5、99.8、99.7,在全国 70 个大中城市中分别排名第 57、第 47、第 44、第 64、第 68、第 68、第 55、第 60、第 65、第 50、第 15、第 31 位。同比指数分

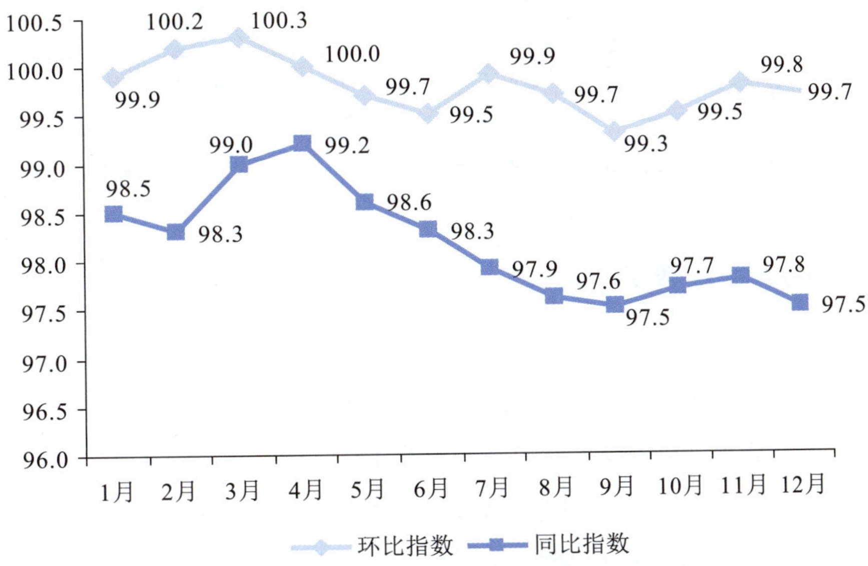

图 1　2021 年常德市新建商品住宅销售价格指数

别为98.5、98.3、99.0、99.2、98.6、98.3、97.9、97.6、97.5、97.7、97.8、97.5。从价格环比指数来看，2021年1—12月常德市共有2个月上涨，1个月持平，9个月下跌，从5月份开始连续8个月下降，除了11月以外在全国排名长期位列中、下游。从同比价格指数来看，1—12月新建商品住宅价格均低于去年同期。

（二）新房市场量价齐跌

网签数据显示，2021年1—12月，常德市共成交新建住宅20057套，比去年同期成交量减少3253套，降幅14.0%。其中新建商品住宅成交量为16090套，与去年同期相比减少3211套，降幅16.6%；分段来看，下半年成交量下滑幅度加大，7—12月成交量较去年同期下降39.1%。

从价格上看，2021年常德市新建商品住宅销售均价为6523.86元/平方米，略低于2020年的6763.21元/平方米，降幅3.5%，但和销量一样，只看下半年的话，2021年7—12月新房均价为6283.62元/平方米，较2020年同期下降7.0%。其中10月的销售均价6068.21元/平方米，为近44个月均价最低点。

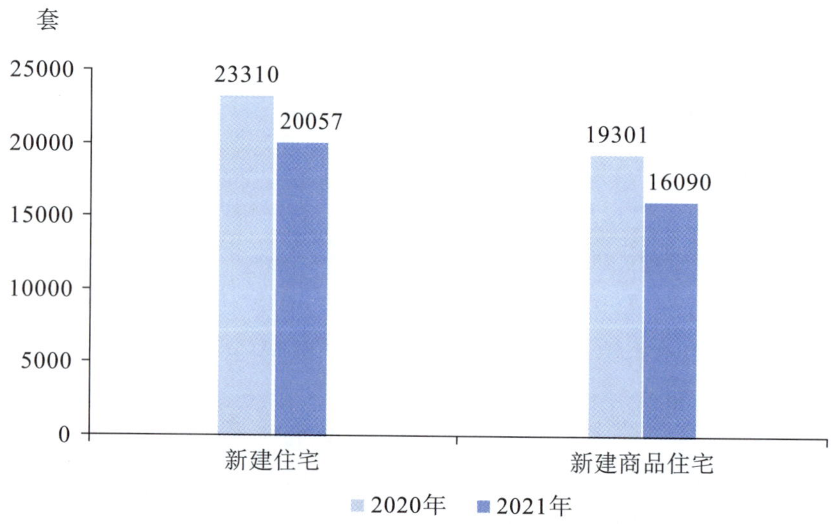

图2　2021年、2020年常德市新建住宅和新建商品住宅成交量对比情况

（三）二手房市场整体惨淡

2021年二手房市场延续了近两年的下滑趋势，目前已完全陷入低迷状态。各中介公司负责人均普遍表示2021年二手房成交量比2020年下降三成以上，个别公司成交量甚至减少高达八成，这还是在2020年一季度因为疫情几乎全部门店都停业没有成交的情况下。从10家销量较稳定的二手房中介门店来看，2021年下半年共成交二手房56套，比2020年下半年减少35套，降幅38.5%，成交均价为6478.28元/平方米，下降466.59元/平方米，降幅6.7%。

二、影响常德市房价的主要因素

回顾近五年的市场波动情况，最近一轮价格上涨始于2016年底，进入2019之后开始趋于平稳，2021年逐渐回落，并且进入下半年之后回落趋势更加明显。之前一轮涨价的主要原因，一是在棚改货币化安置和“去库存”指导思想双重作用下，新建商品住宅供不应求；二是恒大、保利、碧桂园等全国性大房企入驻常德带动价格上涨。这一时期不仅新房“不愁卖”，新开楼盘动辄“开盘即清盘”，二手房价格也水涨船高，一度出现价格倒挂现象。

从近两年来看，导致房地产市场由涨转跌的主要因素有四：供需关系、新冠疫情、“恒大暴雷”、区域因素。

(一)供需关系发生转变

目前常德市新房库存充足，已达31506套，相较疫情暴发之前的2019年，增加了30.3%，去化周期从8个月延长至17个月，去库存压力极大。而随着棚改货币化安置的停止，常德市居民买房的刚需大幅减少，目前有较为明显的供过于求势头。

(二)新冠疫情的影响

新冠疫情的持续和反复，一方面对房企销售产生了一定影响，如2021年7月底常德出现新一轮疫情之后，全城严密防疫布控，对7、8月新房销售影响明显；另一方面对老百姓的消费观产生很大影响，消费者对于买房等大额投资越来越谨慎，更多人开始倾向于把资金留在手中观望。

(三)“恒大暴雷”

恒大等房企由于总公司资金问题在全国范围的“暴雷”，使消费者对房地产市场的信心受到一定影响。同时，这些房企为了回笼资金，在全国范围内进行了大幅打折促销活动，使得大多数其他楼盘也不得不加入了降价打价格战行列。2021年2季度之后，许多房企都给出过低于9.5折的折扣，力度之大、范围之广为近些年罕见。

(四)区域因素

目前常德市在售的热门楼盘区域相对集中，经过前几年楼市火爆期之后，常德市中心区域的可售楼盘已经很少，新开楼盘数量多，但主要集中在北部新城、三桥、桥南等相对边缘的片区，本身这些区域的价格就比中心城区低一些，而且每个区域都有多个相邻的楼盘在“捉对厮杀”，也促使开发商降价打价格战。

同时，两大因素决定了二手房市场的形势。

一是新房供需关系的影响，二手房的销量和新房的供需紧密相关，新房供应不足时，二手房市场就火爆，现在新房供应充足，二手房就无人问津，价格也随之降低。

二是分销流行，房地产的分销，是指楼盘开发商和二手房中介签订合同，利用二手中介公司的人力和渠道优势销售新房，同时给予中介公司返点提成，这一模式已经成为目前常德绝大多数楼盘的主要营销方式，由于卖新房收入更高也更容易，二手房中介公司纷纷转型主营业务为分销新房，二手房市场越发不受重视。

三、市场风险和应对措施

(一)市场风险

一是恒大集团的资金问题可能导致"交房危机"，或将损害购买恒大系住宅消费者的权益。

二是部分开发商大打价格战，既扰乱了市场、打击了广大开发商的投资热情，也给消费者带来了一些潜在风险。同时从网签数据来看，即使楼盘降价促销，也没有对市场的整体销量带来明显提升。

三是分销流行虽然有其必然性和正面作用，但由于缺乏规范管理、销售人员素质良莠不齐等，也产生了一些诸如散布虚假消息、破坏市场公平的负面现象，同时加剧了小型开发商和二手房中介机构的生存危机。

(二)应对措施

一是全力保障消费者权益。据住建局开发科介绍，目前常德市除了恒大系的楼盘，其他房企均资金正常，运转良好。而常德市恒大系在售楼盘数量也已不多，仅有恒大天玺和恒大御龙天峰两家尚有部分库存，现在市政府正在举全市之力，保障这两个楼盘顺利交房，保护消费者利益和常德市资产，目前这两个楼盘已经逐步复工复产，但要彻底解决此问题还需要一个长期的过程。

二是多次"限降"，展开约谈。据了解，住建局自 8 月份起陆续约谈了降价幅度过大的楼盘，要求所有新楼盘降价幅度不得低于备案价 95 折，老楼盘不得低于去年平均价，所有楼盘售价不得低于成本价。10 月份，鼎城区再次召集本区开发商要求不得以低于 95 折的价格销售。

四、走势预测及政策建议

(一)走势预测

短时间内供需关系不会有明显的改善，疫情也有散点多发的情况，预计老百姓观望情绪仍会较浓，投资买房仍比较谨慎，部分开发商仍然寄希望于价格战方式来揽客，价格回升的可能性不高。但由于成本因素和政策调控因素，预计房价也不会大幅度下滑，整体来看2022年上半场新房市场仍保持稳中微降的趋势。同时，受新房市场影响，二手房市场预计会继续低迷一段时间。

（二）政策建议

一是进一步规范市场，加强网签核验。尽管之前政府部门已经出台了一系列的“限降令”，但据实地调研的情况来看，仍有部分开发商在想方设法“钻空子”“打擦边球”，甚至为了能降价促销和消费者签订“阴阳合同”，建议进一步出台政策规范市场的同时，加大对合同审核力度。

二是加大对破坏市场公平行为的查处惩治力度，维护良性市场竞争环境，无论是对开发商还是二手房中介机构，都应规范行为，避免恶性竞争。

（蒋希泽）

2022湖南民生调查报告

价格篇

政策背景

2021 年湖南价格工作概述

2021 年，面对各种风险挑战，全省价格主管部门坚持以习近平新时代中国特色社会主义思想为指导，深入贯彻落实国家发改委和省委、省政府决策部署，迎难而上，攻坚克难，扎实做好价格调控、改革、监管等各项工作，取得了新的进展和成效。

一、保持了价格总水平基本稳定

2021 年面对国际大宗商品价格持续上涨、国内疫情点状散发等复杂局面，全省居民消费价格温和上涨 0.5%，涨幅比全国低 0.1 个百分点，顺利实现年初预期调控目标。主要做了三方面工作：一是扎实做好价格监测和研判预警。全省各级密切跟踪粮、油、肉、蛋、菜、果、奶等重要民生商品价格变化情况，认真分析研判潜在性、倾向性、苗头性价格异动并及时预警。全年省市县三级共报送价格监测动态 2.4 万余份，长沙、常德、娄底三市报送动态数量居前。在“两节”、汛期和疫情间发期间，各地及时启动应急价格监测，为各级调控政策制定实施提供重要依据。二是健全民生价格稳定机制。印发了《关于完善重要民生商品价格调控机制的实施意见》，进一步搭稳全省保供稳价工作的四梁八柱。部分地市从增加供给入手，着力完善有利于价格稳定的长效机制，如长沙、株洲、娄底等市争取专门资金扶持“菜篮子”工程建设。三是多措做好价格调控工作。执行稻谷最低收购价政策，切实保护粮农种粮积极性。针对生猪价格快速下跌，及时发布应急预警，会商相关部门启动猪肉储备临时收储。围绕大宗商品价格上涨、PPI 快速回升等热点问题，组织开展专题调研和分析，向省政府提出了调控措施建议。汛情和疫情期间，省发改委及时协调商务、粮食、农业等部门做好重要民生商品储备摸底和补库等工作。张家界等市发改部门在疫情期间，及时牵头研究部署物资调运、市场价格巡查等工作，有效保障了市场供应和价格稳定，得到社会好评。

二、纵深推进重点领域价格改革

一是电价改革取得重大突破。上网端，抓住煤电供给侧偏紧窗口，全面放开燃煤发电电量上网电价，扩大燃煤发电市场交易电价上下浮动范围。适当缩小水电项目上网电价价差，保障电力需求侧管理工作顺利推进。销售端，取消工商业目录销售电价，推动工商业用户全部进入电力市场，平稳做好电网企业代理购电有关工作；进一步完善峰谷分时电价政策，发挥价格杠杆作用引导用户削峰填谷，保障电力系统稳定经济运行。进一步完善转供电环节价格政策。二是天然气价格管理机制进一步理顺。健全完善天然气上下游价格联动机制，省级联动调整长沙等10市非居民用气价格，有效疏导上下游价格矛盾，传导上游采购成本6.3亿元，保障了全省燃气供应。按照全省"一个经营主体、一张网、一个价"的改革方向，启动天然气管道运输价格改革。各市州相继启动所辖县市配气价格核定工作。进一步规范燃气工程安装收费。三是农业水价综合改革取得重大进展。牵头分类有序推进全省农业水价综合改革，争取落实农业水价综合改革所需专项资金，完成23个大型灌区成本监审和742万亩改革任务，改革面积超过前5年改革面积总和。益阳、岳阳、邵阳等市和攸县、永兴等县，结合当地实际科学建立四个机制，取得了良好的改革成效。四是进一步完善公共服务领域价格政策。省级层面制定了《加强学科类校外培训收费监管工作实施方案》《关于义务教育阶段学科类校外培训收费有关问题的通知》等政策，市州层面出台了具体收费标准，平均降低了31.2%。进一步完善大中专教育收费管理、中外合作办学收费管理等政策，在对全省52家大中专学校进行成本监审的基础上，重新明确了大中专学校学费、住宿费、代收费等收费标准，保持学费的基本稳定。深化全省殡葬价格改革，出台《关于进一步规范我省殡葬服务价格管理的通知》，推出"两办法一清单"，组织对全省殡葬服务收费项目和公墓价格开展成本监审，首创规定实行政府管价殡葬服务价格的合理利润最高不超过15%。深入推动公共体育设施服务收费、道路运输等公共服务领域改革。五是健全完善绿色环保价格机制。继续实施高耗能、高污染行业惩罚性、差异性阶梯电价政策。各地根据成本监审情况，加快调整污水处理费标准。目前，全省29个设市城市全部达到污水处理费最低收费标准，67个县城中有63个达标，开征污水处理费的乡镇较去年增加了50个。

三、规范经营服务性收费

一是切实减轻企业和群众公证费用负担，将直接关系企业经营成本的"证明合同（协议）"类公证服务项目降价20%。同时大幅降低涉及民生的居民房产公证费用，预计每年减少全省公证服务费支出5000万元以上，整体降幅约30%。二是开展全省降低国有景区门票价格"回头看"，降低部分景区门票价格，南岳大庙旺季门票价格从每人次60元降低为58元，每年将减少游客门票支出140万元。三是重新规范司法鉴定收费项目和标准，降低司法鉴定收费项目中涉及录像资料处理等20个收费项目，平均降幅达到25.4%。四是深化道路运输价格改革，明确汽车客运站服务收费的政府定价范围，对车辆站务基本服务中的客运代理费、客运发班费、安全检查例行费和旅客基本站务服务收费中的旅客站务费等实行政府指导价。五是加强公共体育设施服务收费管理，出台了《关于进一步规范我省公共体育设施服务收费行为的通知》，明确了全省公共体育设施服务收费的定价范围、定价原则和定价形式，核定流程要求以及优惠减免政策。六是放开部分政府定价的收费项目，印发了《关于排污权交易价格有关问题的通知》，规定排污权交易价格不再实行政府指导价。七是对全省行业协会商会乱收费开展专项清理整治，聚焦重点领域，强化自查自纠，针对相关收费问题进行重点检查，督促问题整改落实到位。

四、降低部分行政事业性收费标准

一是全省范围内降低电梯定期检验费标准，客、货梯定期检验费、自动人行道定期检验费和自动扶梯定期检验费的收费标准。二是再次降低火力发电闭式循环取水收费标准；鼓励灵活就业，对经批准占用城市规划区内道路经营的单位和个人免征城市道路占用费。三是三次降低疾控机构新型冠状病毒核酸检测收费标准，全省疾病预防控制机构开展新型冠状病毒核酸检测收费标准调整为每人次 40 元，混合检测收费标准为每人次 10 元。

五、努力提升依法治价工作水平

一是修订出台《湖南省定价目录》，较 2017 年版定价目录放开 11 项商品和服务价格、取消 3 项收费、下放 2 项省级定价权限，共计减少 6 个子项，缩减率为 13%。二是清理并公布 2021 年版《湖南省行政事业性收费目录清单》《湖南省行政事业性涉企目录清单》《湖南省政府定价的经营服务性收费目录清单》《湖南省政府管价景区目录(2021 年)》和《湖南省实行政府管价的殡葬服务项目清单》，清理发布住建、外事、水利、公安、法院等五个系统的行政事业性收费标准，行政事业性和经营服务性收费管理政策不断完善。三是依法组织召开省天然气上下游价格联动机制、部省属医疗机构部分医疗服务项目价格调整等听证会，出台的改革和定价文件全面履行公平竞争审查、“三统一”登记和网络公示，切实做到规范、科学、公开、透明制定价格。

六、着力加强价格基础建设

一是扎实做好成本调查监审工作。省级层面高质量完成国家安排农本调查任务，形成了一批高参考价值的调查分析报告。省市县三级依法依规完成天然气管道运输价格、城市配气价格、殡葬服务收费、第三监管周期输配电价等成本监审项目 453 个，审核费用 646 亿元，核减不相关不合理费用 243 亿元，核减比例为 37%。二是持续完善价费管理制度。制订出台了殡葬服务成本监审、农业灌溉供水定价成本监审操作规程、中外合作办学收费等成本监审或专项价格管理办法，进一步夯实了政府管价制度基础。三是扎实开展价格认定工作。全省共完成价格认定近两万起，涉案金额 28 亿元，特别是高质量完成包昌林案、文烈宏相关涉黑案等一大批重点案件价格认定，为扫黑反腐提供有力支撑。此外，长沙、郴州等市价格认证机构协助当地法院、行政机关开展相关价格认定服务，有力保障了司法和行政执法工作的顺利开展。四是切实加强重大问题政策研究。围绕完善峰谷分时电价政策、运用电价政策助力“双碳”目标实现、规范学科类校外培训机构收费等重大价格改革开展理论和政策研究，为创新价格工作思路、科学制定价费政策打下坚实基础。

（湖南省发展和改革委员会）

全景扫描

2021年湖南居民消费价格温和上涨

2021年，湖南省委、省政府坚持以习近平新时代中国特色社会主义思想为指导，深入推进统筹疫情防控和经济社会发展工作，着力落实“六稳”“六保”任务，全年市场物价运行平稳，居民消费价格比上年上涨0.5%，低于上年2.3%的涨幅，也低于3.0%的全年预期目标。

一、价格变动总体情况

（一）月度环比、同比价格窄幅波动，总体保持平稳运行

从环比看，1—12月份指数分别为100.9、100.3、99.5、99.6、99.8、99.6、100.2、100.3、100.2、100.6、100.4和99.6，呈窄幅波动。1、2月份适逢元旦、春节传统佳节，在节日效应拉动下，食品、服务项目价格出现不同程度上涨，推动居民消费价格环比分别上涨0.9%和0.3%；3月份，随着节日效应减退，猪肉、鲜菜、鸡蛋等主要食品价格明显回落，环比下降0.5%；4—6月份，受猪肉和鲜菜价格走低的影响，环比呈现持续回落；7—9月份，在服务类、教育类价格上涨影响下，环比上涨；10月份在鲜菜、交通用燃料价格上涨作用下，环比再度上

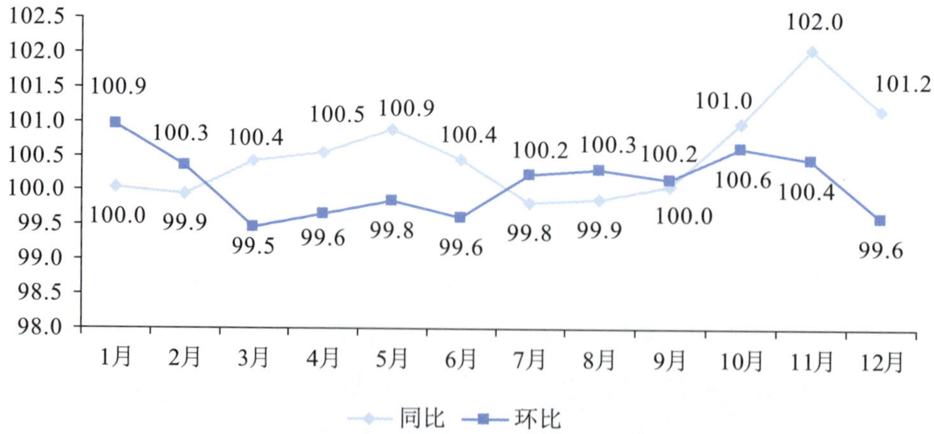

图1　2021年居民消费价格月度环比、同比指数

扬;11 月份在猪肉价格季节性需求增长和短期肥猪供应偏紧等因素作用下,环比上涨;12 月份受交通用燃料、鲜菜、水产品等食品价格回落的影响,环比下降 0.4%。

从同比看,1—12 月份指数分别为 100.0、99.9、100.4、100.5、100.9、100.4、99.8、99.9、100.0、101.0、102.0 和 101.2,总体保持窄幅波动、温和上涨态势。

(二)八大类价格呈现"六升两降"态势

2021 年,调查的八大类中,交通通信、居住、教育文化娱乐、医疗保健、衣着、生活用品及服务价格分别比上年上涨 4.8%、1.2%、1.0%、0.7%、0.7%和 0.3%;其他用品及服务、食品烟酒价格比上年下降 2.1%和 2.0%。

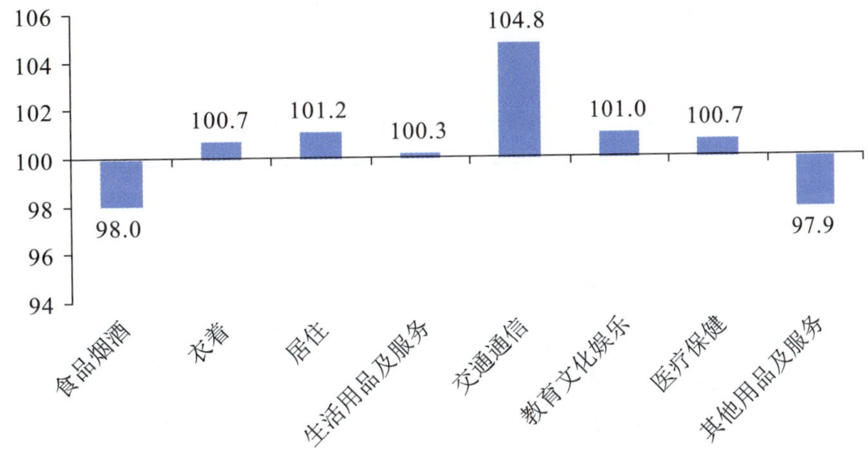

图 2　2021 年八大类居民消费价格指数

(三)核心 CPI 温和上涨

2021 年,扣除食品和能源价格的核心 CPI 比上年上涨 0.8%。从月度环比看,有 8 个月上涨,2 个月持平,2 个月下降;从月度同比看,12 个月核心 CPI 同比一直在上升通道。

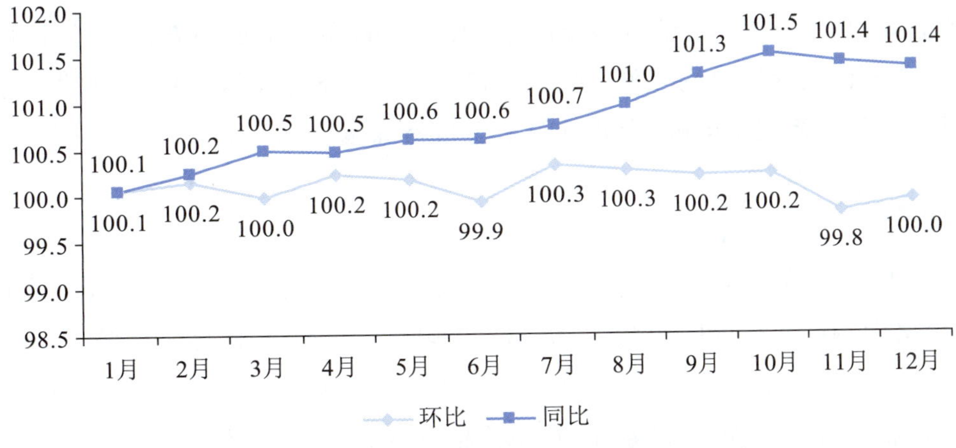

图 3　2021 年核心居民消费价格月度环比、同比指数

1—7月份涨幅在0.1%～0.7%区间，8月份涨幅进一步扩大到1.0%，9—12月份，涨幅均在1.4%左右，这说明湖南经济持续向好，市场有效需求逐步恢复，消费潜力持续释放。

（四）翘尾因素负向影响

据测算，2021年，在居民消费价格水平0.5%的涨幅中，翘尾因素影响约为－0.2个百分点；新涨价影响因素约为0.7个百分点。

（五）CPI涨幅低于全国平均水平

2021年，全国CPI上涨0.9%，湖南CPI涨幅比全国平均水平低0.4个百分点，在31个省（自治区、直辖市）中居第25位；在中部六省中低于山西、安徽、河南、江西，高于湖北，列第5位。

表1　2021年中部六省CPI（以上年为100）

地　区	指　数
山　西	101.0
安　徽	100.9
江　西	100.9
河　南	100.9
湖　北	100.3
湖　南	100.5

二、主要商品及服务价格变动情况

（一）工业消费品价格上涨

2021年，工业消费品价格比上年上涨2.3%，影响CPI上涨约0.73个百分点。受国际原油、铁矿石、有色金属等大宗商品价格大幅上涨影响部分工业消费品价格上涨，其中柴油、汽油、液化石油气价格分别上涨19.4%、17.7%和8.8%，涨幅明显。水泥、电冰箱、热水器、家具、自行车、笔记本电脑、台式计算机等价格涨幅在0.5%～6.3%之间。

（二）服务类价格上涨

2021年，服务类价格比上年上涨0.8%，影响CPI上涨约0.33个百分点。在调查的72个服务类价格中，有49类价格上涨，占68.1%。其中，护理、电影及演出票、中医治疗价格分别上涨6.8%、6.3%和5.9%，涨幅居前。电视服务、火车票等13类与上年价格持平。车辆保险、景点门票、家庭宽带服务等10类价格下降，其中车辆保险受政策性调价影响下降10.5%，其余9类价格降幅均在2.0%以内。随着统筹推进疫情防控和保供稳价，消费需求进一步释放,推动服务类价格上涨。

(三)食品价格走低

2021年,食品价格比上年下降3.4%,影响CPI下降约0.66个百分点。从分月同比看,1月份食品类价格上涨2.8%,2—12月份分别下降0.1%、1.5%、2.0%、1.2%、3.9%、7.8%、8.0%、8.4%、6.2%、1.0%和3.6%。14个食品小类呈"3降11涨"态势。其中,畜肉类、禽肉类、薯类价格分别下降22.0%、2.3%和0.5%,畜肉类中的猪肉价格下降31.7%,是影响食品类价格水平下降的主要因素,影响CPI下降约1.09个百分点;水产品、蛋类价格分别上涨16.8%和5.7%,合计影响CPI上涨约0.28个百分点;粮食、干鲜瓜果类、豆类、食用油、调味品、菜及食用菌、糖果糕点类、奶类、其他食品等9个小类价格涨幅在0.5%~4.3%之间。

三、后期影响因素分析

2021年,湖南全面落实"三高四新"战略定位和使命任务,经济呈稳中有进、稳中向好态势,后期CPI有望保持温和上涨。

(一)固定资产投资、市场消费增长

2021年,全省固定资产投资比上年增长8.0%,两年平均增长7.8%。其中,第一产业、第二产业、第三产业投资分别增长10.1%、14%和4.3%。市场信心不断恢复,民间投资增长9.6%,占固定资产投资比重较上年提高0.9个百分点。社会消费品零售总额18596.85亿元,增长14.4%,两年平均增长5.6%。全省固定资产投资保持稳定增长,市场消费潜力进一步释放,对居民消费价格保持温和上涨创造较好条件。

(二)粮食稳定增产,生猪产能全面恢复

2021年,湖南粮食总产量3074.4万吨(614.9亿斤),比上年增加59.2万吨(11.8亿斤),增长2.0%,创六年新高。2021年全年生猪出栏6121.8万头,比上年增长31.4%。生猪年末存栏4202.0万头,同比增长12.5%。生猪产能全面恢复,猪肉价格低位运行,为食品价格保持稳定奠定坚实基础。

(三)上游工业生产者出厂价格高位回落

2021年11、12月份工业生产者出厂价格连续两个月回落,在保供稳价政策持续推进作用下,国内工业消费品供给总体充足,国际大宗商品价格有望逐步回落,对下游工业消费品价格稳定起到重要作用。

四、对策与建议

（一）密切关注“米袋子”“菜篮子”生产与供应

粮食、猪肉、鲜菜、水产品的生产与供应直接关系到居民消费市场价格波动，后期要密切关注粮食生产收购、生猪养殖、鲜菜基地建设与运输存在的新问题、新情况，采取有效措施确保市场供应稳定。

（二）进一步完善市场价格预警、调控机制

重点关注食品价格对低收入家庭生活影响，特别是猪肉、鲜菜、鲜果等重要农产品以及部分药品的价格变动情况。对重要商品和群众基本生活必需品价格异常波动、突发性暴涨，要及时预警，必要时通过实行临时价格干预及时进行调控，保障困难群众基本生活水平不因物价上涨而降低。

（三）继续推进大宗商品保供稳价工作

2022 年，随着全球经济持续温和复苏，国际大宗商品价格有望高位回落，要根据国内外经济形势变化继续推进大宗商品保供稳价工作，着力降低输入性通胀带来的影响，减小对中下游企业及消费市场的冲击。

（傅磊峰）

2021 年湖南农产品生产者价格“两涨两跌”

2021 年，湖南农产品生产者价格比上年下降 9.9％。在四大类农产品生产者价格中，种植业、渔业生产者价格分别上涨 1.3％和 12.3％，林业、畜牧业生产者价格分别下降 0.5％和 25.7％。

一、种植业产品生产者价格上涨

种植业产品生产者价格全年累计上涨 1.3％。其中，稻谷、水果分别下降 2.6％和 3.8％；玉米、大豆、薯类、油料、棉花、烟叶、蔬菜、茶叶价格分别上涨 18.8％、21.1％、4.1％、4.0％、8.7％、3.3％、2.3％和 0.5％。稻谷价格下降主要是因为 2021 年粮食丰收，供给充足。玉米、大豆价格上涨主要是受新冠疫情影响，部分国家限制出口，国际玉米、大豆价格上涨，同时，生猪产能恢复，对玉米、大豆需求增加。

二、林业产品生产者价格略降

林业产品生产者价格全年累计下降0.5%。其中，木材产品下降2.2%、竹材产品上涨4.6%、胶脂和果实类林产品下降1.5%。

三、畜牧业产品生产者价格降幅明显

畜牧业产品生产者价格全年累计下降25.7%。其中，活猪价格下降35.9%；活牛、活家禽和禽蛋价格分别上涨6.2%、0.2%和13.7%。畜牧业产品价格下降主要是受活猪价格降幅较大影响。2021年，各地落实生猪养殖扶持政策，生猪产能增加，市场供应充裕，生猪价格较2020年高位大幅回落。

四、渔业产品生产者价格涨幅较大

渔业产品生产者价格全年累计上涨12.3%。价格上涨的主要原因：一是长江十年禁渔计划实施，各地拆除大江、大湖围栏，规范管理大宗淡水鱼网箱养殖设施，淡水鱼产量较往年下降，供给减少；二是饲料价格、鱼苗价格以及养殖人工成本增加。

（陈　婷）

2021年湖南工业生产者出厂价格明显上涨

2021年，受新冠肺炎疫情、国际输入性因素、国内主要能源和原材料供应偏紧等因素影响，湖南工业生产者出厂价格(PPI)和购进价格(IPI)均出现明显上涨，分别比上年上涨5.9%和8.1%。

一、工业生产者价格总体情况

(一)全年PPI与IPI涨幅均创十年新高

2012—2021年，PPI涨幅分别为−0.9%、−1.5%、−1.6%、−3.7%、−1.1%、5.8%、3.2%、−0.4%、−1.0%和5.9%；IPI涨幅分别为0.1%、−1.6%、−2.1%、−5.5%、−2.0%、7.2%、3.5%、0.2%、−1.1%和8.1%。2021年PPI和IPI涨幅均创十年新高(见图1)。

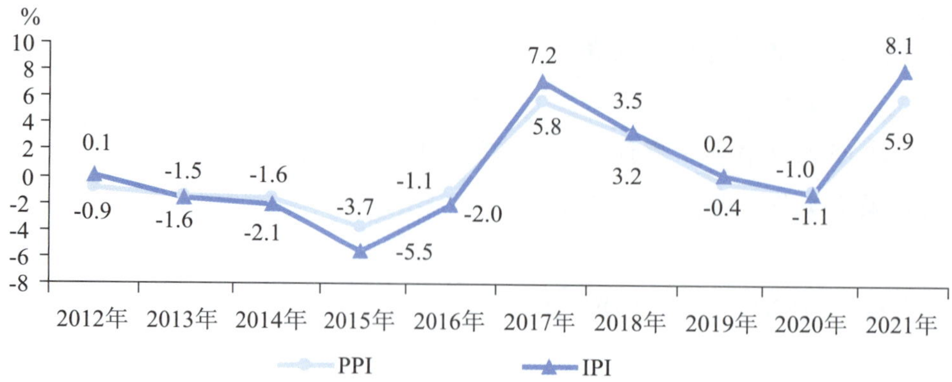

图1　2012—2021年湖南PPI/IPI指数对比表

(二)PPI和IPI月度同比呈“冲高回落”走势

2021年初,受国际大宗商品价格上涨冲击,叠加2020年同期对比基数较低影响,PPI同比快速上涨,涨幅从1月份的1.1%扩大至5月份的6.4%。6—8月份,随着国内市场供求关系改善,PPI涨势略有减缓,涨幅在6.2%～6.5%之间小幅震荡。9—10月份,受煤炭、钢材和化工等相关行业价格上涨影响,PPI涨幅再度走高,10月份涨至9.6%。11月份后,随着稳煤价等保供稳价政策效果显现,叠加原油等部分国际大宗商品价格走低影响,12月份涨幅回落至7.0%(见图2)。

IPI走势与PPI基本一致。1—5月份,IPI涨幅快速扩大,5月份上涨至9.2%。6—8月份,涨势略有减缓,在8.9%～9.4%之间小幅震荡。9—11月份,涨幅由9.8%扩大至11.3%。12月份回落至9.7%(见图2)。

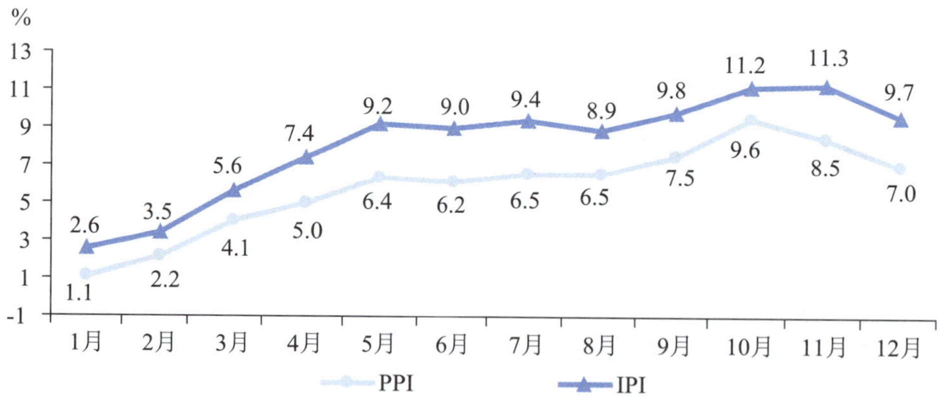

图2　湖南工业生产者价格月度同比走势(2021.1—2021.12)

(三)PPI和IPI分月环比以涨为主

2021年,PPI各月环比除11—12月份分别下降0.4%和0.5%、6月份持平外,其余月份均不同程度上涨,涨幅在0.3%～1.8%之间小幅震荡;IPI各月环比除6月份下降0.3%外,其余月份均保持上涨态势,涨幅在0.2%～1.5%之间(见图3)。

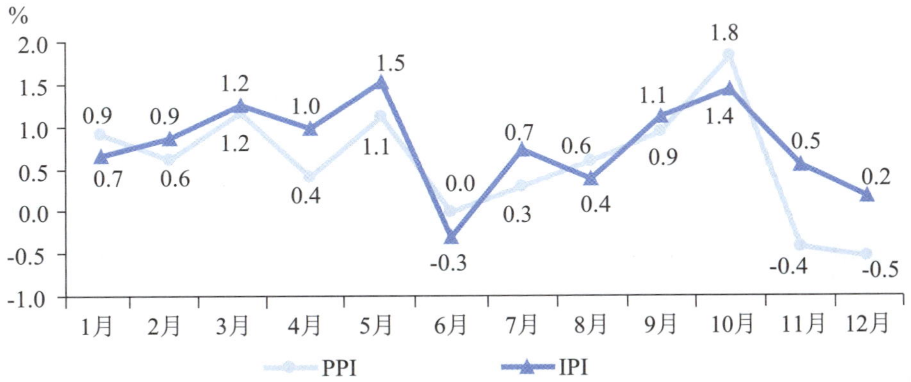

图 3 湖南工业生产者价格环比走势(2021.1—2021.12)

(四)全年 PPI 和 IPI 涨幅均低于全国平均水平,在中部六省排位靠后

2021 年,湖南 PPI 上涨 5.9%,涨幅比全国平均水平(8.1%)低 2.2 个百分点,在全国 31 个省(自治区、直辖市)中列第 23 位,在中部六省居第 5 位,比山西、江西、河南和安徽分别低 24.3、4.6、1.9 和 1.8 个百分点,比湖北高 1.8 个百分点;IPI 上涨 8.1%,涨幅比全国平均水平(11.0%)低 2.9 个百分点,在全国 31 个省(自治区、直辖市)中列第 24 位,在中部六省居第 6 位,比山西、江西、安徽、河南和湖北分别低 8.2、4.2、3.4、1.4 和 0.4 个百分点。

二、工业生产者价格运行主要特点

(一)PPI 超九成行业价格上涨

2021 年,在 PPI 调查的 37 个工业产品大类中,有 35 个价格较上年上涨,上涨面达 94.6%,比 2019 年扩大 32.4 个百分点,比 2020 年扩大 56.8 个百分点。其中,黑色金属冶炼和压延加工业价格较 2020 年上涨 32.7%,石油、煤炭及其他燃料加工业价格上涨 31.6%,有色金属冶炼和压延加工业价格上涨 15.7%,化学原料和化学制品制造业价格上涨 11.0%。四者共计影响 PPI 总指数上涨约 3.37 个百分点,占总指数涨幅的 57.1%(见表 1)。

表 1 2021 湖南重点行业出厂价格变动情况及对总指数的影响

类 别	比 2020 年升降幅度(%)	对总指数影响(百分比)
工业生产者出厂价格	5.9	—
黑色金属冶炼和压延加工业	32.7	1.17
有色金属冶炼和压延加工业	15.7	0.86
化学原料和化学制品制造业	11.0	0.73
石油、煤炭及其他燃料加工业	31.6	0.61

(二)IPI 九大类原材料购进价格全面上涨

2021 年,IPI 九大类原材料价格比上年均有所上涨。其中,涨幅超过 10%的有有色金属材料及电线类,黑色金属材料类,建筑材料及非金属类,分别上涨 19.8%、17.2%和 10.8%;涨幅在 5%～10%的有燃料、动力类,化工原料类,农副产品类,分别上涨 8.5%、7.5%和 7.1%;其余三类价格涨幅均在 4.0%以内(见图 4)。

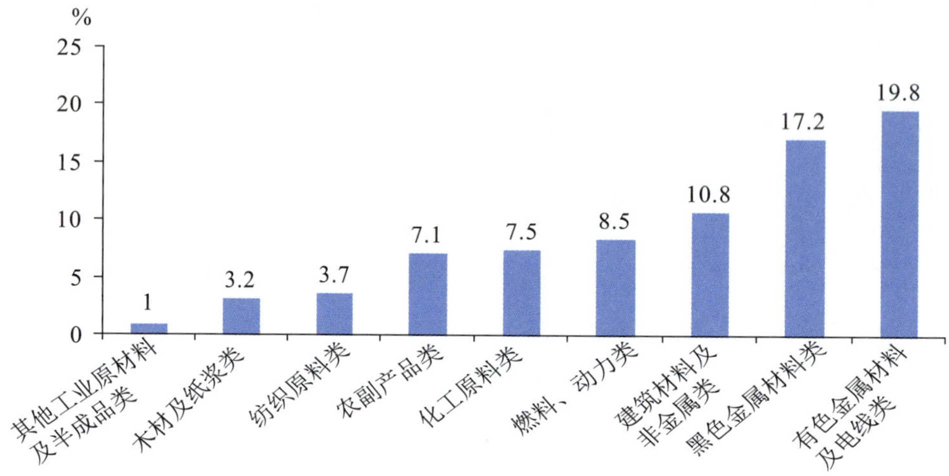

图 4　2021 年湖南工业生产者购进价格分类同比涨跌幅

(三)IPI 月度同比涨幅高于 PPI 涨幅

进入 2021 年,受上游原材料价格持续上涨影响,PPI 和 IPI 差值呈快速扩大态势,从 1 月份相差 1.5 个百分点扩大至 7 月份的 2.9 个百分点。8—10 月份,随着上游原材料持续上涨压力释放,中下游企业出厂价格出现快速上涨,差值逐步缩小到 10 月份的 1.7 个百分点。11 月份之后,随着保供稳价政策落实力度不断加大,出厂价格涨幅快速回落,但购进价格波动受阶段订单合同价格等因素影响,下降速度滞后于出厂价格,差值又开始扩大。1—12 月 IPI 和 PPI 月度同比差值分别为 1.5、1.3、1.5、2.4、2.8、2.8、2.9、2.4、2.3、1.7、2.8 和 2.7 个百分点,全年 IPI 涨幅高于 PPI 2.2 个百分点(见图 5)。

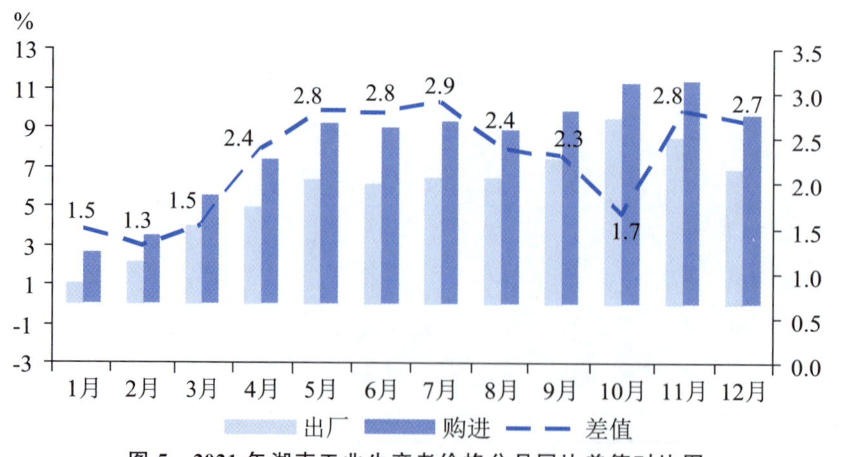

图 5　2021 年湖南工业生产者价格分月同比差值对比图

(四)全年 PPI 结构性上涨特征显著

PPI 上涨多集中在上游生产资料行业。2021 年,生产资料出厂价格上涨 8.0%,涨幅较 2020 年扩大 9.7 个百分点。其中,原材料、采掘和加工工业价格分别上涨 13.1%、10.3%和 6.5%。下游生活资料行业价格走势相对平稳。2021 年,生活资料出厂价格上涨 1.0%,涨幅较 2020 年回落 0.4 个百分点。其中,一般日用品、衣着和食品价格分别上涨 3.8%、2.4%和 0.3%,耐用消费品价格下降 0.4%。

(五)新涨价因素成为推动 PPI 上涨的主要原因

2021 年 PPI 上涨的 5.9 个百分点中,翘尾因素影响约 1.3 个百分点,占比 22.0%;新涨价因素影响约 4.6 个百分点,占比 78.0%。原材料和能源价格中的新涨价因素成为推动 PPI 上涨的主要原因。

(六)PPI 月度同比变动趋势与全国一致,但波动幅度小于全国

2021 年,全国工业生产者出厂价格比上年上涨 8.1%,涨幅大于湖南 2.2 个百分点。从分月同比看,湖南走势与全国平均水平整体保持一致,除 1—2 月高于全国外,其余 10 个月份均低于全国平均水平,两者差距保持在 4.4 个百分点以内。

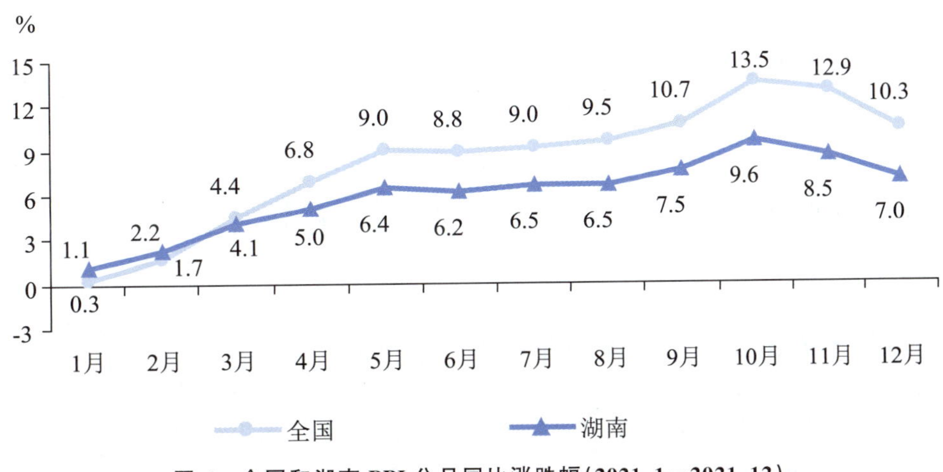

图 6　全国和湖南 PPI 分月同比涨跌幅(2021.1—2021.12)

三、工业生产者价格变动原因分析

(一)输入性因素是推动上游原材料价格大幅上涨的主要原因

2021 年,在需求逐步回升、供给相对偏紧、市场流动性宽裕等因素影响下,国际大宗商品价格快速升高。受输入性因素影响,与进口大宗商品关联程度较高的“三黑一色”(煤炭、石油、钢材、有色金属)等行业价格上涨较多。其中,钢铁、石油、煤炭、有色相关行业价格分

别上涨32.4%、32.0%、24.4%和15.0%。上述4项合计影响PPI上涨约2.8个百分点，占PPI总涨幅的47.5%。

1. 钢铁相关行业

一是产量下降。在实现“碳达峰”“碳中和”目标背景下，钢铁市场供应量下降。二是市场需求旺盛。随着国内疫情防控形势不断好转，企业产能不断恢复，市场钢材需求稳步增加，推动价格上涨。三是成本价格上涨。受国际大宗商品价格上涨影响，国内铁矿石价格涨幅明显，2021年湖南铁矿采选价格比上年上涨11.2%。

2. 石油相关行业

2021年在全球量化宽松背景下，国际油价整体呈上涨态势，加上欧佩克原油产量增长不及预期，石油供应偏紧导致国内价格涨幅明显。2021年湖南精炼石油产品制造类价格比上年上涨32.0%。

3. 煤炭相关行业

2021年以来，在“碳达峰”“碳中和”环保任务下，煤炭产业限产压力加大，而主要煤炭出口国受疫情、天气、出口政策等因素影响，外运不足，引发国内市场供应紧张，特别是进入冬季后煤炭价格出现快速上涨。为保障冬季煤炭供应，特别是民用取暖煤的供应，在保供稳价政策一系列“组合拳”的措施作用下，煤炭生产和供应不断增加，11月份价格开始快速回落。但2021年湖南煤炭加工类价格比上年仍上涨38.9%。

4. 有色相关行业

受国外输入性因素以及国内能源双控、限电限产政策等因素的影响，有色金属整体价格涨幅明显。同时，绿电、新能源汽车等相关市场需求也迅速扩大，从而带动锂、钴和锰等行业相关有色金属价格持续上涨。2021年湖南常用有色金属冶炼类、有色金属压延加工类、稀有稀土金属冶炼类、有色金属合金制造类价格分别上涨23.4%、15.8%、7.4%和7.3%。

(二)传导作用促使部分中下游行业价格有所上涨

受上游原材料和能源价格上涨传导影响，部分中下游行业价格涨幅明显，其中以钢材、有色金属为原材料的行业价格上涨较多。2021年，钢压延加工业价格上涨34.3%，电线、电缆、光缆及电工器材制造业价格上涨21.2%，化学纤维制造业价格上涨16.1%，其他制造业价格上涨9.1%，纺织业价格上涨6.9%，电气机械和器材制造业价格上涨6.2%，金属制品业价格上涨6.1%。

(三)对比基数较低是价格涨幅较高的重要原因

2020年，受新冠疫情影响，全球主要经济体经济衰退。国内经济也承受了较大的下行压力，大部分企业限工限产或停工停产，部分行业出厂和购进价格都出现下降，全年湖南工业生产者出厂和购进价格整体水平偏低。

四、后期走势分析

在国内经济发展有望持续向好，美联储加快收紧货币政策的预期加强，国内保供稳价政策不断推进的背景下，预计 2022 年湖南 PPI 在高基数影响下将出现趋势性回落，可能呈现“前高后低”走势。

（一）保供稳价政策下价格快速上涨势头将继续得到遏制

2021 年 12 月 14 日，国家发展改革委、工信部联合发布《关于振作工业经济运行推动工业高质量发展的实施方案的通知》，明确“做好大宗原材料保供稳价”，持续密切监测大宗原材料市场供需和价格变化，大力增加大宗原材料市场有效供给，灵活运用国家储备开展市场调节。进一步强化大宗商品期现货市场监管，坚决遏制过度投机炒作。随着国内保供稳价政策效用进一步显现，2021 年 12 月湖南煤炭、钢铁、石油、有色相关行业价格应声下落，分别下降 5.1％、2.0％、1.5％和 1.5％。

（二）美联储加快收紧货币政策的预期

2021 年 11 月，美国消费者价格指数（CPI）同比上涨 6.8％，是 1982 年 6 月以来最大同比涨幅。美联储正在考虑加快加息步伐，最快可能在 3 月完成削减购债后启动，以应对不断增长的高通胀压力和吃紧的劳动力市场。如果全球宽松货币政策迎来转折，后期国际大宗商品价格逐步回落可能性较大。

（三）PPI 在 2021 年高基数影响下将出现趋势性回落

据测算，2022 年 PPI 翘尾因素将从 1 月影响总指数上涨 6.0 个百分点逐步回落至 9 月份的 0.8 个百分点，10 月份起翘尾因素影响将由正转负，10 月份和 11 月份将分别影响总指数下降 1.0 和 0.5 个百分点，在高基数影响下 2022 年 PPI 可能呈现“前高后低”走势。

（四）短期内煤炭、钢铁等价格走势仍然偏强

随着“双碳”目标持续推进，2022 年煤炭、钢铁等价格走势仍然较强。一方面，由于高能耗、高碳排放行业供给释放或持续受到影响，作为能源消耗密集行业，面临较大减碳压力；另一方面，新能源、新基建等绿色低碳产业虽然处于高速发展阶段，但总体产能有限。在这个过渡阶段，部分高碳能源消耗密集行业需求仍然较大，煤炭、钢铁等高能耗、高碳排行业产品价格走势偏强局面短期内可能仍将持续。

五、对策建议

2022 年，国际政治经济环境复杂，价格走势仍存在诸多不确定因素，为确保国内价格市场持续、健康、稳定发展，建议加强以下几个方面工作：

（一）继续加强大宗商品保供稳价政策推进力度

近期有关部门实施的国内大宗商品价格保供稳价政策，效果初步显现，2021 年 11 月、12 月湖南 PPI 环比连续下跌。在 2022 年需持续落实大宗商品保供稳价相关政策要求，根据国内外形势和突发情况不断调整保供稳价措施，努力降低国际输入性通胀带来负面影响。

（二）加强市场监管，发挥好价格管理工具的调控作用

一要加强对价格形势的监测。进一步完善大宗商品价格监测预警机制，对重点商品波动幅度进行密切关注，严格查处和惩戒投机炒作行为，避免过度投机恶意引导市场价格。二要继续发挥价格管理工具的调控作用。使用好货币政策与财政政策，既要保持人民币适当升值，抵消大宗商品价格的上涨压力，又要防范人民币过度升值对出口的负面影响，可以通过调整进出口关税等政策，继续鼓励出口企业积极提高出口价格，阻止美元持续快速贬值，以保护出口企业的根本利益。

（三）提高中下游中小企业政策支持，增强市场竞争活力

上游厂商控制着原材料、燃料、动力产品供给，拥有较强的定价权，而中下游行业竞争性更强，价格难以随着生产资料价格上涨而上涨。因此，要增强中小企业的议价能力，促进市场公平竞争，采取与上游企业签订长期合同等市场化办法稳定原材料供应与产销合作，鼓励具有核心竞争力的企业扩大规模、降低经营平均成本，给予中小企业适当的财政税收和投融资政策支持，有助于中下游行业的盈利进一步改善，有利于增强市场中小企业竞争活力。

（王湘杰）

民生加油站 MINSHENGJIAYOUZHAN

如何解读 PPI 与 CPI 的走势分化

随着 2021 年上半年各种宏观数据的陆续公布，我们发现价格领域的两大指标——CPI 与 PPI 的走势已经出现了明显分化现象。

价格领域的两大指标 CPI 与 PPI 的走势为什么会出现明显分化现象呢？理论上来说，上下游产业链之间存在价格传导机制。即上游价格的变化领先于下游，上游价格在经过一段时间后会部分传导至下游和终端。这种怪相被国内媒体称作 CPI 与 PPI 的“剪刀差”。事实上，近些年(如 2015 年、2017 年)也曾经出现过这种匪夷所思的现象。从国家统计局公布的数据可以看出，我国的居民消费价格指数(CPI)和工业生产者出厂价格指数(即媒体所称的 PPI)在 2021 年 3 月以后开始出现较为明显的走势分化。最近四个月份 CPI 和 PPI 同比涨幅的差距呈现快速拉大态势，二者差距分别为 4.8、5.9、7.7 和 7.7 个百分点。两大物价指数走势出现的这种明显背离，就是媒体所说的“剪刀差”。PPI 与 CPI 之间这种看似矛盾的发展趋势，究竟受到哪些因素的影响？反映了实体经济的什么问题？“剪刀差”的扩大是否意味着未来会出现通胀？针对这些问题，下面我们将依次进行分析。

从统计口径看 PPI 与 CPI 的分化

从理论上讲，PPI 代表工业部门所面临的物价走势。更具体地讲，我国的 PPI 代表的是工业部门向市场提供的产成品的价格走势，它会受到工业部门主要投入品如原材料、半成品、人工等成本的影响，同时也受到市场竞争激烈程度的影响。CPI 代表的是居民户或消费者所面对的消费品和生活性服务的一般物价水平。消费品中既有来自工业部门的产品，也有来自农业部门的产品。工业生产部门的价格上涨通常会引起消费品中的工业制成品价格上涨，生活性服务的价格则会随着工资、能源价格、房租等的涨价而被推高。如果考虑开放经济，工业部门的出口产品的变化并不影响本国下游的消费价格，而居民户购买的进口消费品也不受本国上游工业品价格的影响。通过以上对 PPI 和 CPI 统计口径的简单分析，当前我国的 PPI 快速上涨与 CPI 反弹乏力之间并没有多大的理论冲突。因为目前对我国 CPI 影响较大的是猪肉、蔬菜、水果等农产品，这些产品并不在 PPI 的统计范畴之内。从某种意义上讲，来自工业部门的消费品价格相对稳定，而受天气、动物疫情等影响的生鲜产品的价格波动才是我国 CPI 波动的主要因素。另外，与居民消费存在直接关联的部分工业消费品，即使有涨价压力，也会受供需关系、电商促销等因素的影响而被弱化。例如，对于竞争比较激烈的家电和纺织行业来说，即使其原材料价格不断上涨，它们的产品价格也未必真会有多大的提高。

当然，PPI 对 CPI 的传导机制还是客观存在的，即使这种传导不是 100% 传导。不过，本国居民购买的来自工业部门的消费品，其价格传导会因为一些中间环节的存在有一定的时滞性。从这一角度看，如果我们不考虑时滞性，只是简单地分析同一时期 PPI 和 CPI 的关系，极有可能得不到正确的结论。

PPI 走高的背后：大宗商品价格快速上涨

2021 年以来，我国 PPI 数据不断走高的一个主要原因是部分大宗商品价格快速上涨。相关数据显示，2021 年上半年，国际原油、铁矿石、有色金属等大宗商品价格大幅上涨。根据海关总署公布的进出口数据，2021 年上半年，我国原油进口均价同比上涨 20.5%，铁矿砂进口均价上涨67.3%。大宗商品价格的上涨，既有来自工业原材料需求增加的原因，也有重要原材料供应国如巴西、智利、秘鲁等国受新冠疫情影响从而对产能限制的影响，还有美联储宽松货币政策所导致的美元贬值的缘故。

根据国家统计局公布的经济半年报，与进口大宗商品关联程度较高的煤炭、石油、钢材、有色金属等三黑一色行业价格在上半年同比涨幅偏大。其中，黑色金属矿采选业价格涨幅最高，达37.6%；石油和天然气开采业、黑色金属冶炼和压延加工业、有色金属冶炼和压延加工业紧随其后，价格上涨也超过了两成，分别为26.7%、24.5%和21.0%；煤炭开采和洗选业、石油煤炭及其他燃料加工业与有色金属矿采选业的价格也有明显的上涨，涨幅分别为17.5%、14.8%和13.6%。由于三黑一色行业处于产业链的上游，其价格高企会提升处于产业链下游的加工制造业的成本。如果加工制造业的产成品价格没有市场的支撑，就不能作同步调整，其利润空间会受到挤压。在严重的情况下，会导致下游中小企业停产。以电缆生产企业为例，在江浙一带有不少中小企业已经出现了停工潮。我们调研发现，主要原因就是2021年以来铜价的暴涨。由于电缆价格基本维持不变，导致这些电缆生产企业无法消化巨大的成本上涨压力，最终不得不停工待产。

CPI持续低迷的主因：消费市场疲软

正如前文分析，考虑到价格传导的时滞性，目前我国上游价格上涨的压力可能尚未传导至下游。我们认为，受居民收入影响的购买力回升乏力是当下导致CPI低位徘徊，进而与处于高位的PPI形成鲜明反差的一个重要原因。

受疫情影响，去年以来我国居民收入增速明显放缓。数据显示，2020年居民增速只有4.7%，远低于2014年至2019年期间9.0%的年均增速。

根据国家统计局公布的经济半年报，与2019年上半年相比，居民人均可支配收入两年平均名义增长7.4%，扣除价格因素影响，两年平均实际增长5.2%，收入增长的前景并不乐观。按照经济学的基本逻辑，居民收入增长缓慢必定会限制终端需求的反弹力度，直接导致CPI走势疲软。另外，我们注意到，去年疫情的暴发不仅深刻改变了人们的消费习惯，也强化了人们的预防性储蓄动机。由于担心类似疫情等意外事件对生活的负面冲击，不少居民更倾向把钱存起来而不是花出去。居民储蓄意愿的增加会削弱他们当期的购买意愿，弱化消费价格上涨的动力。

如果出现输入性通胀……

按照通货膨胀的标准定义，输入性价格上涨导致的PPI高企并不是通胀，最多只是以CPI为测度标准的通胀先行指标。然而，若大宗商品价格涨势不改，随着海外疫情逐步得到控制以及经济的复苏，大宗商品的需求上升会进一步推高价格上涨。假以时日，上游价格最终会传导至消费端，推升CPI。如果推断为真，未来PPI与CPI的“剪刀差”可能会缩小，逐渐同步。

不过特别指出的是，如果未来我国CPI的走高仅仅是因为消费品成本高企所致，居民收入涨幅并未出现明显改观，那么，我国经济将可能出现比较糟糕的局面。因为一方面居民的收入不如价格涨得快，其实际购买力下降，另一方面疲软的市场会进一步抑制消费品生产企业的销售增长潜力。

针对可能出现的输入性通胀，除了国家可以采取的规范市场价格措施，中央和各地还需要在产业结构调整和升级方面下大功夫，在新发展格局下以内循环为主体，降低输入性价格风险。至于居民收入提升方面，决策者不仅需要优化就业环境，消除就业歧视，保护劳动者权益，还需要优化营商环境，增加创业机会，进而增加就业岗位。各地在灵活就业、地摊经济、夜经济方面的关注和布局，也是提高本地居民收入不可或缺的环节。

（北京工商大学经济学院教授、MBA研究生 周清杰 张朋朋）

深度透视

探讨生猪价格变动因素　揭开生猪价格周期性波动的神秘面纱

“一年春作首，六畜猪为先”。生猪价格的暴涨暴跌不仅拉动CPI指数升降，影响居民日常生活，也影响到政府的经济决策。“价高伤民，价贱伤农”，生猪价格波动的影响因素究竟有哪些？这些因素如何作用于生猪价格？本文从剖析生猪价格影响因素着手，探索猪周期的内在规律和推动机制，探寻生猪稳产保价保供的有效途径。

一、生猪价格影响因素分析

影响生猪和猪肉价格的主要因素是供给与需求，其他因素直接或间接地作用于供给或需求，进而影响生猪价格。需求端大趋势上的影响因素主要包括人口数量、人口年龄结构、城镇化程度、居民收入水平、居民肉类消费结构等。这些因素短期内不会有大幅变化，因此除季节性因素和生猪价格影响短期需求外，需求端其他因素的短期影响相对稳定。所以抓住供给端变动因素与传导路径，即可分析出影响因素对生猪价格的作用方向。

（一）能繁母猪是市场供应的“总开关”

生猪供给影响生猪价格。而能繁母猪是市场供应的“总开关”。“有母就有小，有小不愁大。”猪周期的核心指标是能繁母猪存栏量，能繁母猪存栏量与猪价走势大体呈现负相关关系。

养殖户往往用即期市场价格为标准预期未来收益，使得生产计划赶不上变化，产量赶不上市场变动。分析2008年以来能繁母猪存栏变化情况（见图1）和2008年以来生猪出栏价格（见图3）发现，能繁母猪存栏下降对生猪价格影响的传导滞后约9～12个月。2010年3季度能繁母猪存栏量跌至底点，2011年9月生猪价格到达周期顶点；2015年3季度能繁母猪存栏量处于相对低点，2016年6月生猪价格达到峰值；2019年3季度能繁母猪存栏量跌至谷底开始回升，2020年7月生猪价格升至周期最高点。而这一情况与生猪养殖规律也是相符的，能繁母猪产仔、育肥再到出栏形成生猪有效供给需要经过大约10个月左右的生产时间。

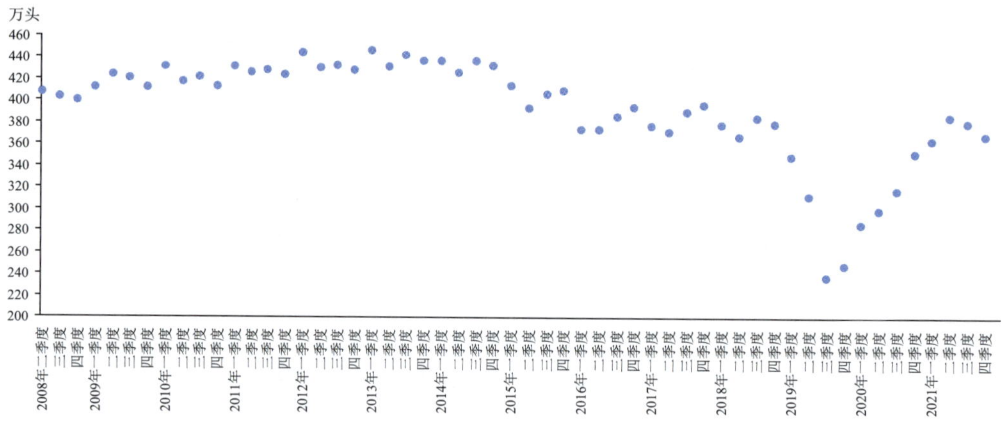

图1　2008年以来能繁母猪存栏量

同时，从能繁母猪存栏和生猪出栏数据可以看出，湖南省种业振兴成效显著，2015年之后，能繁母猪效能明显提升。虽然能繁母猪存栏量明显低于2014年及之前年份，但2014—2018年这一周期的生猪出栏量与前一周期相比还略有提升。这也是规模化养殖程度不断提升相对于传统养殖模式的优势体现。据中国畜牧业年鉴数据显示，2019年湖南省种猪场数量已位列全国第1位。

（二）出栏量直接影响短期的市场供给

出栏量影响短期的市场供给，进而影响价格。猪周期是由需求和供给的不平衡造成的，那么需求与供给的平衡点究竟在哪里？供给的波动是否具有规律？供给量达到什么标准能够达到供需平衡？

2009年以来，湖南省生猪年出栏量波动较大。最低为2019年的4812.9万头，最高为2014年的6220.3万头。这说明，当出栏量大时，价格的下降会刺激到需求，出栏量小时，价格的上涨会抑制需求，居民对猪肉的需求具有弹性，会随着价格的变化而变化，所以我们很难通过供需关系来判断生猪生产的合理产量。但是我们可以从生产稳定的角度来考虑这个问题，当利润过高时，会吸引大量资本进入，利润过低会导致部分养殖户减产退养，所以合理的利润是保持生产稳定的根本。

通过2009—2021年玉米、豆粕价格、生猪价格对生猪养殖成本及出栏一头生猪平均盈利进行推算，并对比历年生猪养殖头均盈利发现，正常情况下，当生猪年出栏量处于5900万头左右时，养殖效益基本处于盈亏平衡点左右。

研究前两个猪周期的数据，第二轮猪周期即2010年三季度至2014年一季度总出栏量为22139.2万头，平均单季出栏量为1475.9万头。第三轮猪周期即2014年二季度至2018年二季度总出栏量为25316.4万头，平均单季出栏量为1489.2万头。二轮周期的平均单季产量非常接近，年均出栏量也在5900万头左右。

猪周期是市场规律的客观表现，不可避免，但用好用足手段，尽力压扁猪周期，能让产能在合理范围波动，从而避免大起大落。

(三)季节性因素带动生猪价格季节性震荡

1. 出栏季节性变动明显

我国的猪肉消费受季节和节假日影响较大，一般消费旺季为每年的9月到1月(9月中秋、10月国庆、12月元旦、1月中下旬为过年储备猪肉、进入腊肉腊肠制作季节)，年后的2—6月份进入传统消费淡季，猪价缓慢下行。所以，正常情况下，四季度和一季度生猪出栏量较高，二、三季度出栏量相对较低。这是由我国猪肉消费的习惯和特点所决定的。但是2021年的二季度出现例外，受产能恢复影响，猪肉供应比2020年二季度增加了32.0万吨，比近5年肉产量最大的2018年二季度增加了29.4万吨。从过去的猪周期看，猪价涨到一个高位，都会逐级下跌，回落到一个低点。但此次价格下行周期，在需求没有大幅增长的情况下，叠加了猪肉供应的大幅放大，所以猪价下跌快而急。

表1 2017—2021年猪肉产量(单季度)

单位:万吨

年 份	一季度	二季度	三季度	四季度
2017	134.8	81.1	102.0	131.7
2018	142.1	81.2	102.2	121.3
2019	133.0	72.5	54.9	88.1
2020	86.2	78.6	72.2	100.7
2021	114.9	110.6	103.6	104.0

2. 价格季节性变动明显

总体来说，上半年是猪肉消费淡季、下半年为消费旺季，在年度生猪供给变化较为平缓的状态下，消费的季节性波动就会成为影响年内价格的决定因素。

受需求季节性变动影响，生猪价格2—5月份下行，5—6月份震荡见底，6—8月份开始爬升，进入消费旺季后高位震荡，如此周而复始。2008—2021年湖南生猪历史月度均价

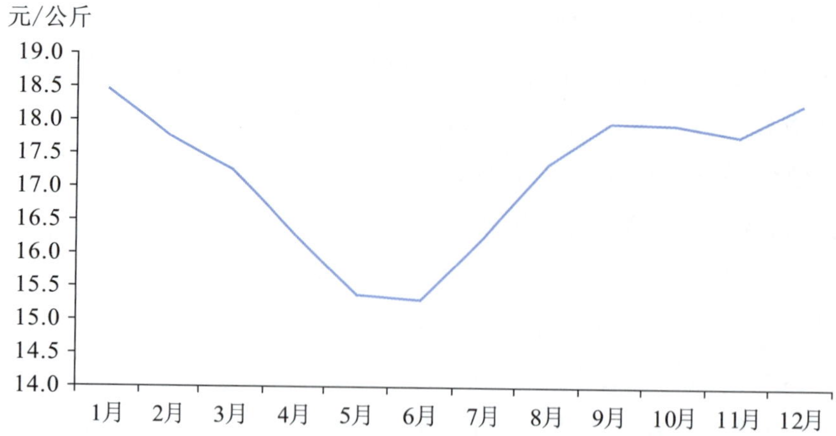

图 2　2008—2021 年湖南生猪历史月度均价

(见图 2)明显地体现了这一季节性特点。

同时,从生猪价格历史走势,可以发现生猪价格处于低点的历史规律:

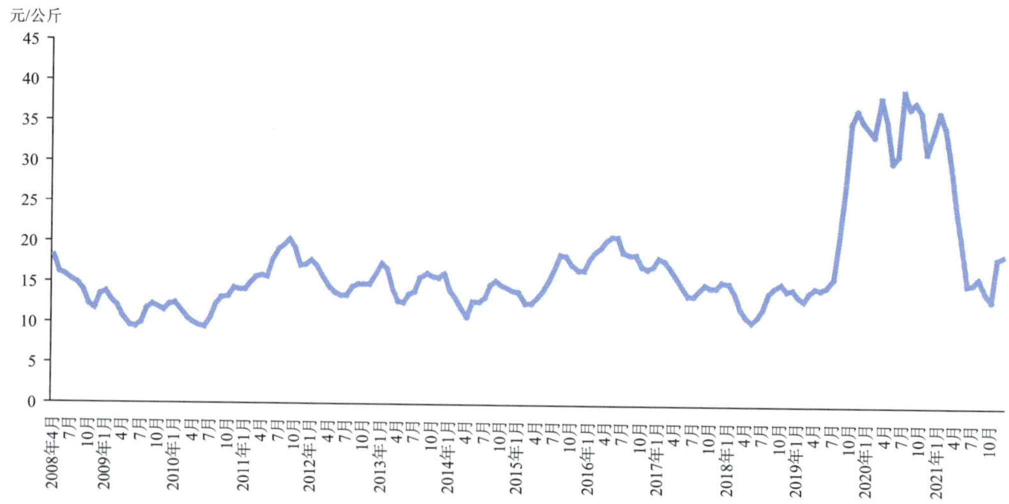

图 3　2008 年以来生猪出栏价格

第一轮周期:猪价分别在 2009 年 6 月、2010 年 6 月见底;

第二轮周期:猪价分别在 2013 年 5 月、2014 年 4 月、2015 年 3 月见底;

第三轮周期:猪价在 2018 年 5 月见底;

本轮周期在 2021 年 10 月出现第一个底部。

可以看到除了本轮周期阶段底部在 10 月份出现以外,前面的历次周期底部均是在 3—6 月份见底。图 3 仅仅展示了湖南省 2008 年至今的生猪价格走势,如果放宽周期,观察 1993 年至今全国近 30 年的猪价走势规律,几乎所有的猪价底部依然是在 3—6 月份出现。

(四)养殖成本的增加推高生猪周期底部价格

生猪生产成本由饲料成本、仔猪生产成本、保健防疫成本、人工成本及水电等费用构成。其中,饲料成本占生猪生产成本的 60%～70%,玉米、豆粕是生猪饲料的主要组成部分，所占比重约为饲料总成本的75%。

分析玉米、豆粕、生猪价格趋势发现，玉米、豆粕价格对生猪价格的短期影响并不显著。因为生猪价格处于高位时，养殖户对于成本增加的反应并不敏感。生猪价格下行时，因为生猪养殖的特点，难以在短期内调整养殖规模，对饲料的需求属刚性需求。所以玉米价格对生猪价格的传导机制是：饲料成本的增减导致养殖利润的增减，从而影响养殖户后期的生产决策，最终影响生猪产量和价格。从长期来看，养殖成本的增加推高生猪周期底部价格。

分析湖南生猪价格历史走势可以看到，每轮猪周期的高、低点在逐次提高。仅第二轮猪周期的低点价格除外，主要原因在于2012—2016年玉米价格一直处于高位。猪周期具有循环性和同步性的特点，循环性体现在生猪生产围绕长期均衡趋势上下波动，同步性是指全国不同地区同步发生。如果放大周期，看全国近20年的猪价走势规律，同样也符合这一点：1999年4.2元、2002年5元、2006年6元。

此轮猪周期，玉米价格不断攀升，2021年全年处于高位，12月下旬玉米价格为2624.3元/吨，比2019年同期上涨44.9%，按出栏体重110千克，综合同期豆粕价格计算，2021年一头生猪饲料成本为1050元左右，比2019年同期增加约245元。另外，非洲猪瘟发生后，养殖企业加强了对人流、物流、车流、料水流等的控制，增加了非洲猪瘟防疫成本。采取对相关车辆和工作人员洗消，喷洒消毒药水和抽血检测等消杀防疫手段，同时对养殖场污水、通风设备改造，增加人员投入等。调研了解，非洲猪瘟防疫成本大约在1元/公斤左右，即一头生猪成本增加约110元左右。同时，因生物防疫需要，工人需长期封闭作业，人员工资增加也推高成本。预计此轮猪周期底部价格将高于往期。

在生猪价格处于上涨周期时，企业对于成本的关注度可能会有所下降，但当生猪价格处于下跌周期时，企业对于成本的敏感度会有所提升，存在成本优势的生猪养殖企业才能从容面对猪价的涨跌周期。降低成本、提高生产效益是生猪养殖企业长久发展的核心竞争力。

(五)国家政策从宏观层面影响生猪养殖发展的方向

2014年开始国家出台了一系列环保政策，2016年环保严管推动行业升级，2019年稳产保供推动生猪产能恢复，都对生猪生产形成了直接的影响。

2014年，一系列旨在加强环境保护力度的法律法规和政策出台，对畜禽养殖业提出了严格的环保要求，养殖业提质升级，间接提高了养殖成本，也无形中提高了进入生猪养殖行业的门槛。

2016年，《土壤污染防治行动计划》("土十条")、《环境保护税法》《控制污染物排放许可制实施方案》印发，对完善控制污染物排放许可制度，实施企事业单位排污许可证管理作出部署。2016年11月24日，国务院发布《国务院关于印发'十三五'生态环境保护规划的通知》,要求2017年年底前,各地区依法关闭或搬迁禁养区内的畜禽养殖场(小区)和养殖专业户。随着一系列政策的实施,一方面大量散户退出、部分养殖场整改,另一方面大型养殖场迎来了发展机遇,生猪养殖行业规范性不断提升,养殖规模化趋势日益明显。

2018年8月,非洲猪瘟疫情快速传播,生猪和母猪存栏量出现大幅下滑。国家不断出台政策措施稳定生猪价格、保障生猪供应。2019年8月,"国五条"明确要求立即取消超过法律法规的生猪限养、禁养政策,支持农户养殖,对禁养区内养猪场要支持异地搬迁重建。政策重点从环保严管转向为稳价保供。政策内容包括贷款贴息、生猪保险额补贴、取消环保"一刀切"、合法运输种猪及冷冻鲜肉免收通行费、扩建规模养猪场给予一次性奖励、保障生猪养殖用地等方面。2020年,中央一号文件专门指出,生猪稳产保供是当前经济工作的一件大事,要采取综合性措施,确保2020年年底前生猪产能基本恢复到接近正常年份水平。湖南省配套政策迅速出台并落实,生猪产能迅速提升,2021年末湖南生猪存栏和全年出栏均创近5年来新高。

(六)疫情疾病是生猪养殖的最大变数

农村有俗话"家财万贯,带毛的不算",说的是养殖的风险。近年来,湖南省畜牧业呈现快速发展状态,尤其是生猪养殖业,逐渐由小散群体向中大规模化递进。但随着养殖密度的不断增大以及外界环境的复杂化,病毒性疫病成为传染病的主体。目前对我国生猪行业造成较大严重影响的病毒性疫病是高致病性蓝耳病、口蹄疫、仔猪腹泻、非洲猪瘟等。

2006年中国有26个省发现猪蓝耳病疫情,涉及286个县,发病数达到了28万,生猪死亡数量达到7万多头。2005—2010年,多省相继暴发口蹄疫疫情,持续的疫情导致散户补栏积极性受挫。2010年口蹄疫暴发频率增强,同时,腹泻导致的仔猪死亡现象蔓延。2018年非洲猪瘟侵入我国,由于我国庞大的养殖基数以及复杂的调运环境,导致疫情在不到一年的时间里"遍地开花",给中国生猪行业带来前所未有的挑战。

疫情发生之后政策面普遍采取的措施是限制生猪流通,产区的猪源陷入大量积压的局面,而且疫情的集中暴发加速养殖户恐慌出栏,短时的供大于求导致猪价快速跌至低谷。但随着产能的持续去化,随之而来的则是猪价的强势反攻,这点从2007年、2011年和2020年的高猪价上体现得十分明显。

2021年,虽然非洲猪瘟在各地零星散发,但是没有对生猪生产造成大的影响。随着养殖企业在生物安全防控方面的能力不断提升,再次发生大范围疫情的可能性较低,未来疫情形势将总体趋缓。但由于中国庞大的养殖基数,疫病彻底根除难以实现,非洲猪瘟仍是生猪生产的最大隐患。

二、猪周期

以上影响因素造成了生产供给的波动,从而导致了因供需不均衡而产生的周期性变动。“供给不足→猪价上涨→养殖规模扩大→供给过剩→猪价下跌→养殖规模缩减→供给不足”的循环，造成猪价明显的周期性波动。2006 年以来生猪生产共经历了三个完整的猪周期。

第一轮周期从 2006 年 7 月至 2010 年 6 月，持续时间为 47 个月。2007 年蔓延至全国的高致病性蓝耳病带来的后果影响深远，助推了生猪市场价格的迅猛增长。2008 年初，雪灾造成仔猪、母猪死亡，并影响生猪地区间调运，继续助力猪价大涨，达到第二轮周期的峰值。随后，猪流感疫情以及世界金融危机的爆发，导致猪肉需求萎缩，猪价暴跌。自 2007 年起，国家相继出台了一系列扶持生猪产业发展的政策，从能繁母猪、生猪良种和疫病防控等多个项目上提高对养殖户的补贴，鼓励发展标准化规模化养殖，对生猪调出大县进行奖励，生猪产业迅速发展。2010 年初，受口蹄疫疫情影响，生猪价格持续暴跌。

第二轮周期从 2010 年 6 月至 2014 年 4 月，持续时间为 46 个月。始于 2010 年底流行于 2011 年春的仔猪腹泻疫情和 2011 年初的口蹄疫疫情致使 2011 年生猪供应量锐减，引发生猪价格上涨。2011 年全球性严重的通货膨胀推动了生猪价格上涨并在 2011 年 9 月达到这一轮周期的波峰。2012 年生猪价格进入周期的下行通道，国家迅速启动《缓解生猪市场价格周期性波动预案》并启动冻猪肉收储，2012 年生猪价格呈 U 型波动。2013 年“黄浦江死猪事件”引发公众对食品安全的恐惧以及 2014 年货币政策收紧造成宏观经济下行压力，直至 2014 年 4 月生猪价格都持续低迷。

第三轮周期从 2014 年 5 月至 2018 年 5 月，持续时间为 48 个月。2014 年《畜禽规模养殖污染防治条例》与 2015 年新《环保法》《水污染防治行动计划》和《关于促进南方水网地区生猪养殖布局调整优化的指导意见》等环保政策的发布实施，加大了环境治理和保护的力度，在限养、禁养和强拆压力下，生猪产能降低，导致生猪价格持续升温，到 2016 年上半年达到新高。国内高涨的市场行情使得进口猪肉大幅增加，中央及地方储备肉也陆续投放市场，缓解了猪肉供需紧张的局面，生猪价格逐步回落。2016 年《全国生猪生产发展规划》推动了生猪产能的恢复，生猪价格开始下行。

第四轮猪周期于 2018 年 5 月开始。2018 年 8 月，非洲猪瘟在国内首次爆发，迅速蔓延到全国 24 个省市，对我国生猪产业造成严重冲击。当年 10 月，湖南排查出非洲猪瘟，随后，疫情点状散发，生猪产能锐减。2019 年 3 月生猪价格快速上涨。农业农村部印发《非洲猪瘟疫情应急实施方案》，在非洲猪瘟防控“常态化”的局势下，2020 年初又遭遇新冠疫情，双重疫情叠加下，2020 年生猪供应承压，使生猪价格持续处于高位，到 7 月达到周期的最高点 39.2 元/公斤。2019 年以来，在高利润的刺激和政策支持下，生猪产业成为投资热点。据湖南省农业农村厅数据，2019 年 9 月份以来，全省累计新建改扩建规模养殖场 3494 个。其中新开工建设万头以上大型规模场项目 1058 个，已完成投资 352 亿元，建成项目 695 个。2021 年，随着产能的恢复，市场行情急转而下，不到半年时间价格跌幅达 58.7%。2021 年 9 月，全省生猪在建项目停工 44 个。生猪的生产和价格都经历了一轮过山车般的周期波动。

2006年以来生猪生产共经历了三个完整的猪周期，每个周期平均为47个月，上行时段分别是20、15、24个月，平均20个月。下行时段分别为26、31、24个月，平均27个月。

以上分析表明，生猪价格的周期性波动是一个确定性趋势，但波动的幅度和周期长度受需求、生猪供给、生猪疫病、粮食价格和政策变动等因素的影响。各项因素在不同周期的叠加效应，是生猪价格波动呈现大周期内包含小周期的周期波动特征的内在因素 。

三、当前生猪生产面临的形势

目前，生猪行业正处于2006年以来的第四轮猪周期的价格下行期。此轮猪周期于2018年5月开始，从2021年1月进入下行周期，整个周期历时45个月，上行期31个月，下行期已历时14个月。且本轮猪周期无论是上行时长，还是价格涨幅、降幅均为历史之最。本轮猪周期何时触底反弹，取决于当前和后一个时期的生产状况。

从生猪存栏情况来看，去产能速度平缓。2021年底，湖南生猪存栏4202万头，处于历史高位，仅低于2012年存栏量，位于近15年以来的次高点。全省能繁母猪存栏量从2021年三季度开始下降，到2021年底为368.1万头，半年时间下降4.4%。但是能繁母猪存栏量的下降伴随着湖南能繁母猪存栏优化调整，养殖户淘汰三元母猪，选购优质二元母猪，提升生产效能。调研了解，规模猪场的能繁母猪PSY(第年每头母猪提供断奶仔猪数)提高到22头左右，效能提升35%以上。据农业农村厅数据，全省优质二元母猪占比目前已提升到90%以上。所以，在计算生猪产能时，不能只考虑能繁母猪存栏量下降速度，还要考虑能繁母猪提质增效的因素。

从养殖户对市场的预期来看，去产能意愿不强烈。总队对全省360户生猪养殖户的问卷调研情况显示，2022年2月，87.7%的养殖户计划维持现有规模或进一步扩大生产，比2021年12月增长2.6个百分点，比2021年9月增长14.8个百分点。9.1%的养殖户计划缩减养殖规模，比2021年12月减少0.5个百分点，比9月减少8.1个百分点。养殖户对后期市场的预判决定了后期的养殖规模和市场供给，也是后期生猪生产发展的最大不确定因素。

从价格走势来看，行业普遍陷入亏损状态。2022年2月，湖南生猪出栏均价为15.5元，环比下降4.9%。2022年以来，受南美气候影响、大豆预期减产炒作，豆粕价格快速上涨，较年初涨幅已接近40%。俄乌冲突推动国际粮价上涨，玉米价格一路攀升。在成本推动下，多家饲料企业官宣调价，生猪养殖成本持续抬升。2月生猪头平亏损200元左右。后期市场处于消费淡季，生猪价格上涨动力不足。

从政策层面来看，猪粮比持续走低推动新一轮收储。3月3—4日国家发改委启动第一批、第二批共4万吨冻肉收储。3月15日，国家发改委发布，3月7—11日，全国平均猪粮比价为 4.75：1，连续三周处于过度下跌一级预警区间，将启动年内第三批中央冻猪肉储备收储工作。猪肉收储是短期内调控市场供需、稳定猪价的应急手段之一。虽然国储收购绝对量较低，但因现货溢价，对当前连续下跌的生猪市场能给予一定的心理支撑，缓解养殖行业情绪，提振信心，也会在短期内影响养殖户的出栏节奏，但生猪价格的大方向仍将继续追随供需面影响因素。

产能过剩导致的周期下行需通过去产能的手段来调节，去产能的效率决定了下行周期的长短，但目前，生猪存栏还处于高位，能繁母猪存栏仍高于正常保有量，猪周期拐点还未到来。

四、对于稳定生猪生产的建议

目前，生猪行业能否熬过“寒冬”迎来暖春，一方面依赖养殖户全面了解市场信息，把握好养殖规模和出栏节奏，加强成本管控，提高养殖效率。另一方面也依赖于政府部门进一步落实政策、强化服务。

一是继续抓好非洲猪瘟等重大疫病防控。2014 年至 2018 年这一轮猪周期是近年来唯一一轮没有受到生猪重大疫病侵扰的猪周期，产能波动幅度历年最小，养殖利润水平相对平稳。所以“压扁”猪周期，重大疾病的防控是最重要的一环。要坚持常态化防控不松懈，紧盯养殖生产、调运、屠宰等关键环节，不断提升疫情监测预警能力，做到早发现、早防范、早处置。同时，推进生猪标准化规模养殖，提升生猪产业现代化水平。

二是加大对养殖企业逆周期金融支持力度。调研了解，价格下行行情下，中小规模养殖企业面临的最大困难还是资金压力。生猪养殖的特点决定了养殖企业需要大量的流动资金，而养殖业又是最容易出现现金断流的行业。越是在行业的困难期，越需要金融机构拿出有力措施配合中央政策，加大金融支持，要引导评级机构合理客观评判，对生猪养殖企业加大信贷投入，尤其要避免限贷、断贷、抽贷。

三是提高政府宏观调控政策的连续性和可预见性。在市场经济条件下，当市场调节无能为力或调节得不完善时，就需要由政府进行必要的宏观调控，来弥补市场调节的不足。养殖户生产经营决策是按照其心理预期进行，因此，政府的宏调政策必须具有连续性和可预见性才能合理引导养殖户的心理预期。相较于前期因疫情防控、环保整治而大力清退散养户而言，后期政策转变力度很大，从前期的信贷、用地、税费严格约束限制转变成采取各项措施强力恢复产能供给。所以，后期的市场调控当中各级政府需要督促落实好财政、金融、用地等长效性支持政策，同时，加强对政策落实情况，如补贴发放范围等执行情况的监督监管，提升政府公信力。

四是注重信息公开和公共服务，引导养殖户对生猪行情的合理预期。非对称信息条件下基于预期的决策行为存在严重盲目性，使得生猪供需失衡现象严重，生猪价格波动大。

建议由政府牵头构建政府、企业、养殖户、科研从业人员共建的网络平台，利用网站、微信、短信等多种渠道，让养殖户便利地共享可靠的市场资讯。

五是加快饲料原料的替代生产，应对贸易摩擦背景下饲料成本上升压力。企业撑过行业底谷，成本控制是关键。一方面着力宣传推广玉米豆粕减量替代技术及其成果转化工作，增加本国替代产品生产，减少对国外进口豆粕需求。另一方面，以种业振兴为重点强化农业科技创新。在不与大宗粮食争地的前提下，通过种植模式的变化，保证玉米产量不减产，狠抓大豆生产。同时，着力扩充饲料原料供给保障渠道，例如加快培育大型农产品跨国集团，通过对外直接投资，以缓解玉米、豆粕供应紧张的局势。另外，建议着力推进饲料行业创新，通过科技创新提升养殖效率，实现降本增效。

（刘　露）

市县链接

衡阳:2021 年居民消费价格小幅上涨

2021 年，衡阳市居民消费价格总水平上涨 0.3%，涨幅比 2020 年收窄 1.1 个百分点。其中，食品价格下降 3.3%，非食品价格上涨 1.1%；消费品价格与去年同期持平，服务价格上涨 0.7%。

一、消费价格运行特征

（一）居民消费价格总水平涨幅收窄

2021 年居民消费价格比上年上涨 0.3%，涨幅比上年同期收窄 1.1 个百分比，价格涨幅处于 6 年来的最低点，体现了 2021 年经济运行总体平稳的态势。

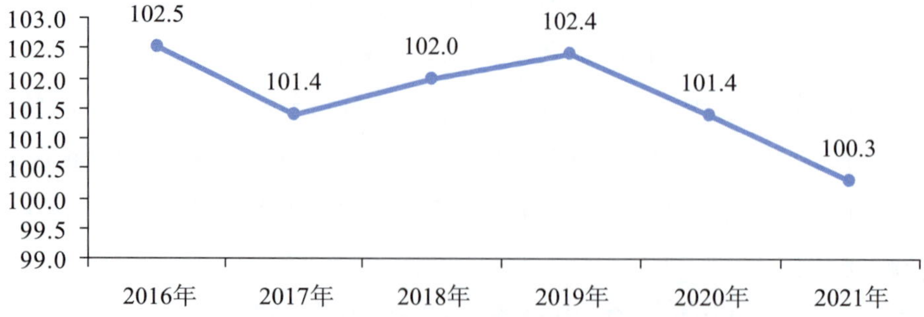

图 1　2016—2021 年居民消费价格指数

(二)分月同比涨幅呈“M”形

从分月同比看,2021 年 1—6 月居民消费价格同比分别上涨 0.1%、0.2%、0.6%、0.7%、1.0%、0.5%,7—9 月分别下降 0.1%、0.3%、0.3%,随后 10—12 月分别上涨 0.2%、0.9%、0.1%。

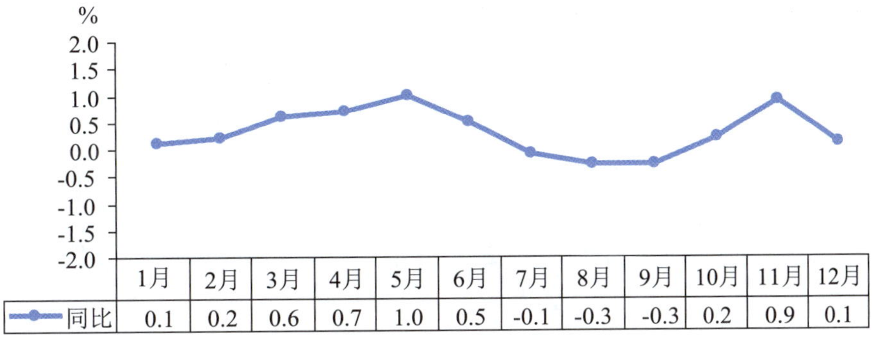

图 2　2021 年居民消费价格各月同比涨跌幅

(三)分月环比涨跌互现

从分月环比看,涨跌幅度整体介于 0～1 个百分点之间。1—2 月,受节日因素影响,食品类、服务类价格呈现不同程度上涨,拉动居民消费价格环比上涨,分别为 0.6%和 0.5%。随着节日因素消失及生猪生产逐步恢复,鲜菜、猪肉价格下跌,居民消费价格环比由涨转跌,3—6 月份,居民消费价格分别下降 0.7%、0.4%、0.2% 、0.5%。7—9 月居民消费价格整体平稳,略有增长,涨幅分别为 0.1%、0.0%、0.1%。10—11 月,受高温及有序供电多重原因相互叠加影响,居民消费价格由跌转涨,涨幅分别为 0.6%、0.4%。12 月各项调控措施效果显现,居民消费价格回落,单月环比下降 0.4%。

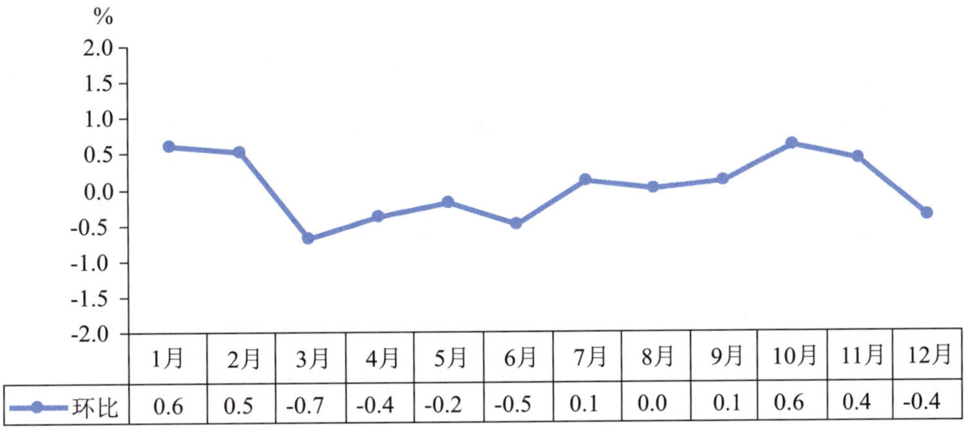

图 3　2021 年居民消费价格各月环比涨跌幅

（四）八大类呈“三涨四降一平”态势

2021年，八大类消费价格指数呈“三涨四降一平”态势，交通和通信涨幅最大，累计上涨5.0%，其次是医疗保健上涨4.0%，居住上涨0.4%。跌幅最大的是食品烟酒、其他用品和服务，分别累计下跌2.0%、2.0%，其次是生活用品及服务、教育文化和娱乐分别下跌0.6%、0.6%。衣着与去年持平。

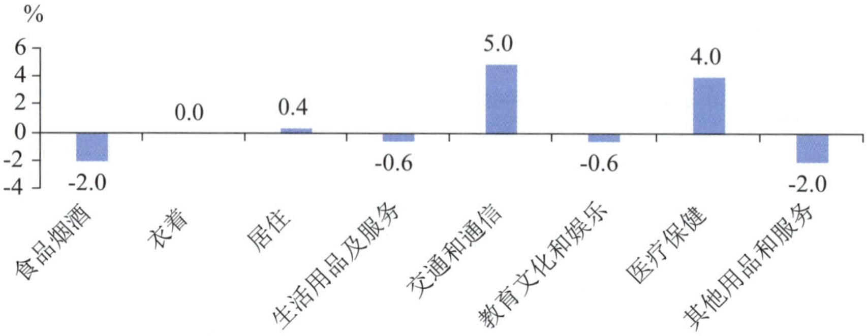

图4　2021年居民消费价格分类别累计涨跌幅

二、价格变动的主要影响因素

（一）食品价格震荡回落，拉动CPI呈下行态势

2021年食品烟酒价格累计下降2.0%，影响CPI下降约0.58个百分点，其中食品价格下降3.3%，影响CPI下降约0.62个百分点。

从分月同比来看，食品价格1—2月同比分别上涨1.7%、0.1%，3—12月分别下降0.6%、2.0%、0.8%、3.3%、7.0%、7.6%、7.8%、5.9%、2.0%、4.8%；受食品价格回落的影响，居民消费价格5—10月涨幅收窄，且逐渐由涨转跌，导致食品价格震荡回落的主要因素有：

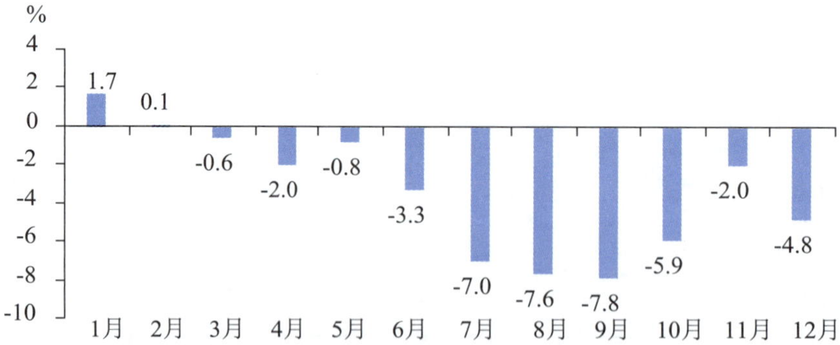

图5　2021年1—12月衡阳食品价格分月同比涨跌幅

1. 猪肉同比价格回落较快，是影响食品价格波动的主要因素

畜肉类价格累计下降21.8%，影响CPI下降约1.1个百分点（猪肉价格下降31.9%，影响CPI下降约1.0个百分点）。从分月同比看，1—9月猪肉价格整体下行，主要原因一

是非洲猪瘟过后，随着保供稳价政策持续发力，猪肉产能持续恢复、供应持续释放，市场供大于求，导致猪肉价格降幅持续扩大。二是由于畜肉价格的持续下降，导致养殖户压栏行为，促使生猪出栏体重明显偏高、肥猪售价偏低，进一步推升了猪肉供给，压低了猪肉价格。三是夏季高温是消费者对猪肉需求的淡季，需求走弱叠加供给上升推动猪价持续下跌。10—12 月随着气温逐渐降低，猪肉供应稳定，消费者需求逐渐增加，加之 10 月 10 日中央政府开始收集和储存猪肉后，市场上的猪肉减少，猪肉价格下行速度逐步放缓。

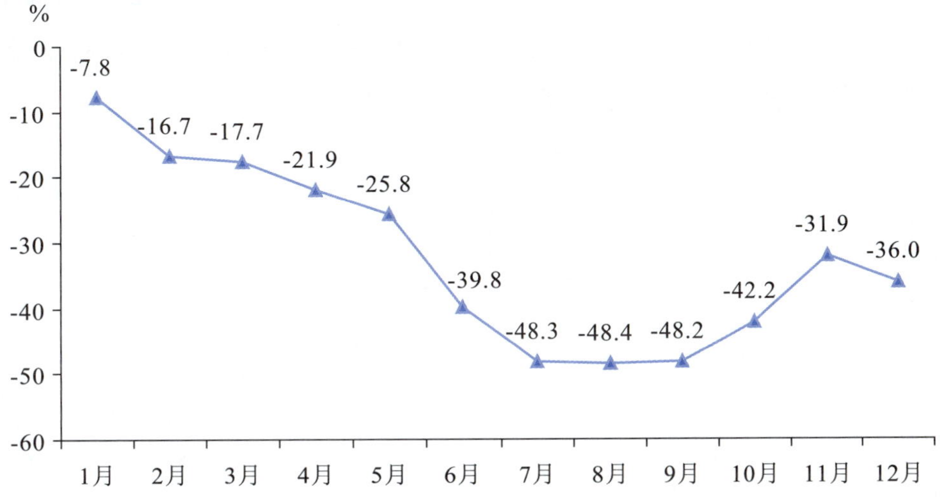

图 6　2021 年猪肉价格分月同比涨跌幅

2. 鲜菜涨多跌少

鲜菜价格累计上涨 8.6%，影响 CPI 上涨约 0.2 个百分点。从分月同比来看，1—3 月，受新冠疫情及春节节日效应叠加影响，鲜菜呈上涨态势；4 月随着天气回暖，本地鲜菜上市，消费者需求减少，鲜菜价格季节性下行；5—6 月，受水产品价格高涨，消费者部分需求转移到鲜菜，价格出现回弹；7—9 月市场鲜菜储备量较为充足，价格季节性回落；10—11 月

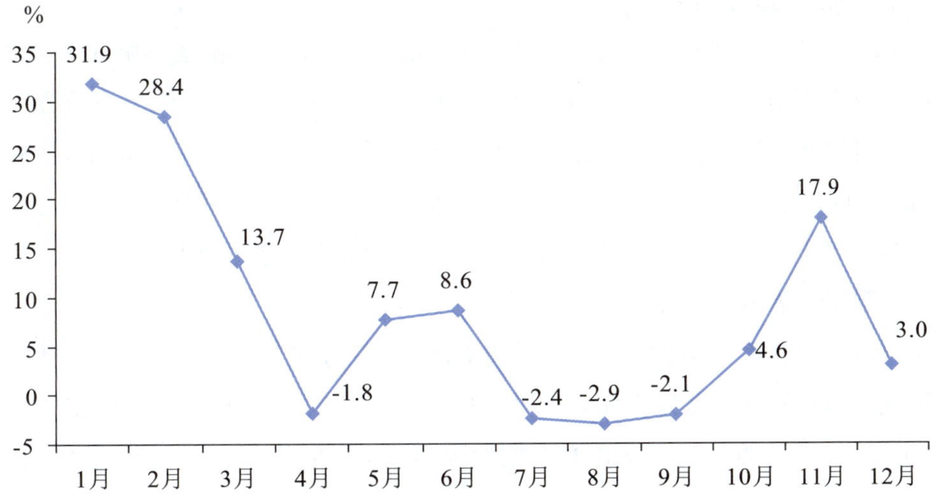

图 7　2021 年鲜菜价格分月同比涨跌幅

受山东、河北等地蔬菜减产及延期上市，市场鲜菜大幅减少，鲜菜价格一路走高；12 月随着本地菜上市价格涨幅回落。

3. 水产品涨幅明显

水产品价格累计上涨 19.1%，影响 CPI 上涨约 0.30 个百分点。从分月同比来看，1—6 月，水产品价格涨幅明显，主要原因一是供应偏紧，受疫情影响，水产市场消费信心不足，养殖户采取减产、转行等措施，导致供应偏紧。二是各地都提倡环境保护，不断扩大禁限养区范围，淡水鱼养殖面积大大缩减。三是受鱼饲料、人工成本、运输成本的不断上涨，水产品价格持续上涨。7—12 月，养殖户根据市场调整供应，新鱼逐渐上市，且由于天气炎热及水产品价格较高等因素，消费者需求降低，水产品涨幅出现回落。

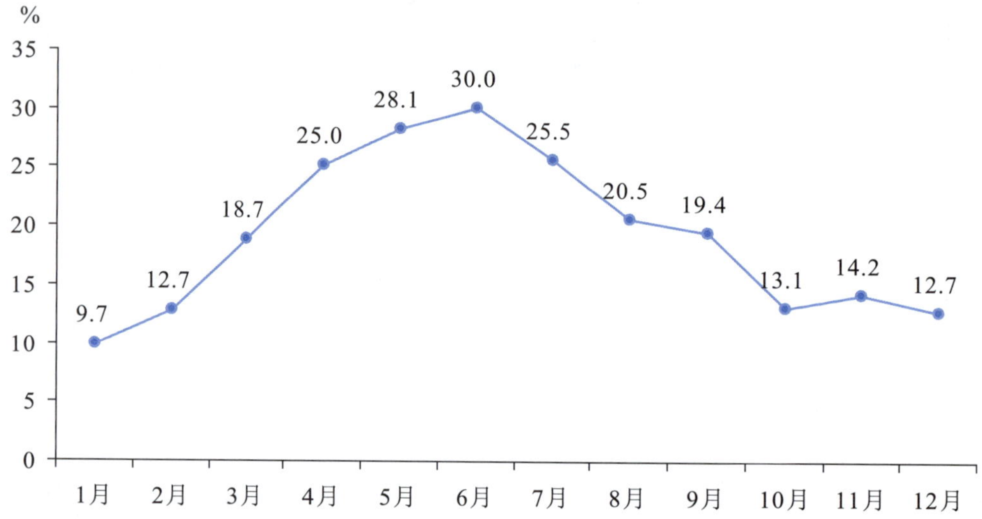

图 8　2021 年水产品价格分月同比涨跌幅

(二)服务项目价格涨跌互现

1. 医疗服务价格翘尾因素明显

医疗保健价格累计上涨 4.0%(其中新涨价影响上涨 0.8%，翘尾影响上涨 3.2%)，影响 CPI 上涨约 0.33 个百分点。2020 年 10 月 1 日，衡阳市公立医疗服务机构医疗服务价格进行调整规范，调整中提高了体现医务人员劳务和技术价值的医疗服务项目价格，医疗服务价格上涨明显，如：骨折手法整复术，从 130 元/次上涨至 1000 元/次，环比上涨达到 669%；诊查费，从 15 元/次上涨至 27 元/次，环比上涨 80%。医疗服务价格上涨后，目前趋于平稳。

2. 受疫情影响，旅游价格下跌

2021 年，旅游价格累计下跌 5.9%，影响 CPI 下降约 0.12 个百分点，主要原因是疫情防控需求下，旅游业不景气成为现实，8 月份湖南又突发疫情，南岳景区 2021 年多次关闭，加上全国各地相继出现疫情反复，出游人数大大减少，本地旅行社也遭受了较大的影响，价格整体出现下跌现象。

(三)工业品价格涨幅较大

1. 国际原油价格上涨，拉动交通工具用燃料价格上涨

2021年交通工具用燃料累计上涨17.7%，影响CPI上涨0.57个百分点。全球经济从疫情中逐步复苏，原油需求较快增长，原油价格一路震荡上行，国家发改委多次上调国内成品油价格，2021年国内成品油调价呈现“十五涨六跌四搁浅”的格局，涨多跌少致使成品油价格上涨。

2. 受有序用电及电价市场化影响，装潢材料价格上涨

居住价格累计上涨0.4%，影响CPI上涨约0.09个百分点，其中住房保养维修及管理累计上涨2.7%，影响CPI上涨约0.08个百分点。上涨主要原因是2021年9月份，发改委下发了《完善能源消费强度和总量双控制度方案》，方案对各省能耗双控提出要求，方案制定后各省积极采取拉闸限电措施，有序用电致使产能不足，工业品价格一路上涨，继限电结束电价市场化改革后，企业成本上涨，装潢材料价格保持高位，如水泥价格同比上涨18.9%、涂料同比上涨9.9%。

三、预测与建议

新冠疫情虽然有反复，但经济整体发展向上的态势不会受到影响。病毒变异的复杂情况会抑制服务业的发展，也会推动交通通信价格上涨。国际原油价格持续高位，国内燃料价格随之上调，运输成本增加会影响到各个行业。燃煤发电上网电价市场化改革的实行，提高了企业的成本，工业品价格有上涨潜力。这些是助推物价上涨的因素。

生猪供应短期充足，产能调整预计2022年下半年显成果。2021年末，衡阳生猪存栏量及能繁母猪存栏屡创新高，年末生猪存栏468.2万头，能繁母猪存栏44.0万头，生猪出栏675.06万头，2021年产能过剩的情况会继续维持一段时间，预计2022年上半年猪肉价格稳中略跌，这是推动物价下跌的因素。

综上所述，在排除重大自然灾害等不可抗力因素的影响后，预计2022年一季度衡阳CPI将呈稳中有升、小幅上涨的趋势。

(潘慧南茜)

2021年娄底市工业生产者价格涨幅为近十年新高

2021年，受国际能源供需失衡，国内能耗双控升级，新冠疫情反复，供应链持续动荡，大宗商品价格上涨等因素综合影响，娄底市工业生产者出厂价格(PPI)和购进价格(IPI)分别上涨5.9%和8.1%，为近十年来最高涨幅；且购进价格涨幅高于出厂价格，造成制造业价格传导不顺，利润被挤压。

一、工业生产者价格呈现五个特点

（一）PPI、IPI涨幅均创近十年新高

2012年以来，工业生产者价格总体呈现"W"形走势。PPI涨幅分别为－0.9％、－1.5％、－1.6％、－3.7％、－1.1％、5.8％、3.2％、－0.4％、－1％和5.9％，IPI涨幅分别为0.1％、－1.6％、－2.1％、－5.5％、－2％、7.2％、3.5％、0.2％、－1.1％和8.1％。

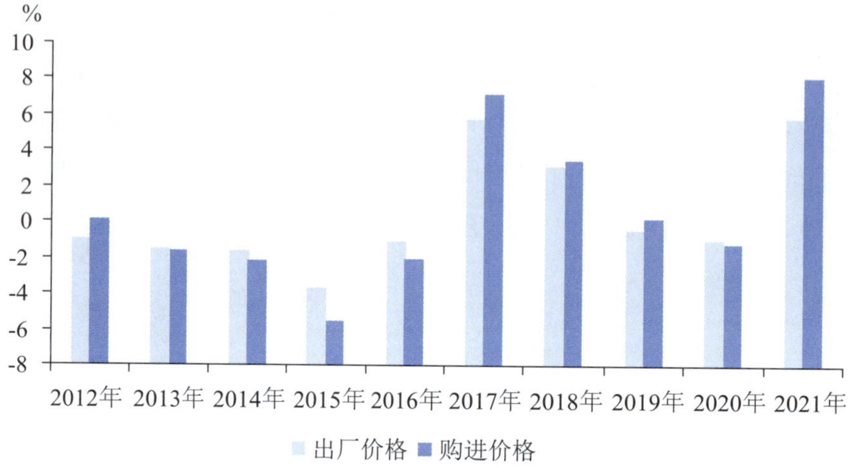

图1　2012年以来工业生产者价格涨幅对比图

（二）出厂和购进价格上涨面扩大

2021年，在调查的37个出厂大类行业中，33个大类行业较上年同期上涨。上涨面为89.2％，比2020年扩大54.1个百分点，调查的9个购进大类行业均较上年同期上涨，比2020年扩大55.6个百分点。

（三）购进价格涨幅高于出厂价格

2021年上半年，全球货币政策宽松，拉动大宗商品价格上行。下半年，能耗双控、限电限产制约大宗商品在供给端产能释放，造成能源、原材价格快速上涨。全年购进价格涨幅高于出厂价格2.2个百分点，呈现"购销倒挂"格局。

（四）月度同比价格持续上涨

分月看，受国际大宗商品价格走高叠加对比基数走低影响，1—5月份，PPI同比涨幅由1.1％快速扩大至6.4％。6—8月份，PPI涨势趋缓，涨幅在6.2％～6.5％间小幅波动。9月份后，受部分能源和原材料供应偏紧影响，PPI涨幅再次扩大，10月份达全年最高点9.6％。随着各项保供稳价政策措施不断落实，年末PPI涨幅高位回落，12月份回落至7.0％，比最高点回落2.6个百分点。IPI与PPI走势总体一致。11月涨幅达全年最高点

11.3%，12月份回落至9.7%，比最高点回落1.6个百分点。

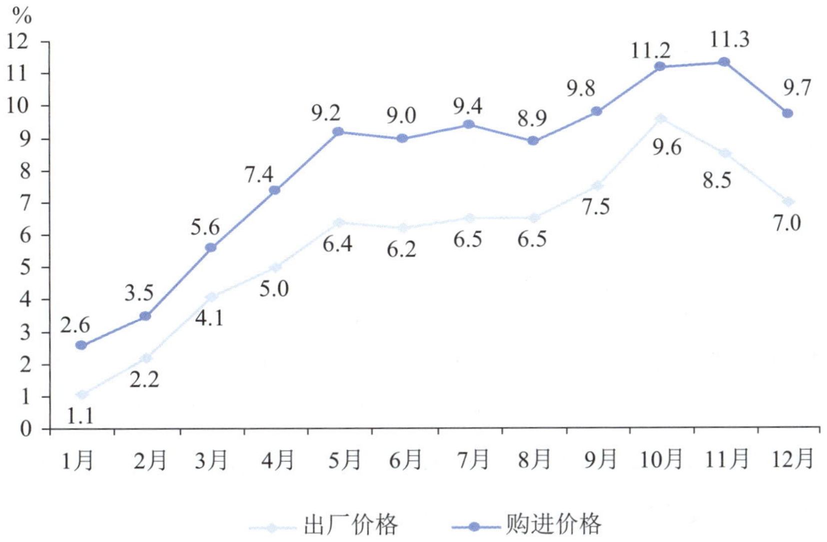

图2　2021年工业生产者价格月度同比涨跌走势图

(五)月度环比价格涨多于跌

2021年，PPI除6月环比持平，11月、12月环比分别下降0.4%和0.5%外，其余月份均保持上涨态势，涨幅在0.3%～1.8%之间震荡；IPI除6月环比下降0.3%外，其余月份均保持上涨态势，涨幅在0.2%～1.5%之间。

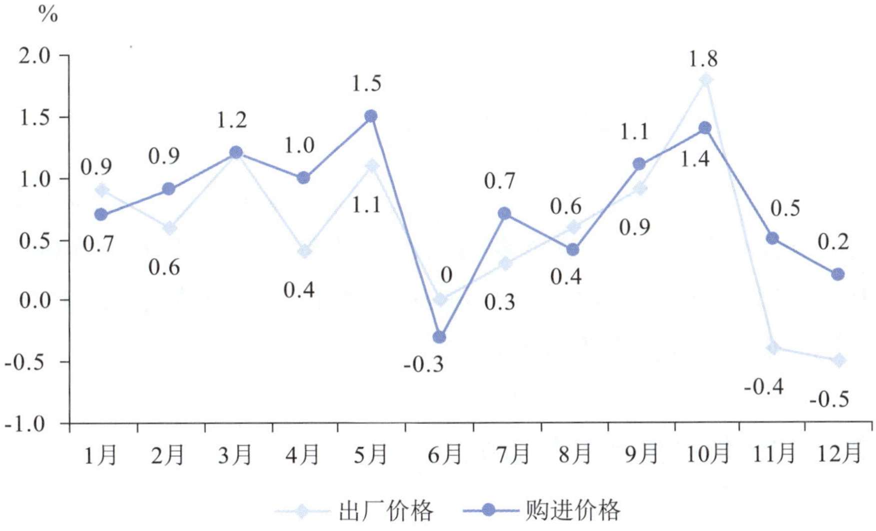

图3　2021年工业生产者价格月度环比涨跌走势图

二、工业生产者价格变动原因分析

(一)输入性因素是价格上涨的主因

2021年以来，国际大宗商品需求恢复快于供给，加之流动性宽裕等因素影响，国际市场原油、有色金属、天然气等价格走高。在购进价格中，黑色金属材料类价格上涨17.2%，有色金属材料及电线类价格上涨19.8%，建筑材料及非金属类价格上涨10.8%，燃料、动力类价格上涨8.5%。原材料价格的上涨，传导至销售端，推动出厂价格上涨。在出厂价格中，黑色金属冶炼和压延加工业价格上涨32.7%；石油、煤炭及其他燃料加工业价格上涨31.6%；黑色金属矿采选业价格上涨21.8%。

（二）供应偏紧推动PPI上行

受环保和限电影响，钢铁、有色金属和水泥等企业产能受限，出现了减产甚至停产情况。市场供应趋紧叠加需求相对旺盛，导致部分工业产品价格上涨明显。2021年，某钢铁企业出厂的热轧钢筋均价为4554.6元/吨，较上年均价上涨37.3%。某锑业公司出厂的三氧化二锑均价为54769.8元/吨，较上年上涨73.4%。某水泥企业出厂的PO42.5复合水泥均价为415.6元/吨，较上年均价上涨15.2%。

（三）能源供需失衡导致价格上涨

一方面，国际石油市场价格创七年新高，布伦特原油突破80美元/桶。国内成品油进行了25次调整，经历"14次上涨，7次下跌，4次搁置"。娄底市95号汽油、0号柴油价格分别由1月份的6.37元/升、5.7元/升上涨至12月的7.53元/升、6.83元/升。另一方面，"能耗双控"升级、限电限产政策叠加，导致煤炭价格上行。2021年，煤炭开采和洗选业价格上涨18.3%。娄底某煤气有限公司出厂的焦炭均价为2532.3元/吨，较上年均价上涨53.4%。

（四）基数较低是全年价格涨幅较高的重要原因

2020年，新冠疫情造成部分企业停工停产，市场需求减弱，石油、煤炭及其他燃料加工业、煤炭开采和洗选业、电力工业、黑色金属冶炼和压延加工业等出厂价格以及化工原料类、燃料、动力类、有色金属材料及电线类等购进价格都出现下降，PPI和IPI价格基数偏低，导致2021年工业生产者价格涨幅较高。

三、2022年PPI价格变动趋势预判

随着疫情防控得当，"保供稳价"政策的不断推进，原材料价格可能从高位有所回落。但在碳达峰的政治目标下，娄底钢铁、水泥等重要行业企业产能受限。受供需关系影响，此类产品价格回落幅度有限，加之价格传导存在滞后性，预计2022年娄底市工业生产者出厂价格将保持平稳上涨态势。

四、三点建议

一是发挥保价稳供政策作用。有效运用市场化手段和改革措施，加强供煤保电，科学调配生产用电，确保能源、原材料供应，支撑上游价格保持相对平稳；持续推进企业减税降费政策，切实减轻企业负担，缓和成本上涨压力。二是加快产业绿色低碳转型。出台政策促进产业创新转型升级，推动产业提升能源利用效率，降低碳排放强度，逐步实现绿色低碳循环发展。三是加强资源流通和配置。加强产能弹性和社会储备能力建设，做好宏观数据分析预警，密切监测钢铁、煤炭、水泥等重要工业品的生产形势和价格走向，适时调整调控力度，保证供求稳定。

（周　娜）

郴州：2021 年物价总水平保持平稳态势

2021 年，郴州市委、市政府坚持稳中求进工作总基调，巩固拓展疫情防控和经济社会发展成果，扎实做好"六稳"工作、全面落实"六保"任务，生猪产能稳步恢复，猪肉价格持续回落，主要"菜篮子"产品价格总体趋稳，服务消费需求不断复苏，郴州市居民消费价格与去年同期持平。

一、CPI 运行总体情况

（一）价格涨幅较上年同期持平

郴州居民消费价格指数（CPI）同比持平，较上年同期回落 2.3 个百分点。较全国平均水平低 0.9 个百分点，较全省平均水平低 0.5 个百分点。在全省 14 个市州中，涨幅位居全省第 12 位。分用途看，食品价格下降 4.1％，非食品价格上涨 0.9％；分类别看，消费品价格持平，服务项目价格下降 0.2％。

（二）月度环比"涨多跌少"，月度同比震荡上行

从同比看，1－3 月，猪肉价格自上年末高位回落后，延续下降态势，抑制 CPI 上行；4－5 月，淡水鱼价格涨幅持续扩大，疫情防控形势较为平稳，旅游市场迎来恢复性增长，飞机票、在外住宿价格同比上涨明显，共同影响 CPI 同比涨幅扩大；6－9 月，猪肉价格同比降幅近四成，对 CPI 下拉作用更加明显，CPI 同比涨幅持续低位；10－12 月，天气晴好，受腊猪肉、香肠等腊制品制作的带动，猪肉价格小幅上涨，带动 CPI 同比上涨。

从环比看，1 月和 2 月，元旦、春节假期居民消费需求增加，鲜菜、猪肉、鸡蛋等食品价

格上涨明显，国际油价带动汽柴油价格上浮，CPI 环比上涨 0.8%和 0.4%；3—6 月，鲜菜、猪肉等食品价格季节性下行，CPI 不断走低；7—9 月，一方面猪肉价格低位企稳，另一方面大宗商品高位运行，带动国内工业原材料成本上涨，向消费领域一定程度传导，CPI 小幅上涨；10—11 月，受北方暴雨和降温天气影响，蔬菜价格大幅上涨，同时，熏肉等腊制品制作，需求增加，带动猪肉价格上涨，CPI 涨幅较大；12 月，天气变好，蔬菜供应恢复，猪肉供应增加，CPI 小幅下降。

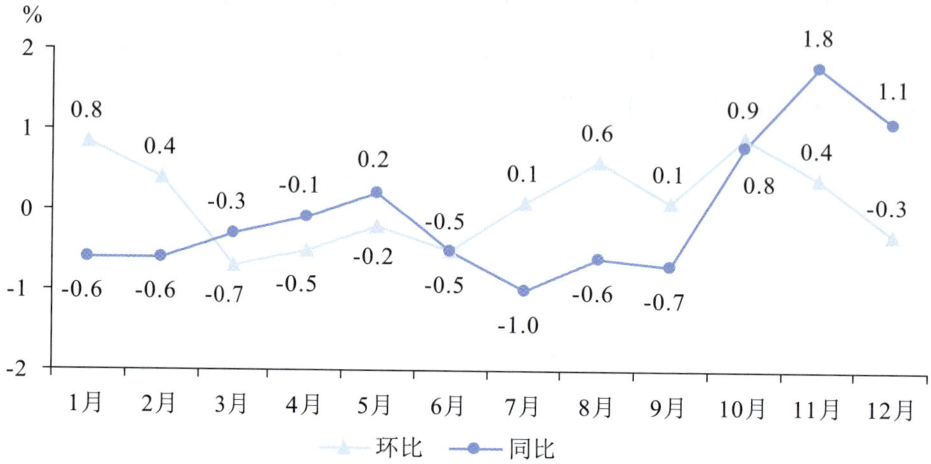

图 1　2021 年郴州 CPI 分月环比、同比涨跌幅

(三)八大类商品和服务价格“四升四降”

从分类看，八大类商品和服务价格呈“四涨四降”。其中，交通通信价格上涨 5.1%，居涨幅之首；衣着价格上涨 1.1%，教育文化娱乐价格上涨 0.6%，居住价格上涨 0.3%；其他用品及服务价格下降 0.4%，食品烟酒价格下降 2.1%，医疗保健价格下降 1.0%，生活用品及服务价格下降 0.1%(详见图 2)。

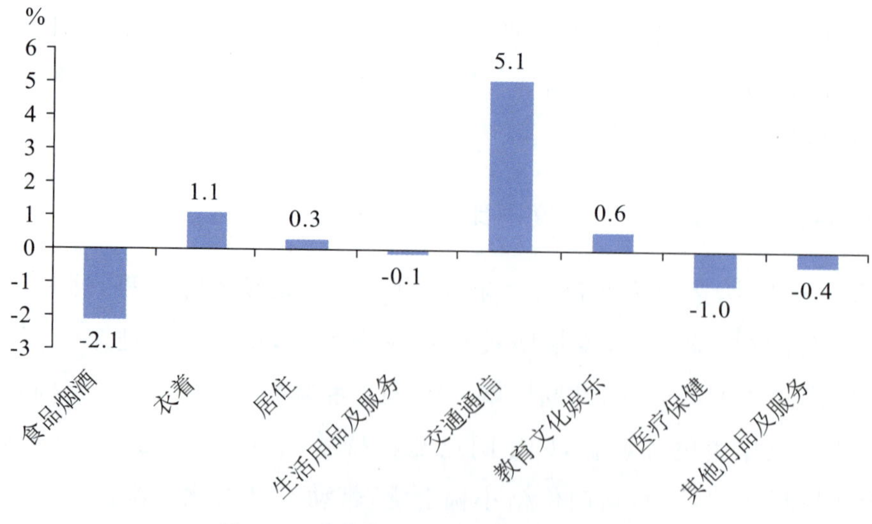

图 2　2021 年郴州 CPI 八大类价格涨跌幅

二、价格变动特点及原因

(一)食品价格下拉作用明显

2021 年,郴州食品价格同比下降 4.1%,较上年同期下降 13.9 个百分点;食品价格拉动 CPI 下降约 0.76 个百分点。

1. 分类价格"九升五降"

2021 年,调查的 14 类食品中,9 类价格上涨,5 类价格下降。其中,奶类、水产品、食用油价格领涨,涨幅分别为 11.2%、10.7%、7.9%;蛋类、调味品和糖果糕点类价格涨幅较为明显;畜肉、禽肉、薯类和鲜菜类价格下降明显;豆类和其他食品类价格相对平稳。

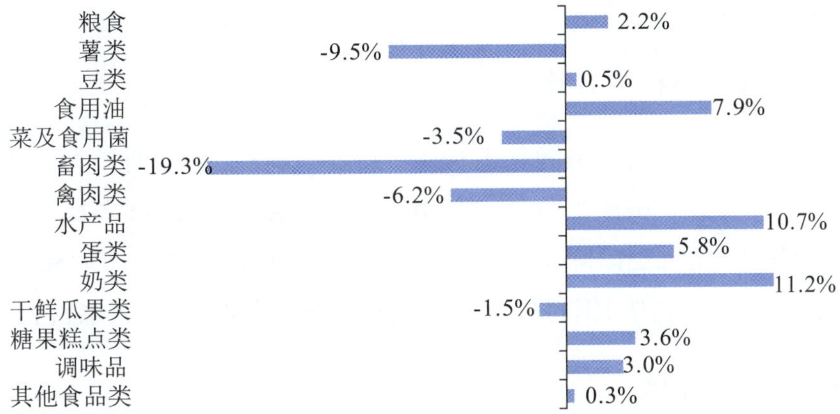

图 3　2021 年郴州主要食品价格涨跌幅

2. 猪肉价格大幅下降

2021 年,郴州猪肉价格下降 31.4%,对 CPI 的作用由上年的拉升转为抑制,影响 CPI 下降约 0.94 个百分点。1 月,春节效应影响,猪肉消费需求旺盛,带动猪肉价格环比小幅上涨;随着生猪产能有效恢复,猪肉上市供应量稳步增加,猪肉价格进入下行通道,2—7 月

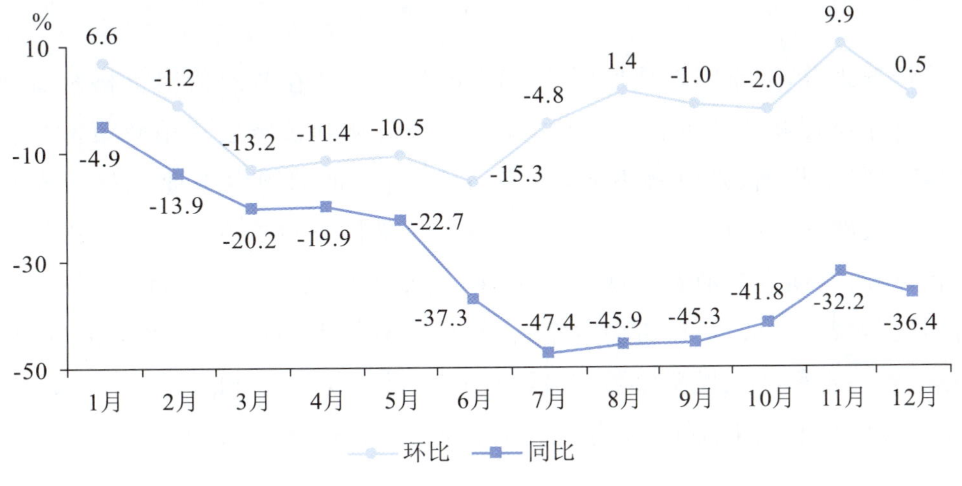

图 4　2021 年郴州猪肉价格同比、环比涨跌幅

猪肉价格同比、环比均六连降,8—10月,国家启动猪肉收储,猪肉价格低位企稳,11—12月随着猪肉消费逐渐进入旺季,猪肉价格有所上涨。

3. 淡水鱼、鸡蛋价格涨幅明显

2021年度,郴州淡水鱼、鸡蛋价格涨幅分别为25.2%、7%,分别拉动CPI上涨约0.17、0.02个百分点。

受禁捕退养政策、养殖周期等影响,淡水鱼养殖面积减少、市场供给偏紧,玉米、豆粕价格走高推升养殖成本,加之进口冷冻品携带新冠病毒等事件影响,消费者更偏向购买活鲜淡水产品,多重因素推升淡水鱼价格。

上年鸡蛋价格持续低迷,蛋鸡养殖企业快速去产能,致使2021年在产蛋鸡存栏量下降,玉米价格上涨抬升下游饲料价格,加之中秋、国庆节日、元旦期间,市场需求阶段性增加,综合影响,鸡蛋价格上涨明显。

(二)工业消费品价格稳中有升

2021年,郴州工业消费品价格同比上涨1.9%,涨幅较上年同期扩大2个百分点,影响CPI上涨约0.6个百分点。国际油价持续攀升,国内汽油、柴油价格多次上调,交通工具用燃料价格同比上涨17.1%;受国际金价走势影响,铂金饰品价格同比上涨14.8%;受国际大宗商品价格走高影响,铜、铝、钢材等原材料价格提升,带动家具、家电价格上涨。

(三)服务价格总体下降

2021年,郴州服务价格较去年同比下降0.2%,影响CPI下降0.06%。其中上半年因国内疫情得到良好控制,郴州旅游业有所回暖,2021年全年旅游业较上年同比上涨0.6%。下半年因国内疫情反复,客流人数变少导致交通工具租赁、宾馆住宿行业指数下降。

三、2022年CPI走势分析预判

从当前情况来看,多重因素叠加影响CPI走势。一是春节前猪肉价格短暂回升,随后受需求季节性下降影响逐步回落;二是国外主要经济体延续宽松货币政策,加之海外疫情反复,大宗商品供给收缩、供应链不畅,价格高位运行,带动国内工业原材料成本上涨,同时,国际原煤、天然气、电力、水泥价格大幅上涨。虽然国家对重点大宗商品进行了调控,价格仍处于相对高位,逐步向消费领域进行传导,工业品价格将小幅上涨;三是2022年随着原油供给的逐步恢复,供需缺口将会收窄,价格中枢有望下移;四是疫情对服务业的影响有望逐步缓解,在一定程度上提振旅游、餐饮市场,进而对服务业价格产生一定支撑。

综上所述,2022年CPI整体预计呈现先上后下态势,整体涨幅较2021年将有较大上升。

(李　星)

2022湖南民生调查报告

教育篇

政策背景

教育乃国之重本。2022年中央政府工作报告指出，要促进教育公平与质量提升，落实立德树人的根本任务。要推动义务教育优质均衡发展和城乡一体化，多渠道增加普惠性学前教育资源，加强县域普通高中建设。办好各类教育，支持和规范民办教育发展，发展现代职业教育，同时推进高等教育内涵式发展，并健全学校家庭社会协同育人机制，完善终身学习体系，把教育这个关乎千家万户和中华民族未来的大事办好。2022年湖南省政府工作报告指出，要着力办好人民满意的教育。推进学前教育优质普惠、义务教育优质均衡和城乡一体化发展，促进县域普通高中发展提升。扩大优质高等教育资源供给，推进高校新一轮“双一流”建设和职业教育产教融合。落实“双减”政策，深化新时代教育评价改革，关爱师生的心理健康。围绕这些目的，中央政府和湖南省政府相继出台教育相关的一系列政策措施。

中央层面。1月20日，教育部等五部门印发《关于大力加强中小学线上教育教学资源建设与应用的意见》。3月31日，教育部印发《中小学生课外读物进校园管理办法》。4月7日，国务院公布修订后的《中华人民共和国民办教育促进法实施条例》。4月14日，发展改革委印发《教育强国推进工程中央预算内投资专项管理办法》。5月25日，教育部公布《未成年人学校保护规定》。6月23日，教育部等三部门印发《关于深入推进义务教育薄弱环节改善与能力提升工作的意见》。7月1日，教育部等六部门印发《关于推进教育新型基础设施建设构建高质量教育支撑体系的指导意见》。7月7日，财政部、教育部印发《关于义务教育薄弱环节改善与能力提升补助资金管理办法》。7月24日，中共中央办公厅、国务院办公厅印发《关于进一步减轻义务教育阶段学生作业负担和校外培训负担的意见》。8月2日，教育部等五部门印发《关于全面加强和改进新时代学校卫生与健康教育工作的意见》。8月30日，教育部印发《关于中小学少数民族文字教材管理办法的通知》。9月30日，卫生健康委、教育部印发《关于中小学生健康体检管理办法(2021年版)的通知》。10月12日，中共中央办公厅、国务院办公厅印发《关于推动现代职业教育高质量发展的意见》。12月23日，教育部公布《中小学教育惩戒规则(试行)》。12月31日，教育部等七部门印发《“十四五”特殊教育发展提升行动计划》。

地方层面。1月20日，湖南省教育厅出台《关于2021年湖南省普通高等教育“专升本”考试招生工作实施方案》。2月3日，湖南省教育厅发出《关于进一步加强和规范省级教育类社会组织管理的通知》。4月13日，湖南省教育厅等三部门印发《关于深化医教协同进一步推动中医药教育与高质量发展的实施方案》。5月7日，湖南省教育厅印发《关于进一步加强普通中小学招生入学管理工作的实施意见》。5月20日，湖南省教育厅印发《关于湖南省2021年普通高等学校招生工作实施办法》。6月4日，湖南省教育厅印发《关于做好初中起点乡村教师公费定向培养计划招生工作的通知》和《关于做好2021年高中(中职)起点本科层次乡村教师公费定向培养计划招生工作的通知》。6月22日，湖南省教育厅印发《关于湖南省普通高等学校教学改革研究项目管理办法》。7月9日，湖南省财政厅和教育厅印发《关于湖南省城乡义务教育补助经费管理办法》和《关于湖南省基础教育发展专项资金管理办法》。7月23日，湖南省教育厅等三部门印发《关于湖南省中等职业学校招生违规行为处理暂行办法》。8月25日，湖南省教育厅印发《关于进一步完善大中专教育收费管理有关事项的通知》。11月16日，湖南省教育厅印发《关于义务教育阶段学科类校外培训收费有关问题的通知》。

（谌　滨）

全景扫描

2021年湖南省教育事业发展概况

2021年末有普通高校114所。研究生教育毕业生2.7万人，普通高等教育毕业生39.4万人，中等职业教育毕业生20.6万人，普通高中毕业生39.4万人，初中毕业生84.0万人，普通小学毕业生88.7万人。在园幼儿229.4万人，比上年下降0.9%。小学适龄儿童入学率100%，高中阶段教育毛入学率94.28%。各类民办学校10912所，在校学生261.4万人。发放高校国家奖学金、助学金（本专科生）13.0亿元，资助高校学生（本专科生）68.6万人次。发放中职国家助学金5.0亿元，资助中职学生50.3万人次。落实义务教育保障资金105.6亿元，发放普通高中国家助学金5.2亿元。

表　2021年各级学校招生、在校及毕业生人数及其增长速度

指　标	招生人数		在校（学）人数		毕业人数	
	绝对数（万人）	比上年增长（%）	绝对数（万人）	比上年增长（%）	绝对数（万人）	比上年增长（%）
研究生教育	3.6	4.6	11.1	8.1	2.7	7.2
普通高等教育	49.4	1.0	159.6	5.7	39.4	4.8
成人高等教育	29.5	4.2	61.0	9.9	22.3	16.4
中等职业教育	28.3	13.8	74.7	9.3	20.6	−0.8
普通高中	48.1	7.1	135.4	6.3	39.4	2.2
初中	89.7	8.8	257.4	2.2	84.0	6.8
普通小学	84.0	−1.0	530.1	−0.8	88.7	9.1
特殊教育	0.8	3.6	5.4	−0.4	0.7	−4.8

（湖南省2021年国民经济和社会发展统计公报）

湖南中职院校发展存“五难”

职业教育是我国教育体系中的一个重要组成部分，中职院校作为职业教育重要载体，多年来为我国经济、社会的发展培养了大批基础性、技能型人才。近期，中办、国办印发《关于推动现代职业教育高质量发展的意见》，中职院校发展迎来了新的历史机遇。为了解湖南职业教育发展情况，2021 年 10 月国家统计局湖南调查总队在长沙、衡阳等地市开展了专题调研，调研结果显示，当前湖南中职院校面临办学经费不足、师资力量薄弱、社会重视度不够、毕业生上升通道狭窄、校企合作不畅等难题。

一、中职院校发展存五难

（一）财政保障力度不足，办学条件受限

1. 办学经费不足制约中职院校发展

办学经费不足是目前制约学校发展的关键问题之一，部分中职院校校园校舍陈旧老化，实习实训设施落后。岳阳市网络工程职业技术学院现有在校学生 2100 人，而财政经费投入总额才 268 万元，生均经费不足 1500 元/人·年。安乡县职业中等专业学校的生均经费 570 万，远低于 1000 万/年的公办中等职业学校生均拨款标准。资金不足导致中职院校维修、新建及改扩建速度不能满足不断增长的招生规模。慈利县职业中等专业学校为全省首批 13 所省卓越中等职业学校项目建设单位之一，但仍缺田径运动场、缺校内实训基地、缺大数据微服务校园管理平台，三项合计需投入 2980 万元，资金缺口较大。

2. 办学条件偏差，软硬件设施较落后

据 2021 年全省中职学校办学条件核查，岳阳市 28 所中职学校，办学条件达一级指标的学校只有 10 所，达到二级指标的只有 5 所。15 所民办职校中，达到一级指标的仅仅只有 1 所。益阳职业技术学院反映，原益阳师专移交过来的设备设施年久失修，跑、冒、漏现象十分严重，有些已经无法使用。随着招生人数的增加，学生住宿、教学、实训场地设施严重不足，益阳市工艺美术职业学院反映，学校占地面积不大，学生最大饱和量只有 7000 人以下，目前总人数达到了 8000 人以上，学校负荷过载。同时，部分职业学院地处远郊，远离工业园区，教学、实训组织难度大，办学运行成本高，师生出行不便，周边公共服务配套缺失。

（二）师资力量薄弱，教学能力难以满足发展需求

1. 编制紧张，专业型教师难招难留

湖南省中职学校编制师生比标准为 12.5∶1，中职院校普遍存在教师缺编少人现象。以湘乡市第一职业中等专业学校为例，按在校的 2300 名学生计算，学校教师编制应不少于

184人，而目前编制只有120个，实际在编在岗教师仅有110位。湘潭生物机电学校教师队伍不仅在数量上有巨大缺口，教师整体年纪偏大，教师的质量上也有较大差距，市级以上岗位能手、技能大师缺乏，职称结构失衡。衡南县职业中专学校2010年学校定编时按照1000人学生规模进行的，只配备了128个正式编制，当前学生规模扩大了将近3倍，教师编制数量却未相应增加。

2. 教师队伍结构待优化，教学质量提升难度大

多数中职院校文化基础课教师多，专业技术课教师紧缺，“双师型”教师不足，较大程度制约中等职业教育发展。永州市综合职业中等专业学校现有专任教师172人，“双师型”教师66人，占比38.4%。永州育才科技职业学校现有专业老师148人，“双师型”教师72人，占48.6%。教师来源单一，新入职教师大多是学历高、技能低的高校毕业生，多数是“双证书型”双师、“双职称型”双师，缺少实践经验，理论与实践相脱节现象较为严重。

(三)发展空间受限，学生对前景缺乏信心

1. 中职院校毕业生就业待遇较低

中职院校毕业生虽然有校方组织实习及就业指导等平台，就职容易，但工作岗位普遍存在工作辛苦、工资待遇低、环境差的现象。调查了解，参加工作的毕业生工资起薪3000元/月左右，与流水线普工待遇相差不大，导致有部分毕业生还未正式熟悉技工工作就转岗。同时，毕业生即使掌握了很好的技术，有一定的业务能力，也只能担任一般的技工、高级技工，如果担任更高的技师、高级技师，需要非常强的专业知识及对应的文凭，无法像其他普通高校毕业生那样获得更多的上升空间和社会资源，职业发展的空间受限。

2. 人才培养上升通道不畅

当前湖南省中职—高职—本科人才培养通道不畅，削弱了中职院校的吸引力。虽然中职院校学生参加对口升学人数逐年增加，但中等职业教育对口升学本科计划逐年减少，公办本科招生计划比例太低。2021年本科招生计划为2985人(不含免费师范生350人)，其中公办本科院校招生1935人，占比64.8%，民办本科招生1050人，占比35.2%。职业教育人才和普通高中培养人才定位不一样，在本科院校中并未区分，采取统一教学的方式，造成一定程度上的资源浪费。株洲求实职业技术学校的尹主任反映，虽然湖南大专和本科院校多，但是在招生方面对中职院校倾斜不足，特别是对基层中职院校，这对很多中考失利进入中职院校，想通过高考改变人生的学生来说是个沉重打击。

(四)社会偏见难除，优质生源招收难度大

1. 社会认可度低，人才培养生源不足

受“重普教、弱职教”和中职为“兜底教育”观念影响，中职院校社会认可度不高，招生面临困难。浏阳市中协高科学校反映，2020年该校计划招录学生1200人，录用人数仅为

66.7%;2021 年拟招录 1400 人,也只完成 78.57%。除受传统观念等影响,民办学校还需缴纳学杂等费用,仅学费支出约 12000 元/年,愈发加剧招生困难。岳阳市湘北女子职业学校作为目前湖南省规模最大的民办中职学校,近年来新生数量也呈下降趋势,从 2018 年的 1900 多人,下降至 2020 年的 1700 多人,2021 年计划招录 1950 位新生,实际仅招录 1801 人。

2. 生源质量难以保证,学生水平整体较差

长期以来社会上存在的“考不上高中去读中职,考不上本科去读高职”等传统思想,导致职业学校的生源基本只能是中考成绩较差的学生。益阳市教育局反映,在当前录取模式下高职院校所招收的剩下的学生学习能力相对较差,专科划线较低,部分接近于“零门槛”入学,生源质量随着门槛的降低而不断下滑。随着招生政策的进一步放宽,各高职院校相继向退伍军人、下岗工人、农民工等群体开放入学,导致学生群体综合素质差异更大,弊端明显。据衡南县职业中专学校相关负责人介绍,学校生源 70%~80%为中考成绩 200~300 分的学生,基础知识薄弱,对教学造成一定困难。

(五)校企合作契合度不高,产教融合不深入

1. 专业设置落后,与企业需求脱节

产教融合过程中长期存在“重理论、轻实践”问题,校企合作处于“学校热、企业冷”状态。随着近几年社会经济飞速发展,设备技术也在不断更新,职业学校的专业设置、教学内容大多数已不能满足社会的需求。湘潭生物机电学校表示,学校的毕业生在校期间的专业知识层次及储备已无法满足企业日益提高的生产需求,对细化、精确化的专业要求缺乏反应能力,对乡村振兴、打造都市现代农业的支撑不足,加上中职院校毕业生学历层次较低,年龄结构层次也偏低,较多的毕业生就业时未满 18 周岁,无法满足大部分企业用人的年龄要求。

2. 合作机制不完善,成效不显著

校企合作缺乏完整体制、机制和制度保障,在运行过程中缺少管理制度和约束机制,不能对企业进行必要的约束,合作中学校处于较为被动状态。合作企业往往注重短期效益,把学生作为简单劳动力,与社会劳动力同等待遇,对学生发展缺少长期规划。同时,多数地市本地企业普遍规模较小,其工位数量无法既满足企业员工生产又满足学生实训实习需要,有的企业所需专业人才与当地职业学校开设的专业不匹配,导致校企合作困难重重。

二、几点建议

(一)加强宣传引导,营造良好氛围

加强宣传,弘扬工匠精神,提高技术技能人才社会地位,营造崇尚技能的良好社会氛

围，打消全社会对职业教育存在的心理歧视，让学生在求职、职务晋升等方面享有平等待遇，让职业教育更具吸引力。打通“职校生”长远发展路径，减少对“职校生”的就业轻视，政府机关、事业单位、国有企业等具有风向标作用的单位在就业招考招聘上，应不拘一格招人才，根据岗位的实际需要设置要求，给“职校生”以平等的机会，解除家长、社会“后顾之忧”。

(二)加大政府在职业教育的投入力度

应加大对职业教育的投入力度，在经费投入上扭转“重普轻职”的局面，同时，加大职业教育政策落实、资金到位的督查力度，让职业院校的发展无后顾之忧。大力提升中等职业教育办学质量，通过整合撤并散小弱的中职学校，优化布局结构，实施中等职业学校办学条件达标工程。采取合并、合作、托管、集团办学等措施，建设一批优秀中等职业学校和优质专业，做优做强中职教育。

(三)创新培养模式，产教深度融合

职业教育的最终目的还是为了提高人才的就业率，填补市场对人才的需求缺口。校企合作要立足于现实和双方的需求，制定可行的教育培养方案，企业为学校提供专业老师和设备，学校为企业加大宣传，达到互利互惠；针对不同专业的特性，设立不同的技术人才培养模式，如“订单式”培养、“学徒制”培养等，确保人才输送途径的多样性；专业设置要适应时代发展，保持人才培养产出与新产业发展之间同步，特别是涉及新能源汽车、智能制造、生物产业、新能源等新兴产业方面。

(四)加强中等职业教育师资队伍建设

加快职业教育发展，必须加强师资队伍建设。一是广开校门引进社会各界优秀人才。在继续大力引进高等院校毕业生的同时，广开校门大力引进社会各界优秀人才。二是加强现有教师在职培训的力度。选派各学科教师走出校门到著名高校、知名企业进行新知识、新技能培训，掌握学科的新知识、新技能及发展方向。三是推进分配制度及人事考核晋升制度改革。以按劳分配原则为指导，逐步建立与教师岗位职业、工作绩效和实际贡献挂钩的工资制度。推进人事考核晋升制度改革，调动教师工作的积极性和主动性。四是积极推进职教“双师”工程。建设高质量的师资培养培训基地，开发不同类型、不同层次的培养培训项目，使培训项目能够适应中等职业教育的不同学科、不同专业的需要。

（欧冠丛）

民生加油站 MINSHENGJIAYOUZHAN

扎实推进“双减”工作　办好人民满意的教育

湖南省教育厅充分认识“双减”工作的重要意义，把思想和行动统一到党中央的决策部署上来，以促进义务教育内涵发展和质量提升为目标，扎实推进“双减”工作落地见效。

提高政治站位，强化统筹部署。湖南省委、省政府高度重视“双减”工作，主要领导多次听取专题汇报，并就推进“双减”等工作作出批示。省教育厅多次召开党组会、专题座谈会和工作推进会，传达中央文件精神，研究部署“双减”相关工作，确保工作平稳有序推进、真正取得实效。

狠抓“五项管理”，开展专项督导。省教育厅结合实际下发了《关于进一步加强“五项管理”工作的通知》，推动“五项管理”工作落地见效。6月上旬，组织7个实地督导组以“四不两直”方式深入长沙、湘潭、娄底等7个市州，对义务教育阶段中小学(含学科类培训机构)的“五项管理”开展情况进行专项督导，先后对家长及学生开展问卷调查近2000人次，并就督导发现的问题进行通报。

严控校外培训，开展课后服务。湖南省把规范校外培训机构发展作为减轻中小学生过重课外负担的重要抓手。先后出台《关于制定校外培训机构设置标准的意见》《湖南省校外培训机构管理办法》《关于进一步加强校外培训机构管理工作的通知》等系列文件，构建了校外培训机构监管制度体系。实施校外培训机构定期排查和不定期检查相结合，坚持寒暑假培训高峰期全面检查校外培训机构，累计约1.5万家违规培训机构被处理，170余名教师因校外兼职任教被处分。

大力推进课后服务工作。2017年，湖南省出台了课后服务的指导意见，全省各地广泛开展了校园阅读、艺术拓展、体育锻炼等课后服务活动。目前，全省各地城市义务教育学校每周五天课后服务实现了100%全覆盖。为切实满足社会各界对课后服务工作的新要求新期待，省教育厅正在联合省发改委、省财政厅和省人社厅等部门研制《关于做好中小学课后服务工作的意见》，拟进一步延长课后服务时段，拓展课后服务范围，规范课后服务程序，提高课后服务质量，同时积极鼓励各地开展暑期托管服务。

推动评价改革，落实“全面育人”。湖南省积极推动综合素质评价改革，长沙综合素质评价已成为教育部首推3个典型城市之一，探索了“从入口看出口、从起点看变化”增值评价等经验。为深入推动综合素质评价改革，扭转教育功利化倾向，6月24日，湖南省在长沙召开了全省基础教育评价改革现场推介会，引导全社会树立科学教育质量观和人才培养观。

(摘自：中国教育报)

深度透视

进城农民工随迁子女就学情况总体良好 存在问题需进一步关注

为了解湖南进城农民工随迁子女就学情况，2022 年 4 月国家统计局湖南调查总队以农民工市民化进程监测调查为基础，在长沙、株洲等市州对 1410 户进城农民工开展专题调查，并对各地教育部门进行走访调研，调研结果显示，湖南持续推进基本公共服务均等化，进城农民工随迁子女就学情况总体良好，基本实现入学待遇同城化，但仍存在教育支出较高，对子女关心照顾不够等问题，需进一步关注。

一、多措并举保障进城农民工随迁子女受教育权益

(一)完善随迁子女入学政策

湖南各地依据国家及省级文件不断完善进城随迁子女入学政策，从政策层面构建长效机制，保障农民工子女受教育权益。长沙市制定和完善了《关于进一步加强普通中小学招生入学管理工作的通知》，规范农民工随迁子女入学要求。湘潭市下发了《湘潭市义务教育阶段招生实施方案》《关于进一步做好 2021 年进城务工人员随迁子女就学工作的通知》等多项文件，健全以居住证为主要依据的随迁子女入学政策，合理确定入学条件，确保符合要求的学生有序入学。

(二)进一步扩充学位供给

为满足农民工随迁子女入学需求，长沙市政府和相关部门整体联动，深入优化学校布局，强力推进规划实施工作，通过政府投资、开发配套、社会支持等形式，2021 年共新扩建中小学校 35 所，新增学位 5.7 万个左右。邵阳市通过新建学校、增设班制等方式进一步增加学位数量，2018－2021 年期间全市建成 16 所芙蓉学校，为解决随迁子女就近入学提供了有力保障。

(三)随迁子女就学费用与城市学生保持一致

长沙市对所有农民工子女入学实行一费制全免，同时在安排教育费附加时，市教育局将农民工子女纳入基数同标准下拨，在公用经费拨付方面与本地学生执行同一标准，明令禁止学校以各种理由和名义向学生家长收取借读费、赞助费、捐资助学费等，学生只需缴纳

少量自愿选择的服务性收费。湘西州一直坚持进城务工随迁子女与当地子女一同享受教育优惠政策，严格按照物价、财政等部门规定的标准与范围收费，做到收费标准与城镇学生一视同仁。

二、进城农民工随迁子女就学情况总体良好

（一）随迁子女就学“同城待遇”基本实现

随迁子女入学就学环境不断改善，越来越多的农民工随迁子女可就近入读公办学校，享受与本地学生相同的入学待遇。1410 户进城农民工户内的在校学生中，有 89.3%进入了“公办学校”和“有政府支持的民办学校”（对于幼儿园，则是普惠性幼儿园）上学。

进城农民工对学校师资条件满意度较高，认为学校师资条件“非常好”及“比较好”的占 85.8%，觉得“一般”的占 13.9%，仅有 0.3%觉得师资条件比较差。

随迁子女在学校能够像本地学生一样，享受同等的学习生活环境，以最常用交通方式上学为例，除去住校的学生外，其余 67.1%的随迁子女能在 15 分钟内到达学校，28.1%的随迁子女能在 15～30 分钟内到达学校。

（二）随迁子女成长状况良好

进城农民工中，有 91.3%的农民工家长认为孩子成长状况（包括身体和心理健康，以及学习和交往能力）“非常好”和“比较好”，8.2%认为“一般”，仅 0.5%的家长认为成长状况“比较差”。问及子女在学校是否存在被歧视时，99.1%的进城农民工表示其随迁子女在学校没有受到歧视。

（三）家长对随迁子女受教育状况满意度较高

进城农民工中，81.2%对子女受教育状况感到“非常满意”和“比较满意”，18.0%表示“一般”，仅有 0.8%表示“不太满意”，没有人觉得非常不满意，进城农民工对孩子受教育状况的满意度较高。

三、进城农民工随迁子女教育存在的困难和问题

（一）教育开支相对较高

调查显示，与在农村就学相比，随迁子女教育支出较高，增加了进城农民工的生活压力。在长沙市务工的陈某表示，其小儿子就读于普惠性质的民办幼儿园，但每月学费也要 1680 元；大女儿就读于公办小学，课后托管及课外足球、写作培训班等每月花费 2000 元，而自己每月收入仅 5000 元，经济压力较大。南县的颜某表示，他目前在岳阳市从事玻璃门

窗安装，两个小孩都在岳阳上学，一年的教育开支要14000元左右，因近两年生意不好，小孩想上兴趣班但没钱报名。此外，部分进城农民工的子女在民办学校就读，学费对他们来说是一笔较大的开支。安乡县的姚某表示，女儿就读的金海学校每年学费需10000元，还不包括生活费、住宿费，而自己在工业园打工每月收入仅4000多元。

（二）对子女的照顾仍有欠缺

进城农民工大多忙于生计且文化水平有限，对随迁子女的照顾有所欠缺。调查显示，近三成的受访者表示在照顾孩子日常生活、上学接送、学习辅导等方面存在“比较大”和“非常大”的压力。在长沙经营餐饮店的王某表示，他们夫妻二人每天凌晨五点就要出门进货，一直忙到晚上八九点才回家，对正在上小学的孩子的照顾和陪伴非常少。在安乡县城务工的黄某表示，儿子从老家小学随迁至安乡县城小学读书，由于自己工作很忙，缺乏和孩子的沟通交流，孩子在生活、卫生等方面问题突出，学习也有点跟不上。张家界天门小学的教师李某反映，部分随迁学生家庭条件相对较差，在学校融入城市学生群体存在困难，老师需花更多的时间去引导。

（三）教育规划和教学管理难度较大

进城农民工流动性较大，其随迁子女入学人数、就学地区等方面存在较多不确定性，给各地学校建设、规划带来一定难度。此外，由于父母工作不稳定，随迁子女中途退学、转学等时有发生，不仅给学校和教育行政部门的日常管理带来一定不便，也使部分孩子在九年义务教育阶段没有得到稳定、系统的教育。

（四）政策宣传引导还需加强

虽然目前各地对随迁子女入学有较好的指导以及规范的审核流程，但部分进城农民工对子女入学资格审核流程、对应手续以及相关资料如何准备仍不清楚，相关政策的宣传工作仍需加强。此外，由于部分中心城区学位相对紧张，而进城农民工个体情况又有差异，因此也有一些受访者对政策表示不理解，认为当前的入学资格审核过于复杂和严格。从永兴来郴州务工的黄某表示，小孩在小升初的时候由于自己租住的房屋是当地村民的自建房，未取得房产证，导致资格审核通不过，只能与他人另外签订一份租房合同。

四、几点建议

（一）规范课外班收费标准，强化民办教育监管

规范课外班的收费标准，严格查处超出政府指导价的收费。强化民办教育监管，严禁扩大范围、自立项目收费。同时，加大对民办学校的经费补贴支持，保障民办学校办学质

量，让民办教育成为公办教育的有益补充，促进教育公平。

（二）加大随迁子女关爱力度，做好家校间沟通联系

应畅通学校与随迁学生家长的沟通渠道，加强与家长的沟通联系，督促家长在学习、生活方面给予孩子关心帮助和支持鼓励。高度重视心理健康教育，客观看待随迁学生与城市学生在家庭背景、环境教育、个性习惯等方面的差异，从心理成长及日常教学上关注随迁学生，建立家校共育的良好机制。

（三）注重趋势研判，提前合理规划学位

保障进城农民工随迁子女入学，关键在于确保人口流入地区有足够的学位，但新增学校及学位需要投入土地、人力、财政等资源，不能无限增加。因此，各级政府和教育主管部门要根据每年的人口流动趋势、现有学位数量等数据加强对未来新生入学趋势的分析研判，构建与常住人口相适应的中小学布局，合理规划学位。在此基础上，加强现有学校的软件和硬件建设，不断提高学校的管理水平，提升教育教学质量。

（四）加强政策宣传，简化入学审验手续

充分利用报纸电视、教育网站、微信公众号等媒体进行线上宣传，通过社区、学校、企业等渠道进行线下宣传，为进城农民工提供全方位政策解读和问题咨询，提高进城农民工对随迁子女入学政策的知晓度，引导其合理安排子女就学。降低随迁子女入学门槛，简化就读手续，精简证明材料种类，提高办理居住证、社会保险等证明材料的效率，为随迁子女就学提供快捷通道。

（张　毅）

湖南：普惠性学前教育仍存“三难”

2022 年国务院《政府工作报告》提出，发展更加公平更高质量的教育，进一步提高学前教育入园率，完善普惠性学前教育保障机制，支持社会力量办园。为了解湖南当前完善普惠性学前教育工作进展情况、面临问题和期盼建议，2021 年 10 月国家统计局湖南调查总队在长沙、株洲等地市随机抽取 857 位家长和 81 家幼儿园开展了专题调研。调查结果显示，全省多措并举完善普惠性学前教育工作，普惠占比稳步提高，保教质量全面提升。但仍存在师资力量偏弱、城乡学前教育发展不均衡和幼儿园运营压力大等难题亟待解决。

一、普惠性学前教育取得明显成效

自2011年以来，湖南省大力发展学前教育，四大举措推动实施学前教育行动计划，实现学前教育由“入园难、入园贵”向普及普惠转变，学前教育事业取得显著成效。

截至2020年底，湖南省幼儿园有16285所，比2010年增加8456所；在园幼儿231.39万人，比2010年增加89.48万人，增长63.05%；全省学前三年毛入园率达85.92%，比2010年提升33.22个百分点；全省普惠性幼儿园覆盖率达86%。

（一）直面难题，扩大普惠学位供给

湖南省直面“入园难、入园贵”，坚持政府主导、公益普惠原则，2020年将增加公办幼儿园学位纳入重点民生实事项目，通过“建设一批”“回收一批”“盘活一批”加快公办学位供给，全年共增加公办园学位39.15万个，完成年度总任务的154.7%。

为了让农村孩子在家门口就能享受优质学前教育资源，省政府从2011年起就开始实施学前教育行动计划，将农村公办幼儿园建设纳入全省为民办实事项目加以推进，带动全省各地加快农村学前教育资源的建设。长沙市将农村公办幼儿园建设纳入政府为民办实事项目，每年投入5000万以上用于农村公办幼儿园建设。在确保国家要求“每个乡镇原则上至少办好1所公办中心园”基础上，提出“每个乡镇至少办好2～3所公办幼儿园”目标，落实县级政府主体责任，发挥乡镇主要作用，超额完成国家设定的目标任务。长沙市农村公办园建设是全省农村公办幼儿园建设的一个缩影。

（二）保障经费，健全学前教育运行机制

湖南省建立健全学前教育经费保障机制，各级财政投入逐年提升，提供足够的普惠学位，不断满足人民群众入好园、就近入园的需求。同时完善学前教育收费制度，修订了《湖南省幼儿园收费管理实施办法》，将公办幼儿园调整收费标准权限下放地方政府，享受政府财政补助的普惠性民办幼儿园，由当地政府有关部门以合同约定等方式确定最高收费标准。

经费投入与政策优惠极大地调动了各地积极性，立足实际，推动学前教育健康持续发展，最终让利于民、惠及百姓。2012年以来，株洲市以落实第一个“学前教育三年行动计划”为契机，开展普惠性民办幼儿园的评估定级，实行分级限价。通过财政杠杆，教育行政部门加强对民办园的引导，平抑了收费。这项政策经过10年的打磨修订完善，起到良好的社会效果。一位二孩妈妈说：“我家大宝那时上幼儿园是个烦恼事！幼儿园要么太贵，要么太远。现在好了，小区、街道有公办园，城区大部分都是普惠园，分级定价，价格合适，我们想去哪上就可以去哪上！”

(三)补充编制,畅通职称晋升渠道

2019 年,全省一次下达 9683 个公办幼儿园教职工编制,用于补充公办幼儿园师资队伍,一定程度上缓解了公办师资不足的现象。在幼儿教师培养方面,2009 年在全国率先启动了农村幼儿园教师公费定向培养工作。截至 2020 年底,共招收幼儿园公费定向师范生 9535 人,其中在校生 4617 人,已毕业 4918 人,及时补充到农村幼儿园。

各地积极落实公办园、民办园教师工资待遇政策,提升幼儿教师职业荣誉感。2016 年,湖南省设立统一的中小学(含幼儿园)教师职称系列,打破幼儿园教师职称晋升的天花板,幼儿园教师也可评高级教师和正高级教师,并根据幼儿园教师的职业特点,制定幼儿园教师中级职称的具体要求。2021 年 5 月,全省已有正高级幼儿园教师 8 人。

(四)发挥特色,为学前教育提质赋能

湖南省为规范全省幼儿园办园行为,促进幼儿园提升保教质量,先后制定了《示范性幼儿园标准》《幼儿园办园标准》《简易幼儿园基本条件(试行)》等,明确了各类幼儿园办园标准。在全省开展了保育教育规范园创建活动,认定了 63 所幼儿园为保育教育规范幼儿园。2021 年启动了游戏实验区和试点园工作,促进幼儿园切实做到以游戏为基本活动,探索以儿童发展为本的保育教育实践。

长沙县干杉中心幼儿园将剥豆子、稻草编织、竹筒建构等乡村资源运用到园所游戏中,以幼儿园体育课为基础,将孩子们置身广袤田野,给不同年龄的孩子设置不同程度的挑战难度,在玩中锻炼、合作、商议并解决问题。怀化市新晃侗族自治县作为"安吉游戏"试验区,结合本地文化特色,构建了"1+1+1"课程模式,即基础游戏课程+侗民俗文化活动+一日生活活动,给予山区幼儿重组游戏时间,轮换游戏场地,提升游戏层次感受。活动闭环全程记载孩子们的成长经历,受到家长和社会的好评。

二、推动普及普惠急需解决"三难"

(一)急需增强公办幼儿园师资力量

据调查,在选择"您所正在地区普惠性学前教育存在哪些问题"时,47.01%的家长选择的是"师资力量偏弱、教师队伍不稳定",成为家长最关注的问题。随着新建公办园数量逐年增长,公办教师编制缺口不断增大,特别是农村幼儿园专业教师紧缺,影响农村学前教育教学质量。

望城区从 2021 年起进入公办幼儿园快速增长的阶段,根据全区公办幼儿园建设规划,每年将新增 10 所以上,截至 2021 年秋季开园,全区在编幼师缺口已达 40 余人,如继续大力推进公办幼儿园建设,幼师编制供需矛盾将进一步凸显。靖港镇某公办幼儿园园长反

映，目前多数农村公办幼儿园在编幼师仅有1人，未能满足实际需求。

(二)急需进一步加强城乡学位统筹

城乡学前教育发展不均衡。近年来受家长择校观和乡镇外出人口增多的影响，农村幼儿进城就读逐年增多，导致农村幼儿园学位富余而城区公办幼儿园学位严重不足，城乡幼儿园学位不平衡的矛盾日益显现。

资兴市11个乡镇除三都镇和兴宁镇各有一所独立公办幼儿园以外，其余乡镇均只有附属幼儿园。附属幼儿园教师流动频繁，管理人员缺乏经验，导致附属幼儿园队伍不稳定、制度不健全、内部管理不规范等。部分乡镇属幼儿园生源更是远少于当地的民办幼儿园。农村幼儿园的幼儿逐年减少，部分乡镇甚至已经没有生源，每年都有附属幼儿园停办。

永州市江永县普惠性幼儿园共51家，其中40家位于农村，仅11家位于县城。县城在园幼儿达3199人，县城公办幼儿园仅2家，学位仅440个，仅能吸纳14%不到的幼儿。2021年下期，江永县城两家公办幼儿园仅招新生75名，家长需要通过摇号抽签决定是否能够入园，部分没中签家长无法考虑到部分民办普惠性幼儿园受收费标准限制，有经营压力，提供服务有限，转而选择服务优质但学费更贵的民办盈利性幼儿园。而当地农村幼儿园生源却明显不足。

(三)急需加大经费投入适应发展

据调查，74.29%的幼儿园办园资金主要来源是自筹。部分民办幼儿园尤其是高端普惠幼儿园在转为普惠幼儿园后，入学收费需接受政府指导定价，这些幼儿园高投入、低收益，收支不平衡，一定程度上影响了社会投资者申办普惠性民办幼儿园的积极性。因城乡教育发展的差距，农村民办幼儿园运营压力更大。芷江县洞下场乡某幼儿园园长反映，该幼儿园属于民办，自负盈亏，2000年成立，从几十个学生扩大到200个学生，园区投入400万左右，现负债100万，学生逐年流失，加之2020年下半年洞下场乡公办幼儿园成立，学生生源流失更加严重，同一区域民办与公办幼儿园竞争激烈，现有学生仅69人，教职工10人，生活费、学杂费共收取1880元，运转艰难。

三、几点建议

(一)加强幼师队伍建设

据调查，40.41%的家长建议增加普惠性幼儿园教师编制，提高教师待遇，保证队伍。有37.1%的家长建议提升幼儿教师素质，切实加强师德师风建设；建议进一步优化幼儿教师编制，落实公办园教师工资待遇保障政策，切实提高普惠性民办园幼儿教师的待遇。同时加大对在职幼儿园教师的培训力度，提升幼师素质，加强师德师风建设。

(二)加速统筹均衡城乡

在充分了解全省幼儿园的整体需求和各区域具体需求的基础上，做好区域规划，科学配置普惠性学前教育资源。重点加强入园矛盾较大的缺配地区普惠性幼儿园的建设工作，将城市优质公办园学前教育资源向民办园及乡村园辐射，努力缩小城乡之间、区域之间、园际之间学前教育差距，让家长认可乡镇幼儿园，不一窝蜂挤入城市幼儿园。

(三)加大专项经费投入

据调查，55.86%的家长认为普惠性学前教育经费投入不足是产生问题的原因，建议省级财政部门要加大对于新建、改扩建公办园的专项经费投入，切实推动学前教育普及普惠优质安全发展。

（聂倩雯　欧冠丛）

民生小贴士 MINSHENGXIAOTIESHI

做好监测干预　抓住评价与考核
注重质量与时间优化管理　野蛮学生体魄

青少年的健康成长，既是每个家长的心愿，也关系着祖国的未来，然而现实中受多种因素困扰，广大中小幼学生日均户外活动量不足，“小眼镜”“小胖墩”明显增加。

2021年4月，教育部办公厅印发《关于进一步加强中小学生体质健康管理工作的通知》(以下简称《通知》)，从加强开齐开足体育与健康课、保证体育活动时间、完善体质健康管理评价考核体系、做好体质健康监测等8个方面开出“药方”。当前，各地教育系统正在着力加强管理，努力提升中小学生体质健康水平。

当前，为确保中小学生每周参加3次以上中等强度的体育活动，限制中小学幼儿园电子产品的使用，浙江已全面实施学生体质健康监测，实施学生体测向社会公布制度。和浙江一样，其他省份也都在本行政区内统筹开展面向全体学生的体质健康测试，逐步建立健全学生体质健康监测评价体系。

《通知》提出，要建立完善以体质健康水平为重点的“监测—评估—反馈—干预—保障”闭环体系，同时要认真落实面向全体学生的体质健康测试制度和抽测复核制度，建立学生体质健康档案。

为此，《通知》明确，要完善体质健康管理评价考核体系，把体质健康管理工作纳入地方教育行政部门和学校的评价考核体系。

一项由中国教育科学研究院体育卫生艺术教育研究所开展的调研显示，中小学生尤其是城市中小学生放学回家后，89%以上不被允许到户外进行活动。从下午4点到晚上9点，学生几乎处于“静止”状况。

此次印发的《通知》强调着力保障学生每天校内、校外各1小时体育活动时间，明确了体育家庭作业制度；同时，明确了中小学各学段体育课与体育锻炼的时间。要聚焦“教会、勤练、常赛”，逐步完善“健康知识＋基本运动技能＋专项运动技能”学校体育教学模式，让每名学生掌握1至2项运动技能。

当前，在全国很多地区，体育家庭作业成了中小学生的最爱，花样翻新的亲子活动使千万家庭的氛围更加融洽。“希望每天1小时校园体育活动和每天1小时校外体育时间能够收到‘1＋1＞2’的效果。”储志东坦言，聚焦离不开“教会、勤练、常赛”六个字，其中教会在课堂，常赛在政府、社会和学校，而勤练则离不开家长。

中国教育科学研究院体育卫生艺术教育研究所所长吴键也指出，学校是主阵地，体育课的质量要抓好，还必须打破课内课外的关系，实现体育运动空间与时间突破，特别是居家锻炼要落到实处，同时对学生的膳食教育也不能放松，教育部门要给予指导。

（摘自：中国教育报）

市县链接

怀化：“全民阅读”存五难有三盼

全民阅读已连续第九次写进政府工作报告，建设“书香社会”、打造“书香中国”意义重大。为了解怀化市群众阅读及读书场馆情况，2022年3月国家统计局怀化调查队走访了怀化市文化旅游广电体育局、怀化市委宣传部，对怀化市易烊千玺图书馆、中方县图书馆、荆坪古村柚见图书馆、溆浦县图书馆、芷江县冷水溪村农家书屋等7家读书场馆开展了电话调查，对怀化市90位群众进行了电子问卷调查。调查反映，群众爱阅读意识明显提高，但政府投入不足、场馆建设老化、专业人才缺乏影响全民阅读深入推进。

一、问卷调查基本情况

本次群众调研问卷共 90 份，其中 58 份城市居民问卷，32 份农村居民问卷。调查数据显示，男性 42 人，女性 48 人。学历大多集中在大专和本科，占比分别是 23.3%、43.3%。超八成受访者年龄在 26～60 岁之间。调查问卷中无一人表示不喜欢阅读，其中超六成以上群众表示喜欢，非常喜欢阅读的群众占比 17.8%。在被问及“您认为阅读对一个人的发展来说重要吗?”时，有 66.7%被调查对象认为非常重要，26.7%认为比较重要。

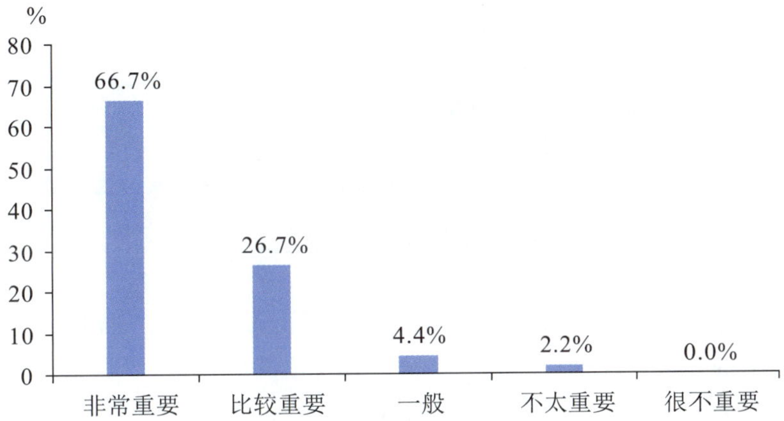

图 1　阅读的重要性

(一)三成以上受访者阅读时间呈上升趋势

在 90 位受访群众被问及“比起上两年您阅读时间是多了还是少了”时，选择“多了”和“差不多”的群众分别有 36.7%、35.6%。

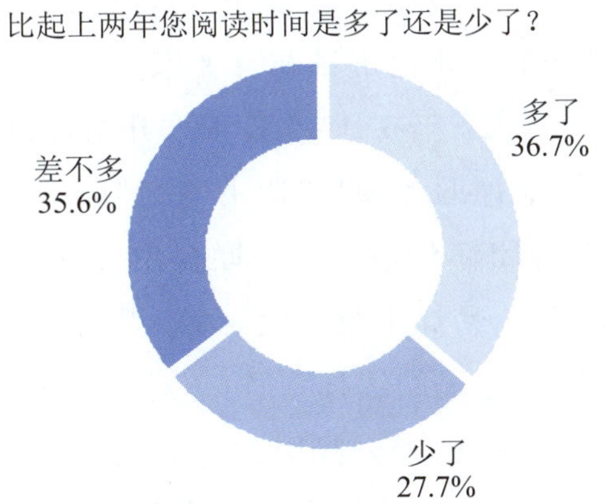

图 2　与上两年相比群众阅读时间的对比

(二)阅读场馆无法满足群众阅读需求

城北街道市民赵女士反映,自己非常喜欢纸质阅读,因为居住地附近基本没有阅读设施,目前主要在家阅读。受访群众中,被问及"您一般选择什么场所阅读"时,94.4%的群众选择在"家里(宿舍)"。

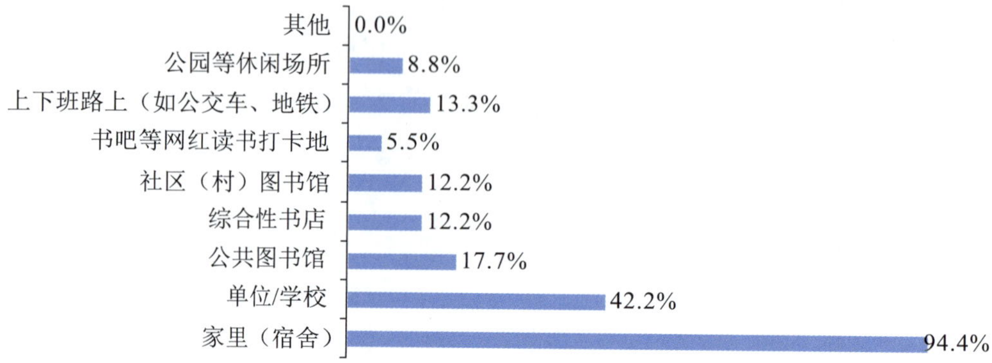

图 3　群众阅读场所的选择

二、网红书店成亮点

怀化市现有文化馆 15 个、图书馆 15 个、乡镇综合文站(内设有图书阅览室)193 个、村级农家书屋 3953 个,从我们调查的 7 家阅读场馆来看,网红书店已成为怀化的特色与亮点,为营造浓厚"书香怀化"氛围积极助力。

(一)公益性质的易烊千玺图书馆

出生于湖南怀化的"顶流小生"易烊千玺,是中国内地名气较高的男歌手、舞者、演员,粉丝数量众多。易烊千玺图书馆在怀化市目前有 3 家,地址分别在鹤城区、黔阳古城和新晃县。鹤城区易烊千玺图书馆 2020 年 5 月 19 日正式开馆,由怀化市志愿者协会负责日常管理运营。该馆作为全国最佳志愿服务项目"读书笔记"公益项目建立的第一家标准化图书馆,由易烊千玺的粉丝和共青团怀化市委员会联合出资共建。近两年客流量有所增加,全国各地来该网红书店打卡者中,易烊千玺粉丝居多。黔阳古城易烊千玺图书馆已基本装修完,计划于 2022 年 4 月 23 日"全民阅读日"开馆。易烊千玺图书馆采用粉丝力量赞助的方式吸引读者,同时借助场馆的选址,提升吸引力。如选址在鹤城区锦溪小学对面的易烊千玺图书馆,课余及周末学生较多。如选址在洪江市黔阳古城的易烊千玺图书馆,旅游人员较多。怀化市志愿者协会杨会长反映,易烊千玺图书馆是属于纯公益性质,发起人和维护人都是志愿者服务较多,很多爱心物资包括书籍都是由全国各地粉丝主动捐赠,小到馆内的一棵树,一个水杯,一台电视机,都是通过全国捐赠物流寄往怀化。

（二）民营性质的古村柚见图书馆

中方县荆坪古村潘家祠附近，一座小独栋楼的透明玻璃房、整面墙都是书籍的古村网红书店成了怀化新的打卡地，融古村文化、创意生活、图书文化为一体。中方县荆坪古村柚见图书馆彭馆长反映，柚见图书馆2021年8月开馆运营，总投资100多万，是怀化市目前最火的一家民营网红图书馆。节假日客流量较多，基本能满员，工作日和天气不好时，客流量有所减少。该馆阅读部分以公益为主，主要运营收入为出售饮品的利润。目前正在开发农场与图书馆结合等新模式吸引客流前来图书馆，预计2022年5月份农场投入运营。

三、存在的问题

（一）经费投入不足，服务效能不佳

从怀化市文化旅游广电体育局文化艺术科获悉，怀化市图书馆每年所获得的财政补助大多用于图书馆管理和维护、支付因人员不足产生的临聘人员费用。购书经费逐年缩减、阅读活动经费短缺，无专项数字化图书馆建设经费，无法满足读者日益增长的信息化需求，只能勉强保证基本公共文化服务，服务方式较单一，主要流于实体图书的借还，而对深层次现代化的信息服务、视听资料服务、信息素养教育服务、文化讲座展览服务等缺乏经费预算，很多业务无法开展，服务功能单一。

溆浦县图书馆向馆长反映，该馆年购书经费15万元，人均购书经费0.2元，远低于全国人均1元（2018年统计数据）水平，只达到国家标准年人均新增文献入藏量0.013册的一半，远远不能满足读者阅读需求。设备设施老化陈旧，日常办公设施维护经费捉襟见肘，加上近年电子设备和自助图书馆的投入使用，特别是总分馆建设完成，后期的维护和运行经费也没有列入财政预算，难以维持。

（二）馆舍老化，基础设施落后

溆浦县图书馆向馆长反映，按照《公共图书馆建设标准》，溆浦县应建设一个中型图书馆。该县现有常住人口75万，按照中型图书馆最低档具体配置标准，现有馆舍面积远远达不到要求。现馆舍已使用30多年，面积较狭小，现有设施设备达不到国家有关规定要求，部分设施已严重老化，影响到图书馆整体功能的发挥，难以满足人民群众日益增长的阅读需求。

（三）专业人才缺乏

溆浦县图书馆向馆长反映，人才队伍结构不合理，专业人才缺乏。该馆工作人员专业素质偏低，随着图书馆管理的自动化、网络化，图书馆需要计算机专业人才。目前该馆人员

队伍老龄化严重，青黄不接，急需补充年轻的专业人才。芷江县冷水溪乡冷水溪村的蒋书记反映，冷水溪村农家书屋管理人员由村干部兼任，没有专业人员进行管理，管理水平不高，时常会出现村干部外出办事群众借阅不方便等现象。

（四）信息化建设水平低

在调查的 7 家读书场馆中，有 5 家场馆表示没有建设虚拟图书馆，剩下 2 家场馆虽反映有建设，但表示网上读者（客户）一般。在被问及“没有建设虚拟图书馆（数字图书馆）的原因”时，有 3 家场馆表示有考虑，但缺乏资金，还有 1 家场馆表示从未考虑转型。怀化市文化旅游广电体育局文化艺术科曾科长反映，怀化市图书馆目前主要还是凭老观念、老方法开展工作，信息传递载体以纸质图书为主，被动等待读者上门，缺乏主动服务意识。数字化、信息化硬件设备和软件系统薄弱，建设进度缓慢，现有门户网站、微信公众号功能简单、内容单调，不能为读者提供较全面馆情动态、书目查询、活动介绍、新书推介、在线阅读、在线咨询、数据库检索、读者互动等信息服务，导致其利用率低。

（五）政府相应扶持措施较少

怀化市委宣传部出版和版权管理科龙科长表示，近几年，阅读场馆受疫情原因影响较大，但是政府相应扶持措施及补贴政策较少。中方县荆坪古村柚见图书馆彭馆长反映，以前月均收入在 1 万～2 万元左右，最好的时候达 3 万～4 万元左右。2021 年受疫情影响，月均收入已不到 1 万元，但运营支出每月大概需要 1 万多元，目前处在入不敷出的勉强运营状态。

四、意见和建议

（一）加大经费投入，增加场馆建设

怀化市文化旅游广电体育局文化艺术科曾科长介绍，怀化市读书场馆普遍存在经费少、场馆少及人力不足等问题，建议加大经费投入，建设更多读书场馆，合理布局，把读书场馆嵌入小区，优化阅读环境，满足群众阅读需求。市民王女士建议，相关职能部门能在阅读设施配置方面注意选址均衡，合理分布，提高舒适阅读环境，增加配套服务，提升综合吸引力。

（二）完善虚拟图书馆建设

随着科技的进步，群众的阅读方式也在发生转变，电子阅读的出现很好地补充了传统纸质阅读的弊端，电子阅读也深受当代青年人的欢迎。新型阅读场馆应该讲究大整体布局，以全方位阅读新体验来适应读者需求。

（三）完善服务体系

一是推动建好用好公共图书馆、青少年宫、农家书屋、书报刊亭、公共阅报栏、数字书屋

等阅读服务场所和设备。二是加强内容供给，推动精品图书创作，提供优质内容图书。三是开展重点活动，大力开展全民阅读"七进"活动，培育一批有规模有品质的阅读品牌。

（谭婷婷）

岳阳：提升随迁子女教育满意度需解压良方

教育是立国之本，强国之基。近年来，各级政府出台系列政策措施，保障进城务工人员子女享受平等教育的权利，有力促进教育公平，随迁子女就学难的问题得到有效解决。在知识、人才受到倍加尊崇的新时代，家长对子女的教育越来越重视，教育满意度不高、压力大等成为当下教育面临的新课题。2021 年岳阳 55 户农民工市民化进程监测调查数据显示，家长对随迁子女的教育满意度为 64.4%，认为子女教育压力大的占 51.2%，提升教育满意度还需解压良方。

一、政策保障加强，受教育权利平等，随迁子女人数增加

（一）接受教育权利平等

岳阳从 2013 年在普通高中开始推行"阳光"招生政策，后到义务教育阶段，再到中等职业教育，现均已打破城乡户籍限制，实行统一入学政策，有力保障每个学生都享有接受平等教育的权利，每一个学生都能按期入学。2021 年，岳阳进一步优化教育服务，义务教育入学报名实行网上申报，促进入学招生的公开透明，保障每个学生在同等条件下享受平等待遇。

（二）随迁子女人数增加

随着城市化进程不断推进，就学相关政策不断完善，进城务工人员对子女教育重视加强，跟随父母到城市就学的子女人数不断增长。岳阳农民工市民化进程监测调查数据显示，2021 年，55 户调查户中 0～17 岁的随迁子女人数为 47 人，比 2016 年增加 8 人，增长 20.5%。

二、客观现实原因，随迁子女教育仍存在四方面压力

（一）教育费用高企，经济压力大

教育支出是进城务工家庭的支出大头。2021 年随迁子女教育培训费用平均为 10016 元，比 2020 年提高 15.4%，比 2019 年提高 5.8%。分阶段来看，幼儿园平均花费 13570 元，小学平均花费 10000 元，初中平均花费 20000 元，高中平均花费 23300 元。这些只是购买书籍、学杂费和培训补习的费用，如果加上子女吃、穿、玩的消费，对于收入水平本来不高

的进城务工家庭来说，经济压力非常大。岳阳楼区栖凤亭社区颜某表示，他是益阳南县的，在岳阳从事门窗玻璃安装生意，两个小孩都在这边上学，一年教育开支要14000元左右，因近两年生意不好，经济压力很大，小孩想上辅导班但没钱报名。

(二)家长水平有限，辅导压力大

随迁子女家长受教育程度在高中以上的占36.2%，大专以上的占4.3%。对文化水平有限的家长来说，有些作业题目自己都不会，只能求助于网络，孩子听不懂也没办法，家长往往因此而产生焦虑情绪和精神压力，网络流行语“恐辅症”是多数家长的真实写照。经开区八字门社区黄女士表示，自己文化水平不高，简单题目还能对付，碰到难些的数学题或者英语题，自己都不会，更别谈怎么教孩子，但孩子在学校没学懂的知识漏洞还得补上，无奈只能报补习班。

(三)时间精力局限，照顾压力大

80后、90后这一代进城务工人员，为了子女能够得到更好的教育，多倾向于将子女带在自己身边。他们远离家乡父母，在城市奋斗打拼，在照顾子女方面，也完全靠自己，迫于生活压力为事业打拼的同时，在子女上下学接送、生病住院、成长陪伴等方面的照顾则心有余而力不足。义务教育阶段随迁子女中，有40.6%上学需要30分钟以上，这些学生大部分都是步行方式，家长对他们上下学安全问题表示担忧。

(四)竞争比较激烈，升学压力大

一方面，少数名校、重点学校学位比较紧缺，招生条件先后顺序为有房有户、有房无户、有户无房、无房无户，部分没有购房的进城务工人员子女，即使在好学校的招生范围，但不可避免会因学位紧张而调剂到周边其他学校，对后期升学产生影响。另一方面，小学教育阶段升学压力尚不明显，进入初中后，学校会根据成绩分班，普通班级学生升高中压力大。岳阳楼区栖凤亭社区颜某表示：自己女儿上初一，没有分到重点班，考试成绩虽然在班级排第1名，在年级排名却到了98名，重点班与普通班成绩差别很大，后来女儿成绩有所下滑，老师从来没进行过家访，自己也没太多精力管，对女儿升高中感到比较迷茫，压力很大。

三、关乎国之大计，提升教育满意度还需解压良方

(一)优化教育资源配置

政府需因地制宜，重点优化学前教育、义务教育阶段资源配置。一要增加公立幼儿园数量，加快普惠性幼儿园建设，规范幼儿园特别是高价幼儿园的收费管理。二要平衡义务教育阶段教育资源，对城中村、城乡结合部等地区的相对落后中小学，在经费支持、政策扶

持、师资配备方面给予倾斜，缩小学校之间的软硬件实力差距。

(二)加大随迁子女关爱

突出以人为本的教育理念，学校作为教育主体，要重视每一名学生的教育，对随迁学生更应给予春风化雨、细致入微般的关心、关爱、关怀。如在组织开展文体活动、学生特长培训和心理咨询辅导等方面，给予随迁学生更多的机会和耐心，帮助他们健康快乐成长。

(三)加强家校间联系沟通

百年大计，教育为本，教育大计，教师为本。学校应畅通与家长的沟通渠道，老师应加强与随迁学生家长的沟通联系，客观看待随迁学生与城市学生在家庭背景、环境教育、个性习惯等方面的诸多差异，从心理上、日常教学上更加关注随迁学生，不让任何一个孩子掉队，对“差等生”更应加强走访联系，建立家校共育的良好机制。

(四)切实落实双减政策

一是对校外“杂草丛生”的培训乱象，坚决按下暂停键，严禁教育相关机构进行资本化运作，让教育回归本质。二是学校坚持应教尽教，提升课堂教育质量，寓教于乐，减轻孩子课业压力。三是引导家长树立正确的教育观，破除唯分数论，合理安排孩子的课余生活，丢弃思想包袱，关注孩子在德、智、体、美、劳等方面的全面发展。

（李清如）

湘潭：义务教育阶段入学政策稳步落实
教育资源不平衡亟待重视

为了解湘潭市落实保障适龄儿童就近入学，做好“小升初”入学，解决好进城务工人员子女就学问题的进展情况，2022 年 4 月国家统计局湘潭调查队走访了湘潭市教育局了解相关情况，并对最近 2 年入学的“幼升小”家庭 20 户、“小升初”家庭 20 户家长进行了问卷调查。调查结果显示：湘潭市多措并举保障适龄儿童就近入学，进一步落实“小升初”派位入学，妥善安排进城务工人员随迁子女入学，家长对入学政策仍存顾虑，教育资源不平衡问题亟待重视。

一、小学入学情况

(一)政策执行情况

1. 严格落实招生工作方案

一是明确入学生源排序。根据适龄儿童户籍和法定监护人住房情况，依据“房户一致”

优先原则，在划定的招生服务范围内按生源排序接收学生，注册入学。

二是统一组织网上报名。湘潭市市区及各县县城义务教育学校，招生入学必须使用全市统一的网络平台进行报名、审核、录取。公办民办义务教育学校招生，由属地主管教育行政部门统一组织报名，学校不得自行接受报名。

三是规范民办学校招生。民办义务教育学校需按照“属地管理、超远摇号、免试入学”的原则进行招生。民办义务教育学校原则上不得跨县市区招生，优先满足学校所在县市区学生入学需求。

四是严格规范学籍管理。实行网上报名、录取和注册学籍联动机制，做到“一人一号，籍随人走”。招生工作结束后，各区县教育行政部门将网络报名平台的学生信息直接对接到“湖南省中小学生学籍信息管理系统”，不再组织学校申报学生学籍。公办民办学校招生一律通过网络报名平台进行，擅自通过招生网络平台外自行组织招收的学生一律不予注册学籍。

2. 学区划片入学基本得到落实

20户被调查的小学家长中，15户子女小学入学方式为学区划片入学，占75%；3户子女小学入学方式为配套入学，占15%；1户子女小学入学方式为教育部门调剂入学，占5%；1户子女小学入学方式为自主选择私立小学，占5%。

3. 学生上下学通勤更方便

学区划片入学机制的实施，让学生上下学通勤更为方便，15户子女小学入学方式为学区划片入学中，有12户居住地与学校的距离在2公里以内，占80%，剩下3户居住地与学校的距离均在5公里以内，所有的受访家庭子女从家里出发到学校所需时间均在20分钟以内。

（二）小学入学政策实施存在的问题与不足

1. 家长对小学入学政策了解有限

20户被调查的小学家长中，14户的家长表示对当前小学阶段入学政策了解一些，占70%；非常了解的家长只有4户，仅占20%；还有2户家长表示不太了解，占10%。

2. 学区划片入学容易引发学区房热

20户被调查的小学家长中，10户的家长表示学区划片入学会导致学校与楼盘直接挂钩，容易引发学区房热，加剧教育不公平。学区房热对执行学区制政策的影响一是强化了以房择校的合理性，阻碍了就近入学新政策执行；二是扭曲了公共教育价格，扩大了义务教育机会不平等；三是弱化了政府的公共教育服务职能，损害了政府公信力。

3. 教育资源仍需进一步平衡

20户被调查的小学家长中，13户的家长表示教育资源不均衡，学校间办学水平差异较大，家长和学生没有选择权。按照目前的学区划片入学的机制，学生只能就近入学，没有过多的选择权，目前各个学校之间的教育资源仍不均衡，不管是教学条件还是师资力量仍有一定差距，就近入学政策的实施一定程度上减弱了择校热，但是不平衡的教育资源从另一方面导致了教育不公平，甚至加剧学区房热的现象。

(三)意见和建议

1. 改革管理机制，优化教育资源配置

建立均衡发展的量化标准和评估机制，努力把区域内的教育资源予以均衡分配和合理利用。分配有限的教育资源时，遵循平等、对等和补差原则，积极鼓励和支持民办教育发展，给予资金、政策支持。政府在投入教育资源时，要做到公平公正，更有利于落后地区、薄弱学校的发展，缩小差距。同时要加强督查，建立均衡发展的量化标准和评估机制，努力把区域内的教育资源予以均衡分配和合理利用。

2. 加强师资建设，实现教师配置均衡

改进完善“跨校兼课”“结对帮扶”等机制，同时，以教师招聘分配促均衡，加大向薄弱学校输送优秀师资的力度。对薄弱学校教师的工资福利待遇进行相应提升，同时在工资绩效的发放、职称评级及补助等方面要合理地向乡村教师、薄弱学校教师倾斜。不断加强对乡村教师的培训力度，保证乡村教师的知识水平和教学水准不断提高，组织薄弱学校教师到名校进修学习，了解掌握先进的教学管理经验，形成一种共同发展的风气，有效地降低学校间师资力量的差距。

二、“小升初”入学情况

(一)政策执行情况

1. 严格落实招生工作方案

一是明确初中新生招生规定。公办中学入学报名应提供父母或其他法定监护人的身份证、户口簿(或居住证)和房屋产权证(或房屋预告登记证)等资料。民办初中学校招生纳入属地统一管理，按市教育局统一规定的时间，与公办初中学校同步招生。若报名人数超过招生计划，已报名学生全部参加电脑随机派位，根据派位结果确定录取名单。民办初中学校不得跨市州招生。县级教育行政部门审批设立的民办初中学校，优先满足学校所在县市区学生入学需求。

二是规范一贯制学校招生。九年一贯制、十二年一贯制学校的初中部可采用直升方式入学。若初中部学位不能满足小学部有直升意愿的毕业生入学需求，有直升意愿的学生全部参加电脑随机派位，根据派位结果确定录取名单。若初中部招收小学部有直升意愿的毕业生后学位仍有空余，是公办学校的，可接受划定片区内学生报名；是民办学校的，可接受该民办学校招生区域内学生报名；若报名人数超过空余学位数，报名空余学位的学生全部参加电脑随机派位，根据派位结果确定录取名单。

三是有序组织电脑派位。科学设置工作程序、摇号批次、志愿填报等要求，做到全程录像、结果实时公开，主动邀请纪检监察、公证、媒体及学生家长代表等进行监督，保证公平公正。

2.“小升初”入学政策获认同

20户被调查的“小升初”家长中，18户对当前“小升初”入学政策表示支持，占90%。表示对当前入学政策无所谓和不支持的均为1户，各占5%。根据2020年“小升初”派位入学实施时对872名小学家长的调研情况显示，在872名被调查的小学家长中，59.3%的家长对小升初派位政策持中立态度，30.6%持赞成态度，只有10.1%表示反对。持中立态度的家长表示，没试过都不知道会是怎样的效果，表示对派位政策实施后的效果还是很期待的。近两年的小升初派位政策的实施，入学政策支持率上升明显。

（二）“小升初”入学政策实施存在的问题与不足

1. 家长对“小升初”入学政策了解有限

20户被调查的“小升初”家长中，15户的家长表示对当前小升初阶段入学政策了解一些，占75%；非常了解的家长只有1户，仅占5%；还有4户家长表示不太了解，占20%。

2.“小升初”家长对学区房顾虑仍存

20户被调查的“小升初”家长中，10户的家长表示学校与楼盘直接挂钩，容易引发学区房热，加剧教育不公平。多校划片的随机派位在一定程度上削减了学区房对于“小升初”入学的影响，但部分家长对学区房仍存顾虑，认为学区房只是优势大不如以前，但不是说彻底消退了，只是不稳定的因素增加了。

3. 教育资源仍需进一步平衡

20户被调查的“小升初”家长中，16户的家长表示教育资源不均衡，学校间办学水平差异较大，家长和学生没有选择权，占80%。相较于小学家长比例进一步上升，家长认为在目前多校划片随机派位的入学政策下，学生的入学选择变相减少，同时各个学校之间的教育资源仍不均衡，不管是教学条件还是师资力量仍有一定差距，担心孩子无法获得良好教育。

4. 派位工作公开程度需加强

20户被调查的“小升初”家长中，9户的家长表示随机派位指标不合理、程序不公开、信息不透明，占45%。相较于2020年“小升初”派位入学实施时对872名小学家长的调研中，386名家长表示不相信随机派位能达到真正公平，占44.3%，占比基本一致。家长对电脑随机派位的公正性存在质疑，担心随机派位不能实现真正的随机，过程中会受人为干扰。

（三）意见和建议

1. 改革管理机制，优化教育资源配置

建立均衡发展的量化标准和评估机制，努力把区域内的教育资源予以均衡分配和合理利用。分配有限的教育资源时，遵循平等、对等和补差原则，积极鼓励和支持民办教育发展，给予资金、政策支持。政府在投入教育资源时，要做到公平公正，更有利于落后地区、薄弱学校的发展，缩小差距。同时要加强督查，建立均衡发展的量化标准和评估机制，努力把区域内的教育资源予以均衡分配和合理利用。

2. 加强师资建设，实现教师配置均衡

改进完善"跨校兼课""结对帮扶"等机制，同时以教师招聘分配促均衡，加大向薄弱学校输送优秀师资的力度。对薄弱学校教师的工资福利待遇进行相应提升，同时在工资绩效的发放、职称评级及补助等方面要合理地向乡村教师、薄弱学校教师倾斜。不断加强对乡村教师的培训力度，保证乡村教师的知识水平和教学水准不断提高，组织薄弱学校教师到名校进修学习，了解掌握先进的教学管理经验，形成一种共同发展的风气，有效地降低学校间师资力量的差距。

3. 严格监管环节，确保派位公平公正

派位结果公示，全程录像，并邀请计算机专家、行风监督员、纪委监察部门、新闻媒体等部门代表对电脑派位过程进行监督。教育行政部门现场监督，并邀家长代表、社会人士代表、媒体代表等组织公众监督团，参与监督，监管好派位过程的全部环节，最大程度排除人为因素干扰，彰显公正公平。

三、随迁子女就学情况

（一）工作措施

1. 完善招生入学政策

保障进城务工人员子女按时、就近入学，是一项法定义务，也是构建社会主义和谐社会的要求。湘潭市教育局先后下发了《湘潭市义务教育阶段招生实施方案》（潭教通〔2021〕49号）、《关于进一步做好2021年进城务工人员随迁子女就学工作的通知》《湘潭市教育局关于印发落实国家义务教育要求的工作方案的通知》（潭教通〔2021〕90号）等文件，开通了进城务工随迁子女接受义务教育的绿色通道，建立了以居住证为主要依据的义务教育随迁子女入学政策，合理确定入学条件，切实简化入学流程和证明要求，确保符合条件的学生有序入学。指导各县级教育行政部门建立和完善随迁子女入学政策，严格工作要求，有效防止冒充随迁子女择校。

2. 有序扩大学位供给

湘潭市为解决城区快速扩容后进城务工子女的就学困难，新建和扩建一批优质公办学校，其中湘潭大学附属实验学校增加4320个学位、韶山学校增加1500个学位、湘潭县石潭芙蓉学校新增学位150个、九华风车坪雅爱小学增加学位2025个、湖南师大附属九华步步高小学增加学位1620个、湘乡市东台中学增加学位2100个、湘潭县天易中学增加学位

4500个。2022年雨湖区将完成益智建元中学建设，经开区完成九华和平湘江湾小学、九华砂子塘小学建设，岳塘区启动滴水湖中学建设。同时，为积极稳妥地解决进城务工人员子女的就学问题，分片明确了重点接收进城务工人员子女就学的学校，如雨湖区金庭宝庆路学校、南盘岭学校、韶西学校、广场学校、护潭中学、江麓学校，岳塘区一完小、红旗小学、易家湾中心学校等，为进城务工人员子女接受义务教育提供了方便。

3. 确保教育公平

落实进城务工人员子女与城市学生“同等条件、同等待遇、同等拨款”，依据义务教育学校进城务工人员建籍人数，按照城市学生同等生均公用经费标准，按时足额将生均公用经费拨付到位。2020年起进城务工人员子女义务教育公用经费由小学600元/生·年、初中800元/生·年调整至小学650元/生·年、初中850元/生·年，进城务工人员子女与城市学生同等享受“义务教育免除学杂费、免费提供教科书、对家庭困难寄宿生补助生活费”，其中小学、初中家庭困难寄宿生补助生活费分别为1000元/生·年和1250元/生·年，小学、初中家庭困难非寄宿生补助生活费分别为500元/生·年和625元/生·年。全面杜绝向进城务工人员子女收取“择校费”“建校费”“借读费”等违规收费现象。

(二)随迁子女入学中存在的困难

1. 城区学位存不足，教学质量难保证

随着城市迅速扩容，一大批居民小区如雨后春笋拔地而起，一大批适龄儿童、少年涌入城区就读。目前，湘潭市虽已暂时解决了随迁子女入学的问题，但城区优质学位紧张，部分城区学校难以做到小学每班45人、初中每班50人的标准班额。

2. 随迁子女流动快，教学管理难度大

进城务工人员随迁子女流动性大，不利于孩子素质的提高和学校的管理。大多数进城务工人员居住地经常变动，学生流动性和随意性大，学校教育教学管理困难增大，部分孩子在九年义务教育阶段没有得到稳定、系统的教育。

3. 证明材料需求多，界定标准需完善

随迁子女是指户籍登记在外省(区、市)、本省外县(区)，随父母到输入地同住并在校接受教育的适龄儿童少年。湘潭县和湘乡市有一大批由农村地区流入湘潭县、湘乡市城区就读普通中小学的适龄儿童少年，但因无法办理居住证，不能界定为随迁子女。

(吴　垠)

2022湖南民生调查报告

就业篇

政策背景

2021年，在以习近平同志为核心的党中央坚强领导下，各地区、各部门统筹疫情防控和业务工作，扎实推进“六稳”“六保”，聚焦稳就业保就业精准施策。社会保障体系建设取得新突破，人才人事工作迈上新台阶，和谐劳动关系开创新局面，系统行风建设发生新转变，信息化建设和规划实施等取得新成果。

2021年就业形势继续保持总体稳定，城镇调查失业率降低。人力资源和社会保障部数据显示，2021年，全国城镇新增就业1269万人。全国城镇调查失业率平均值为5.1%，比上年平均值下降0.5个百分点，12月份，全国城镇调查失业率为5.1%，比上年同期下降0.1个百分点。农民工就业恢复至疫情前水平，外出务工规模持续增加，脱贫劳动力务工规模达到3145万人，160个重点帮扶县脱贫人口务工规模达到628万人。同时，100个城市公共就业服务机构市场求人倍率保持在1.5，四季度是1.56，网络招聘市场也延续着活跃的态势。

2021年就业优先政策继续强化、聚力增效。延续降低失业和工伤保险费率，扩大阶段性稳岗政策惠及范围，拓宽市场化就业渠道，支持和规范发展新就业形态，做好重点群体就业工作，完善困难人员就业帮扶政策，健全就业公共服务体系。截至11月底，全国城镇新增就业1207万人，提前超额完成全年目标任务。

2021年湖南省委、省政府高度重视就业工作，深入贯彻落实党中央、国务院决策部署，打好政策服务保障组合拳，全力确保就业局势总体稳定。2021年城镇新增就业75.30万人，失业人员再就业42.52万人，就业困难人员再就业13.89万人，分别完成年度目标任务的107.6%、141.7%和138.9%。城镇调查失业率平均值5.3%，保持在控制目标以内。

面对复杂经济形势，湖南持续发力稳就业，延续八方面就业创业扶持政策，突出稳企业、保重点、兜底线。7月，湖南出台了《关于切实加强就业帮扶巩固拓展脱贫攻坚成果助力乡村振兴的实施意见》，落实“四个不摘”，充分做好乡村路上的政策衔接。突出“两个优先”、坚持“四个聚焦”、实施“五个工程”。建立118家产业工人培养基地，为886家重点企业、143家省级产业园区解决用工19.7万人；开展“稳企业 保就业”专项行动，惠及参保单位5.4万家，惠及职工27.5万人；实施“创响三湘”行动，扶持创业1.5万人，带动就业10.2万人；多渠道募集见习岗位，全年组织见习1.6万人；开展维护新就业形态劳动者劳动保障权益专项行动，入驻企业6000多家，为16万余人提供用工服务，实施公益安岗工程，惠及6.1万人次。

（谌　滨）

民生加油站 MINSHENGJIAYOUZHAN

巩固脱贫攻坚成果 做好易地扶贫搬迁就业帮扶

2021年7月，人力资源和社会保障部办公厅、国家发展改革委办公厅、国家乡村振兴局综合司联合印发《关于开展易地扶贫搬迁安置区就业协作帮扶专项活动的通知》，部署实施为期半年、以“强服务 拓渠道 协作帮扶促就业”为主题的就业协作帮扶专项活动，帮助特大型安置区提升公共就业服务能力，丰富拓展就业渠道，增加就业岗位供给，努力帮助搬迁群众实现就业创业。

《通知》明确，按照东西部协作结对关系、省内协作结对关系、援藏援疆结对关系，帮扶省份组织服务团队，点对点为特大型安置区提供就业帮扶。着力提升服务能力，通过线上线下方式，为特大型安置区开展公共就业服务业务培训。着力推动外出务工，建立岗位供给清单和安置区劳动力外出务工需求清单，广泛动员各类服务机构、劳务经纪人开展有组织劳务输出。着力促进就地就近就业，推动援建产业项目、企业实体在安置区落地，推动政府投资建设项目、基层社会管理和公共服务项目安排一定比例岗位吸纳搬迁群众就业。着力提高服务成效，在每个特大型安置区开展示范就业服务活动，带动提高当地就业服务的针对性、有效性。

《通知》要求，各地要将就业协作帮扶专项活动作为巩固拓展易地扶贫搬迁和就业扶贫成果的重要举措，摆在工作的突出位置，抓好各项任务落实。

（光明日报）

全景扫描

打好政策服务保障组合拳 全力以赴稳就业保民生

湖南省委、省政府高度重视就业工作，深入贯彻落实党中央、国务院决策部署，打好政策服务保障组合拳，全力确保就业局势总体稳定。全年实现城镇新增就业75.3万人，同比增长4%，超额完成年度任务。城镇调查失业率平均值5.3%，保持在控制目标以内。

一、突出"两个优先"，激活就业"一盘棋"

政策优先支持。延续实施部分减负稳岗扩就业政策，推动财政、金融、产业等政策支持就业；实施快办帮办行动，推出政策图解13条、短剧20集、脱口秀20期，实现"一图就懂、一呼就应、一算就清、一办就结、一听就明"。绩效优先考核。将促进就业纳入省政府真抓实干督查激励范畴、重点民生实事项目，定期调度通报，成员单位述职，督查督办问责，强化各方重视支持就业导向。

二、坚持"四个聚焦"，提升就业"获得感"

聚焦基层就业治理。将1462个社区纳入省级充分就业社区建设范畴，做实城镇新增就业、失业待业帮扶台账，及时跟进落实"131"就业服务，构建"一网"（公共就业网）、"一微"（湘就业微信）、"一端"（自助终端）信息化体系。聚焦职业培训提质。对接22条新兴优势产业链，动态更新发布市场紧缺职业目录，遴选认定80个省级优质培训项目，全年培训156.2万人次。聚焦服务能力提升。深化重点企业、产业园区用工服务保障机制，建立118家产业工人培养基地，强化"湘人才""湘就业"线上线下岗位归集发布，为886家重点企业、143家省级产业园区解决用工19.7万人。开展高校毕业生留湘来湘、"湘融湘爱"农民工市民化融合、脱贫人口定期送岗、退捕渔民"双联双包"等行动。聚焦权益维护保障。建立保障农民工工资支付长效机制，实施劳动关系预警，开展农民工权益关爱湖南行动。

三、实施"五个工程"，打通就业"全渠道"

实施援企稳岗工程。开展"稳企业 保就业"专项行动，发放稳岗返还7.1亿元，惠及参保单位5.4万家，落实以工代训补贴3.7亿元，惠及职工27.5万人。实施创业增岗工程。实施"创响三湘"行动，开发乡村领雁创业培训，全年新发放担保贷款37.1亿元，扶持创业1.5万人，带动就业10.2万人；新登记市场主体92.1万户。实施见习留岗工程。多渠道募集见习岗位，鼓励见习单位留用，全年组织见习1.6万人，发放补贴1.1亿元。实施新业扩岗工程。开展维护新就业形态劳动者劳动保障权益专项行动，上线湖南灵活用工平台，入驻企业6000多家，为16万余人提供用工服务。实施公益安岗工程。整合各方资源，合理开发公益性岗位，全年发放公益性岗位补贴5.8亿元，惠及6.1万人次。

（工人日报）

民生小贴士 MINSHENGXIAOTIESHI

加强新就业形态劳动者权益保障

2021年7月7日召开的国务院常务会议就加强新就业形态劳动者权益保障明确若干政策措施。一是适应新就业形态，推动建立多种形式、有利于保障劳动者权益的劳动关系。对采取劳务派遣、外包等用工方式的，相关企业应合理保障劳动者权益。二是企业应当按时足额支付劳动报酬，不得制定损害劳动者安全健康的考核指标。督促平台企业制定和完善订单分配、抽成比例等制度规则和算法，听取劳动者代表等意见，并将结果公示。不得违法限制劳动者在多平台就业。三是以出行、外卖、即时配送等行业为重点，开展灵活就业人员职业伤害保障试点。四是建立适合新就业形态的职业技能培训模式，符合条件的按规定给予补贴。五是放开灵活就业人员在就业地参加基本养老、基本医疗保险的户籍限制。

（摘自：人社部农民工工作司）

深度透视

拓宽湖南高校毕业生市场化就业渠道存三难

为了解湖南高校拓展毕业生市场化就业渠道、大学毕业学生就业创业情况，2021年10月国家统计局湖南调查总队在长沙、衡阳等地开展了专题调研，调研结果显示，湖南各大高校创新工作思路，强化校企合作、线上线下联动、鼓励支持创业等方式推动毕业生市场化就业渠道。但仍面临缓就业慢就业、学科设置与就业需求不匹配、鼓励创业政策体系配套不足“三难”。

一、高校毕业生市场化就业渠道日益宽广

（一）紧跟市场需求，加强就业指导

部分高校根据市场需求变化和毕业生专业特点，以市场化需求为导向推动学生就业。常德6所高校2021年共举办专家就业指导讲座和就业宣传会55场，指导应届毕业生13685人次，帮助毕业生完成自身合理职业规划，鼓励毕业生灵活就业，到基层就业。湘潭

大学主动对接国家经济社会发展的人才需要，组织学院分片区“走出去”，了解和挖掘区域内国企等优质单位的人才需求，在全国共建就业创业实习基地达到了200余个。湘潭医卫职业技术学院制定《毕业生就业市场建设实施方案》，根据各专业毕业生人数展开调研，开拓适应临床类专业高职毕业生就业的县市区基层医疗机构，实习就业基地达190余家。湖南文理学院通过多种途径，重点发布国际组织招聘、海外实习信息，鼓励学生出国留学、海外实践，探索国际组织实习任职，通过开展“模拟联合国”等学生社团活动，为学生到国际组织实习任职提供咨询、指导、培训服务以及任职实践模拟。

(二)线上线下联动，拓展渠道

部分高校广泛汇聚市场化社会化就业创业资源，积极搭建“学校一学院一线上”立体式招聘平台。针对疫情防控时期毕业生的求职突出问题，湖南人文科技学院开展线上指导和咨询，在学院云就业平台中开设了线上就业指导电话号、公众号和APP专区，举办的2021届毕业生春季双选会提供了教育、房产等行业6745个就业岗位。衡阳市人社局与衡阳师范学院联合举办2021届毕业生供需见面会，276家单位提供招聘岗位1.7万余个。湖南文理学院利用“云就业”平台，共发布2000余家用人单位在线招聘信息，招聘需求总人数5万多个；常德职业技术学院启动校级“云就业”平台，191家单位入驻云就业平台，累计发布职位数1932个。湖南高尔夫旅游职业学院依托“云就业”平台建立了用人单位数据库，目前有600余家企业在数据库中。

(三)强化校企合作，创新就业模式

部分高校积极对接专业对口企业，强化校企合作，开展人才培养。株洲市高职院校创新发展校企合作促就业工作，推广“校企双向嵌入式”“双主体订单式”、现代学徒制、“2＋1”等校企协同育人人才培养模式，形成“双主体三层次”育人构架。湖南铁道职业技术学院采用现代学徒制的方式实行校企联合招生、联合培养、一体化育人，对口就业率89.33％，满意率96.75％。湖南工业大学目前与中车南车、中铁集团等1218家用人单位达成长期稳定的人才供需关系。湖南文理学院新建了诸如唯品会、中联重科等多家类型多样、专业对口、前景广阔的就业实习基地，有效推动了毕业生就业。

(四)搭建创业平台，以创业带动就业

湖南高校和教育主管部门优化创业服务举措，搭建创业平台，鼓励创新创业，以创业带动毕业生就业。衡阳市人社局制定支持大学毕业生创业的“一揽子”政策服务举措，对创业的毕业生提供免费的技能培训和创业培训，对于毕业5年内的高校毕业生提供创业担保贷款和创业奖补及2万元的创业补贴。娄底职业技术学院打造大学生创新创业开放实验平台，每年平均设立创新创业项目400余项，覆盖90％的在读学生。湖南人文科技学院重点

打造孵化园区，建成大学生创新创业孵化园区，每年奖励学生创业项目经费约40万元。

二、高校毕业生就业存三难

(一)高校毕业生缓就业慢就业增多

近年来，随着高校毕业人数不断增多，就业市场竞争激烈，部分高校毕业生对就业存在畏难情。毕业之后先看看、等等再说等观望情绪的学生大有人在。湘潭医卫职业技术学院2019年的毕业生继续深造占比只有1.9%，2021年达到了8.9%。湖南城建职业技术学院2019年毕业生继续深造占比为10.2%，2021年达到了18.6%。湖南城市学院艺术学院赵姓同学认为今年高校毕业生多，就业较往年会更困难，特别是感觉难以找到比较好的理想工作，不想立马就业便选择继续深造。益阳职业技术学院电子商务专业的李某某谈到就业时也认为今年工作难找，早有思想准备想专升本继续深造。

(二)部分学科设置与就业需求不匹配

当前高校学科设置不合理现象持续加剧，热门专业一哄而上，即使市场上毕业生早已人满为患，但很多学校的这些专业还在继续扩招。同时，文科类毕业生就业市场稍显不足，开拓文科类专业毕业生的就业市场范围不广。湖南理工职业技术学院负责人表示，学校的机电一体化技术等理工专业毕业生市场需求旺盛，按毕业生数可以达到5倍的岗位数，而动漫设计、工商企业管理、环境艺术设计、会计专业等文科类专业企业的需求疲软，按毕业生数仅能达到2.2倍的岗位数。

(三)高校毕业生自主创业政策体系支撑不足

高校毕业生学生具有创新潜能和创造活力，当前，各大高校均出台了毕业生创业扶持政策，但从整体上来看，政策系统性、针对性和扶持力度不足，对有意愿、有能力创业的毕业生而言，具有实战意义的创业培训、创业服务需求缺口较大，部分学校的创业培训针对性不足，难以提供符合预期的支持，亟需的创业担保贷款、创业补贴、场地支持等政策不能得到有效供给。同时，通过社保补贴政策，支持毕业生多渠道灵活就业、新业态就业为毕业生创业解除后顾之忧等方面政策体系不完善，支撑不足，一定程度上遏制了高校毕业生创业热情。

(欧冠丛)

市县链接

张家界：岗位供给端收缩
重点就业群体就业形势较严峻

为了解张家界市农民工、低收入群体、应届毕业生等重点就业群体当前就业情况，2022年6月国家统计局张家界调查队通过网络问卷与现场访谈等形式对这部分群体开展了调查，并走访了部分院校与企业。调查结果显示，新冠疫情给经济社会带来深远影响，企业生存压力加剧，用工需求显著下降，农民工、应届生等重点就业群体的就业空间压缩，求职机会减少。

一、岗位供给端企业调查情况

本次调查共对19家企业发出了问卷，仅有8家企业表示2022年计划面向应届毕业生、农民工、转业军人等重点就业群体提供岗位，六成的企业没有重点就业群体的招聘计划，部分企业因生存困难有裁员的打算。张家界某火车物资装卸公司，因2022年来进站的煤炭、钢材、水泥等物资大幅下降，装卸作业减少，正在逐步缩减人员以度过困境。

对8家有重点就业群体招聘计划的企业进行了深入的调查，企业规模主要为小型企业，从行业分布来看，有2家纺织服装业，1家化工医药业，3家其他制造业，1家计算机服务业，1家食品加工业。调查结果显示，二季度以来企业发展形势逐步向好，用工需求偏向一线工人。

(一)企业产能利用不充分，但发展预期较乐观

当前新冠疫情影响持续，内外需求萎缩，有效需求不足，企业产能利用率普遍不足，从这8家企业的情况来看，目前没有一家企业产能达到了正常水平，六成的企业产能利用率达到80%以上，近三成的企业产能利用率在50%到80%，一成多的企业产能利用率在30%到50%。但从二季度开始，企业经营状况有好转迹象，50%企业认为二季度经营状况与一季度持平，有38%的企业认为好于一季度，12%的企业认为差于一季度。对于2022年全年的整体发展趋势判断，一半的企业认为将好于去年，另一半的企业认为与去年持平。张家界美达制衣有限公司产品主要出口海外，当前疫情得到有效控制，货运物流运行持续向好，企业二季度经营情况好于一季度，比去年同期有小幅上升，对于2022年全年的预测，企业工作人员表示应该好于去年。

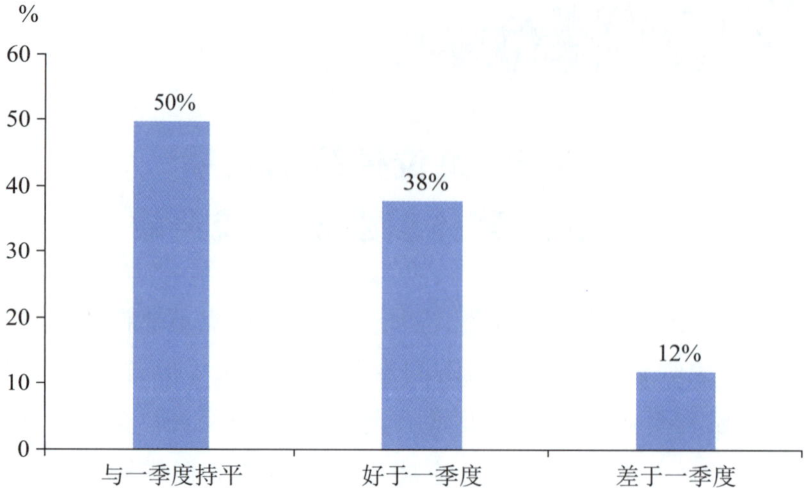

图 1　企业二季度经营情况与一季度相比较

(二)一线操作岗位需求较大

调查结果显示,被访的 8 家企业中,75%的企业有一线操作岗位招聘计划,38%的企业有研发岗招聘计划,25%的企业有销售岗位和一线技术岗招聘计划,13%的企业有管理岗招聘计划。企业岗位需求的人群,38%面向自由职业或灵活就业人员,面向应届生、农民工及转业军人群体的分别有 25%。张家界美达制衣有限公司一般根据订单生产情况,在旺季时招一些临时普工进工厂赶交货期,可以根据订单的数量随时调整用工。

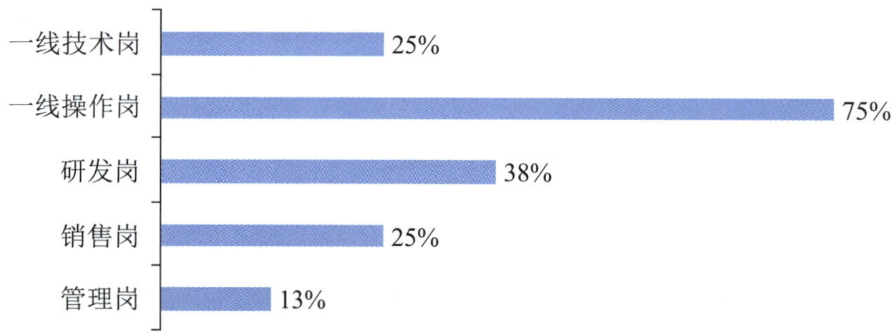

图 2　企业招聘岗位情况

(三)求职者行业偏好与薪酬期望过高是企业招聘主要问题

从被访的企业了解到,当前企业招聘中存在的主要问题,有 63%的企业表示年轻人倾向服务业,制造业找不到人;50%的表示应聘人员对薪酬的期望过高;38%的企业认为市场人才供给与企业用工实际需求存在差异;分别有 25%的企业认为招聘的主要问题是疫情影响招聘工作的正常开展或是人才青睐大城市。企业计划招聘的主要岗位月薪水平,12.5%的企业月薪在 2999 元以下,75%的企业月薪在 3000～4999 元,12.5%的企业月薪在5000～7999元，没有8000元以上的岗位提供。张家界是佳运动用品有限公司，是为耐克公司代加工的下游企业，产品主要出口欧美，二季度经营状况大幅好转，计划招聘一批工厂普工，月薪在两千出头。

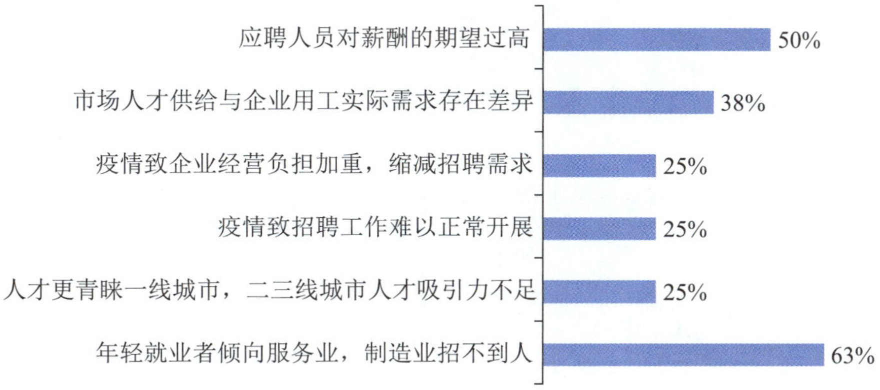

图3 企业招聘中存在的问题

二、重点就业群体求职情况

(一)调查样本的基本情况

本次调查共收回重点就业群体问卷66份，在被访者中，应届高校毕业生占比71%，农村转移就业劳动占比12%，低收入户等生活困难人群占比5%，自由职业或灵活就业人员占比12%。因被访者多数为应届高校毕业生，被访者年龄分布在30岁以下的占比79%，31～40岁的占比8%，41～50岁的占比9%，51～60岁占比4%，没有60岁以上的。

(二)就业形势严峻，就业率较低

对于当前的就业状态，被访者中，已找到工作或已签约的占比39%；正在找工作尚未签约的占比44%；正在创业或准备创业5%；暂时不准备工作或创业8%；其他情况4%。在已找到工作的这部分人中，对当前工作非常满意的占比23%；比较满意的占比38%；对工作满意度一般的占比27%；不满意还想换的占比12%。鉴于当前严峻的就业形势，许多人认为找到一份合适的工作，已是最好的状态。根据张家界航空工业职业技术学院的初步统计数据，2021年该校毕业人数为3743人，比去年增加23.9%，目前毕业生就业协议签订率为48.13%，低于前三年同期签订率，创业比例为0.02%，与前三年持平。随着高校大规模扩招，2021年全国毕业生人数创历史新高，达到了1076万，比上一年增加了167万，求职竞争压力加大。

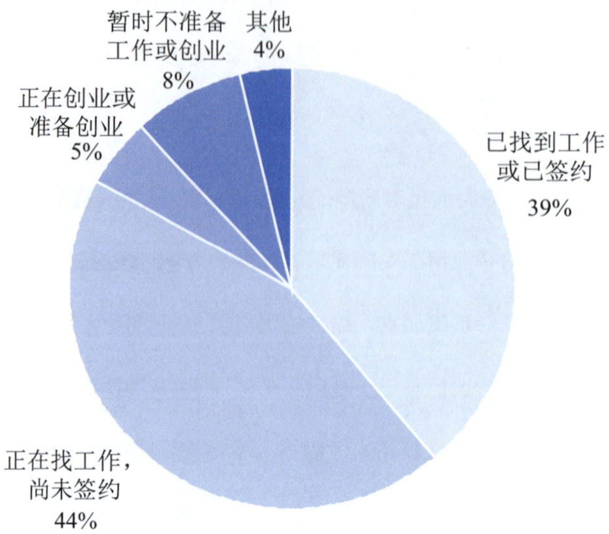

图 4　被访者当前就业状态

（三）求职者调查情况

此次调查的重点就业群体共 66 名，其中 55 名有求职意向，处于已找到工作或正在找工作状态，有求职意向的被访者中七成为应届高校毕业生，一成多为农村转移劳动力。对有求职意向的被访者进行了深入调查，结果显示，求职者行业偏好为制造业，对薪资水平有较高期望，求职机会减少是求职过程中遇到的最主要问题。

1. 就业意向地区主要为省会城市与地级市

求职者中，已签约或意向的工作所在地区是直辖市的占比 4%，省会城市占比 47%，非省会地级城市占比 27%，县与县级市占比 13%，乡镇和农村占比 9%。目前签约或意向从事的主要行业中，农林牧渔业有 2%，制造业有 42%，建筑业有 5%，商务服务业有 9%，居民服务业有 15%，机关事业单位等公共服务部门有 9%，其他有 18%，选择其他的主要意向从事金融、教育等行业，制造业仍是吸纳就业的主力军。

2. 求职者薪资期望较高

对于签约或意向的税前月薪资水平，有 18%的被访者选择 2999 元及以下；44%的被访者选择 3000～4999 元；29%的被访者选择 5000～7999 元；5%的被访者选择 8000～9999 元，选择 10000～19999 元与 20000 元及以上的分别有 2%。与企业提供的薪资水平对比，求职者的薪资期望处于较高的区间。

3. 求职机会减少是找工作最主要困难

对于找工作中遇到的主要困难，有 71%的求职者认为疫情造成求职机会减少、求职成本增加；有 47%的求职者认为企事业单位招聘岗位较少、岗位竞争激烈；有 31%的求职者认为知识技能、工作实习经历难以满足企业招聘要求。2022 年 3 月份以来，新一轮疫情来势凶猛，波及全国多个主要城市，各地防控措施进一步升级，企业招聘计划推迟或取消，现

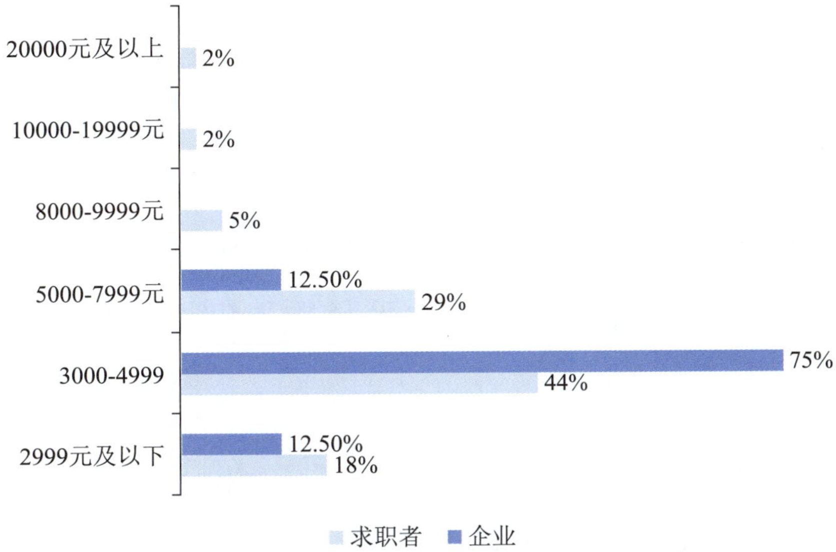

图 5　求职者薪资期望与企业提供薪资对比情况

场招聘会大幅度减少，求职机会显著降低。据张家界市人社局介绍，全市就业配套资金减少且支出进度缓慢，市本级安排就业配套资金 200 万元，与去年 250 万元相比，减少 50 万元，就业配套服务还有待进一步加大。

4. 工作饱和度同比有所下降

求职者中的农民工、低收入群体、灵活就业者，当被问及“二季度月平均工作时间与去年同期相比”时，有 40%的被访者认为有不同程度的减少；有 40%的认为基本持平；20%的被访者认为大幅增加。求职者的工作饱和度下降，与企业调查情况相吻合，19 家被访企业中，六成的企业没有重点就业群体的招聘计划。胡大哥 2021 年 53 岁了，因为身体有点残疾，正式工作不好找，一直以来只能在张家界城区打零工，主要就是在建筑工地或者干其他苦力活，这几天正在城区拆除建筑围挡。2021 年来感觉打零工的机会少了很多，很少有人来喊活，3 月份整个月都没工作，4 到 5 月份总共干了 20 多个工，每个月工资 2000 元左右。

三、稳就业保民生还需政策集中发力

(一)促进企业稳岗拓岗

要坚决贯彻落实国家扎实稳住经济一揽子政策措施有关具体任务，以实际行动助企纾困。市场主体稳，就业就稳，市场主体有活力，劳动力市场就有活力，就业压力就小。要稳定事业单位招聘规模，推动国有企业扩大招聘，激励中小微企业更多吸纳就业，为困难群体就业提供更多就业岗位。

(二)加大政策性岗位供给

对有困难的低收入群体提供更多临时或公益性岗位，畅通与企业、人社部门的对接，提升就业帮扶精准度。支持高校毕业生多渠道灵活就业，拓宽高校毕业生市场化就业渠道，鼓励高校毕业生到城乡社区就业，抓好“三支一扶”招募工作。

(三)畅通企业招聘渠道

认真落实严格、科学、精准的疫情防控措施，坚决防止和避免“放松防控”和“过度防控”两种倾向，有效恢复和保持企业生产正常秩序，充分结合疫情防控要求，针对外出就业人员灵活调整政策。

（雷　娅）

他山之石 TASHANZHISHI

筑梦基层绽芳华——高校毕业生“三支一扶”计划观察

手拿粉笔点亮乡村孩子的受教育梦想，跑遍田间地头帮助农民增产增收，身穿白衣冲锋在新冠疫情防控一线，发展特色产业带领乡亲们过上小康生活……在基层，他们有一个共同的名字——“三支一扶”人员。

据人社部相关负责人介绍，“三支一扶”计划自2006年实施以来，已累计选派46.9万名高校毕业生到2300余个区县的基层单位服务，为基层输送了一大批宝贵人才，在推动基层经济社会发展、促进高校毕业生就业和锻炼成长等方面发挥了重要作用，成为一项重要的就业工程、人才工程和民生工程。

“‘三支一扶’人员年轻，有想法有才能有干劲，深受基层欢迎。尤其是在互联网时代，他们发挥专业特长，对乡村经济、教育、医疗卫生等各项事业发展都有促进作用。”江苏省南通市劳动就业管理中心杨剑峰关注基层就业多年，他道出了许多基层管理人员的感受。

脱贫攻坚的战场上，“三支一扶”人员多数来自本地，他们更了解乡情村貌，为更精准、更快速、更稳固推进脱贫工作提供了有力保障。

抗击新冠疫情的战场上，“三支一扶”人员挺身而出、冲锋在前，全力投身疫情防控最前沿，为人民群众的生命安全筑起坚固的防护网。

乡村振兴的广阔舞台上，“三支一扶”人员的身影处处可见。有人帮助村里发展了特色种植、养殖产业，通过电商把产品销往全国各地；有人瞄准当地的自然、人文资源，打造乡村休闲旅游、红色旅游，帮助村民就业创收；有人发挥专业特长，充实乡村教育力量，让孩子们享受更优质的教学资源;有人积极参与基层党建、抗震救灾等重点工作,在急难险重任务中发挥"突击队"作用。

"乡村振兴关键在人才,'三支一扶'计划已经为农村输送了一大批高素质人才,有效改善了农村人才队伍结构,促进农村经济社会事业的发展,为乡村振兴注入了活力和动力。"任文硕表示,从长远来看,该计划对治国理政队伍建设也具有潜在意义。

(摘自:中国劳动保障报)

益阳:提高就业保障 筑牢民生之本

就业是民生之本,财富之源。灵活就业作为传统用工模式的补充,是解决就业难问题的重要渠道。对于劳动者来说,灵活就业具有从业时间灵活、入行门槛低等优势,对于企业来说,灵活就业可以解决企业的季节性用工压力,降低企业经营管理成本。为了解益阳市灵活就业人员的就业和收入状况、面临的实际困难等情况,2022 年 5 月国家统计局益阳调查队开展了专题调研。调查结果显示,灵活就业人员持续增加,亟需政策措施提高各项权益保障。

一、灵活就业基本情况

(一)灵活就业人员权益保障措施逐步完善

近年来,益阳市出台了一系列政策措施保障灵活就业人员权益。2021 年,益阳市政府办印发《益阳市"十四五"人力资源和社会保障事业发展规划》,把持续推动多渠道灵活就业,鼓励个体经营,增加非全日制就业机会,支持发挥新就业形态;清理取消不合理限制灵活就业的规定;强化对灵活就业人员的就业服务,加快完善相关劳动保障制度,明确平台企业在劳动者权益保障方面的相应责任等作为推动就业提质扩容的重要举措。2022 年,益阳市人民政府印发《益阳市落实国家稳住经济一揽子政策措施实施细则》,明确提出要加大援企稳岗支持力度,要落实就业见习补贴、社保补贴、创业补贴、创业担保贷款等政策,拓宽高校毕业生、农民工等重点群体就业渠道。2022 年 6 月,益阳市人社局印发《益阳市稳岗位提技能保就业十八条措施》,支持高校毕业生发挥专业所长从事灵活就业,对毕业年度和离校 2 年内未就业高校毕业生实现灵活就业的,按规定给予社会保险补贴。

(二)新形态灵活就业人数持续增长

随着电商产业和数字经济的蓬勃发展,新形态行业岗位需求迅猛增加,新形态就业的灵活度高、工作弹性强，岗位需求多元，更能满足不同劳动者的需求。其中部分岗位对学历和工作经验要求比较低的岗位，为就业弱势群体提供了更多的就业机会，例如快递员或网约车司机。同时，相较于传统零散化、依托个人的零工形式，依托互联网平台进行组织的新业态成为更加规模化、正规化的灵活就业形态。据统计，益阳市快递业共有 11 个品牌公司，分国营、直营和加盟三种经营模式，其中中国邮政益阳分公司属国营企业，顺丰、京东、德邦 3 家公司属直营企业，其他 7 家公司（中通、申通、圆通、韵达、百世汇通、极兔、优速）属加盟企业，11 个品牌公司在各县市区均有许可企业或分支机构，共有从业人员 5000 余人。现有外卖平台企业主要为美团和饿了么，美团市场占比为 80%。各地外卖企业均属于不同的加盟企业，共有从业人员 1300 余人。

(三)灵活就业人员年轻化

近年来，受疫情影响，大学生群体就业环境愈发严峻，不少高校毕业生都倾向于先就业后发展。另外，伴随共享经济的高速发展，如美团外卖、滴滴打车等行业欣欣向荣，抖音、快手等网络直播平台如火如荼发展，网红经济爆发式增长，再加上新一代大学生就业观念更加开放，期望从事更多元的兼职岗位，做一名酷炫的斜杠青年等多方因素的叠加下，灵活就业越来越受年轻人欢迎。益阳市人力资源与社会保障局郭科长表示，2021 年全市快递业从业人员中超九成年龄在 21～45 岁，外卖平台配送员也以青壮年为主。益阳职业技术学院汽车工程学院的曾同学将于 2022 年毕业，但他从去年下半年实习开始便一直在从事传媒行业，主要是以抖音为平台从事自媒体创业。

二、灵活从业人员权益保障存“四难”

(一)劳动报酬“难”保证

1. 收入稳定性差，部分灵活从业人员收入低

据调查了解，快递员、外卖配送员、网约车司机等均无底薪，均为按件计酬，多劳多得。如外卖配送员实行按单计薪，大约 4.5～4.6 元/单，有部分高温补贴、油费补贴、话费补贴等。配送员月均工资约 5000 元，少量出勤率高的配送员能达 8000 元左右。赫山区新林村的杨女士依托兴盛优选平台开展配送服务，订单量的多少决定了收入的高低。据杨女士介绍，由于住在农村地区，下单的人不多，每个月的收入基本在 800～1200 元之间。春节过年期间，大家都要备年货，收入会相对高一点，但也只有 1500 元左右。

2. 农民工工资拖欠现象仍存在

随着各项根治农民工工资拖欠工作措施的出台，农民工工资拖欠情况不断好转，但在私人雇用领域仍然有个别拖欠工资现象。家住赫山区新林村的陈先生一名油漆工人，主要从事建筑装修。据他介绍，给私人进行房屋装修一般都不会签订合同，就是口头约定，工资

也是装修结束后再一次性结算。他自己目前还有2万多元工钱没有结算，拖欠时间最长的已经有2年多了。

（二）劳动安全“难”保障

1. 工伤保险参保率低

因企业节约成本，加之员工流动性大、参保意识不强等原因，灵活就业人员购买工伤保险的极少。在填报就业情况问卷的47位调查对象中只有5人选择购买了工伤保险，参保率仅为10.6%。

2. 劳动时间长，劳动强度大

灵活就业人员基本都是多劳多得，为了获取更高的收入，大部分灵活就业人员都会延长工作时间。据了解，近四成快递员每天工作时间9～11小时，近两成每天工作12小时及以上。据赫山区金山路的网约司机何师傅介绍，他每天都在抢时间、抢单，生怕漏掉价格较高的大单，劳动强度特别大，导致人很疲惫。为了多跑单，有时候甚至会疲劳驾驶。

（三）休息休假“难”实现

随着电商平台发展壮大，快递量也与日俱增，特别是碰到电商平台大促销，快递员派送量更大，基本没有时间休假。另外，据市人社局反映，除国有或直营企业外，其他加盟制民营企业的快递从业人员都是“一个萝卜一个坑”，基本上全年无休。外卖平台虽未要求配送员加班，但一般都设置了早中晚时段上线时长，如果配送员要获得预期收入每天至少需上线9～11小时，实际工作远超劳动法规定工作时长，而且越是节假日和恶劣天气单量越多，根本无法享受法定假日。即便部分配送员会休假，休息期间仍需登录平台完成基本单量。

（四）社会地位“难”提高

由于市场竞争激烈和服务特性，交通出行、快递、外卖业等行业的灵活从业人员工作中稍有不慎，就会收到消费者的各种投诉，一旦收到投诉，平台公司会对被投诉者进行罚款，而被投诉的灵活从业人员一般会面临申诉难、维权难等问题。家住赫山区金山路的何师傅做网约司机三年多了，他最担心的是怕违反平台规则和乘客无理的投诉而被罚款，申诉无门只能自己吃亏。他介绍有次在早高峰送客人的过程中，乘客要求在不能掉头的地方违规掉头，何师傅拒绝后从下一个路口掉头再将乘客送到目的地。事后收到一个差评并被平台扣掉了50元，何师傅多次与平台公司沟通申诉，但都无法改变因差评而被扣款的结果，至今都觉得很委屈。

三、期盼与建议

（一）创新新职业参保模式

推进社会保障试点，扩大工伤保险覆盖面。将网约车、外卖、快递等新形态从业者纳入工伤保险参保范围，所在从业单位可按“自愿参保”原则为其单项参加工伤保险，缴纳工伤保险费，参保人员可按规定享受工伤保险基金支付的各项工伤保险待遇，同时允许从业人员以个人名义参保，建立健全工伤认定机制和互助互济制度。

（二）加强职业培训

落实职业技能终身培训要求，探索专项职业能力考核，建立健全职业技能等级认定制度，提高从业人员社会地位。根据不同行业的从业需求，开展有针对性的职业技能培训，提高灵活就业人员技能水平。

（三）规范企业管理

应当进一步完善灵活就业市场监管体系，建立健全监管体系，进一步明确主管部门，发挥统筹牵头作用，厘清各方的监督职责，加强分工合作、沟通协调，充分利用行业监督、媒体监督、公众监督等各方力量，及时纠正和规范损害灵活就业年轻人公平就业、权益保障的行为和做法。

（朱　丹）

永州：中低收入群体就业路上的喜与忧

习总书记提出“就业就是最大的民生”，就业质量的好坏，不仅与居民收入息息相关，更直接影响着居民的幸福体验和共同富裕的实现。为了解永州中低收入群体的就业质量，2022 年 3 月国家统计局永州调查队随机抽选了 80 名中低收入记账户进行了问卷调查，下面就结合调查结果从就业稳定性、工作环境、工作时间、福利保障、技能发展、就业机会六个维度细数永州中低收入群体就业中的喜与忧。

一、基本情况

本次调查的 80 名就业人员均为所在家庭的主要劳动力。从年龄结构来看，受访者的年龄基本集中在 30～59 岁，其中，30～39 岁的占比 20.0%，40～49 岁的占比 40.0%，50 岁以上的占比 35.0%，60 岁以上的占比仅 5.0%。从就业状况来看，受访者主要为其他雇员和农业自营(务农)人员，占比分别为 52.5%和 16.3%，而事业单位人员、非农自营、公职人员、雇主分别占比 13.7%、8.7%、7.5%、1.3%。从就业地点来看，本地就业的占比 87.5%，外出从业的占比 12.5%。

二、喜的方面

一喜政策趋好。2021 年以来，永州市出台了《深入实施就业优先政策进一步做好稳就业工作十七条措施》，并相继开展 10 批次主题招聘活动，举办各类招聘会 666 场次，提供岗位需求量近 16 万人次，开辟了劳务协作快速通道，组织 36.0 万名返乡农民工有序返岗，此外，还开发了公益性岗位、建设和改造了 3035 个农贸市场摊位，设立便民临时摊位 9597 个等，这些政策措施为中低收入群体就业创造了良好的就业环境。

二喜工作趋稳。80 名受访者中，在当前单位工作 3 年以上的有 38 人，占比 47.5%；工作 1～3 年的有 20 人，占比 25.0%；工作不满一年的有 22 人，占比 27.5%，超七成受访者在当前工作单位工作 1 年以上，工作状况较为稳定。如宁远县舜峰社区的黄某某在家附近的一家酒店当厨师，目前已工作 6 年，现在每月工资 5800 元，他对这份工作较为满意，主要是因为工作之余能兼顾家庭，同时与老板同事也非常熟悉了，彼此相处融洽。

三喜环境趋优。80 名受访者中，在被问及对工作环境是否满意时，有 35 人选择了满意，占比 43.8%，44 人选择了一般，占比 55.0%，仅 1 人选择了不满意。满意的原因主要是因为工作安全性、舒适性在不断改善。从调查情况来看，受访者危险系数较高的工种主要集中在建筑行业，而近年来随着建筑施工安全管理水平的提高，工地事故发生率不断下降，从业人员的安全和健康指数也不断提高，务工人员对工作环境的满意度也不断提高。

三、忧的地方

一忧职业技能偏弱。80 名受访者中，技能等级为无等级有 52 人，占比为 65.0%；在问及 2021 年是否接受过培训时，有 50.0%的人表示从未接受培训。职业技能的不足，导致部分中低收入群体就业较难且工资偏低，如零陵区伐家村的卿某某由于只有初中文化，且没有技术，找工作比较困难，2021 年主要靠亲戚介绍做了几个零工。

二忧收入水平偏低。80 名受访者中，有过半受访者认为目前的收入水平没有达到自己的预期，分析原因，主要是因为永州经济发展水平和发达地区相比有一定的差距，其工资待遇也有一定的差距。如冷水滩区通化街道的罗某某，目前在某房地产公司作记录员，每天工作时长达 12 小时，但是每月只有 4000 元，且没有其他福利，目前他最大的期盼就是能提高工资。

三忧劳动时间偏长。在企事业单位上班及从事非农自营的 66 名受访者中，每天工作时间为8小时的有41人，占比62.1%；每天工作时间超过8小时的有20人，占比30.3%。在问及是否需要加班时，有73.8%的受访者选择了有时候或经常加班，仅21.2%受访者表示不用加班。如零陵区和谐村的刘某某目前在某柜台做销售员，每天工作时间10小时，且每个月假期偏少，由于工作时间较长，难以照顾家庭。

四忧社会保障程度偏低。在企业、事业单位上班的59名受访者中，有49.2%的受访者没有签订书面合同，难以得到法律的保护；此外，购买了养老保险的只占50.8%，购买了工伤保险的只占45.8%，购买了失业保险的只占45.8%。

五忧灵活就业机会减少。受疫情防控常态化和原材料价格上涨影响，批零住餐等传统行业发展受限，工地开工率下降，对农村灵活就业人员造成较大影响。调查显示，在当前单位工作不满一年的22名受访者中，有17人为农村灵活就业人员，这17名灵活就业人员平时主要在建筑工地或小店子里打零工，2021年以来，由于部分工地开工率明显下降，批零住餐行业收紧，近五成农村灵活就业人员2021年失业天数达60以上，收入大幅减少。如零陵区和谐村的陈某某表示，他一直在工地从事装模工作，2021年由于在工地找不到活干，全年才赚了4万余元，收入只有2020年的一半，且还有一部分工资至今未支付。

四、几点建议

（一）强化职业技能培训，提升就业能力

持续开展职业技能提升三年行动，根据中低收入群体的就业需求和企业对人才的要求合理设置培训内容，切实提高培训的针对性，切实提升中低收入群体的生存技能。加强对培训效果的监督，积极探索第三方监督机制，委托有资质的社会中介组织对培训机构的培训质量及资金使用情况进行评估，保证培训的有效性。

（二）完善收入分配制度，提高就业薪酬

深化收入分配制度改革，规范企业工资收入分配秩序，努力实现中低收入群体的收入增长与劳动生产率同步提升，同时，加大援企稳岗政策落实力度，落实落细退税减免、资金补贴、社保减免缓等惠企政策，统筹兼顾企业发展阶段和劳动者薪酬定位。

（三）促进人力市场发展，优化就业服务

健全人力资源公共服务体系，完善公共就业服务信息网，整合市场供求信息，实现信息共享。完善市场引导机制，加强用工动态监测，充分发挥政府服务职能，为中低收入群体就业提供指导和帮助，并在其就业的过程中，协调好其中的各种关系，解决好各种问题，使中低收入群体就业能够有政策的指引和支撑。

(四)健全社会保障体系,强化就业保障

进一步完善劳动者权益保障机制,扩大社会保障覆盖面,逐步提高社会保险待遇,让中低收入群体充分享受公共服务。不断加强监督执法力度,保证劳动法律法规的落实,保障用人单位和劳动者双方的合法权益。全面实行劳动合同制度,提高中小企业劳动合同签订率。进一步加强基层劳动关系协调工作,及时发现、受理和查处劳动保障违法案件。

(杨娟　邓乐璋)

2022湖南民生调查报告

医卫篇

政策背景

《2021年我国卫生健康事业发展统计公报》显示，我国卫生健康事业在“家底”更为厚实、人民健康保障更为有力的同时，各项指标持续优化，整体呈现“两增一稳 多路并进”的发展态势。我国居民健康状况持续改善，居民人均预期寿命由2020年的77.93岁提高到2021年的78.2岁，孕产妇死亡率从16.9/10万下降到16.1/10万，婴儿死亡率从5.4‰下降到5.0‰。医院次均门诊费为329.2元，次均住院费为11002.9元，日均住院费为1191.7元。其中，三级公立医院次均门诊费下降0.9%，次均住院费下降1.1%。

2021年，全国卫生总费用初步推算为75593.6亿元。2021年末，全国医疗卫生机构达到1030935个，卫生人员总数达到1398.3万人，医疗卫生机构床位达到944.8万张。2021年，我国出生人口1062万人，二孩占比为41.4%，三孩及以上占比为14.5%，出生人口性别比为110.9。农村部分计划生育家庭奖励扶助制度受益1631.4万人，计划生育家庭特别扶助制度受益171.3万人。

2021年在湖南省委、省政府的正确领导下，全省卫生健康系统深入贯彻落实习近平总书记关于卫生健康和疫情防控工作的重要指示批示精神，坚持以人民为中心，突出高质量发展主题，聚焦主责主业，攻坚克难、主动作为，牢牢守住疫情防控的底线，统筹推进卫生健康重点工作，全力佑护人民健康，实现了“十四五”良好开局。

扎实做好新冠肺炎疫情防控工作。截至2021年12月31日24时，全省累计报告新冠肺炎确诊病例1222例，累计报告重症病例166例。按照党中央、国务院和省委、省政府的决策部署，坚持公开、透明、及时的原则，积极担当，勇于作为，积极弘扬“抗疫精神”，权威发布“疫情”信息365次，召开新闻发布会3场，编发《湖南省新型冠状肺炎病毒感染的肺炎舆情专报》241期。

持续深化公立医院综合改革。推动公立医院完善内部管理制度，完善医疗服务价格动态调整机制，推进医保支付方式改革，推进常态化开展药品耗材集采，推动医改落地见效。下发了《湖南省深化医药卫生体制改革2021年重点工作任务》《湖南省推动公立医院高质量发展实施方案》《国家综合医改试点省份阶段性总结评估反馈湖南省相关问题整改落实方案》《湖南省贯彻落实习近平总书记重要指示精神推进形成就医和诊疗的新格局工作方案》等重要文件，明确了当前和今后一个时期全省医改的目标方向、改革重点、政策举措，为全面深化医改提供有力的政策支撑。

扎实做好服务民生工作，夯实医疗健康服务基础。一是坚持补短板、强弱项、补漏洞。科学谋划卫生健康基本建设项目储备和遴选，定期调度和督导，确保项目进度和质量。全年共配合省发展改革委争取卫生健康领域中央预算内投资11.14亿元，下达省预算内投资2亿元。二是积极发展“互联网+”医疗健康。为51个县、789个乡镇卫生院建立标准化的远程诊室，远程医疗服务网络联通 1024 家医疗机构，智慧医疗服务覆盖超过 300 家二级及以上公立医院，85 余家互联网医院提供线上就医咨询和诊疗服务。三是着力保障重点人群健康服务。推动《湖南省人口与计划生育条例》完成修订，三孩生育政策的配套法规在湖南省正式实施，促进人口长期均衡发展。有力有序推进《湖南省职业病防治规定》《湖南省实施〈献血法〉办法》《湖南省爱国卫生条例》等地方性法规规章的立法修法工作。

巩固拓展健康扶贫成果和乡村振兴有效衔接。联合省直相关部门印发了《关于实现巩固拓展健康扶贫成果同乡村振兴有效衔接的实施方案》。坚持将巩固拓展健康扶贫成果同乡村振兴有效衔接工作纳入各级政府“十四五”规划，统筹考虑，一体推进。继续实行脱贫人口县域内定点医疗机构住院治疗“先诊疗后付费”政策和“一站式”结算等惠民便民举措。持续做好脱贫人口家庭医生签约服务，管理服务高血压、糖尿病、结核病、严重精神障碍等四种主要慢病患者 89 万多人。严格落实“四个不摘”要求，督导各地保持现有健康扶贫帮扶政策基本稳定。

（谌　滨）

民生加油站 MINSHENGJIAYOUZHAN

深化健康湖南建设

深化健康湖南建设。改革完善疾病预防控制体系。发展城市医联体和县域医共体，加快国家区域医疗中心建设，建成一批达到三级医院水平的县级医院。积极建设国家中医药综合改革示范区，做精“湘医”、做强“湘药”。扩大药品、高值医用耗材集中带量采购范围，深化医保支付方式改革。规范发展社会办医，加快发展大健康产业。依法实施三孩生育政策及配套支持措施，健全计划生育特殊家庭全方位帮扶保障制度。深入推进爱国卫生运动。推进长沙奥体中心建设，完善体育公园、潇湘健身步道等全民健身场地设施。全力备战亚运会，办好省运会、省残运会。

（2022 年湖南省人民政府工作报告）

全景扫描

2021 年湖南医疗保健类价格小幅上涨

2021 年，湖南医疗保健类价格上涨 0.7%，涨幅较上年回落 0.3 个百分点，比居民消费价格总水平高 0.2 个百分点，影响居民消费价格总水平上涨约 0.07 个百分点。

一、药品及医疗器具价格小幅上涨

2021 年，药品及医疗器具价格上涨 1.0%，涨幅与上年持平。其中，中药价格上涨 2.7%，涨幅扩大 1.0 个百分点；西药上涨 0.8%，涨幅扩大 0.1 个百分点；保健器具价格上涨 0.3%，涨幅扩大 0.1 个百分点；滋补保健品价格下降 0.3%，比上年回落 1.2 个百分点；医疗卫生器具价格下降 0.1%，比上年回落 0.6 个百分点（见图 1）。

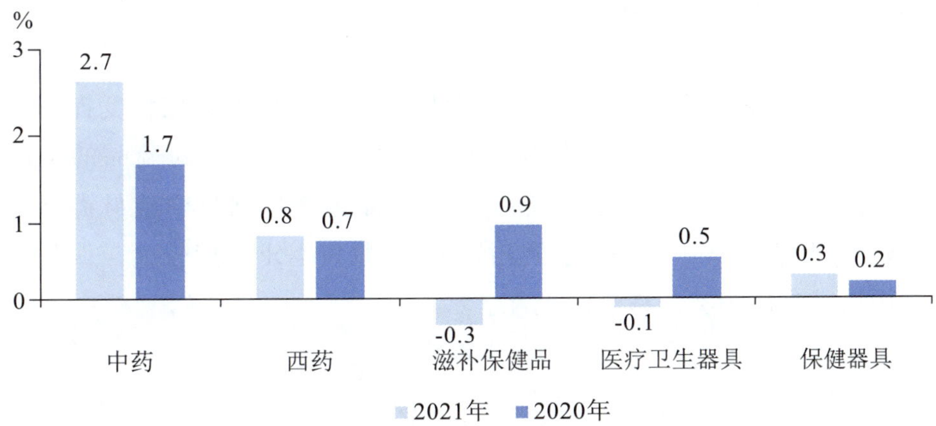

图 1　2020—2021 年药品及医疗器具类价格涨幅对比图

中药基本分类中，中药材价格上涨 2.9%，涨幅较上年扩大 0.5 个百分点；中成药价格上涨 2.5%，涨幅扩大 1.1 个百分点。

西药 14 个基本分类中，价格涨幅居前的有消毒防腐及创伤外科用药、消化系统用药、泌尿系统用药、心血管系统用药，分别上涨 2.8%、2.2%、2.0%、2.0%。

二、医疗服务价格小幅上涨

2021 年，医疗服务价格上涨 0.7%，涨幅较上年回落 0.4 个百分点。其中，中医医疗服务类价格上涨 5.9%，涨幅回落 0.7 个百分点；治疗类价格上涨 1.5%，涨幅回落 0.3 个百分点；综合医疗类价格上涨 0.5%，涨幅回落 1.0 个百分点；诊断类价格下降 0.1%；其他医疗保健服务价格下降 0.1%；康复类价格下降 0.9%（见图 2）。

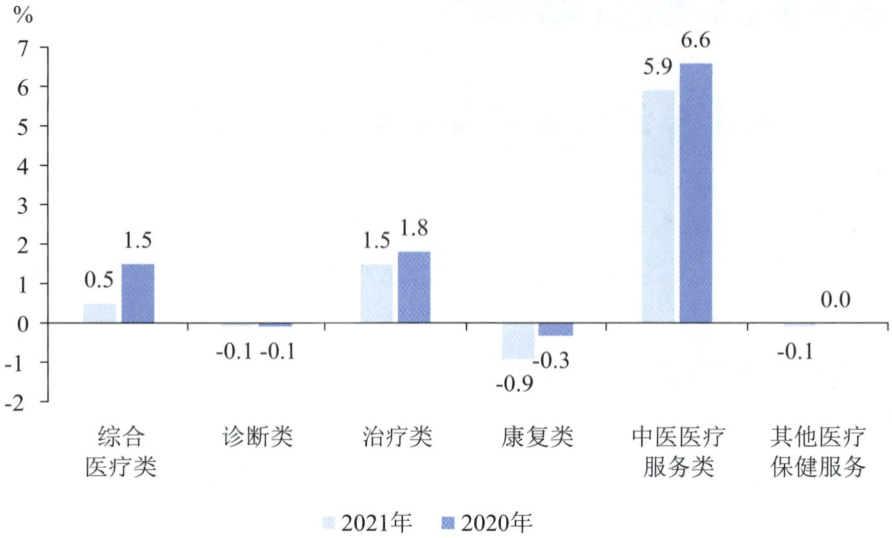

图 2　2020—2021 年医疗服务类价格涨幅对比图

三、价格小幅上涨的主要原因

医疗保健类价格小幅上涨的主要原因：一是随着国内人口老龄化程度提高及居民生活水平提升，居民医疗保健意识增强，市场需求持续扩大。二是国家对药品的生产标准和管控更加严格，上游原材料生产成本持续增加，推动药品价格特别是中药材类价格上涨。三是受新型冠状病毒肺炎疫情影响，各地防疫抗疫医疗物资需求仍然较大。四是用工服务成本上升，推动中医医疗服务类价格继续上涨。

（罗黎明）

民生小贴士 MINSHENGXIAOTIESHI

热射病不简单　紧急应对这样做

热射病属于重症中暑。当高温导致体温调节中枢功能障碍，使身体温度迅速升高，身体无法调节自身的体温时，就会发生热射病。在 10～15 分钟内，体温可达到 40 摄氏度以上。如果不接受紧急救护，热射病可导致死亡或残疾。

热射病的表现多样，可能包括头晕、搏动性头疼、恶心、极高的体温（口腔体温大于39.5摄氏度）、皮肤红热且干燥无汗、怕冷、快速沉重的脉搏、意识模糊、口齿不清、不省人事等。

如果看到以上任何迹象，说明此时的情况很有可能足以威胁病人生命安全。在试图给病人降温的同时，周围其他人应帮忙拨打急救电话。

首先，将病人移到阴凉的地方。

其次，不论使用何种方法，迅速给病人降温。比如：将病人浸泡在浴缸的凉水里；将病人放在凉水淋浴下；用浇花的凉水喷洒在病人身上；用凉水擦拭病人的身体；凉湿毛巾或冰袋冷敷头部、腋下及大腿根部；或天气干燥时，将病人裹在凉水浸湿的单子或衣物里用风扇猛吹。

第三，监测病人的体温，坚持努力帮助病人降温直到体温降到38摄氏度。

第四，如果急救人员未能及时赶到，请继续拨打120、110等寻求更多的指导与帮助。

需要注意的是，不要给病人喝水。有时，病人的肌肉会因热射病发生不自主的抽搐。发生这种情况时，要阻止病人伤害到自己。不要在病人的嘴里放任何东西，不要试图喂液体给他/她补充水分。如果发生呕吐，请翻转病人的身体使其侧躺，以确保其呼吸道通畅。

另外还需提醒，以上自救措施并不能真正替代医疗救治的作用，它们可以帮助人们自我识别身体的预警信号并及时做出反应，防止中暑的状况进一步恶化，但还是要尽快得到专业的医疗救助。抵御中暑最好的措施就是预防——保持凉爽。炎热的天气里，在饮水、行为活动及服装方面做些简单的改变，就可以很好地预防中暑，保持健康。

（来源：人民网）

深度透视

湖南基层防病治病能力建设稳步推进
仍需破“难”强“基”　让群众看病更有“医”靠

乡镇卫生院和乡村卫生室作为医疗卫生服务体系建设的基础和网底，承担着为广大农村群众提供基本公共卫生和基本医疗服务的主要职责。为了解湖南当前基层防病治病能力建设进展情况，2022年4月国家统计局湖南调查总队近期开展了专题调研，实地走访了市县卫健委、乡镇卫生院、乡村卫生室和部分医生、群众。调查结果显示，近年来，湖南多措并举推进改革，基层医疗卫生服务综合能力稳步提升，但仍面临基础建设不足、财政保障有限、专业人才短缺、村医老年化严重、乡镇医保控制总额偏低等五大难题。

一、基层防病治病能力建设稳步推进

(一)基层服务体系持续完善

湖南各地按照“保基本、强基层、建机制”总体要求,全面深化乡村医疗卫生综合体制改革,扎实推进乡村卫生服务体系建设。2013 年至 2021 年间,长沙市实施乡镇卫生院建设项目 77 个、社区卫生服务中心建设项目 52 个、村卫生室建设项目 1005 个,总建设面积达 59.32 万平方米,总投资达 14.2 亿元。常德市全面实现乡村医疗卫生机构和人员“空白点”动态清零。全市 126 家建制乡镇卫生院均配备了 2 名及以上全科医生,1513 个行政村卫生室均配备了 1 名合格医生,对村医服务能力不足的行政村卫生室,均明确由当地乡镇卫生院择优派驻合格医生到岗执业,且每周坐诊不少于两天,并在卫生室公示了派驻医生姓名、联系电话、坐诊时间等信息,有效保障了辖区居民均等享受基本医疗服务和基本公共卫生服务。

(二)医联体帮扶布局持续优化

长沙市从 2013 年率先实施“手牵手”帮扶工程,到 2016 年全面推进医联体建设工作,目前,县级医院与基层医疗机构已实现医联体关系全覆盖,市级 7 所公立医院与 79 所乡镇卫生院(社区卫生服务中心)间已建立长期稳定的医疗联合体关系。全面发展“互联网+医疗”健康服务,促进资源共享,如望城区依托“健康望城”智慧医疗,搭建线上运营平台,成立互联网医院,提供“互联网+护理”服务,完成远程医疗服务平台建设并试点运行,实现了省部级、县级以及乡镇卫生院三级之间的双向转诊等分级诊疗线上服务,助推“大病不出区,小病不出镇”政策落地落实。

(三)人才队伍建设持续推进

针对乡村医生队伍存在的文化层次较低、工作力量欠缺、年龄结构老化等问题,常德市自 2021 年开始定向免费培养 100 名乡村医生,并把这项工作纳入市重点民生实事项目。学员完成学业后,将进入各区、县(市)行政村卫生室服务 5 年,服务期满,取得执业(助理)医师的聘用人员可通过考核,择优办理入编手续。望城区全面开展乡村卫生一体化管理,率先实施乡村卫生服务一体化综合改革,全区 135 名乡村医生全部与卫生院签订合同,纳入卫生院集中管理,建立乡村医师准入退出机制,统一购买社会养老保险,允许原享受政府补贴的村卫生室乡村医师进行补缴,滞纳金由财政据实补助。

二、提升基层防病治病能力仍需破“五难”

(一)基础建设不足

一是村卫生室标准化建设有待推进。近年来,湖南持续推进乡镇卫生院标准化建设,但建设进度却不容乐观。石门县村卫生室公有产权目前只达到50%左右,仍有98家村卫生室建在村医或租用的民房中。湘潭近20%的行政村卫生室没有产权公有化,设置在村医生家中,医疗用房和民房的设计要求不同,虽然大部分村卫生室都进行了改造,但是内部功能布局仍不能完全符合卫生学要求。

二是基层医疗设施简陋、设备陈旧、必备医疗器械欠缺。炎陵县垄溪乡茶垅村卫生室,目前配备的医疗器材仅有身高体重仪、血压测量仪。醴陵市五里牌社区卫生室只有血压计、血糖仪等基本设备。郴州此次调研的多家乡镇卫生院的X光机、B超机、心电监护仪、半自动生化分析仪、洗胃机等设备损坏,无法维修或维修成本过高,已经停止使用。设备的缺乏导致基层对常见病、多发病的诊治能力不足,迫使群众进城诊疗,增加了看病成本,加剧了“看病难”问题。

三是医保体系不完善。茶陵县腰陂村卫生室刘医生介绍,由于卫生室门诊费用医保不能报销,老百姓为了能够报销门诊费用,选择到乡镇(街道)卫生中心和县市级医院看诊。

(二)财政保障有限

基层医疗卫生机构为公益性事业单位,实行公益一类事业单位财政供给,目前怀化市各地均未落实此项政策,部分县市区除国家要求的基本公共卫生服务经费及基药补助外无其他财政补助,基层医疗卫生机构人员经费和运行经费保障不足。会同、麻阳、沅陵、辰溪、溆浦等地乡镇卫生院公用经费、“五险一金”、死亡抚恤金等全靠自筹。常德除武陵区足额保障到位,石门县、澧县、临澧县“公益一类”财政保障5万元左右,桃源县、安乡县、鼎城区的“公益一类”财政保障仅1万元,大部分区县临聘人员的工资及“五险二金”需医疗机构自筹,基层医疗卫生事业发展举步维艰。以桃源县热市镇中心卫生院为例,2021年“五险两金”支出已达112万元,人均2.8万元,占到了当年总收入的9.9%。由于乡镇卫生院业务收入有限,加上财政补贴较少,乡镇医生待遇较低。

(三)专业人才短缺

由于基层条件艰苦、工作量大,存在人才招不进、留不住、用不好的问题,进的少走的多,人才短缺问题日趋严重。会同县卫健局工作人员表示,县人民医院对长沙医学院的学生免考直接招录,都很难引进。汉寿县部分基层医疗机构为弥补人员不足,确保工作正常开展,不得已使用临时聘用人员。汉寿县朱家铺镇卫生院共27人,其中在编的13人,临聘人员14人,医技人员的不足,直接影响基层医疗服务水平和服务能力,如通道县21所乡镇卫生院中只有3个中级职称医生，全部集中在县溪镇中心卫生院工作；坪坦乡卫生院全院7个医务人员中，没有一个医技人员，常规检查难以开展。

（四）村医老年化严重

常德市45岁以下村医仅占22.1%，村医队伍明显老化，后继乏人，34.4%以上村医已经超过了60岁的退出年龄，一旦退出村医岗位无人接替，但为了确保医疗卫生防疫和公共卫生工作开展，乡镇卫生院不得不让其继续在村卫生室执业。新化县圳上镇陈镇长介绍，目前圳上镇各卫生室的乡村医生平均年龄53岁，“青黄不接”问题严重。澧县盐井镇卫生院谢院长介绍：“医院现有在编的3名护士，年龄均超过40岁，已不适应临床手术的高强度工作。此外，村医由于未纳入正式编制，更难吸引年轻医生加入，部分村卫生室的医生年龄超过70岁。”

（五）乡镇医保控制总额偏低

医保部门在制定报销支付政策时，对基层医疗卫生机构实行总额控制。怀化地区一些医疗卫生服务能力较强、业务量大的基层医疗卫生机构几乎每年10月份之前就将预算医保资金用尽。溆浦县乡镇卫生院占县内医疗机构住院医保基金比例从2011年的23.8%降低到2020年的11.2%，下降达50%。2021年10月，溆浦县全县医保资金使用率达到96.5%，其中已经超支的有10个乡镇卫生院，如大江口镇中心卫生院在10月底已超支127.83万元。超出部分由基层医疗卫生机构自行承担，导致乡镇卫生院不敢收病人，不得不将病人往上级医院送。

三、提升基层防病治病能力建设需“强三基”

（一）强服务

要从顶层设计上整合城乡卫生资源，构筑起市镇村三级齐抓共管、上下贯通联动的医疗卫生服务网络。一方面，推动资源下沉，实现优质资源利用最大化。要通过专科共建、临床带教、业务指导、在岗人员双向交流等形式，推动市级优质医疗资源和特色服务项目下沉到基层医疗机构，尤其市级医院专家要有序流动，做到“患者不动，医生动”。另一方面，推动信息化全覆盖，实现健康档案信息共享。推进远程诊断医疗系统建设，实现“基层检查、上级诊断”，方便农村居民就近就医；加快全民健康信息平台建设，推进基本公共卫生、家庭医生签约服务同医疗业务系统互联互通、信息共享，建成全生命周期电子健康档案。

（二）强核心

要从村镇实际出发补齐基层人才短板，建设一支技术精湛、服务优良的农村医疗卫生队伍。一是保障待遇留住人才。完善市镇村一体化管理体制机制，统筹平衡基层医疗卫生机构与市级公立医院绩效奖金水平。对长期在偏远乡村的医护人员要在待遇上给予倾斜，对乡村医生实行乡聘村用，将乡村医生纳入乡镇卫生院体制内，在编制上予以保障，逐步完善村医养老保险制度，稳定基层队伍。二是畅通渠道吸引人才。采取设立编外用人额度、政府购买服务、专项招聘“县管乡用”、建立基层防病专业人才培养和引进机制等多种方式吸引人才到基层工作。三是合理配置用活人才。实施有效的政策调控，建立医联体内部人员统筹使用、对口帮扶机制，推动基层人员到上级医疗机构进修和岗位培养，通过实施轮岗、基层挂职等方式，促进市级人才下沉镇村“传帮带”和开展医疗服务，实现人才资源在全市范围内合理配置。

（三）强基础

要从政策层面保障财政经费投入，有效解决基层医疗卫生机构基础设施建设滞后问题，保障农村群众就近就医需求。一是出台明确政府财政投入具体指标和增长机制，加大财政投入，解决基层医疗机构财政投入不足问题，真正落实公益一类保障和公益二类激励机制。二是省市县财政部门和卫健主管部门要加大诊疗设备配套和投入，提升村卫生室服务项目和能力。三是在全面推进健康中国、实施乡村振兴战略中设立专项项目资金，增设奖励奖补资金，或提高医保等公共卫生资金支持标准和比例。

（刘　露）

民生小贴士 MINSHENGXIAOTIESHI

正确服药　三点要牢记

日常生活中不少人为了节省时间，习惯直接把药吞到肚子里，或者用少量水直接服用。其实这样做不仅影响药物效果，还容易对身体产生伤害，甚至导致病变等情况发生。专家介绍以下正确服药方法：

避免饮料送服。服药时应使用温度适中的白开水，如服用降血脂药（辛伐他汀、洛伐他汀等）的同时喝葡萄柚汁，易引起肌肉酸痛、肌炎及平滑肌溶解等严重不良反应。

避免立刻躺下。服药后应保持坐姿或站姿，避免临睡前服药，或服药后立刻躺下。如服用阿伦磷酸钠半小时内应保持坐姿或站姿，倘若服药后即卧床易引起溃疡性食管炎。

避免即刻运动。服药后应避免即刻运动，以防药物带来的不良反应。如降压药普萘洛尔，服用后会降低人体心率、血压以及心脏排血量，让人体疲劳度上升、行动减慢和呼吸困难，从而给运动增加风险。服用阿司匹林后运动会造成药物滞留时间增加损害胃黏膜。

（来源：光明网）

市县链接

株洲："三不三难"阻碍农村医养体系发展

完善农村公共服务体系，是乡村振兴的重要组成部分，其中乡村医养服务体系的完善，更是农民生活幸福的社会基本保障。为了解相关情况，2022 年 3 月国家统计局株洲调查队走访了市卫计委、民政局及部分村镇卫生室、养老院，调查显示：株洲市农村"生活健康圈"已基本构建完成，但农村养老机构设施设备不完善等问题，阻碍了农村医疗养老服务体系的发展。

一、农村"生活健康圈"基本构建完成

（一）"生活圈"，让老人有所养

1. 建设村级日间照料中心体系

据株洲市民政局有关资料显示，目前，株洲市村级日间照料中心覆盖率超过 90%，农村老人能够及时得到日间照料、康复保健、老年照护等系列服务。截至 2021 年底，株洲市已建成"门前三小"526 个，为老人日间文娱生活提供了小讲堂、小广场、小书屋等活动场所。

2. 建立农村留守老人关爱机制

一是建立定期探访制度，及时了解、评估生活状况，建立农村留守老年人信息台账，实施动态管理。二是积极落实养老机构责任险和集中供养特困人员人身意外险投保工作，对特困老人购买意外伤害险。

3. 农村互助养老模式已具成效

一是创建"13 个养老驿站"的用餐配送体系，打通养老服务"最后一公里"，有效解决失能、失智、独居及日托老人"用餐难"问题。二是探索实施"友邻帮"农村互助养老服务模式，与服务对象进行"1 对 1"或"1 对多"的结对服务，如荷塘区，2021 年入选全国居家和社区养老服务改革试点工作优秀案例。

（二）"健康圈"，让村民有所医

1. 医疗队伍建设"全覆盖"

据株洲市卫计委资料显示，目前，株洲市已实现 68 个建制乡镇卫生院全覆盖；每个乡镇配备 2 名全科医生"全覆盖"；1012 个行政村卫生室、乡村医生服务"全覆盖"。

2. 创建市县乡村四级医联(共)体服务体系

据株洲市卫计委数据显示，目前，株洲市已组建医联体102个，市域内就诊率达到93.94%。如攸县中医院，与新市中心卫生院、酒埠江卫生院、钟佳桥卫生院、市上坪卫生院等4家乡镇卫生院签订了医共体合作协议，形成基层首诊、双向转诊、分级诊疗的基层医诊模式。

二、“三不三难”阻碍乡村医养体系发展

(一)“三不”让农村养老不“美丽”

1. 农村养老机构设施设备不全

目前，农村养老机构总体呈现建设规模不大、功能不全、服务有限的现状，难以满足日益增长的农村养老服务需求。如醴陵市王仙镇敬老院负责人巫某介绍，王仙敬老院由老旧学校改造，由于经费有限，房屋年久失修，2022年初由于积雪，屋顶出现坍塌险状，但一直无钱维修。渌口区古岳峰敬老院，宿舍简陋，无独立卫生间，无空调等生活基础设备，全院只有一间电视机房，老人除了吃饭睡觉，没有其他可以休闲活动的场所，且因床位有限，只有五保户才能入住。

2. 农村养老服务队伍人员不足

调查显示，现有农村养老服务队伍总体素质不高，多数没有接受过养老服务的专业培训，只能对老年人进行最基本的生活照料。一是人员待遇不高，难以引进高素质人才。如王仙镇敬老院，现有工作人员4人，均为当地村民，月工资只有2000～3000元，且养老保险没有购买。二是老年护理工作脏累、责任大，如有闪失，易被追责，导致人员流动频繁，人员配备不足，尤其是男护工紧缺。如渌口区朱亭镇养老院，5个女护工需要护理20多名老人，且由于女性体力有限，在护理瘫痪老人时，容易引发老人受伤。

3. 农村养老院入住率不高

调查显示，目前，农民对养老院仍存抵触情绪，认为入住养老院是被家人遗弃或是家中负担，由此不愿入住养老院。据茶陵县杨柳仙农村幸福院负责人介绍，杨柳仙农村幸福院最多可设置29个床位，目前仅入住了11名老人，且建院以来从未住满过。

(二)“三难”让农村医疗不“美满”

1. 乡村医生难以打造阶梯队伍

由于乡镇卫生院条件差，待遇低，且村医未纳入正式编制，乡村青年医技人才、优秀人才难以引进且流失严重，人才阶梯队伍体系难以构建。据茶陵县卫计委有关人员介绍，茶陵县706名乡村医生中，60岁以上68人，占9.6%；40岁到59岁之间有573人，占81.2%；40岁以下的只有65人，仅占9.2%。

2．村镇医疗服务难以满足需要

由于村镇卫生室（院）普遍存在底子薄、医技人员老龄化的现象，医生专业水平不高，卫生室（院）规模小，设备简陋老化，药品种类少，难以满足农民就地就近就医的实际需要。如炎陵县垄溪乡茶垅村卫生室，目前配备的医疗器材仅有旧木药柜、玻璃柜身高体重仪、高血压测量仪各一个，床两张，药水架三个。

3．分级诊疗难以乡村全域实现

目前，医保支付政策仍存在不配套，医保部门按照医院等级确定支付标准，导致分级诊疗难以真正走进乡村。据茶陵县腰陂村卫生室医生刘某介绍，由于在村卫生室发生的门诊费用无法医保报销，目前，村民基本上都往乡镇卫生院看病。只有部分老人，因为行动不便，才到村卫生室看病。

三、相关建议

（一）统筹城乡养老设施发展

加强政策引导和资金支持，进一步加快城乡养老工作的统筹和居家养老的融合发展，建立统一设施标准，在软件上满足需求，在生活上满足需要，在思想上实现转变，让农村老人的养老生活逐步向城市看齐。

（二）调整优化农村卫生资源

一是加强乡、村两级医疗机构建设，多渠道筹集资金，配套必要的医疗卫生设备，提高基层卫生服务水平。二是完善乡村医生的队伍机制，改善基层医技人员的福利待遇，让乡村医生心有所属不流失。三是发挥市场机制作用，动员和鼓励社会力量参与兴办农村医疗卫生事业，推进基层医疗服务模式改革。

（三）强化队伍建设提升服务质量

一是加强业务培训，加快人员培养，提高乡村卫生及养老机构的专业服务能力和水平。二是出台相关激励政策，加大乡村全科医生队伍建设力度，免费开展乡村医生技能轮训，鼓励优秀专业人才下乡进村，奖励医技水平升级的乡村医生，从而推动乡村医疗服务质量。

（周　沁）

民生加油站 MINSHENGJIAYOUZHAN

让医保释放更多“民生福利”

2021年，湖南医保部门坚持以人民为中心，持续推进统筹医保事业与疫情防控、乡村振兴等事业，并推动门诊费用跨省直接结算试点工作稳妥推进，释放出源源不断的“民生福利”。

《统计公报》指出，2021年，湖南省在保持基金收支平衡的同时，扎实做好新冠肺炎救治医疗保障工作和新冠病毒疫苗及接种费用保障。截至2021年底，收到省卫健部门申报结算的数据共9816.68万剂次。此外，湖南省分别于2021年2月、8月、11月三次对公立医疗机构新冠肺炎核酸检测(含试剂)费用进行调整，将单人单检费用降至40元以下，混检费用降至10元以下；将新冠肺炎抗体检测价格降至每人次25元以下，有效提高了新冠肺炎疫情检测效率，切实减轻了群众检测费用负担。

农村低收入人群的就医获得感进一步增强。2021年，全省共资助农村低收入人口600.65万人参加基本医疗保险，共支出11.34亿元，人均资助188.86元。基本医疗保险、大病保险、医疗救助三重制度累计惠及农村低收入人口就医357.39万人次，减轻医疗费用负担64.84亿元。

对住院费用、门诊费用跨省就医直接结算“两手抓”，减轻了参保人员垫资跑腿的负担。据统计，截至2021年底，湖南省住院费用跨省直接结算定点医疗机构数量为1061家。2021年国家平台直接结算20.24万人次，涉及医疗总费用41.70亿元，医保基金支付21.90亿元。

与此同时，湖南省门诊费用跨省直接结算试点工作稳妥推进，开通联网定点医疗机构178家。2021年门诊费用跨省累计直接结算3579人次，涉及医疗总费用133.58万元，医保基金支付28.13万元。

(来源：湖南日报)

邵阳：乡镇振兴之新农村医疗养老公共服务的喜与盼

党的十九大报告中，习近平总书记首次提出了“实施乡村振兴战略”。2018年中央一号文件《中共中央国务院关于实施乡村振兴战略的意见》下发各地，同年中共中央、国务院又印发了《乡村振兴战略规划(2018—2022年)》，彰显了党中央国务院对乡镇振兴、新农村建设的高度重视，其中新农村公共服务建设是推进国家乡村振兴战略实现的重要基础。

2022年3月，为了解邵阳市农村医疗养老公共服务供给情况，国家统计局邵阳调查队到邵东市、新邵县、洞口县、新宁县、城步县开展调研，经走访当地村卫生室和养老机构，与村民进行座谈交流，结果显示：邵阳市医疗养老农村公共服务供给明显提质，群众满意度高，但在基础设施设备投入、专业人员培训、职工待遇等方面还存在一定困难。

一、“一喜”新农村医疗养老公共服务设施建设水平大幅提升

（一）农村卫生医疗机构建设齐全，就诊方便

新宁县清江桥乡连河村、城步县儒林镇双井村、洞口县高沙镇温塘村、邵东市魏家桥官桥社区、新邵县巨口铺镇刘家村均建成了村级卫生室，面积在60～200平方米不等，配备了诊疗床、血压计、血糖计、电脑、药柜、注射推车等一些基础设备，拥有1～3名乡村医生执业资格证书的医疗人员，采取全班坐诊、定期坐诊和按村民需求出诊的形式为当地提供医疗服务，就诊定价一般稍高于成本价格，群众就诊方便，价格实惠。

（二）乡村养老服务机构功能完善，舒适宜居

本次调研的5个县市区为更好地给当地村民提供养老服务需求，均建成了养老服务机构。配备了管理人员、医疗人员、后勤人员，建成了无障碍通道等适老化设施。一日三餐荤素营养健康合理搭配，老年人在常规衣食住行得到必要保障的同时，还能享受各类棋牌活动、运动设施、定期体检和医疗服务。老年人在养老机构的生活条件、居住环境优良，满意度高。

二、“二喜”新农村医疗卫生机构实现就近治疗、上门服务、价格实惠

（一）村级卫生室实现村民轻微疾病就近治疗

城步县双井村位于县城步儒林镇东北部，全村总面积7800余亩，辖9个村民小组，人口有402户，1286人。村卫生室于2006年建成，位于该村服务中心内，建筑用房面积约60平方米，建成投资额约4万元。卫生室聘用了1名40岁持有乡村医生执业资格证书的村医，平时在村卫生室一周坐诊2～3次，如遇行动不便的村民则上门服务。据现场访谈一位3月初来卫生室治疗感冒咳嗽的村民介绍：该村民在经过村医初步诊断后输液一周基本痊愈，每天治疗时间约1～2小时，平均每天费用约30元，村卫生室位于村内大马路上，交通非常方便，村民一些轻微疾病一般都直接到卫生室就诊，一些行动不便的老人只要电话联系一下，村医就会约定时间上门服务，综合评价非常满意。

（二）村级卫生室医疗服务质优价廉有口皆碑

洞口县高沙镇温塘村卫生室新建于2016年10月，坐落在村级服务中心旁边，建筑面

积为 187.8 平方米，财政全额出资 27 余万元建成。该卫生室配备了台式血压计、听诊器、身高体重计、出诊箱、雾化机、康复床、输液椅、治疗车等医用设备。卫生室目前有 3 名医护人员，主要为村民免费测量血压血糖、宣传卫生预防知识，治疗一些简单的常见病。经访谈近期就诊的村民杨小秀得知：3 月 12 日晚上 8 点，孙女突发头痛、拉肚子，她急忙拨通村医电话，杨医生马上就赶到她家，对她孙女进行了体温测量、查看眼睛喉咙、听诊器听诊，询问了当天吃过什么食物，参加什么活动等问题，之后给她孙女开了 2 个药贴、2 盒药片，上门服务加上治疗和药品一共才花费 40 元。今天过来是让杨医生给她孙女复查下，检查下还有什么问题没有。当问及对村里基层设施、卫生室是否满意时，她笑着说："满意呢，村干部天天在村里忙公家事群众事，村里越来越美；党和政府真的好，村卫生室实惠又方便，随叫随到，完全就是我们的'家庭医生'"。

三、"三喜"新农村养老机构为老年人实现老有所养老有所依

新邵县众欣养老院成立于 2018 年，位于新邵县巨口铺镇刘家村 5 组，占地面积 12 余亩，投资总额 2000 万元，是新邵境内一家集养老、医疗及特困老年人群集中供养的二级民营医养结合为一体的服务机构。目前有 7 个管理人员、4 名医生、12 名护士、15 名护理人员、7 个后勤人员。院内享受养老机构服务人数共 78 人，其中民政集中供养（五保户）45 人、社会养老（退休人员、临终人员）33 人。院内医疗科系齐全、设施完备且设有专门的棋牌室、运动健身场所、阅读室。医护人员每天早上给老人测量血压、血脂、血糖，嘱咐用药及相关诊治，后勤人员为卧病在床患者端送一日三餐。饭后组织能动的老人在陪护下做广播体操，以便消食和强身健体。饮食方面早餐提供鸡蛋、馒头、稀饭、水饺，便于为不同的患病老人提供多种选择。中餐和晚餐两菜一汤或三菜一汤，餐餐都能让老人吃上肉。调研人员现场从享受养老服务人员老李口中得知：今年 70 岁的他是新邵县陈家坊镇人，属民政集中供养者，为让子女安心工作，避免探望和相互牵挂，在当地村支书的介绍下，选择了巨口铺镇的众欣养老院，于 2021 年 9 月 3 日办理入院，免费享受养老服务。老李说自己是糖尿病患者，除了听力不是很好之外，行动方便、生活能自理。每天早晨 6:50 起床，待医护人员测糖完毕后，去食堂吃早餐，因血糖高，只能摄取低糖分且清淡的食物。看一会电视后，前往健身场热身，等到 10:00 时与大家一同做广播体操。11:40 用完午餐后，他最期待的是能与同伴打牌、下棋。老李表示住在养老院的日子过得很快，对养老院每天提供的伙食和医疗服务等各方面感到满意。

城步南山养老基地是由县民政局建设成立的现代化养老机构，采取公建民营模式。距离县城中心 1.9 公里，交通便利。基地占地面积约 45 亩，总建筑面积 6000 平方米。于 2019 年 12 月建成投入使用。目前基地内有 38 名工作人员，其中管理人员 8 名，护理人员 20 名，后勤工作人员 10 名；在此享受养老服务的有 144 人，五保户 122 名，社会养老 22 名。

据基地一67岁的五保户老年人介绍：目前入住基地两年，觉得很适应这里的生活，医疗服务周到，一日三餐可有多种选择，饭后看看电视，打打麻将，因为自己是五保户，不需要负担养老费用，且每月政府有200元的零花钱发放，节日里还有政府单位送来爱心慰问品，总体说很满意，也很满足。

四、新农村医疗养老的三盼

（一）提高服务人员待遇

本次调研中，卫生室医生和养老机构人员普遍反映公共服务工作繁重，压力大，待遇偏低，希望国家能适当考虑提高基层工作人员待遇。

（二）加强专业人员培训

乡村医生和养老院护理人员作为农村基层服务主力军，长期在一线从事最贴近民生服务的工作，他们表示希望能够定期参加培训，进一步提升专业水平，提高服务质量。

（三）加强硬件设施建设

随着农村养老和医疗需求不断增加，卫生室和养老机构的长时间投入使用，部分设备逐渐老化，助行器、轮椅、床位紧张等问题凸显。需进一步加强各类硬件设施建设，满足群众养老医疗需求。

（车　文）

他山之石 TASHANZHISHI

报销更透明　湖南医保三大目录统一

医疗费用的报销范围主要依据医保目录。一般具体指医疗服务项目、药品、医用耗材等目录，也就是常说的医保“三大目录”。

根据国家规定，参保人员在定点医院发生的、符合三大目录的相关医疗费用，医疗保险基金按照规定给予支付。即参保人去定点医疗机构花的钱，要在三大目录里的，医保基金才会报销。

需要注意的是，医保报销并非指用医保卡里的金额，医保报销由医保统筹基金支付，支付的时候自动扣除，参保人所需的剩下的费用，可按规定用医保卡里的钱支付。

《医疗服务项目目录(2021版)》《医用耗材目录(2021版)》自2021年12月1日起执行，有效期3年，适用于湖南省基本医疗保险、工伤保险和生育保险，补充医疗保险、医疗救助等参照执行。

自国家医保局就医保医用耗材管理办法征求意见后，湖南也发布了医保医用耗材目录和医疗服务项目目录。其中，耗材医保共730条，医疗服务项目共3225项。各地不得自行制定目录或用变通的方法增减目录内项目，不得自行调整目录自付比例、限额支付标准和限定支付范围。

省医保局、省人力资源社会保障厅建立完善动态调整机制，及时将临床必须、安全有效、价格适宜的医疗服务项目、医用耗材纳入报销范围，并根据湖南省医疗服务现状及时调整医保报销比例和支付标准。基本医疗保险、工伤保险和生育保险医疗服务项目、医用耗材的管理办法另行制定。

此前湖南省医保三大目录(医保药品目录、诊疗项目目录、医疗服务设施目录)，已按照国家医保局部署调整成了医疗服务项目、药品、医用耗材三个目录。医保药品目录全国统一，但目前各省尚有部分消化期药品，明年消化剔除后则实现医保药品目录真正意义上的全国统一。医保医疗服务项目、医用耗材目前由各省统一，未来将实现全国的统一。

此次，湖南省医保局发文统一了全省的医保医疗服务项目和医用耗材目录，已于12月1日起开始执行，有效期3年。执行过程中，两个目录内容按国家有关要求及湖南省实际情况适时调整。

据介绍，此次《医疗服务项目目录(2021版)》《医用耗材目录(2021版)》的出台，是湖南省自建立基本医疗保险制度以来，第一次出台全省统一，实施准入法管理的诊疗项目、医用耗材目录。湖南省医保局相关负责人表示，医保三大目录的统一告别了过去各统筹区目录不一、标准不一的局面，更加有利于科学规范医保医疗服务项目和医用耗材，提高医保基金使用效率。它的公开发布则让医保可报费用透明、可及，更加有利于保障参保人权益，这也是湖南省落实“医疗保障待遇清单制度”的实际举措。

（摘自：新湖南客户端）

张家界：提升基层防病治病能力建设还需持续发力

2021年，总理的《政府工作报告》对医疗工作作出明确指示，着眼推动分级诊疗和优化就医秩序，加快建设国家、省级区域医疗中心，推动优质医疗资源向市县延伸，提升基层防病治病能力，使群众就近得到更好的医疗服务。为真实了解张家界市提升基层治病防病能力建设情况，2022年4月国家统计局张家界调查队调查走访了相关部门、基层医疗单位以及部分群众，结果显示，张家界市基层防病治病能力建设基本满足群众看病就医需求，但仍需持续发力。

一、张家界提升基层防病治病能力建设进展情况

（一）深化医改取得阶段性成果

全省率先全面推动城（县）乡一体化改革，在分级诊疗、现代医院管理、医疗集团医保总额打包及药品统一采购配送管理等体制机制方面取得重大突破，城乡服务同质化初显成效。63家县级医院和乡镇卫生院与省办医院建立远程医疗协作网，县域医疗服务能力大幅提升。公立医院及其主要负责人绩效考核逐步完善。扎实推进国家基本药物制度综合试点，基本药物制度覆盖率达100%。在完善公立医疗机构药品采购“两票制”的基础上，在全省乃至全国率先建立完善了公立医疗机构“以量换价”药品集中配送机制。

（二）医疗卫生服务能力持续提升

住院医师规范化培训制度初步建立，以全科医生为重点的基层医疗卫生人才队伍建设加快推进，全科医生数达到380人。深入推进“互联网＋医疗健康”发展，基层医疗卫生机构实现卫生健康专网全覆盖，二级以上公立医疗机构实现就医“一卡通”。广泛开展“进一步改善医疗服务行动计划”等活动，初步建立预防化解医疗纠纷的长效机制。全面促进中医药传承创新发展，全市共建成国家级中医重点专科1个、省级中西医重点专科11个，市中医医院中药（土家药）制剂研发中心一期项目基本竣工，即将投入使用。注重高层次卫生健康人才的选拔培养和学科团队打造，全市现有“白求恩奖章”获得者1人、国务院津贴享受者2人、二级以上主任医师（教授）11人、省级名中医8人、市级名医10人、市级学科带头人20人、高级职称626人。

（三）疾病预防控制工作成效明显

疾病预防控制能力逐步提升，有效应对了新型冠状病毒肺炎疫情。武汉疫情防控时期创造了确诊病例最晚、病例人数最少、病例清零最早、治愈周期最短的全省记录。2021年8月，以最大决心、最快速度、最严措施妥善处置省外传入疫情。切实加强常态化疫情防控，不断完善监测预警体系，加强核酸检测能力建设。2020年，全市卫生健康系统有3个集体、24名个人分别荣获国家、省级表彰。在省政府2020年重点工作综合大督查中，张家界是唯一一个疫情防控工作被作为典型经验推介的市州。同时，有效减缓了艾滋病疫情快速上升势头，全面落实结核病防治策略，传染性肺结核患病率明显下降，重点人群的结核病筛查费用纳入各级财政保障范畴，病原学阳性肺结核住院患者纳入单病种管理。

(四)公共卫生服务均等化水平进一步提高

人均基本公共卫生服务经费由2009年的15元提高到了2020年的74元,免费为城乡居民提供12大类45项国家基本公共卫生服务项目。精神卫生防治体系逐步健全,建立了市、县、乡三级精神卫生防治管理网络,圆满完成了心理健康促进行动指标调查数据工作,建立起社会治理创新社会心理疏导和危机干预机制,成立市、县两级心理干预队伍及心理健康服务团队。爱国卫生运动深入开展,成功创建"国家卫生城市"。加大健康生活方式科普力度,卫生健康网络宣传影响力市州排行榜稳居全省第二,居民健康素养水平达到23.27%。超额完成农村适龄和城镇低保适龄妇女"两癌"检查等省市重点民生实事项目,建成7家普惠性婴幼儿托育服务机构。稳步实施三孩政策,改善配套服务机制。全面落实母婴安全和儿童健康行动计划,出生缺陷发生率和孕产妇死亡率、婴儿死亡率、5岁以下儿童死亡率持续降低。老龄健康服务逐步完善,完成65岁以上老年人免费健康体检15.3万人次,健康管理率达70.09%。计划生育奖扶制度全面落实,计划生育特殊家庭实现"三个全覆盖"。

(五)健康扶贫目标任务圆满完成

聚焦解决基本医疗有保障的突出问题,着力健全兜底保障机制,实现农村建档立卡贫困人口基本医疗保险、大病保险、医疗救助制度全覆盖。改善贫困地区医疗卫生机构设施条件,投入2000余万元进行村卫生室建设,2019年底全面消除311个行政村卫生室"空白村"。全面实行县域内定点医疗机构"先诊疗后付费"和"一站式"结算服务。建档立卡贫困人口慢病签约服务率达100%,县域内住院实际报销比例达88.8%;集中救治33种重大疾病患者29315人次,救治率99.2%。贫困人口看病就医负担大幅减轻,为打赢脱贫攻坚战作出了突出贡献。

二、群众对看病就医有更高需求

(一)医疗条件偏弱,看病治好矛盾突出

部分乡镇卫生院及社区卫生服务中心受硬件和软件水平限制,不能为患者就医提供良好的环境。除了部分行动不便的老年人只能就近就医以外,大部分的患者都会选择到医疗服务水平更好的医院就诊。他们普遍认为,在乡镇卫生院或者社区卫生服务中心治病疗效不明显,有能力还是要上大医院,避免不必要的时间和金钱浪费。一方面,乡村医疗机构受基药制度影响,只有几种常见的药物,而受各自的体质不一,适药程度的不同,不可避免地导致疗效差的直观感受。另一方面医疗器械的缺乏或老化,也导致确诊治疗率不高。

（二）医疗监管不力，小病大治怪相频发

近年来，虽然医保的实施让广大人民住院期间能报销一定比例的费用，但大部分购买了医保的居民表示自己没有用医保，平时生个小病或者是一些长期需要药物保养的病都是自费。不少群众反映，以前上医院，一点小病，医生开几粒药回家吃吃就好了，也花不了什么钱，虽然没有医保，但平常生病就不怕。现在生个小病有时候还得抽血化验、打吊瓶，虽然能报销一部分，但动辄自费都是几百元，真是负担不起。

（三）医护素质有待提高，医疗服务有待改善

部分患者经常感觉医护人员不耐烦或者根本就不理会，没有享受到好的医疗服务。一方面是居民有病都想找技术好的医生看病，因此扎堆到就医条件较好的县市区医院，导致人满为患，医护人员每天异常忙碌，和患者深入沟通较少。另一方面部分医护人员的素质确实有待提升。他们仅仅将医护工作当成了谋生的手段，失去了救死扶伤的崇高品质，对待患者敷衍了事。

（四）政策宣传不广，医保报销不够透明

在报销医疗费用方面，不同的医院起付线不同，不同医院报销比例不同，跨地区医院报销标准不同。这些标准和差异，居民普遍反映不太清楚。除了这几条以外，报销比例不是100%的医院，还有报销药品和检查的范围限制。就算医院的医生也很难完全记住哪些药品和检查可以报销。所以在二、三级医疗机构住院，除了起付线以外，实际报销比例究竟有多少，主动权很大一部分掌握在医生手中，开的不能报销的药品和检查越多，报销比例就会越低。很多居民反映，最后报销的可能50%都难以达到。有一位居民表示，自己在支付宝上购买的约300元的商业保险，可以报销70%，什么项目都报，比买的城镇居民医保报销比例高。

三、基层治病防病能力建设还需持续发力

（一）坚持以人为本，满足人民日益增长的就医需求

建立健全基本药物保障供给的配送监管体系，加强基药配送企业的管理，对配送不到位的基药配送企业要加大处罚力度。根据居民的实际需求，及时更新基药目录，让百姓能购买到相应的药品。积极探索落实级别医院人才的下派和上挂交流，增强诊疗软实力。大力推行落实医保卡省内“一卡通”制度，简化医疗保险报销程序，适当降低医保门槛。

（二）增加投入保障，为基层防病治病提供更多支持

国家对现行医疗机构的投入与其运行成本相差极大，特别是公立医院，财政补助不足，

就会出现市场逐利的情况，这也是各种医疗乱象存在的根本原因。对于医疗机构，特别是公立医院，要将这些医院的财政补偿纳入财政预算管理中，加大资金投入，优化收入结构，更好地维护公立医院的公益性。

（三）注重人才培养，全面提升基层医疗队伍综合素质

通过各种政策措施培养人才、引进人才，尤其是要向基层倾斜，持续改善基层医疗机构工作环境，推进乡村医生本土化人才培养战略，关心关怀基层医护者，增强人员交流和培训，引导医护人员树立正确的价值观和信仰，提升医疗队伍的整体素质。

（四）加大政策宣传，着力让居民看病治病得到实惠

充分运用抖音、微博等自媒体手段，进一步优化宣传方式，经常性开展政策解释，加大防病治病政策宣传力度。比如国家基本药物、门诊医疗费报销、医疗报销比例等与居民医疗息息相关的政策与制度，通过百姓喜闻乐见的漫画、情景剧等形式进行宣传，不断扩大群众医疗政策知晓面，促进基本药物合理、优先使用，保障人民群众用药安全，让百姓看病治病真正得到实惠。

（唐植全）

2022湖南民生调查报告

社保篇

政策背景

社会保障是保障和改善民生的基本制度保障，是治国安邦的根本。党的十八大以来，以习近平同志为核心的党中央提出了社会保障事业发展的总体目标，明确提出要进一步健全保障体系，织密社会保障安全网，为广大人民提供更可靠、更充分的保障，不断增强人民群众的幸福感。

2021年湖南省委、省政府以及全省各级人力资源和社会保障部、民政部等部门以习近平新时代中国特色社会主义思想为指导，深入落实习近平总书记对湖南重要讲话重要指示批示精神，坚持稳中求进工作总基调，完整、准确、全面贯彻新发展理念，服务和融入新发展格局，继续做好"六稳""六保"工作，持续改善民生，保持经济运行在合理区间，保持社会大局稳定。为此，湖南省出台了一系列惠民利民的政策措施。

2021年6月，出台《关于建立健全保障农民工工资支付长效机制的意见》，切实从源头上根治拖欠农民工工资的问题。7月，出台《关于调整湖南省征地补偿标准的通知》，落实被征地农民社会保障，有效保障被征地农民合法权益。8月，印发《关于促进农村养老服务发展的若干措施》，加快推动全省农村养老服务健康有序发展。10月，印发《关于湖南省最低生活保障审核确认办法》和《关于湖南省特困人员认定办法》。11月，印发《关于湖南省"十四五"残疾人保障和发展规划的通知》，进一步保障残疾人民生、促进残疾人发展。12月，出台了《关于加强养老服务机构综合监管的通知》《湖南省收养评估实施办法(试行)》和《关于湖南省低收入家庭认定及救助帮扶办法》等等。

省政府在2022年的《政府工作报告》中提出要"健全社会保障体系"。发挥社会保障制度的托底和保障作用，推进基本养老保险全国统筹，提高城乡居民医保财政补助标准，推进失业保险省级统筹。健全重特大疾病医疗保险和救助制度，落实医疗保障待遇清单制度，优化跨省异地就医直接结算服务。强化低收入家庭救助帮扶，加强特困人员救助供养，提高困难群众最低生活保障水平。完善社区居家养老服务网络，着力构建老年友好型社会。保障妇女儿童合法权益，关爱保护困境儿童、农村留守儿童。发挥第三次分配作用，发展慈善事业。

（谌　滨）

全景扫描

2021年湖南社会保障事业稳步提升

完成十大重点民生实事，全省民生支出占比保持在70%以上，并压减盘活省直部门资金78亿元用于社会民生事业。减负担。部分常用药品和医用耗材降价明显，更多药品进入医保报销范围。义务教育“双减”工作初见成效，101所“芙蓉学校”全部投入使用，增加公办幼儿园学位13.5万个。提标准。退休人员养老金、城乡低保、残疾人“两项补贴”、特困人员救助供养标准，以及城乡居民大病保险和医疗救助保障水平稳步提高，被征地农民社会保障成效显著。扩范围。稳定和扩大就业，城镇新增就业75.3万人，新增农村劳动力转移就业44.4万人。推进基本养老保险全民参保，工伤保险全面实行省级统筹。

（2022年湖南省政府工作报告）

民生加油站 MINSHENGJIAYOUZHAN

筑牢社保基金监管“防火墙”　为群众办实事解难事

为进一步深入学习习近平总书记在中央政治局第二十八次集体学习时的重要讲话精神，强化社保基金监管，发挥基金监管“防火墙”和“隔离带”作用，确保社保基金安全可靠，3月30日，湖南省人社厅召开全省社保基金监管工作视频会，分析当前形势，部署安排下一步工作。

会议指出，社会保障是保障和改善民生、维护社会公平、增进人民福祉的基本制度保障，是促进经济社会发展、实现广大人民群众共享改革发展成果的重要制度安排，是治国安邦的大问题。全省人社部门要知其“重”、知其“短”、知其“责”，在切实提高做好社保基金监管工作的责任感使命感、坚持问题导向补齐漏洞防范风险、多措并举提升社保基金监管水平上下功夫，让广大人民群众共享改革发展的成果，切实提升人民群众的获得感、幸福感、安全感。

会议强调，全省人社部门要旗帜鲜明讲政治，坚持从讲政治的高度把握定位，做好社会保障和基金监管工作，始终站稳人民立场，从老百姓的角度出发，问计于民，在“我为群众办实事”中把人民的利益放在首位；要牢牢守住制度安全底线，对涉嫌违法违纪的行为零容忍。

会议要求，要进一步压实责任，强化责任意识，一把手负总责，分管领导具体抓，做到“谁管理、谁负责，谁审批、谁负责”。要加强队伍建设，建设一支高素质的监管队伍，要结合党史学习活动从政治上考量和解决问题。要健全监测制度，加大隐患点的排查，对异动及时进行预报预警。要加强“技防”力度，加快推进人社信息化建设，通过“金保工程二期”项目，运用科技手段，用大数据分析及时发现问题，查找漏洞，梳理风险。

会议强调，全省人社部门要加强基金监管，以案释法，举一反三，狠抓问题整改、依法严肃查处、加强警示教育。要紧盯高风险业务和典型性问题防范化解社保基金风险，做到守土有责、守土尽责、守土负责，进一步拧紧思想之弦，筑牢防范之堤，确保社保基金安全。

（摘自：人社部社会保障基金监管局）

深度透视

湘潭市居民社区养老服务模式的SWOT分析

我国已进入人口老龄化快速发展阶段。根据国家统计局第七次全国人口普查结果显示，我国60岁及以上老年人2.64亿人，占总人口的18.70%，与2010年相比，比重上升5.44个百分点。老龄化程度的快速增加，20世纪末的“人口红利”不断消减，“银发浪潮”带来的社会负担正逐步凸显，养老问题已从传统家庭养老演变成多形式养老的社会问题。

湘潭市第七次全国人口普查数据显示，2020年湘潭市60岁及以上人口59.79万人，占总人口的21.93%，高出全国平均水平3.23个百分点，养老服务承受更大压力。社区养老吸收了传统家庭养老和机构养老方式的优点和可操作性，把居家养老和机构养老的最佳结合点集中，为当下养老困境提供新的解决方案。但目前社区养老服务模式还处在初级发展阶段，在现有政治体制基础上对社区养老服务的优势、劣势、机遇和挑战进行分析，得出如何能够最合理、最有效发挥社区养老最大效能，成为本次调研的关注重点。

一、问卷调查基本情况分析

（一）调查对象的选取

本次调研通过选取湘潭市52个社区（村）及在网上发放问卷的形式，对666位居民进行了调查。社区调查问卷采取的是实地调查的方式，同步采取深度访谈法；网上调查问卷是通过问卷星的形式向湘潭市居民进行网络调查。

(二)问卷的编制和问卷内容

本次调查采用的是结构式问卷,整个问卷由四大部分组成。第一部分为老年人的基本情况,包括性别、年龄、受教育程度等,通过人口统计学变量的调查,了解被调查者的人口统计学特征。第二部分为老年人的养老需求以及能接受的养老服务价格。第三部分为老年人对社区养老服务的了解情况及参与社区养老服务情况。第四部分为老年人对社区养老服务发展的满意度和建议,通过老年人对社区提供的养老服务的评价和对社区养老服务的期待,更直观地了解老年人的需求。

(三)调查对象的人口统计学特征

本次调查的666位老年人中,男性占41.1%,女性占58.9%,女性略多于男性;年龄集中在60～79岁之间,比重达到90.7%,是社区养老的潜在需求者;学历初中及以下的占多数,占比为70.4%。

表1　受访居民的年龄结构及占比

分　类	人口特征	样本量	百分比(%)
性别	男	274	41.1
	女	392	58.9
年龄	60—69岁	395	59.3
	70—79岁	209	31.4
	80岁及以上	62	9.3
受教育程度	小学及以下	212	31.8
	初中	257	38.6
	高中或者中专	158	23.7
	大专及以上	39	5.9

二、湘潭市社区养老服务模式的SWOT分析

(一)优势(Strengths)分析:融合度和满意度

1. 社区养老服务的融合度较高

目前,我国养老服务体系由三部分组成,即居家养老、社区养老和机构养老。各养老服务主体缺乏互动与合作,会影响养老服务资源的合理配置和高效供给。社区养老机构作为平台和纽带,具有整合社会资源、社会力量和服务内容的优势,实现社区养老由"单一作战"向"联合服务",由活动场所向综合服务机构、由被动应付向主动拓展的转变。

(1)整合社会养老服务资源。通过购买服务、建设补贴、运营补贴等措施,引进市场化

机制将社区基础设施低偿或无偿用于社区养老服务，降低社区养老服务成本和价格，让社区老人可以享受到更加灵活多样化的社区养老服务。如湘潭对公建民营敬老院实行资金补贴机制，推动敬老院成为乡镇区域性养老服务中心，实行3年免租，对前10家机构给予每个50万的补助。目前全市已有19家敬老院实现公建民营。

(2)引进各类养老服务力量。通过引进社会组织、市场主体负责或者参与社会养老服务供给及服务设施的运营，提高养老服务的专业化水平和服务效率。以雨湖区为例，启动“雨湖康养”养老服务项目，将全区30余个社会组织、1万余名志愿者整合起来，打造了一支“社区＋护工＋义工”的居家养老服务队伍，为老人提供全面、及时、优质的居家养老服务。

(3)融合多元养老服务内容。社区养老服务支持家政、物业、餐饮、医疗、教育、互联网等业态与养老服务紧密联结，提供专业化、便捷化服务，一批“养老＋”产业应运而生。以岳塘区为例，支持湘潭荆鹏养老公司建设形成了以呼叫中心为核心，以社区日间照料中心和嵌入社区微型养老机构为依托，以互联网信息技术为纽带，以智能服务设备终端为支撑的社区居家养老服务信息平台，将生活服务、康复护理、医疗急救等服务延伸到家庭，打造了一个覆盖城区15分钟和覆盖城乡30分钟的居家养老服务圈。

2. 社区养老服务的满意度较高

老人满意度是老人对于社区养老服务的实际满意程度与期望程度之间的比值，是老人享受社区养老服务时的幸福指数，是社区养老服务发展的源动力。调查显示，87.2%的被调查老人认为所在社区配套的养老服务设施非常完善或比较完善；63.5%认为居住的社区完全或基本能提供所需要的养老服务。老人对社区所提供的养老服务总体评价也较高，满意率达到86.2%，其中表示非常满意的占28.1%，比较满意的占34.2%，基本满意的占23.9%。

了解老人愿意选择社区养老服务的原因，主要表现在社区养老服务能够不离开家，享受到养老该有的福利；能够解决“家庭内部矛盾”，让子女安心工作；有政府补助，不用支付太多养老费用，甚至可以享受免费服务；有专业的管理团队，能够提供专业的养老服务；文体娱乐活动能够丰富老年生活；能够结识很多朋友，得到情感慰藉，减少孤独感等。

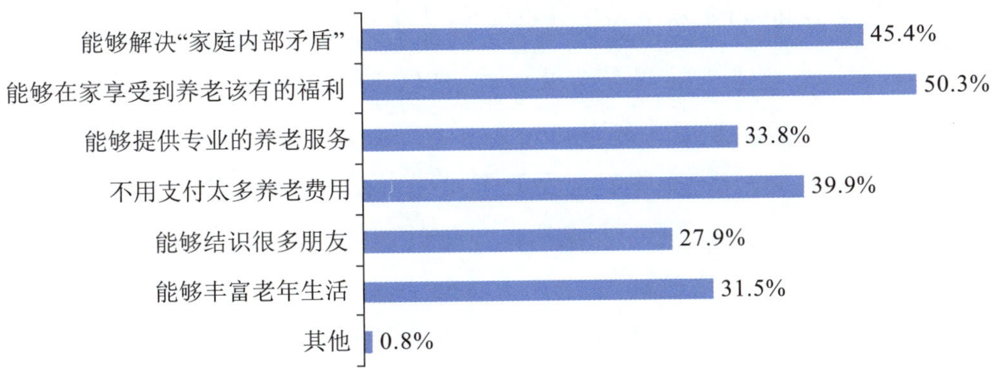

图1　老人愿意选择社区养老服务的原因分析

(二)劣势(Weaknesses)分析:渗透度和匹配度

1. 社区养老服务的渗透度较低

由于“家庭养老”模式根深蒂固,社区居民不能理解社区居家养老能为老人带来好处,不愿参与社区养老服务或活动,从而对社区养老认同感不足。

(1)知晓度不高。政府、社会各界在有限的条件下,为社区养老服务模式投入了大量资源和精力,但是居民的获得感不强,与政府的目标还有很大差距。调查显示,老人寻求养老服务信息的渠道较为局限,主要是通过找居委会、找熟人等传统途径了解。25.4%的居民表示不了解社区居家养老模式,49.4%的居民表示基本了解或较少了解,但也只是模糊的认识,只有25.2%的居民能清楚了解社区养老。这可以看出,社区养老宣传力度方面欠缺严重,不仅仅是老人,现在的年轻人大多也只知道这个词,不明白能够带来什么,这在一定程度上限制了社区养老服务的发展。本研究认为,这也侧面反映出部分老年人对社区养老服务存在潜在需求,社区养老服务的延伸和发展还有很大的空间。

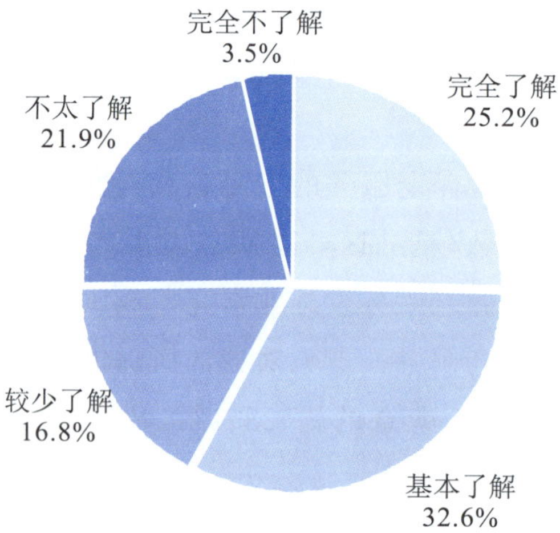

图2　老人对社区养老服务的了解程度

(2)参与度不高。调查显示,湘潭社区(村)实现了养老服务设施全覆盖。以雨湖区为例,建(配)有一个文化活动广场、文化活动室、简易戏台、宣传栏、一套文化器材、广播器材、体育设施器材,配备麻将、棋牌等老年人喜欢的娱乐工具,能够在一定程度上满足老年人的精神世界。但从对666名老人的调查结果来看,社区养老服务参与度较低,经常接受社区养老服务的占20.1%,偶尔参加的占39.0%,参与度仅过半,合计为59.1%;从来没有接受过社区养老服务的占40.8%。影响参与度的主要因素是社区养老的宣传力度和服务水平的问题,不了解或不适合造成了社区养老服务设施的闲置和浪费。

2. 社区养老服务的匹配度较低

在养老服务的传统思维下,自上而下的养老服务供给与自下而上的养老服务需求,由于信息不对称、需求表达渠道不畅,供需之间缺少直接互动。

(1)养老服务条件跟不上。一是养老设施薄弱。如上提到,全市社区(村)实现了养老服务设施全覆盖,但是这些服务设施仅限于老人活动中心、日间照料中心等,且设备简陋、功能单一,实际利用率并不高。二是服务内容单一。目前社区养老服务功能单一,多停留在供餐和简单的娱乐活动等低层次的养老服务,对于医疗、康复护理等难以提供,不能满足老年人多样化、多层次的需求。其次缺乏精准性和差异性,对被服务的老人不作深入了解,开展的活动不切合老人需求。同时,还缺乏统一的管理和服务标准,管理水平低下,基本无经验可循。如部分日间照料中心仅是为老人提供了一个棋牌、娱乐的场所,目前只是老人自主管理,老人们自行推选人员搞好卫生等基本服务。软硬件等各方面条件的不成熟,使得社区无法提供高素质、专业化的养老服务。

(2)养老服务队伍跟不上。据调查,现有护理员队伍普遍存在"两大三低"现象,即年龄偏大、劳动强度大,收入低、学历低、技能低,缺乏对岗位认同的职业精神。一是由于社区养老机构的收费普遍不高,导致护理人员工资不高,不少有经验的护理人员纷纷"跳槽"成居家保姆等,出现养老机构很难找到专业护理人员以及辛苦培养出来的护理人员"跳槽"改行现象。二是因为来养老院的大多是失能老人,照看和护理非常辛苦,工作时间通常在12小时以上,晚上也需照看老人,年轻人一般不愿意从事这项工作,因此护工年龄普遍在50岁以上。

(3)养老服务资金跟不上。社区养老服务机构建设前期需要较大的资金投入,建设资金来源渠道较单一,主要是政府一次性建设补贴及机构自筹。以湘潭晨辉怡居老龄产业有限公司为例,它是晨辉集团下的一家从事养老产业的子公司,目前已经基本建成了养老机构、社区日照中心、老年大学、居家服务中心等一体化的养老服务平台,力求实现管理标准化、服务标准化可复制的模式,达到社区养老、机构养老、医养结合的完美结合,因此目前该公司还计划建设一个护理院,规划658个床位,预计投入2.5亿元,因土地在母公司名下,无法进行贷款,现在急缺建设资金。

(三)机遇(Opportunities)分析:需求度和支持度

1. 社区养老服务的需求度较高

社区提供的"嵌入式""小型化""多功能"的服务设施具有离家近、环境熟、收费低等特点,使老人既能享受生活家庭型、服务专业性的社区养老服务,又能满足老人落叶归根、家庭团圆的精神需求。

(1)心理性需求。数千年来中国传统文化都十分注重家庭文化,尤其对于老年人,最注重血缘亲情,"家"永远是他们情感汇聚所在。调查显示,"居家养老"仍是养老第一选择,占84.5%,只有15.5%的老人选择机构养老或旅居式等其他养老模式。但随着家庭人口向高龄化发展,加之家庭规模日益小型化,使得家庭对老年人的照料功能日益减弱,当子女在现代社会忙碌着自己的事业和生活而无力且无暇兼顾老人时,老年人的养老需求急切地呼唤着社会的回应。这种以社区为单位的老年人养老服务模式结合了多种养老模式的优点，满足老人感受家庭温馨的同时，享受更高层次的养老服务，是最切合实际需求的方式，能够很好地化解传统养老观念和多元化养老需求的矛盾，是顺应时代发展的产物。

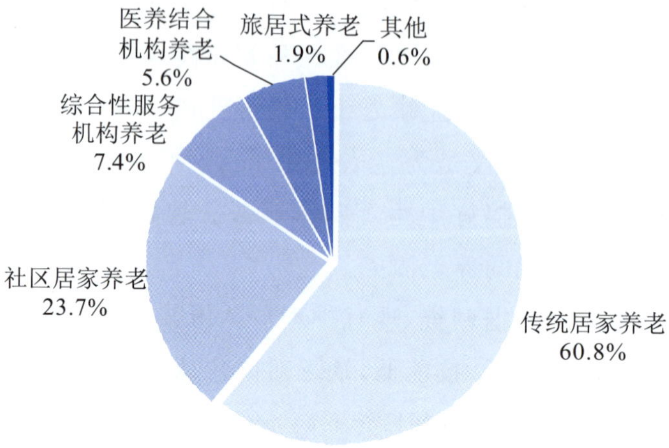

图3　老人对养老服务模式的首选

(2)现实性需求。大多数的老年人不愿意选择机构养老。一是生活能自理。调查显示，超八成老人身体健康状况良好，生活能完全自理，超九成老人认为家人提供的照顾能够满足养老需求，他们认为住在家里有时还可以适当帮助子女干点家务，没有必要选择机构养老。二是有感情寄托。99.7%拥有1个及以上的子女，其中，1个子女的占30.6%，2个子女的占42.2%，3个及以上子女的占26.9%；无子女的较少，仅占0.3%。与子女(含孙辈)同住的占54.8%；没有和子女(含孙辈)同住的45.2%中，没有和子女(含孙辈)同住但与老伴同住的占35.7%，独居、在社区养老机构或其他养老机构或和保姆一起住的，合计仅占9.5%。以上结果可以看出，老年人认为目前所居住的环境舒适，对机构养老的需求不高。而社区养老能在不改变老人们现有的生活模式上提高老人的生活质量，无疑将成为养老方式的一种新业态和创新模式。

(3)经济性需求。处于社会、政治和经济转型期的中国老年人，经济状况有其自身的特征，他们总体上收入水平低，社会养老保障和医疗保障水平也不高，个人储蓄水平也较低。被调查的老人中，月收入在1000～2000元的比例最大，占27.9%；其次是1000元以下、2001～3000元的，分别占27.2%、24.5%；月收入在3000元以上的比例最小，占20.4%。受经济能力制约，很多家庭每月所能承受的养老费用有限，81.3%的老人可接受的养老服务价格在1000元以下。可见，老人对养老费用的心理承受能力较低。据了解，一般的养老机构的收费基本在2000～3000元/月之间，条件较好的收费更高，如海福祥养老院的收费是3000～6000元/月，显然如果选择养老机构或者养老公寓，会超出他们的承受能力，但是社区养老就避免了这个问题，对于经济压力大的家庭，还可以选择基础服务。

(4)满足性需求。人口老龄化迅速发展推动我国养老服务需求产生新的变化，老年人的养老需求更加多元化、多层次，呈现出对照料服务、医疗卫生和精神慰藉等多重需求特

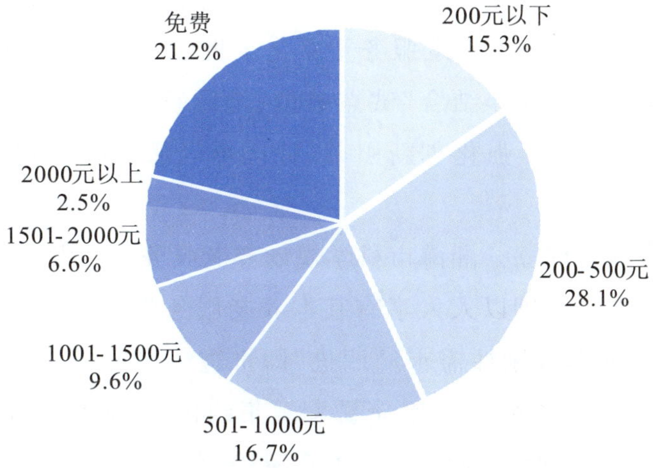

图4 老人每月可接受的养老服务价格占比

征。调查显示，健康服务是老人养老服务需求的首选，因为有了健康，才有了对其他需求的渴同心理，健康服务需求包含健康管理、就诊服务、健康教育、康复护理等，分别占比53.6%、39.3%、37.8%、13.2%。其次是照料服务需求，包含家政服务、托老照料、应急援助、代购代办等，分别占比45.1%、35.4%、31.8%、14.3%。在传统的经济供养、生活照料等养老需求得到满足后，老年人的"精神"问题日益凸显，精神慰藉需求的呼声也愈加明显，如文体娱乐活动、精神关爱、老年教育等，分别占比28.2%、17.4%、15.5%。由此可见，传统的养老模式已经无法满足老年人的需求，需要社会力量积极参与社区和居家养老，进一步提升各项服务能力，形成多元主体共同参与的良好局面。

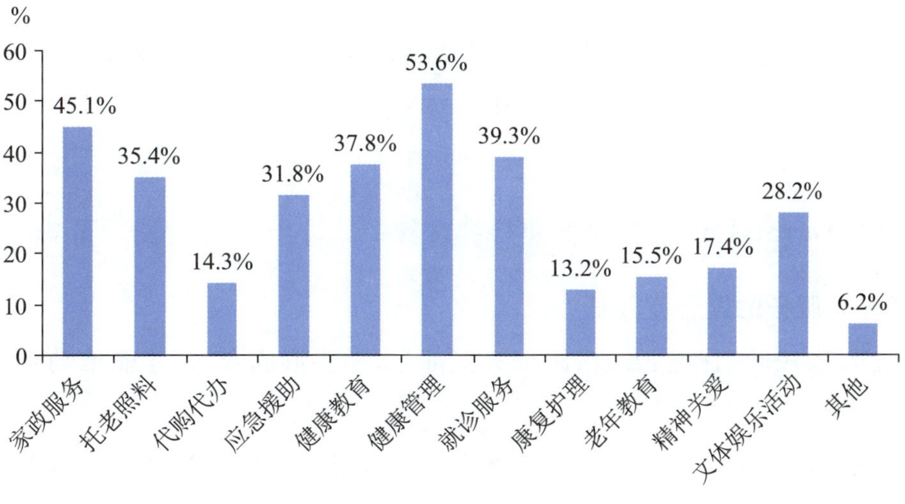

图5 老人需要社区提供的养老服务占比

2. 社区养老服务的支持度较高

"十四五"《建议》提出"实施积极应对人口老龄化国家战略"，这在党的全会文献中首次提出该战略，并从我国实现人口均衡发展最需要关注的少子化和老龄化等问题入手，提出了“十四五”时期实施积极应对人口老龄化国家战略的思路和任务。近年来，湘潭市坚决贯彻落实习近平总书记关于养老服务重要指示批示精神，以获批全国养老服务业综合改革试点城市、全国首批“医养结合”试点单位、全国首批居家和社区养老服务改革试点城市为契机，突出改革导向，强化创新引领，社区养老服务业呈现出加速发展、健康良好的态势。

(1)养老服务制度初步建立。湘潭市科学规划养老服务业的发展，确立了“一核两保四进六化”的总体思路。“一核”即以人人享有基本养老服务为核心目标，“两保”即优先保障2万特困老人和2万失能老人刚性需求，“四进”即推进养老服务进家庭、进农村、进社区、进机构，“六化”即基本养老服务公益化、资源配置集约化、行业管理标准化、产品供给超市化、参与主体跨界化、产业发展品牌化。出台了《湘潭市居家和社区养老服务改革试点方案》《推进养老服务高质量发展三年行动计划(2021—2023年)》等30余项文件，构建“1+X”养老政策体系。在基础设施建设、养老事业投入、税费优惠、养老人才队伍建设等方面明确了扶持措施，全市养老服务的政策体系基本形成。

(2)养老服务体系不断完善。据民政局统计，全市共有养老床位2.3万余张，每千名老人拥有床位39.4张，居家社区机构相协调、医养康养相结合、兜底普惠过桥式相区分的养老服务体系初步形成。一是建设了一批社区、小区养老服务设施，试点开办了一批社区老年大学和老年饭堂，建设了一批农村养老互助点，继续开展一批困难老人家庭适老化改造项目，建立多主体供给、多渠道保障的老年人公共服务体系。二是以发展“嵌入式、专业化、连锁化、市场化”的服务模式为重点，鼓励社会力量以公建民营、民办公助等方式运营，已经有59个社区养老服务设施实现社会化运营。目前，全市200个社区、763个村，基层养老服务设施覆盖率达100%。三是开展康复辅助器具公益租赁服务，建成14个残疾人康复基地。全市95%乡镇(街道)建立了社区康复指导站，70%的社区、30%的村拥有残疾人康复训练室。

(四)挑战(Threats)分析：配合度和持续度较低

1. 社区养老服务的配合度较低

社区养老涉及民政、住建、发改、医保等多部门，需要形成合力，才能推动养老服务高质量发展。

(1)行政化手段推动专业化服务的难度大。调查显示，目前，社区大多数养老机构由街道、乡镇直接管理运行，社区居家养老服务由居委会配合来完成。社区养老服务的运行，基本以行政推动为主，专业化指导得不到充分体现。在行政管理中，任务年年完成，服务量不断增加，但管理的标准化、服务的人性化往往被忽略，老年人的获得感不太明显。

(2)占用公共资源容易引发“邻避效应”。在服务设施上，社区养老主要是统筹利用社区原有物业资源。调查显示，许多老年日间照料中心与活动地点和社区居委会办公地点重叠。但社区并不仅仅是老年人的社区，它需要承载各类党团活动的开展，空间的有限难免存在冲撞的可能性，引发社区居民的反对，并产生“邻避效应”。

2. 社区养老服务的持续度较低

以上提到，社区养老资金来源主要是政府一次性建设补贴及机构自筹，这仅仅只能勉强满足社区养老机构的前期建设，后期业务较为烦琐，且利润空间不高，发展需要挖掘服务项目亮点，靠发展自费服务才能维持，但是由于老人们观念的影响，多数老人并无购买养老服务的意愿，比较能够接受的是公益性服务。据岳塘区民政局养老服务相关人员反映，社区养老机构有送餐服务，该区新建中央厨房1个、社区助餐点7个，开展志愿送餐500余次，这都是免费服务，一旦收费便没人愿意享受。可见，社区养老机构要想打开运营局面，做到可持续健康发展，不是那么容易的。

三、基于SWOT分析的社区养老服务模式的优化策略

（一）提高使用，提升社区居家养老服务等基础设施利用率

一是把准定实社区居家养老服务主基调与发展方向，明确社区居家养老在当前社会养老服务体系中所处的重要地位，以社区养老为依托，积极发展居家养老服务。二是加大社区居家养老服务的宣传力度，着力提升居民知晓率与覆盖率，民政部门、社区等要充分利用“线上＋线下”两种形势，借助网络、电视、公众号等动态媒体，借助宣传展板、宣传手册等静态展示，“双导向”传播社区居家养老服务有关政策消息及服务内容。三是提升城乡家庭对养老服务消费意愿，提升老年人对社区居家养老服务的优势了解，推动老年人提升购买养老服务需求。

（二）提高质量，加强社区居家养老服务的标准化建设和专业性培养

一是“精准化”聚焦服务对象。社区养老要建立完善老年人动态评估工作机制，对老年人相关信息情况等进行智能追踪，以便为实现精准服务、分类管理提供有效数据支撑。二是“标准化”聚焦服务内容。社区养老机构在明确日常生活、医疗健康和精神文化等三大类服务过程中，要结合老年人实际情况和个人诉求，对养老服务内容全面了解、精准定位。三是“专业化”服务队伍。要加快构建以专职人员为主体、兼职人员为辅助、志愿服务为基础的居家养老服务队伍，政府要考虑为护理人员搭建保障平台，围绕护理员薪酬待遇、岗位设置、职级体系等，出台制定技能培训、从业激励等有关政策措施，不断提升社区养老服务人员水平。

（三）完善制度，保障社区居民养老服务能够长效有序良性发展

一是要继续完善基本养老制度，对社区居家养老服务提供坚强政策和财政支撑。二是要明确服务质量标准和统一评价体系，政府要加大资源投入力度和增强政策优惠导向，通

过市场化机制使养老资源得到合理配置和有效利用。三是加快推进社区居民养老服务有关设施建设，鼓励社区居家养老服务中心和社区嵌入型小型养老机构的发展，提升社区居家养老服务与老年人需求的匹配度。

（四）社区发力，鼓励帮助老年人实现“老有所为”的自身价值

一是社区在提供养老服务过程中，除关注老年人生活健康服务需求，更要进一步引导老年人树立自立自强、老有所为的意识观念，增强其通过自身努力提高生活和生命质量的积极性、主动性和责任感。二是社区在为老年人提供养老服务中，要多组织、多开展一些能够开发老年脑力、体力的活动和项目，重点引导和鼓励那些有意愿且身体状况允许的老年人发挥余热，丰富精神生活。三是积极鼓励引导老年人参加基层老年协会、老年志愿者组织等基层社会组织，让他们在社区治理创新中充分发挥自身特长，服务社区，实现“自我价值”，获得成就感。

（五）改革创新，探索创造社区居家养老服务新模式，激发养老服务新活力

一是不断推进服务平台智能化，引进智能居家养老服务技术手段，以普惠性为目的，切实为老年人提供有针对性的服务。二是持续创建打造特色养老服务亮点。主动探索具有湘潭特色的城企联动普惠养老发展模式，积极打造“长株潭城市圈老年人友好社会示范区”“医养康养示范区”“城市养老服务体系标杆建设”等养老服务模式，加快对综合养老服务中心、日间照料中心、农村村级养老互助设施任务进度，完善公共养老服务网络，推进智慧综合养老信息平台及安联网平台建设，确保社区养老服务设施全覆盖。三是树立大社区、大整合、大服务的理念，科学确定老年人养老服务需求，高效对接专业医疗服务机构、老年产品供应中心、家政服务公司等，把养老服务与旅游、金融、食品、住宅等产业相互融合，为老年人提供更加多元、丰富的服务产品，满足高、中、低不同层次家庭养老需求，给老年人带来“新体验”，为养老服务市场激发“新活力”。

（汤正球　李树人　方祖花　周微　肖佩）

市县链接

常德：“银发经济”迎风待舞　破茧成蝶还需群策群力

为了解常德市养老市场供需情况和存在的问题，2022 年 5 月国家统计局常德调查队走访了市民政局、市卫健局等管理部门，调研了 3 个社区日托中心和 4 家养老机构，收集了

55份居民养老意愿有效问卷。调查结果显示：常德市已步入深度老龄化社会，拥有庞大的老年消费群体，“银发经济”正在蓬勃发展，但存在的问题也不容忽视，可谓需方正处于“众里寻他千百度”，蓦然回首，供方市场仍在“灯火阑珊处”。

一、人口老龄化日渐凸显，“夕阳红”托起朝阳产业

常德市在2018年成为全国第二批居家和社区养老服务改革试点城市，通过中央资金引导，加大政策创新和资金投入力度，统筹各类资源，形成了比较完备的居家和社区养老服务发展环境和推动机制，“夕阳红”产业稳步发展前行。

（一）常德市人口老龄化现状

据第七次全国人口普查公报公布，常德市60周岁以上老年人口132.08万人，占常住人口比例25.02%，超全国（18.7%）6.32个百分点，常德老龄化程度居湖南省第一位。区划调整后，全市辖42个街道，20个乡，107个镇，755个社区，1507个村。截至2022年一季度，全市共有235家养老机构。其中177家公办机构，包括9家公办福利院和168家敬老院；58家民办机构，包括在市场监管局登记的11家营利性养老机构和在民政局登记的47家非营利性养老机构；另有村级养老服务设施1205个，覆盖率达80%。

表1 湖南省各市州人口年龄构成

单位：%

地 区	占总人口比重			
	0—14岁	15—59岁	60岁及以上	其中：65岁及以上
全 省	19.52	60.60	19.88	14.81
长沙市	16.64	68.03	15.33	11.11
株洲市	18.28	61.80	19.92	14.53
湘潭市	15.54	62.53	21.93	16.89
衡阳市	21.00	58.80	20.19	14.74
邵阳市	22.53	56.72	20.75	15.60
岳阳市	18.46	61.27	20.27	15.00
常德市	14.87	60.10	25.02	19.16
张家界市	17.96	60.28	21.76	17.09
益阳市	17.71	59.65	22.65	17.18
郴州市	23.14	59.12	17.74	12.32
永州市	22.95	57.41	19.63	14.39
怀化市	20.24	58.67	21.08	15.88
娄底市	22.51	58.18	19.31	14.79
湘西自治州	21.28	59.73	18.99	15.04

表 2　常德市各区县人口年龄构成

单位：%

地　区	占总人口比重			
	0—14 岁	15—59 岁	60 岁及以上	其中：65 岁及以上
全　市	14.87	60.10	25.02	19.16
武陵区	13.71	67.81	18.47	13.42
鼎城区	13.53	61.22	25.25	19.58
安乡县	12.77	59.74	27.49	20.52
汉寿县	17.34	59.95	22.70	17.29
澧　县	15.69	56.90	27.42	21.25
临澧县	15.32	58.10	26.58	20.90
桃源县	15.81	57.33	26.86	20.89
石门县	15.16	58.19	26.65	20.56
津市市	11.63	60.97	27.40	20.62

数据来源：湖南省统计局、常德市统计局第七次全国人口普查公报

（二）养老服务政策日臻完善

为促进养老服务业健康发展，根据《国务院办公厅关于推进养老服务发展的意见》（国办发〔2019〕5 号）、《湖南省人民政府办公厅关于推进养老服务高质量发展的实施意见》（湘政办发〔2020〕59 号）文件精神，常德市在 2021 年发布《常德市人民政府办公室关于促进养老服务业健康发展的实施意见》（常政办发〔2021〕4 号），市人社局印发《常德市完善城乡居民基本养老保险制度具体措施》（常人社发〔2021〕10 号）的通知，市财政局和市民政局联合印发《常德市本级养老服务业扶持补贴资金管理办法》（常财发〔2021〕4 号）的通知，着力完善政策体系，汇聚合力全面保障养老服务业高质量发展。

（三）养老扶持补贴执行有力

据调查，常德市目前对民办养老机构补贴主要有四类。一是床位补贴，补贴对象分为三类，第一类，每张床位连续三年补贴（4000 元/年）；第二类，每张床位连续补贴三年（1500 元/年）；第三类，每张床位第一年补贴 2000 元，第二、三年各补 1000 元。二是运营补贴，市、区财政将 60 周岁以上老人按照自理、半失能、完全失能分别给予养老机构每月 200 元、400 元、600 元运营补贴；对连锁运营机构每年给予 4 万元补贴，连锁数量超过 3 家的，每增加 1 家，再增加 1 万元补贴。三是养老护理员特殊岗位补贴，根据养老护理员职业资格证书等级，按照初级、中级、高级、技师分别给予每月 200 元、300 元、500 元、800 元的特殊岗位补贴。四是服务质量评级补助，对市辖区内经民政部门评定为服务质量四星级、五星级的养老机构分别给予 5 万元、8 万元的一次性补助。据常德市民政局统计，2021 年全市共发放养老机构专项扶持资金 750 万元，其中上半年 187.5 万元，下半年 562.5 万元。

(四)社区日托中心试点推行

常德市目前有新坡和浮桥两个社区在养老服务上取得很大进展,先后获评“湖南省先进基层党组织”“湖南省和谐示范社区”“全国最美志愿服务社区”等多项荣誉称号。从成功经验来看,一是打造高标准养老服务中心。建有休息室、娱乐室、健康咨询室、心理辅导室、电影院、健身室、餐厅等设施,为老年人提供舒适便捷的生活环境。二是提供多功能养老服务项目。免费为老人提供包括茶水、午餐、早晚接送、理发、体检、周边游等 18 项活动。三是塑造全方位养老服务品牌。社区整合了社会资源,吸纳许多志愿者为老人服务,每天都安排了不同的活动促进老年人的身心健康,其中很多活动都起到了宣传社区养老品牌的效果。四是创新互联网+居家养老模式。新坡社区投资 200 多万元建成智慧社区管理中心,在社区范围内提供视频监控、安全警卫、消防报警、门禁等功能,为失独、残疾、空巢老人等弱势群体提供应急呼叫等救助服务。

二、居家养老深入人心,机构服务还可更上层楼

本次调研从养老市场的供需两端出发,需求端共 55 人填写居民养老问卷,包括 30 名男性和 25 名女性。其中 45 岁以下(含 45 岁)21 人、45~60 岁(含 60 岁)24 人、60~80 岁(含 80 岁)9 人、80 岁以上 1 人。从所在地来看,常德市区共收集 32 份问卷,四个县共收集 23 份问卷。从供应端来看,有 4 个民办民营的养老院填写养老机构问卷,经营时间都在 15 年以上,在常德地区养老市场具有一定的社会影响。

(一)九成居民当前正居家养老

从当前的养老模式来看,90.9%在家养老,1.8%在社区养老,5.4%在机构养老。从愿

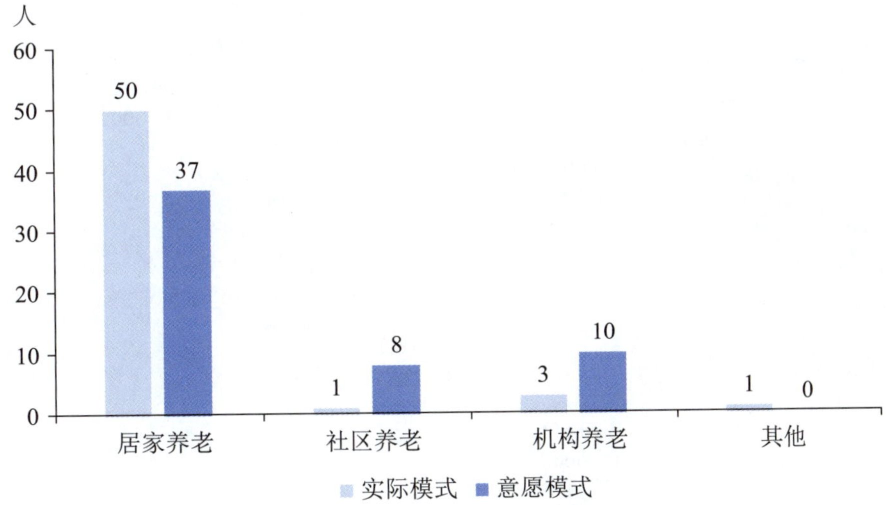

图 1　实际养老模式与意愿养老模式对比

意选择的养老模式来看，67.2%愿意在家养老，14.5%愿意在社区养老，18.1%愿意在机构养老。实际养老模式与大众愿意选择的模式存在一定差距，但随着时代发展，越来越多的人更愿意接受社区和机构养老这种“新时尚”。

（二）九成居民更在意养老环境

随着社会的发展进步，物质条件逐步改善，居民养老观念也在“升级”，以前在意的是有没有人养，养不养得起，现在追求的是养不养得好，从单一的物质需求上升到丰富的精神层面需求。在选择养老机构时，居民最在意的因素排名分别为：适宜的居住环境 90.9%，完善的医护设施、紧急医疗救护 87.3%，周到的日常生活照料、家政服务 81.8%，健康的餐饮服务 70.9%，便利的交通条件 63.6%，充满人文关怀的社区环境 60%。

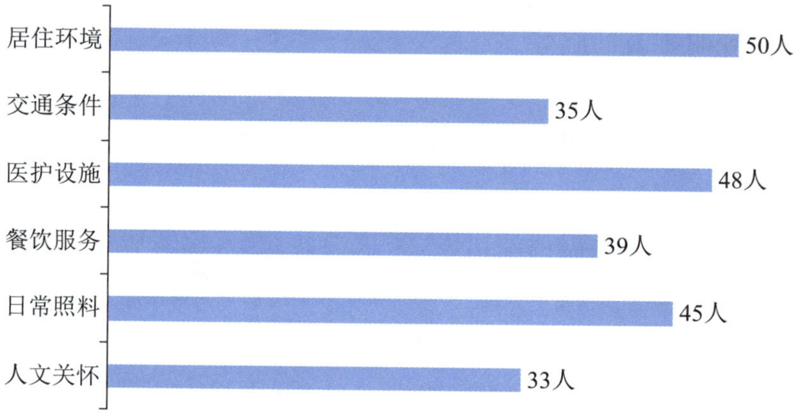

图 2　选择养老机构时最在意的因素

（三）七成居民愿意用半薪养老

从家庭人均月收入来看，3000 元以下（含 3000 元）38.2%、3000～6000 元（含 6000 元）

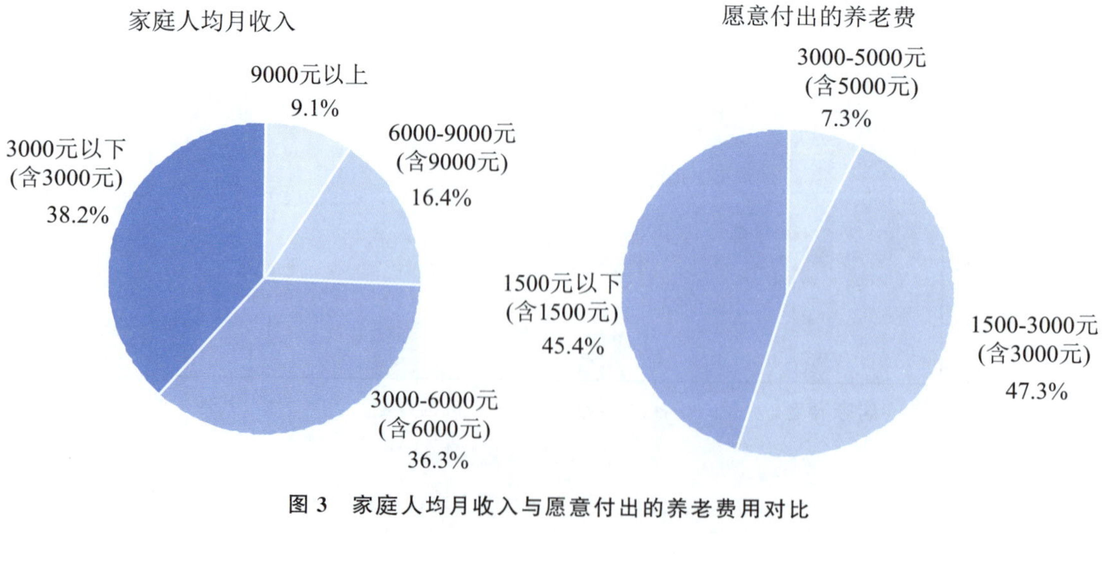

图 3　家庭人均月收入与愿意付出的养老费用对比

36.3%、6000～9000 元（含 9000 元）16.4%、9000 元以上 9.1%。从调查结果来看，七成以上的调查对象家庭人均月收入在 6000 元以下。从愿意付出的养老费用来看，45.4%选择 1500 元以下（含 1500 元）、47.3%选择 1500～3000 元（含 3000 元）、7.3%选择 3000～5000 元（含 5000 元），92.7%的调查对象愿意付出 3000 元以下的养老费用。

（四）“刚需”老人更为青睐养老机构

常德市养老机构目前自理老人的平均收费金额约 2200 元/月，涵盖床位费、护理费、伙食费等，价格随护理级别和房型增加。养老院表示，存在“刚需”的入住老人较多，主要是失独、残疾、空巢、痴呆老人，这类老人通过在养老院疗养，起到了较好的治愈作用，精神面貌较在家独处得到改善。受访的养老院老人都表示餐食很好，一日三餐不重样，还有点心水果作补充，活动也很丰富，每天都过得特别充实。

表 3　常德市天颐湾养老公寓收费标准

级别	评分	月收费	房型	床位费	伙食费	月收费
自理	13 分以下	500 元	单人间	1200 元	800 元	2000 元
半护	14—30 分	800 元	双人间	800 元	800 元	1600 元
全护	31—50 分	1500 元	三人间	500 元	800 元	1300 元
特护	51—66 分	2400 元				

（五）养老机构服务有待提质升级

调研的 4 家养老院都属于民办民营性质，都能同时服务老人 150 人以上，能提供生活照料、医疗护理、精神慰藉、老年教育、安全管理等多项服务，在开办和运营时都享受了政府财政补贴和税收减免的政策支持。受访的养老院表示未来将会更加注重满足老人的精神需求，比如引进智能机器人专门为患有阿尔兹海默症的老人服务。老人重复单调的话语或行为常常会让护理人员失去耐心，但机器人可以完美避开这项人性的弱点。

三、供需双方难破“四题”，“银发族”迎风逐浪待有时

（一）前期投入大，回报周期长

一是投资大回报慢。常德市福寿颐康园负责人称，2004 年从一个只有几位老人入住的小场所开始营业，到 2018 年建成常德市最大的养老院，前后共投资一个多亿，回本起码还需要在现有运营状况下等十几年。二是资金少融资难。常德市夕阳红颐养院负责人坦言，民营养老机构在办理融资贷款时困难重重，甚至无法将厂房、办公楼等作为抵押，金融机构又要求有持续性的现金流，现实情况却是养老服务企业很难在短时间内实现收支平

衡。三是容易陷入非法集资危机。养老院为实现扩大经营和转型升级需要，在无法通过正常渠道取得全部所需的贷款时，只能通过预先承诺服务的方式来获取资金。比如承诺还本付息、消费返利、投资养老地产等，但此举对于供需双方都存在很大的风险隐患。

（二）人力成本高，人才留住难

当前养老机构遇到的人才问题主要来自三个方面。一是现有员工年龄偏大。常德康福莱养老服务有限公司负责人表示，专业的一线护理服务员工年龄偏大，普遍在45岁以上，接受能力和学习能力跟不上，只能做好基本的日常生活照料，不能满足更高层次的精神陪伴需求。二是待遇吸引力不够。常德市城区目前护工的平均工资每月约两千多元，县里护工平均工资只有每月一千多元。再加上养老机构所处的地方一般较为偏远、交通不便，去做护工社会地位也得不到认可，所以年轻人鲜少在养老机构工作。三是留不住优秀人才。考了护理员职业资格证的中高级护理员、技师基本都会选择去待遇更好、地位更高的环境工作，能留在养老院的基本都是出于情怀和对老人的关爱。常德市福寿颐康园负责人表示，一般护工与特别优秀的护工工资差了3000元左右，为了留住人才，员工开支与月俱增。

（三）传统观念强，子女负担重

“养儿防老”的传统观念在当今社会仍在盛行，尤其是很多新闻媒体对养老院的负面宣传较多，涉及老人的生存和安全问题，惹得人心惶惶。有调查对象提到，除非家里实在照顾不来，或者自己不能自理才会去住养老院。也有部分子女以为把老人放在养老院就可以理所当然地撒手不管，但我国《民法典》规定子女作为赡养人，应当履行对老人经济上供养、生活上照料和精神上慰藉的义务。简言之，就算父母住在养老院，子女也要定期去看望老人给予他们必需的精神满足。调查显示，85.5%的居民认为当前社会存在的养老问题主要是经济压力大，子女负担重。尤其是独生子女家庭，结婚以后至少要照料四位老人，工作、家庭上难以兼顾。

（四）养老诈骗多，防范意识少

通过走访社区了解到，有部分诈骗团伙打着销售保健品、医疗产品的幌子，通过举办养生讲座、免费体检、免费旅游、发放鸡蛋面条等小礼品来骗取老年人的信任，吸引老年人为高额养老产品“一掷千金”。曾经买过高额保健品的徐阿姨表示，子女不在身边也不经常来看望，那些卖保健品的小伙子小姑娘们一口一个“徐妈妈”，又是亲手按摩又是嘘寒问暖的，平时有不懂的地方问他们也不会不耐烦，感觉比亲儿子还亲。据民政部门相关科室负责人称，一些养老产品或收费行为涉及多个部门和行业，协调管理难度大，老年人的金融知识稍欠缺，平时与子女的沟通也不够，又普遍害怕衰老和生病，行骗者正是利用这一点，老人们才容易被引诱上当受骗。

四、“银发经济”蓄势待发，蓬勃生长还需群策群力

(一)强化政策保障

一是鼓励公建民营发展养老。制定整合改造闲置资源发展养老服务的办法，推动公办养老与民营企业合作创新发展模式，减轻企业前期投资巨大、资金占用率高的负担，让企业能够安心搞服务升级。二是完善融资抵押贷款政策。营利性养老机构希望可以凭借土地使用权、房屋所有权等资产来抵押贷款，或者用于减免相关税费。三是设立专项产业投资基金。发挥政府资金引导作用，开发有利于养老企业可持续发展的金融产品，给予他们低成本的专项贷款，提供政策性担保等。

(二)壮大队伍建设

一是鼓励学历进修和订单培养。养老机构应积极与人社、财政等部门联系，在就业招聘时有针对性招录愿意从事养老服务业的学生，学校在培养教育时多传达正向积极的观念，从根本上扭转养老机构人才年龄结构偏大的问题。二是补贴适当向养老服务倾斜。加快理顺资金统筹工作，保障政府对机构和特殊岗位人才的补贴及时到位，从现实层面稳岗增效。三是建立长效管理和培训机制。根据目前医养结合、康养融合的发展趋势，养老机构可以与当地人民医院、中医医院等知名医疗单位合作，建立长期定向培训基地，确保护理人员都能及时跟进掌握最新护理技术。

(三)改变宣传策略

一是要打破传统思维观念。我国当前的养老制度和保险制度正在逐步完善，多数老年人都有养老金或退休金作为物质保障，打破以前经济较为薄弱时需要靠家人齐力养老的局面。另外，受访的年轻人更倾向于养老要自力更生，考虑改善自身财务状况，增加养老储备金。二是要多样化宣传养老机构。常德市天颐湾养老公寓负责人介绍，有很多家属都是看了抖音视频慕名前来。在视频里，他记录了老人在养老院里的点点滴滴，包括吃饭、运动、聊天、社交等，打破了人们对养老院生活质量差的偏见。

(四)完善监督管理

一是相关部门要长期组织“打击整治养老诈骗”专项行动，尤其是要警惕以提供养老服务、投资养老项目、销售养老产品、代办养老保险等为名，实施诈骗等侵害老年人财产的各类违法行为。二是建立养老服务信用黑名单及失信联合惩戒、退出机制，对被纳入“黑名单”的失信主体，依法限制享受政府补贴资金、税费减免，限制参加政府采购项目。三是健

全党委领导、政府主导、民政牵头、部门负责、社会参与的养老服务联席会议制度，加强行政效能建设与养老服务体系项目建设情况考核，强化工作责任落实。

（彭思瑕）

民生加油站 MINSHENGJIAYOUZHAN

湖南启动社保基金管理警示教育月活动

湖南省人社厅组织召开全省社会保险基金风险专题警示教育会。会议提出，社保基金事关人民福祉，事关政府形象，事关党的执政基础。全省人社系统要提高政治站位，从政治高度、人民立场、底线思维深刻认识社保基金安全，维护社保基金安全，深刻领悟“两个确立”，坚决做到“两个维护”，自觉树牢“四个意识”，深入贯彻“人社人，为人民”的工作理念，把最广大人民的根本利益作为一切工作的出发点和落脚点，切实解决好人民群众的“急难愁盼”的问题。

会议要求，全省各级人社部门要进一步压实主体责任，一把手要负总责，分管领导负具体责任，纪检监察负监督责任。要严格落实“1＋N”系列制度，全方位扎紧基金安全管理的“制度笼子”。要加强各项政策的学习和运用，依法依规依纪开展各项工作。要始终保持时不我待的使命感和责任感、如临深渊的紧迫感和危机感，老老实实做人、踏踏实实干事、清清白白为官，切实履行起社保基金监管的光荣使命。要全面加强队伍建设，以“五型双一流”机关创建活动为抓手，在助推“三高四新”战略落地实施、奋力建设现代化新湖南中展现人社担当、贡献人社力量。

（摘自：人社部社会保障基金监管局）

岳阳：高分答卷映出满满幸福　增进民生福祉还需关注三大问题

心系民生冷暖，胸怀万家忧乐。开年以来，国内多地疫情反弹，也对岳阳经济与民生发展带来影响。为了解岳阳市民对2022年一季度民生工作的具体感受，2022年3月国家统计局岳阳调查队采取网络调查和实地走访相结合的方式，在全市范围内开展了一次专项调查，回收有效调查问卷962份。调查显示，岳阳民生工作交出高分答卷，民生事业进步得到广泛认可，全市居民对抗疫工作满意度高，增进民生福祉还需关注三个问题。

一、样本基本情况

本次共回收有效问卷962份。按性别分，男性444人，占比46.2%，女性518人，占比53.8%。按居住地分，城镇440人，占比45.7%，农村522人，占比54.2%。按年龄分，00后2人，占比0.2%，90后76人，占比7.9%，80后194人，占比20.2%，70后318人，占比33.1%，60后298人，占比31.0%，61岁及以上74人，占比7.7%。

二、交出高分答卷，映出满满幸福

为政之道，民生为本。长期以来，岳阳市委、市政府坚持以人民为中心的发展理念，坚定不移推动发展，用心用情改善民生，岳阳民生福祉持续改善，民生事业进步得到全市居民高度认可。

（一）防疫措施科学有力，防疫效果满意度高

市民对本次抗疫工作的满意度很高，调查显示，96.2%的受访者认为防疫防控措施科学有力，99.1%的受访者对防疫效果感到满意。面对全国本土聚集性疫情点多、面广、频发的特点，岳阳市委、市政府坚持人民至上、生命至上，坚持“外防输入、内防反弹”总策略和“动态清零”总方针，全面压实属地、部门、单位、个人四方责任，落细落实“人、物、环境同防”要求，努力用最小的代价实现最大的防控效果，最大限度减少疫情对经济社会发展的影响，也取得了显著的阶段性胜利。

（二）民生变化得到认可，民生工作满意度高

调查显示，23.2%的受访者认为所在的地区在就业、教育、医疗、社会治理、环境保护等方面进步很大，58.4%的受访者认为有一定进步，18.4%的受访者认为没有明显变化。岳阳党委政府保持民生支出占一般公共预算支出比重在70%以上，近年来，岳阳居民收入稳步增长，民生事业繁荣发展，社会保障提标扩面，社会大局和谐稳定，连续多年入选“中国最具幸福感城市”，2021年12月又获评平安中国建设示范市，民生变化受到广泛认可。

1. 文旅事业发展令人印象深刻

虎年春节，洞庭南路历史文化街区“火”了，不到20天的时间里，超过60万的市民游客前来观光休闲，令很多市民印象深刻。调查显示，83.2%的受访者认为文旅事业发展最快、感受最深。近年来，岳阳深耕“洞庭天下水，岳阳天下楼”文旅品牌，将文旅产业纳入全市七大千亿产业和“12+1”优势产业链加以推进，坚持市场需求导向，推进文旅多路径融合，探寻城市发展新动能，取得明显成效。2021年全市接待游客人次6047万，同比增长44.9%；

旅游业实现总收入544.6亿元，同比增长18.13%，文化旅游产业完成产值1208亿元，跻身千亿产业行列，迸发出蓬勃活力。

2. 优质教育“普惠”于民

岳阳市“基教十条”“职教十条”政策，紧盯薄弱环节，对接社会需求，通过推进中小学校扩容，新建公办幼儿园，实施“普惠”工程，发展职业教育，实现教育事业优质、“普惠”、均衡发展。调查显示，多数受访者对子女受教育情况和双减政策落实情况感到满意。77.0%的受访者对子女受教育情况表示满意，20.9%表示一般，仅2.1%表示不满意；65.4%的受访者对双减政策落实情况表示满意，30.4%表示一般，4.2%表示不满意。

3. 卫生事业发展凸显“保基本”

岳阳坚持医疗卫生事业发展以人民为中心和公益性原则，凸显“强基层”“保基本”，通过深化医疗卫生体制改革，提升公立医院服务水平，加快医联体、医共体建设和远程信息化建设，优化和发挥医保政策服务功能，加强医卫队伍建设，健全分级诊疗体系，“小病在基层、大病去医院”的就医格局初步形成。调查显示，75.4%的受访者认为“看病难”得到有效缓解，72.8%的受访者对基层医疗卫生机构的整体评价较好。

4. 本轮疫情期间居民生活必需品量足价稳

本轮疫情发生以来，岳阳市相关部门加强市场监管和价格预警，加强企业调度和产销对接，适时增加投放供应，做好生产调度、物流运输和终端销售等各环节工作，保障重要民生商品运输通畅，确保主副食品生产、流通、供应，确保蔬菜、肉蛋奶、粮食等居民生活必需品供应。本轮疫情期间，岳阳重要民生食品价格未出现大幅波动，猪肉、鸡肉、淡水鱼和鸡蛋等主要食品价格不同程度下降，鲜菜价格小幅上涨，粮、油、鲜果价格平稳。调查显示，53.1%的受访者认为本轮疫情对岳阳物价基本没有影响，37.6%认为略微上涨，9.3%认为上涨明显。

三、增进民生福祉需要关注的问题

(一)居民收支短期受到疫情影响

调查显示，41.3%的受访者表示一季度收入减少，其中82.3%是受疫情影响而减少；24.1%的受访者表示一季度家庭消费减少，其中84.3%是受疫情影响收入减少或者外出次数减少，导致消费减少；35.3%的受访者表示一季度家庭线上消费减少。因疫情防控需要，岳阳提倡“非必要不外出”“非必要不举办大型活动”“非必要不聚会”“非必要不网购”等，相关行业受到较大冲击。调查的120名餐饮住宿、交通运输、批发零售、文化娱乐行业的从业者，有70.9%表示一季度收入减少。

(二)检查多和实际费用高成医疗“槽点”

数据显示，62.7%的受访者认为医疗在变得“更安全、更便利”的同时，也变得更昂贵，检查多、定点医院实际费用高是主要“槽点”。调查时有人反映,同样一个感冒或其他小病,在私人医生那里只花二十多元,而到定点医院却要花费几百元,一些比较常见的小病,在医院要做多种检查、各种化验,小病大看现象时有发生。

(三)购房者“观望”情绪浓

962名受访者中,有138名表示近三年内有购房需求,但谈到更具体的购房计划,68.1%表示会继续观望。一是期盼房价下跌至心理价位附近。自2020年开始,岳阳房价震荡走低,但数据显示,74.1%的受访者认为目前岳阳房价仍然偏高。二是恒大房地产企业暴雷事件引发市民担忧。受访者比较担心房地产企业因债务违约、资金链断裂等引发工程停工、延迟交付甚至出现楼盘“烂尾”、无法交付等情况。

(王东旭)

长沙:情系民心送温暖 困难群众有三盼

为了解长沙市困难群众和留守儿童过节期间生活保障情况,2022年初,国家统计局长沙调查队对长沙市民政局及望城区、长沙县、浏阳市、宁乡市等地部分困难群众及留守儿童进行了走访调研和问卷调查,调查显示,有关部门积极落实困难群众和留守儿童温暖过冬相关政策,把党和政府的关怀送到困难群众和留守儿童身边,保障困难群众安心过年。

一、多措并举保障困难群众安心过节

(一)兜底保障惠民生,补助救助陆续发放

调研显示,近半数受访困难群众已经享受到政府的帮扶慰问,享受到的政府帮扶慰问以上门慰问、春节救助金、发放春节救助物资等形式为主。88.9%的困难群众认为政府救济措施对家庭帮助很大或者有一定帮助,能够缓解家中困难,这主要得益于各地多举措扎实推动各项民生政策落实完善。77.8%的困难群众对政府相关帮扶慰问工作感到满意。据调查,长沙市本级财政安排春节慰问资金600万元,在全市开展主题为“迎新春、送温暖”的春节走访慰问活动,考虑困难群众过节生活需要,将2月份低保、特困供养资金提前至1月发放到对象或供养服务机构,同时对遭遇突发性、临时性、紧迫性生活困难的困难群众,及时给予临时救助。

(二)情暖童心送温暖,关心关怀留守儿童

为更好地关心关怀留守儿童群体,为进一步保障弱势群众春节期间基本生活,长沙市

相关部门积极走访慰问开展送爱心活动，对孤儿、事实无人抚养儿童、农村留守儿童、困境儿童开展慰问，孤儿、事实无人抚养儿童、父母无法返乡的农村留守儿童实现100%上门，及时了解儿童所在家庭存在的困难和问题并提供援助。据调查，50%的受访留守儿童已经享受到驻村帮扶单位、社区工作者、学校老师、村镇干部的关心慰问。据相关部门介绍，长沙县全年发孤儿和困境儿童生活补贴140万元，安排资金30.73万元，并为全县留守儿童(800人)和困境儿童(2132人)续保综合保险。而宁乡市为帮助农村留守儿童更好地应对成长中的烦恼，自2019年起，以喻家坳乡的“禾计划”乡镇社工站为工作平台，在乡村小学和儿童之家的主要服务场域设置“社工信箱”，畅通社会工作者与留守儿童的“零距离”沟通渠道，运用“青苗向荣”农村留守儿童社会工作服务项目，灵活有效地联动政府、家庭、学校、社会共同参与到留守儿童的关爱和保护中，探索出社工服务留守儿童的多方协同模式。

(三)健全机制保民生，临时救助解民困

调查显示，在保障困难群众及留守儿童过冬过节生活方面，受访困难群众中占比73.9%希望政府提供现金补助，43.5%希望政府提供过冬过节物资，34.8%希望政府提高养老、低保、特困等社会保障标准以更好地保障困难群众在过冬过节期间的生活。为切实帮助困难群众纾难解困，长沙市多措并举，保障民生。一是健全主动发现机制，依托市12345政务热线和社会救助“一门受理、协同办理”平台，畅通困难群众求助热线，确保困难群众春节期间求助有门，受助及时。二是督促区县市加强对困难群众走访摸排，对符合救助条件的对象，及时按程序纳入低保、特困、临时救助和城市特殊困难群体帮扶。三是对于情况紧急、需立即采取措施以防止造成无法挽回的损失或无法改变的严重后果的，启用急难临时救助程序进行先行救助，后期再按规定补齐审核审批手续。

二、困难群众过节面临问题

(一)医疗负担较重

从受访情况来看，在家庭生活必备物资保障方面存在困难选项中，“重大疾病医疗负担较重”占比较高。受访者表示，虽然医保能够报销大部分住院费，但部分重大疾病、慢性病等需要长期服药，而部分药品不在医保报销范围内，医药支出花费较高。如长沙县开慧镇飘峰山村喻姓村民，现年68岁，丧偶，患有慢性阻塞性肺病、冠状动脉粥样硬化性心脏病、胃溃疡、肺结核、老年性脑萎缩等多种疾病，其有1名养女，已出嫁外地务工，家境困难，赡养能力较低，该户于2021年3月申报为低保户，享受贫困户保障金，标准为900元/月，以及养女给的少许养老金，但每月药费需要500多元，生活压力较大。

(二)教育花费较高

调查中宁乡市老粮仓的一低保户，家庭成员5人，户主在外打零工，其妻子因痛风，无

法外出劳动，只能在家打理家务，大女儿上大学，小女儿上高中，小儿子上初中，家庭收入主要来源于打零工收入。目前已享受了一些教育福利，大女儿在上大学时得到 8000 元的慈善助学，小女儿在读高中学费减免了 1500 元，小儿子初中也减免了杂费，尽管现在儿女们的学费都有资助和减免，但是对于该家庭而言 3 个孩子的教育支出还是很有压力。

(三)留守儿童成长教育成难题

调查显示，12 户有留守儿童困难户中，有 5 户家庭采取父母返乡回家或者送孩子到父母身边的方式能够在过节期间团聚，2 户因各种原因明确不能团聚，另有 5 户因疫情等因素暂不确定是否能与孩子团聚。"父母陪伴少"这一选项首当其冲成为留守儿童在春节期间遇到的主要困难，其次是"学习无人辅导"，"沉迷电子产品"选项占比也较高，留守儿童的成长教育成难题。如来自浏阳市古港镇新园村的一留守儿童，与外祖父母及舅父共同生活，家中另有 2 个妹妹从出生一个多月就送到本村，父母长期在外，几年都未曾团聚，关系比较生疏，虽然外祖父家庭条件尚可，生活无困难，逢年过节也时常有镇村干部进行走访帮助，但由于缺少父母的陪伴，家中老人无法替代对孩子进行学习上的辅导，更缺乏对孩子健康成长的有利引导。

(四)生活成本支出增加

从受访情况来看，在家庭生活必备物资保障方面存在困难选项中"物价上涨导致支出增加"占比最高。受访家庭迫切希望政府能够稳定物价，降低日常生活支出压力。如浏阳市古港镇新园村的吴姓低保户，家庭人口 5 人，户主系精神分裂患者，妹妹为红斑狼疮患者，母亲患有高血压、糖尿病，另还有两个小孩读小学一年级，该受访者表示临近春节，部分物资上涨，生活成本有所增加。

三、提高生活幸福感，困难群体有三盼

(一)期盼加大对困难群众经济救助范围，提高低保等社会保障救助标准

特殊困难群体家庭经济收入困难，期望能够提高救助补助标准，以维持家庭生活开销。同时，希望扩大救助范围，困难群众只有最低生活保障金补助，镇村也只有逢年过节的时候慰问一下，但他们的现实生活中却存在诸多困难，从医疗、住房、子女求学等，建议相关部门陆续出台更有效的解决困难群众专项救助措施，进一步完善原有城乡低保政策。

(二)加大对留守儿童的关怀

调查中，孩子希望获得的帮助问题中，"父母在身边的关怀""学习上的辅导""学校的关怀"占比位列前三。为进一步引导促进留守儿童的健康成长，一是希望教育部门充分发挥

学校的主渠道作用，通过家校联系、心理抚慰、关心帮扶、学习辅导等方式对留守儿童给予更多关爱，同时积极研究和探索留守儿童课后在校学习和安全教育，使留守儿童放学后有去处有温暖。二是强化家庭监护责任，加强对家庭监护人的督促指导，做好未成年人思想道德建设工作，着力做好留守儿童的思想道德教育和帮扶工作。

（三）期盼给予更多就业方面的扶持

困难群众存在就业条件不具备或就业能力不足的缺点，文化知识水平较低，年龄偏大，专业化技能普遍不高，工资待遇低，稳定性较差。部分低保边缘家庭户希望能提供更多的帮助实现稳定就业，确保家庭有稳定的收入来源，纾解家庭困难；而另外一部分有留守儿童或老人、病人的困难家庭，希望能提供更多就近务工岗位，增加家庭收入的同时能兼顾照顾家庭。如望城区乌山街道双兴村的村民史某，其妻子自小患有疾病，丧失劳动能力且需要人照顾，其女儿读初中，尽管在政府的帮扶下新修建了房屋，学校也给予女儿减免了学杂费和寄宿费等，但该受访者表示，因需照顾家庭无法外出务工，期盼得到更多的就业指导能就近就业。

（兰　娟）

2022湖南民生调查报告

产业篇

政策背景

2021 年，三次产业结构为 9.4∶39.3∶51.3。工业增加值增长 8.3%，占地区生产总值的比重为 30.7%；高新技术产业增加值增长 19.0%，占地区生产总值的比重为 23.9%；战略性新兴产业增加值增长 12.3%，占地区生产总值的比重为 10.3%。第一、二、三产业增加值对经济增长的贡献率分别为 12.4%、34.6%和 53.0%。粮食总产达 614.9 亿斤，居近十年高位。大力实施“六大强农”行动，新增一批国家农业现代化示范区、现代农业产业园和农业产业强镇。农业十大优势特色产业不断壮大，生猪产能持续恢复，农产品加工业营业收入增长 7%。规模以上高技术制造业增加值增长 21%。100 亿元以上项目开工 19 个，三一智联重卡、三安半导体、中联智慧产业城等重大项目进展顺利。新增上市企业 15 家，新增全国专精特新“小巨人”企业 162 家，总数居全国第 7 位、中部第 1 位。净增“四上”企业 880 家，三一重工、华菱集团有望进入世界 500 强。

2021 年是我党“三农”工作重心转向全面推进乡村振兴的第一年，“十四五”时期是向第二个百年奋斗目标进军的第一个五年。2021 年湖南省委一号文件主题为“关于全面推进乡村振兴 加快农业农村现代化的实施意见”，共 6 个部分、30 条，主要内容可以概括为“五个聚焦”——聚焦新发展阶段使命和任务，切实发挥“三农”基本盘作用；聚焦实施“三高四新”战略，加快农业农村现代化；聚焦高质量发展，推动农业优势特色千亿产业做强做优；聚焦农民高品质生活，着力构建新型工农城乡关系；聚焦农业农村优先发展，强化全面推进乡村振兴的要素保障。为加快推进畜牧业转型升级，全面提升畜禽产品供应安全保障能力，7 月，湖南省政府出台《关于促进畜牧业高质量发展的实施意见》。为大力实施“三高四新”战略，稳定重点先进制造业供应链产业链，发挥龙头企业的引领带动作用，促进先进制造业供应链配套发展，全力推进打造国家重要先进制造业高地，8 月，湖南省政府办公厅印发《支持先进制造业供应链配套发展的若干政策措施》和《支持有色金属资源综合循环利用产业延链强链的若干政策措施》；为统筹做好常态化疫情防控和经济社会发展工作，促进全省批发零售、住宿餐饮、物流运输、文化旅游等消费领域企业加快发展，8 月，湖南省政府办公厅印发《做好常态化疫情防控促进全省批发零售、住宿餐饮、物流运输、文化旅游等消费领域企业发展的十条政策措施》。

《2022 年湖南省政府工作报告》中指出，要严守耕地红线和粮食安全底线。落实耕地保护建设硬措施，推动建立“田长制”，编制耕地保护专项规划，加强耕地用途管制。扎实推进高标准农田建设，坚决遏制耕地“非农化”、防止“非粮化”。全面落实粮食安全党政同责要求，切实保障农资供应和价格稳定，确保粮食播种面积稳定在 7135 万亩以上、产量 600 亿斤以上。要促进农业高质高效发展。抓好农业现代化示范区和现代农业产业园建设，深入实施优质湘米、粮油、湘猪、菜果茶工程，打造农业优势特色千亿产业。加快推进种业创新和智慧农机产业发展，做大做强农业省级区域公用品牌，支持供粤港澳大湾区“菜篮子”“米袋子”“果盘子”优势片建设。强化农产品质量安全监管。推动农村一二三产业融合，大力发展休闲农业，打造乡村旅游精品线路。加强农资农技农艺服务，完善农产品冷链物流体系。加大农业新型经营主体培育力度，提升农业组织化水平。

报告还指出，要畅通产业链供应链循环。全面实施“链长制”，分行业编制产业链全景图和现状图，推进工程机械、轨道交通、航空动力、电子信息、新材料等重点领域全球配置资源。“一业一策”助推冶金、石化等行业稳定增长，促进产业链大中小企业融通发展，推动上下游企业共同延链补链强链。要激发市场主体发展活力。开展“纾困增效”专项行动，推行“免申即享”，落实新的组合式减税降费政策，积极促进中小企业融资增量、扩面、降本，有效治理拖欠中小微企业账款。扎实推进民营经济“六个一”工作，实施市场主体倍增工程和企业上市“金芙蓉”跃升行动，持续推动个转企、小升规、规改股、股上市。完善社会信用体系，激发和保护企业家精神。用好市县营商环境评价成果，深入推进全过程公开监管、全周期提升服务，推行“首违不罚”等柔性执法，持续打造市场化法治化国际化营商环境。

（贺玉龙）

全景扫描

2021年湖南粮食产量创六年新高

2021年，湖南省委、省政府严格落实粮食安全责任制，强化粮食生产，全省粮食产量达3074.36万吨（614.87亿斤），比上年增长2.0%，创六年新高。

一、粮食播种面积增加5.4万亩，增长0.1%

2021年，湖南各级政府及有关部门层层压实粮食生产责任，落实耕地保护制度，坚决遏制耕地“非农化”、防止“非粮化”，加大抛荒治理力度，实行种植结构调整，落实粮食扩面。全省粮食播种面积4758.37千公顷（7137.56万亩），比上年增加3.62千公顷（5.43万亩），增长0.1%。

（一）稻谷面积略减

2021年，全省稻谷面积3971.10千公顷（5956.65万亩），比上年减少22.75千公顷（34.13万亩），下降0.6%。其中，早稻1219.60千公顷（1829.40万亩），比上年下降

0.5%；中稻 1479.20 千公顷（2218.80 万亩），比上年增长 0.2%；晚稻 1272.30 千公顷（1908.45 万亩），比上年下降 1.5%。

（二）旱粮作物面积增加

2021 年，全省旱粮面积 787.27 千公顷（1180.91 万亩），比上年增加 26.37 千公顷（39.56 万亩），增长 3.5%。玉米、大豆、甘薯等主要旱粮作物面积均增长。其中，玉米 397.60 千公顷（596.40 万亩），比上年增长 3.4%；大豆 117.80 千公顷（176.70 万亩），比上年增长 2.7%；甘薯 128.10 千公顷（192.15 万亩），比上年增长 1.7%。

二、粮食亩产增加 8 公斤，增长 1.9%

2021 年，湖南气候条件适宜粮食作物生长，示范片区增产效用得到有效发挥，单产增加。全省粮食单位面积产量 6460.95 公斤/公顷（430.73 公斤/亩），比上年增加 119.68 公斤/公顷（7.98 公斤/亩），增长 1.9%。

（一）稻谷单产增加

2021 年，全省稻谷单位面积产量 6756.57 公斤/公顷（450.44 公斤/亩），比上年增加 149.06 公斤/公顷（9.94 公斤/亩），增长 2.3%。其中，早稻单位面积产量 6098.72 公斤/公顷（406.58 公斤/亩），比上年增长 4.0%；中稻及一季晚稻单位面积产量 7586.53 公斤/公顷（505.77 公斤/亩），比上年增长 0.9%；晚稻单位面积产量 6422.23 公斤/公顷（428.15 公斤/亩），比上年增长 2.4%。

（二）旱粮作物单产略增

2021 年，全省旱粮作物单位面积产量 4969.83 公斤/公顷（331.32 公斤/亩），比上年增加 26.02 公斤/公顷（1.73 公斤/亩），增长 0.5%。其中，玉米、甘薯单位面积产量分别为 5888.08 公斤/公顷（392.54 公斤/亩）和 5566.74 公斤/公顷（371.12 公斤/亩），比上年分别增长 1.4%和 0.3%。

三、粮食总产量增加 11.9 亿斤，增长 2.0%

2021 年，湖南粮食总产量 3074.36 万吨（614.87 亿斤），比上年增加 59.24 万吨（11.85 亿斤），增长 2.0%，居全国第 10 位、中部六省第 3 位。其中，夏粮、早稻产量分别为 45.16 万吨（9.03 亿斤）和 743.80 万吨（148.76 亿斤），比上年增加 2.03 万吨（0.41 亿斤）和 25.07 万吨（5.01 亿斤）；秋粮产量 2285.40 万吨（457.08 亿斤），比上年增加 32.14 万吨

（6.43 亿斤）。

2021 年湖南粮食再获丰收，粮食产量连续 8 年保持在 600 亿斤以上，为确保国家粮食安全、应对复杂多变的国内外形势、克服各种风险挑战提供了有力支撑，为“十四五”开好局、起好步，推动经济社会高质量发展，构建新发展格局贡献了“湖南力量”。

（陈　婷）

2021 年湖南制造业 PMI 均值高于荣枯线仍存三方面问题值得关注

2021 年，面对错综复杂的国内外经济形势，湖南继续统筹疫情防控和经济社会发展，大力实施“三高四新”战略，克服 7 月底 8 月初和 10 月份两轮新冠疫情冲击，出台一系列保供稳价和助企纾困等稳定经济发展政策，湖南制造业采购经理指数（PMI）全年均值 50.5%，高于荣枯线。但与此同时，企业仍面临经营成本高、资金紧张、市场竞争大等三方面难题。

一、2021 年湖南制造业 PMI 均值高于荣枯线

（一）月度均值高于前两年，与全国水平持平

2021 年湖南制造业采购经理指数（PMI）月度均值为 50.5%，位于荣枯线之上，高于 2020 年的 49.6%；较疫情前 2019 年的 49.8%，增加 0.7 个百分点；与全国制造业 PMI 月度均值持平。

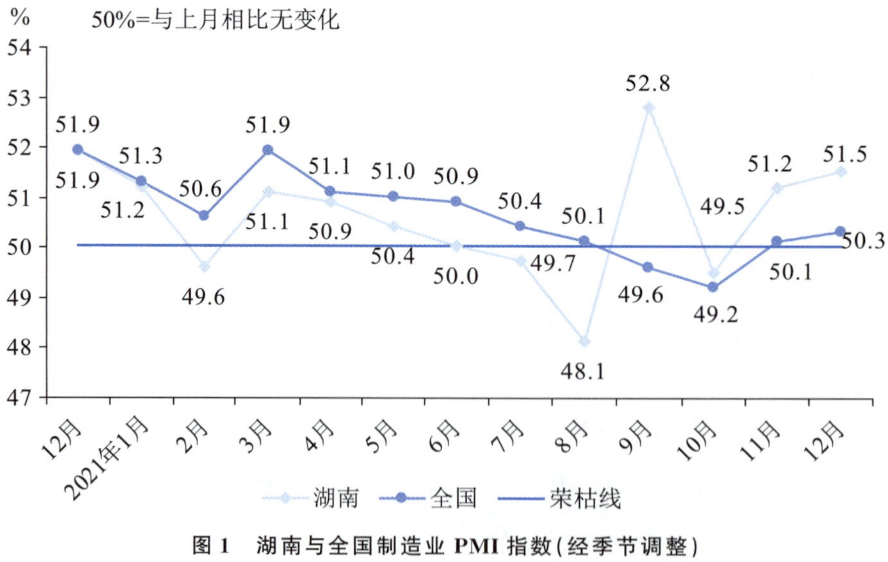

图 1　湖南与全国制造业 PMI 指数（经季节调整）

分月来看，1 月延续上年年底经济恢复良好态势，制造业 PMI 为 51.2%；2 月受春节假日因素影响，企业生产天数减少，制造业 PMI 回落至 49.6%；3 月随着企业年后恢复正常生产，制造业 PMI 回升至 51.1%；4、5 月受原材料上涨快影响，发展步伐略有放缓，制造业 PMI 分别为 50.9%、50.4%；6 月受市场需求不足及原材料上涨快造成库存下降等影响，制造业 PMI 回调至 50.0%；7、8 月受德尔塔疫情和高温的双重影响，制造业 PMI 短期回落至 49.7%、48.1%；9 月湖南无本土新增德尔塔病毒新冠病例，制造业生产有序发展，制造业 PMI 强势反弹到 52.8%；10 月湖南局部地区再次受到德尔塔新冠病毒冲击，加上全国性的煤电能源供应紧张，制造业 PMI 回落到 49.5%；11、12 月伴随一系列保供稳价和助企纾困等稳定经济发展政策力度加大，部分大宗商品价格回落明显，加之湖南疫情防控形势稳定，制造业生产持续扩张，制造业 PMI 连续两个月回升，分别为 51.2%和 51.5%。

中部比较，湖南 2021 年制造业 PMI 月度均值 50.5%，位居第三，低于安徽的 51.5%、江西的 50.9%，高于湖北的 50.4%、山西的 49.7%和河南的 49.6%。与京沪粤苏浙鲁川等七个发达省份比，湖南 2021 年制造业 PMI 月度均值位居第五，低于上海的 51.4%、浙江的 51.0%、广东的 50.9%、北京的 50.7%，高于四川的 50.4%、江苏的 50.3%和山东的 49.7%。

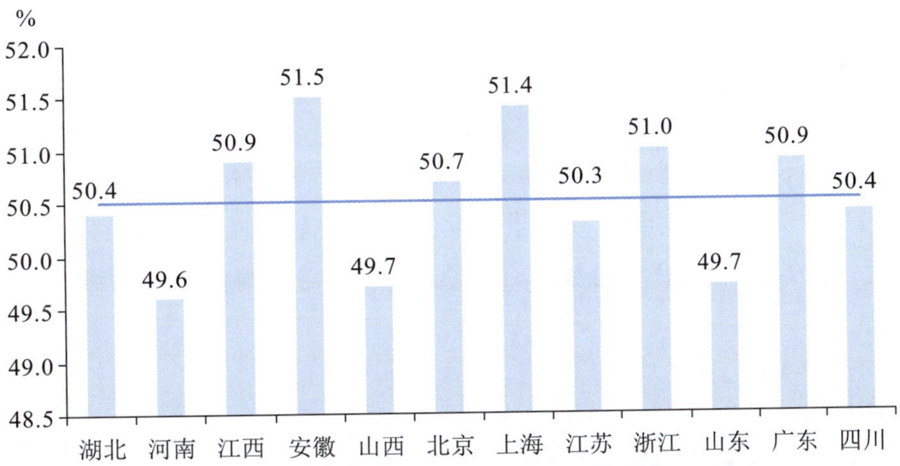

图 2　2021 年湖南制造业 PMI 月度均值与部分省份对比图

(二)大中型企业支撑明显，小微企业抗压有待加强

虽受两次疫情冲击，但大型、中型企业生产恢复较为迅速，全年均值分别为 52.5%和 52.8%。小微型企业受疫情影响较大，全年有 10 个月份的 PMI 低于荣枯线，全年均值为 48.2%，比荣枯线低 1.8 个百分点。

表 1　2021 年湖南制造业 PMI 分规模指数

单位：%

企业类型	1 月	2 月	3 月	4 月	5 月	6 月	7 月	8 月	9 月	10 月	11 月	12 月	均值
大型企业	54.5	56.6	52.5	50.2	48.8	51.9	50.0	48.1	57.7	49.1	56.2	54.8	52.5
中型企业	52.7	48.6	52.0	52.9	54.2	52.7	52.9	50.0	54.1	54.7	53.7	55.5	52.8
小微企业	48.9	47.6	50.0	49.8	48.6	47.5	47.6	46.8	50.2	46.3	47.8	47.7	48.2

（三）高端制造业领跑，结构持续优化

湖南大力实施“三高四新”战略，以创新驱动为源动力的高新技术制造业、装备制造业发展迅速，在推动产业优化升级中已成为新动能积聚的核心点，对经济增长的支持作用明显。2021 年高新技术制造业和装备制造业 PMI 均值分别为 56.4%和 51.3%，比全省制造业 PMI 月度均值（50.5%）分别高出 5.9 和 0.8 个百分点，增长速度快于制造业总体水平，两大产业拉动制造业经济增长作用明显。

（四）供需两端保持增长，产需失衡值仍处高位

生产指数、新订单指数两者的差值在一定程度上反映制造业产需失衡情况。湖南 2021 年生产指数均值为 52.6%，高于 2020 年 1.4 个百分点，较疫情前 2019 年的 51.5%，增加 1.1 个百分点；高于荣枯线 2.6 个百分点，表明生产指数保持复苏扩张态势。2021 年新订单指数均值为 50.8%，高于 2020 年 1.4 个百分点，较疫情前 2019 年的 50.4%，增加 0.4 个百分点；高于荣枯线，表明新订单景气度上升。受新冠疫情和经贸摩擦影响，2021 年湖南制造业生产指数高于新订单指数 1.8 个百分点，产需失衡值仍处高位。

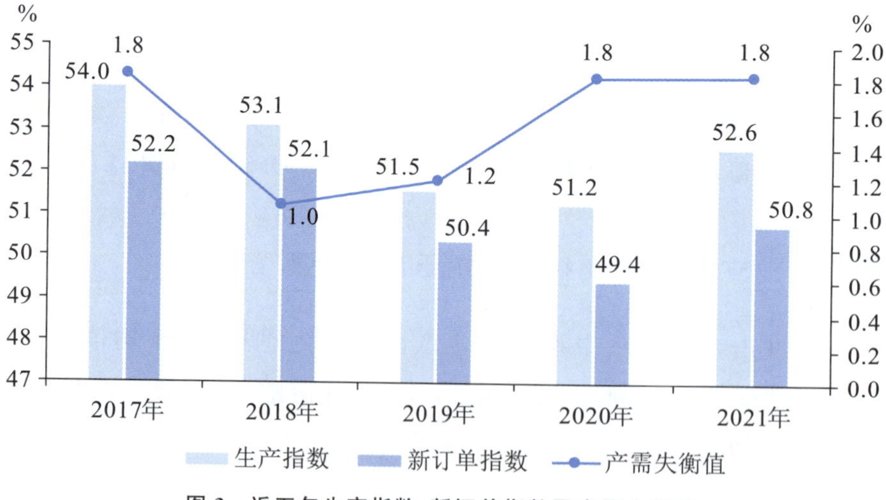

图 3　近五年生产指数、新订单指数及产需失衡值

(五)购进价格上涨快于出厂价格,企业压力增大

2021 年,湖南制造业主要原材料购进价格指数均值为 63.4%,较上年上升 8.1 个百分点;湖南制造业采购经理出厂价格指数均值为 55.2%,较上年上升 5.9 个百分点。2021 年购进价格指数上升幅度高于出厂价格 2.2 个百分点,表明在一定程度上企业营业成本增幅高于营业收入增幅,企业利润下降,较上年承担了更重的经营压力。且两个价格指数均值相差 8.2 个百分点,差值为近五年来最大值,在一定程度上表明 2021 年企业压力为五年来最大。

二、存在三方面问题值得关注

(一)经营成本高最为突出

从对 302 家制造业企业抽样调查情况看,2021 年 63.3%的企业反映原材料成本高,39.9%的企业反映劳动力成本高,37.6%的企业反映物流成本高。株洲南方阀门股份有限公司反映,2021 年经营状况不好主要是受原材料价格上涨影响较大,四季度末虽然相较之前有回落,但仍处在相对高位,如电解锰当前的采购价为 40000 元/吨,虽较 10 月份 42000 元/吨的采购价有所下降,但对比 2021 年初采购价 10200 元/吨,仍处在高位。湘西自治州丰达合金科技有限公司反映,2021 年总体经营较为艰难,原材料价格一路猛涨,国内外运费大幅上涨,而该企业基本采取的订单式销售,原订单继续执行一度亏损严重。衡阳市天天见梳篦实业有限公司反映,2021 年原材料价格大幅上涨,人工工资增加,加上行业竞争加剧,企业目前经营较难。部分纺织、铝、锌等高耗能行业反映交易电价浮动机制以来,生产用电成本上升。

(二)资金紧张依然困扰企业发展

2021 年 44.1%的企业反映资金紧张。近年来,金融对实体经济的支持力度逐年加大,但全球疫情一直持续,加上生产成本上涨,企业依然面临资金紧张的问题。湖南宁乡吉唯信金属粉体有限公司反映,2021 年受疫情及限电影响,产能有所下降,受原材料铝锭过快上涨,资金周转困难,亏损较大。中联重科股份有限公司和湖南长炼兴长集团有限责任公司都反映,下游客户回款风险控制难度加大,回款压力增加,公司资金周转受滞。

(三)近四成企业反映市场竞争压力大

2021 年 39.1%的企业反映市场需求萎缩,竞争压力大。因受全球疫情影响,加上全年大部分时间大宗商品价格一直持续在高位,越来越多的企业采用现结的方式进行交付,越来越多的订单流入现金流较为充裕的大中型企业,而占多数的小微型企业签单越发不易。

据调查，小微企业全年仅1月、3月、9月的新订单指数位于荣枯线以上，全年平均新订单指数仅47.5%，远低于大型、中型企业，大型、中型企业的新订单指数均为54.0%。祁东县旭东水泥有限公司反映，因受外省品牌水泥冲击衡阳市场及市场需求量减少的影响，2021年较往年产销量均有所下降，随着房地产行业愈发饱和，水泥行业市场竞争将愈发激烈。

三、建议

（一）继续加大对原材料保供稳价政策的力度，减轻企业成本压力

2021年以来，原材料价格持续居高不下，大大提高了企业的生产成本，甚至部分企业一度因原材料价格过高而不敢接单，另外部分原材料如芯片、电子元器件等供应紧张，严重影响汽车制造业等行业企业生产。虽然11月以来保供稳价政策效果显现，11、12月的制造业原材料购进价格和出厂价格连续两个月明显回落，企业成本压力有所缓解，但部分原材料价格仍持续在相对高位。企业期盼政府继续加大原材料保供稳价政策力度，持续保持大宗商品价格平稳。

（二）继续加大对中小微服务业企业的帮扶力度

一是不断丰富减税降费的优惠方式，提高纳税人享受减税降费红利的范围和力度，延长税收政策优惠期。二是帮助拓展市场，近两年受疫情影响，市场需求萎缩导致市场竞争愈发激烈，中小微企业受自身能力限制，在拓展市场、开发新客户能力上存在“短板”，需要政府给予支持，增强企业发展信心，助力企业健康成长。三是精准施策切实解决企业资金困难，延续疫情低息（贴息）贷款政策，进一步简化贷款流程和缩短放款周期，根据企业不同行业性质创设政策工具支持银行更多发放信用贷款，缓解企业资金压力。四是制定有效政策着力满足企业用工需求，一手抓统筹并制定实施高效灵活的人才引进、培养、使用、评价、激励和保障机制，一手抓企业招工补贴和完善企业周边超市、经适房、儿童教育等配套场所设施，不断增强企业人员工作的稳定性，帮助企业建立人才队伍。

（三）建立省内小循环，完善产业链，带动小微企业高质量发展

鉴于当前疫情和部分大宗商品价格仍在相对高位，建议在国内大循环的基础上，省内建立小循环，尽可能建立较为完善的产业链，一旦因为疫情原因国外省外的资源流通受阻时，可省内调配。建议形成同链协调机制，大中型企业通过订单分包、技术支持、共享用工、协同创新等措施带动小微企业发展。

（王　耿）

民生加油站 MINSHENGJIAYOUZHAN

数字产业为人民

我国已进入老龄社会，如何更好地破除数字产品与老龄群体之间的数字鸿沟，是技术服务社会的最后一公里。在第五届数字中国建设峰会成果展示中，针对老龄群体研发的字体、机型、交互路径等深受欢迎。特别是智能终端针对老龄群体专门设计的一键呼叫系统、烟雾传感器和人体感应装置，将在老龄群体的生活起居、身体医疗监测和居家安全等多方面发挥重要作用。

产业数字化在助老行业发展中已愈发迅速，包括医疗、保健、金融、通讯等传统行业，在数字转型方面，针对老年群体特质的线上线下打通服务已经开始普及。在金融安全、日常医疗、适老通讯服务和居家安全等多个领域，数字技术已全面嵌入为老服务之中。本次峰会不仅将这些助老、适老新产品进行了研发向产业的转化，而且还将科技成果和产品应用纳入老龄课堂，从硬件和软件两个方面消除数字鸿沟，更好保障老年人的权益。

我国目前尚有1500万残障人士生活在国家级贫困线以下，因病致贫和因残致贫的情况，有望未来以数字赋能的方式加以解决。数字赋能，还在于对残障人群的创新创业领域，很多地方已经将残疾人就业纳入数字产业赋能范围，包括直播电商、文创产业、数字产品和技能培训等，相关帮扶政策已经让不少残障人士走出了生活阴影。

网络直播、数字产业、农业互联网、跨境电商和物流平台等产业平台的建立，为创业者们特别是边远地区、农村人口、残障人群创业者，搭建好了产业的平台，以产业数字化和数字产业化为路径，将生意做到世界各地，足不出户，就可以线上完成选品、供货、广告、销售、物流和评价。数字中国，正用一系列普惠性、兜底性的数字发展成果，让人民群众共享数字红利。

（来源：光明网）

2021年湖南省生猪存栏、出栏量均创五年来新高 存在问题需关注

2021年湖南畜牧业生产形势总体良好，畜产品供给保障有力。在生猪产能加快释放的形势下，1—10月生猪出栏价格持续下跌，全年5个月低于自繁自养成本线，11月因消费拉动价格回升，但市场供应宽松的基本面没有改变，价格下行整体趋势仍未改变。

一、生猪生产情况

(一)生猪存、出栏量创近五年新高,能繁母猪存栏优化调整

2021年底湖南生猪存栏4202.0万头,同比增长12.5%,恢复度105.9%(与2017年同期相比),位列中部六省第2位、全国第3位。其中,能繁母猪存栏368.1万头,同比增长4.7%。2021年全年价格持续偏弱运行,养殖场(户)为缩减成本,对能繁母猪存栏进行优化调整,淘汰三元母猪,选购优质二元母猪,提升生产效能。据省农业农村厅数据,全省优质二元母猪由2020年同期的不到50%提升到目前的90%以上。生猪大县监测数据显示,能繁母猪存栏连续6个月呈下降趋势,为2017年同期的92.9%。

2021年全省出栏生猪6121.8万头,比上年增长31.4%,恢复度为100.1%(与2017年相比),位列全国第2位,中部六省第1位。排位低于四川,高于河南。

(二)生猪出栏价格1—10月持续下跌,11月开始回升,但价格下行整体趋势未变

受市场供应持续增加影响,湖南省生猪价格自1月份起连续10个月下降,由1月均价36.6元/公斤跌至10月均价13.2元/公斤,降幅高达63.9%。2021年1月,养殖户出栏生猪头平盈利2000元以上,10月头平亏损400元左右。11月生猪价格开始回升,比10月上涨39.4%,2022年1月回落。

年底生猪价格回升,是深度亏损后的生猪产能调节、猪肉进口减少、政府临时收储、市场消费增加等综合影响的结果,但生猪产能仍处于相对过剩状态。

(三)猪价与成本双向挤压,养殖效益大幅下滑

饲料成本占生猪生产成本的60%左右。2019年以来,玉米价格不断攀升,2021年全年处于高位,12月下旬玉米价格为2624.3元/吨,比2019年同期上涨44.9%。按出栏体重110千克,综合同期豆粕价格计算,一头生猪饲料成本为1050元左右,比2019年同期增加约245元。保健费用与非洲猪瘟流行前相比,每头生猪保健费用上涨80元以上。生猪价格进入下行周期,前期被高利润掩盖的高成本问题日益凸显。

二、后期形势预判

2021年末湖南省生猪存栏创五年来新高,生猪量足母猪存栏优化,根据生猪养殖规律,基础产能保持高位致使出栏惯性增长。监测平台数据显示,三季度湖南生猪大型养殖场(户)新出生仔猪数量同比增长60.19%,四季度同比增长46.52%,这部分仔猪将在2022年上半年出栏,意味着2022年上半年,湖南生猪市场供应充足,有可能仍会相对过剩。

从猪周期来看，2006 年以来生猪生产共经历了三个完整的猪周期，每个周期平均为 46～49 个月，其中价格下行时间为 23～31 个月，此轮猪周期于 2018 年 5 月开始，从 2021 年年初进入下行周期，且本轮猪周期价格涨幅、降幅均为历史最高，是多年来波动幅度最大的一次。产能过剩导致的周期下行需通过去产能的手段来调节，去产能的效率决定了下行周期的长短，但目前，生猪存栏还处于历史高位，猪周期拐点远未到来。

综上，2022 年上半年湖南生猪养殖仍将处于消化前期过剩产能阶段，预计生猪出栏价格将在低位震荡。

三、当前面临的问题

（一）市场低迷行情下，养殖户资金紧张、融资难的矛盾突显

生猪出栏价格下跌，成本增加，流动资金不足成难题。调查显示，54.2%的养殖户反映制约生产发展的主要因素之一是资金信贷不足。54.9%的养殖户希望加强贷款支持。调研了解，虽然政策鼓励支持贴息贷款，但实际贷款过程中需要相应抵押，母猪、猪舍等不符合抵押规定，养殖户贷款申请难度依旧较大。并且，奖励政策和低息贷款多针对的是大型规模化养殖场，对于中小型养殖户来说银行等金融部门贷款门槛高，手续繁杂，不少是依靠民间借贷。

（二）产能过剩背景下，龙头企业违约撤资增加不稳定因素

2021 年生猪价格高开低走，生猪养殖项目的建设积极性明显受挫，前期大规模增产扩能的部分龙头企业策略性地调减产能。有的企业因前期扩张步伐太大，产能调减存在一定困难，部分在建项目停工停产，违约撤离合作项目，拖欠合作养殖户建设费、租赁费、代养费，致使养殖户利益受损，矛盾纠纷频发。

（三）行情下行趋势下，养殖户信心随价格波动明显

生猪养殖户的信心既来自政策的大力支持、非洲猪瘟疫情的有效防控，也来自生猪价格的稳定及有效的生产管理手段。据 2021 年三、四季度对全省 145 家生猪养殖户开展的调查情况显示，四季度 84.9%的养殖户计划维持现有规模或进一步扩大生产，比三季度增长 14.8 个百分点；9.6%的养殖户计划缩减养殖规模，比三季度减少 7.6 个百分点。养殖户信心随生猪出栏价格波动明显。特别是中小规模养殖有一定的盲目性和不可控性，猪价涨了满圈，猪价跌了空圈，给后期生猪生产的发展带来不确定性。

四、对策及建议

一是加大信贷支持力度。积极创新政府、银行、企业合作机制，在风险可控的前提下，

探索扩大抵押贷款范围，简化相关手续，有效破解生猪养殖融资难、担保难问题。

二是加大矛盾化解力度。一方面，做好龙头企业与养殖户的矛盾协调工作，确保“公司＋农户”模式的正常有效运行。另一方面，在项目用地、环保设施审批手续办理程序方面给予指导，并对项目建设推进过程中遇到的非法阻碍和矛盾纠纷给予协调。

三是加大市场监测力度，引导适度去产能。加强生猪生产和市场监测，推动生猪养殖业的稳定有序发展，积极引导生猪产业科学合理适度去产能。同时，重点监测能繁母猪下降幅度，关注其数量，防止因过度淘汰能繁母猪引发生猪养殖大起大落。

四是加大疫情防控力度。除了加快有效疫苗的研制之外，还需进一步完善动物疫病防控体系，提升动物疫病防控能力，强化疫病检测和动物检疫，加强基层动物防疫队伍建设。

（刘　露）

他山之石 TASHANZHISHI

安化：一片树叶成就一个产业　一个产业搞活一个地方

一片树叶成就一个产业，一个产业搞活一个地方。安化县是黑茶之乡，连续13年入选中国茶业百强县前十强，获评中国“十三五”茶产业发展十强县、全国区域特色美丽茶乡、全国“三茶统筹”先行县域。安化黑茶获评湖南茶叶乡村振兴“十大领跑公共品牌”“一县一特”优秀农产品品牌，成功获批中国海关出口HS编码，入选省级县域外贸特色产业集群。距县委、县政府大院不远的资江河对岸，江堤上8个草木景观大字“天下黑茶，神韵安化”，分外惹眼。

产城融合，黑茶小镇似璀璨明珠熠熠生辉

元畅·恒太城是安化黑茶小镇商业服务区域的一个重点项目。作为目前全国唯一的黑茶主题特色小镇，位于县城附近资江岸边的安化黑茶小镇，聘请全国一流规划设计团队同济大学相关专家进行规划设计，于2017年8月启动建设。坚持“一二三产业融合、茶旅文康融合、产城融合”发展理念，整合厚重的“安化黑茶”文化资源和“绿水青山”生态资源，将黑茶特色小镇打造成旅游景区、生态茶城。

黑茶文化广场、唐家观古镇、滨江新城……在产业、城市相融合的黑茶小镇，一个个重点项目，就像一颗颗璀璨的明珠，为城镇发展增光添彩，让安化东坪镇这座“中国最美小城”彰显“小而精”“小而美”特色。

北改南拓，县城从4平方公里扩大至18平方公里

渣矿小区建于1995年，在资江北岸的老城区。改造前，小区道路破损、屋面渗漏、配套设施缺乏。东坪镇将老旧小区改造与棚改、三供一业（供水、供电、供热和物业管理）改造、公租房建设相结合，对老旧小区雨污水管网、化粪池等9个方面进行全面改造，改善居民居住环境。2019至2021年，累计投入3亿多元，改造小区285个，10623户居民从"忧居"变"优居"。

去年9月，安化县玉溪新城开工建设，将在县城南区再建一座占地200万平方米的新城。该项目是安化县城北改南建、扩容提质的核心组成部分，也是该县"十四五"规划中的关键项目。安化县梅山城投集团有限公司负责人唐龙飞介绍，玉溪新城建设依托梅山文化、黑茶文化，植入运动健康等元素，将对县城扩容提质、补齐功能短板、延伸生活空间、优化区位交通起到重要作用，推动新型城镇化建设进程。

"绿色考核"，守护好国家重点生态功能区

"绿色考核"指挥棒发挥了良好的导向作用。近年来，安化大气环境、水环境、土壤环境质量保持稳定且持续改善。去年，安化优良天气天数为361天，优良率达98.9%。全县8个地表水省控监测断面和2个县级饮用水水源地监测断面水质达标率为100%，地表水水质长期保持在Ⅱ类。安化获评湖南省生态文明建设示范县。2021年5月底，离东坪镇15公里的柘溪水库入选省生态环境厅"美丽河湖建设优秀案例"。

2021年来，围绕创建国家生态文明建设示范县，安化严格实行重点生态功能区产业准入负面清单制度，倡导"减量化、资源化、再利用"的循环型生产方式，加快布局新基地、新产业、新业态，推动产业基础高级化、产业链现代化，发展高新技术企业29家，高新技术产业增加值占GDP比重达12%。

（来源：湖南日报）

深度透视

邵阳脱贫地区发展特色产业研究

一、绪论

（一）研究背景

2020年11月23日，我国最后9个贫困县宣布摘帽。至此，经过8年的持续奋斗，全国

832个贫困县全部脱贫，现行标准下近1亿贫困人口实现脱贫，区域性整体贫困彻底解决。2020年8月底湖南省贫困人口最多的地级市—邵阳市的8个贫困县、2713个贫困村、234317个建档立卡户贫困户、858217个贫困人口全部实现脱贫。消除贫困、改善民生、实现共同富裕，是社会主义的本质要求，是我们党的重要使命。打赢脱贫攻坚战只是第一步，如何进一步发展脱贫地区特色产业，巩固拓展脱贫攻坚成果，全面推进乡村振兴，实现脱贫户收入稳步增长是接下来脱贫地区面临的一项新课题。

（二）研究意义

发展产业是巩固脱贫攻坚成果的根本之策，产业兴旺是乡村振兴的物质基础。实现巩固拓展脱贫攻坚成果同乡村振兴有效衔接，发展壮大特色产业至关重要。本课题将以习近平新时代中国特色社会主义思想为指导，立足新发展阶段，贯彻新发展理念，分析当前邵阳脱贫地区特色产业发展现状，实地走访调研并运用问卷采访、座谈调研等方式，通过大量实例从地理、区域、品牌、集群等方面研究分析邵阳各脱贫地区发展特色产业的优势、存在的问题和困难，向邵阳脱贫地区党委政府发展特色产业提出对策建议，为推动邵阳脱贫地区特色产业高质量发展提供参考依据。

（三）国内外研究现状

1. 国内研究现状

（1）基于政府行为角度。《乡村特色产业发展中的政府行为研究——以L县为例》以L县推进乡村特色产业发展的实践为对象，总结L县推动乡村特色产业发展的政府行为及成效，在政府职能理论和协同治理理论的基础上，通过文献法、案例分析法、访谈法，分析其存在的问题及成因，从明确政府角色定位、完善相关保障政策、构建多元主体间稳固的利益联结和强化内外监督等四方面，优化乡村特色产业发展中政府行为的对策建议。

（2）基于动力要素角度。《农村地区特色产业经济发展现状与改善对策研究》认为特色产业经济发展的动力要素包括特色资源禀赋、规模化生产与销售、产业升级与融合、创新制度体系等四个方面。农村地区特色产业经济发展需进一步做好特色产业定位、强化政策支持、抓好特色产品的创新，提升特色产业发展的速度和质量，有效助力乡村振兴。

2. 国外研究现状

（1）产业集群理论。对于产业集群思想的研究是19世纪末，以马歇尔的外部经济理论为标志。马歇尔的外部经济理论、Weber和Krugman的产业集群理论、增长极理论、波特的集群理论。马歇尔把这些具有深入联系而聚集在一起的中小企业具有专业化特征的生产活动区域称作“产业区”。他认为产业区的形成是企业追求外部的规模经济的结果，因为聚集能够促进企业间资源的共享，弥补企业间资源拥有和需求不平衡的矛盾，从而使规模报酬递增。

(2)区域比较优势理论。比较优势概念首先由R托伦斯(R. Torrens)提出的,大卫·李嘉图后来对其进行了提炼与升华,发展成为理论的基础。区域比较优势是指一个区域相对于其他区域的有利的发展条件,如地理条件、特色自然资源、劳动力资源及资金资源等要素。斯蒂格利茨后来又指出优越的知识和专业化也是比较优势存在的基础要素。

二、邵阳脱贫地区特色产业发展现状

(一)政府大力支持

为推动脱贫地区特色产业高质量发展,农业农村部等九部门发布了《关于推动脱贫地区特色产业可持续发展的指导意见》,湖南省人民政府办公厅印发了《关于推动县域经济高质量发展的政策措施》的通知。邵阳市大力实施"一县一品"特色农业发展战略,各县(市)政府部门高度重视,大力推动。如绥宁县出台了《绥宁县2022年乡村特色产业提升行动方案》《关于开展产业帮扶协议履行情况"回头看"和防返贫"五有"产业帮扶行动的通知》和《绥宁县2022年防返贫监测人口产业精准帮扶方案》等系列产业帮扶文件政策,立足全县75万亩楠竹资源和全国杂交水稻制种大县地位,优先实施"一特两辅"脱贫特色主导产业提升行动,突出特色和全产业链开发。安排产业发展资金8812万元,优先支持联农带农富农产业发展。安排整合资金3000万元通过村集体自主发展产业或入股龙头企业等多种形式的产业发展,使村级集体经济得到进一步发展壮大。新邵县出台了《新邵县2020年度产业扶贫巩固提升实施方案》(新扶领〔2020〕8号)文件,从农业保险、财政投入、技术支撑等方面明确支持政策,为产业发展提供保障,出台了《新邵县贫困户产业发展指导员制度实施方案》,共计配置产业指导员564人,其中贫困村269人,非贫困村295人。城步苗族自治县2022年共安排产业项目109个,安排资金7270.43万元重点发展高山蔬菜、苗香梨、猕猴桃、油茶、青钱柳、柑橘、中药材及畜禽养殖加工等产业,大力扶持红美人柑橘、城步峒茶、中蜂蜂蜜、休闲乡村旅游、特色农副产品加工等新兴产业。

(二)品牌优势凸显

经过长期的培育发展,邵阳市已经创建了一批具有全国影响力的特色产业品牌,如"中国茶油之都""中国油茶之乡""中国金银花之乡""中国雪峰蜜桔之乡""中国脐橙之乡""中国奶牛之乡""中国竹子之乡""中国卤菜之都""南国药都"等等。2021年洞口传统优势特色主导产业"雪峰蜜桔"产业统计面积为21.16万亩,产值10.4亿。2020年"洞口雪峰蜜桔"被审定地理标志产品,品牌价值9.39亿元,入选中国农业品牌目录、湖南农产品区域公用品牌名录。隆回大力发展以金银花、龙牙百合为主的中药材产业链,金银花基地面积达22.3万亩,年产干花1.2万吨,综合产值20亿元。计划至2035年,基本完成金银花、龙牙百合、玉竹等主要中药材品种基地区划布局,基地总面积达40万亩,中药材全产业链总产值突破100亿元，打造成为全省中药材产业集群样板分中心。邵阳县油茶林总面积达70.6万亩，年产茶油2.02万吨，产业年产值24.2亿元，争创了全国油茶基地示范县、中国茶油之都、中国油茶之乡、邵阳油茶中国特色农产品优势区等“国”字号品牌。武冈先后被命名为中国卤菜之都、中国豆制品加工50强县（市）、湖南省非物质文化遗产保护单位、湖南省食品加工强县（市）、湖南省商标工作先进集体。武冈卤菜制作术列入了湖南省非物质文化遗产名录；武冈铜鹅民俗列入了邵阳市非物质文化遗产名录、中国名禽录、湖南农业“三宝”产品。城步托丰富的草山资源，以“奶农＋合作社＋公司”的发展模式，大力培育南山牧业、彝牧牧业等龙头企业，全县已逐步形成“南牛北羊、牛羊并举”的奶业发展格局。绥宁绞股蓝和青钱柳分别为国家农产品地理标志产品和国家地理标志产品。

（三）经营主体壮大

武冈到2021年末拥有一定规模的卤、豆制品加工企业16家（武冈卤菜、武冈豆腐商标使用企业），其中：年产值过亿元的4家，卤、豆制品加工企业办理了QS认证的30家，个体卤、豆制品经营户206家，2021年度产值为40亿元，约占湖南省豆制加工产量的1/5。武冈铜鹅规模养殖企业20家（武冈铜鹅商标使用企业），存笼武冈铜鹅种鹅5万羽，2021年武冈铜鹅商品鹅出笼150万羽，产值5.5亿元。武冈全市进驻“身份证”管理平台企业47家，企业产品赋码标识达到100%，申报“武字号”区域公共品牌，“武冈豆腐”证明商标已注册。2022年千亿产业新增年销售收入5.2亿元企业1家（湖南乡乡嘴食品有限公司），创建示范家庭农场省级5个，市级9个，县级5个。洞口具有年深加工能力10万吨以上农产品加工企业，国家级农业龙头企业李文食品，省级农业龙头三可食品、辣妹子食品，其他中小型农产品加工企业70多家。现有好甜桔业、鼎达农业、湘洞果业、山农开物等14家农产品销售综合企业。新邵全县共有各类农业经营主体4054家，其中：农业企业505家（其中省级农业产业化龙头企业6家，市级农业产业化龙头企业20家）、农民专业合作社1308家（其中省级农民专业示范合作社1家）、家庭农场2260家（其中省示范家庭农场3家），国家五星级农庄1家（辉耀农庄），省五星级休闲农庄3家，创建省级特色产业园7家，市级特色产业园11家。邵阳县先后引进和培育了日恋茶油、华强粮油、一代伟仁等10多家规模油茶开发企业，打造了“茶仔皇”“宝庆桂芳”等5个湖南省著名商标。绥宁县全县共有龙头企业17家，其中国家级1家，省级6家，市级10家，省级特色产业园5家，市级9家。稻禾等4家企业入选第三批“邵阳红”，金水湾等8家企业获15个绿色食品认证，厚脉种养、稻禾等2家企业（合作社）通过有机食品认证。城步南山牧业2019年成功创建国家级农业产业化龙头企业，彝牧牧业建成了奶山羊“万头级”养殖示范牧场。

（四）释放扶贫效能

新邵县充分发挥产业在精准扶贫中的基础性作用，引导帮扶企业发展产业基地、提升加工能力，延长产业链条，带动贫困人口稳定增收。目前，各乡镇均建立了2～3个适度规模的产业基地，大部分村也建立了一定规模的产业基地。规模基地的良好效益吸引了一大批有志之士回乡投资发展，回家投资的资本逐年增加。至2020年，全县35家重点产业帮扶企业与100312名贫困人口建立了利益联结机制，支持有发展意愿、有劳动能力的贫困人口自主发展产业。武冈增强联贫带贫利益联结机制。通过政策引导与扶持，大力培育新型农业经营主体，巩固拓展扶贫生产基地、加强特色产业发展，龙头企业、专业合作社、家庭农场、种养大户等新型农业经营主体通过发展特色种植业、健康养殖业、农副产品加工业、休闲农业与乡村旅游业、电商冷链物流业、农业生产服务业、农村公共服务业、“扶贫车间”式加工业、光伏等9大产业，持续带动69472名脱贫人口稳定就业和增收。“大的产业顶天立地、小的产业铺天盖地”的产业扶贫格局全面形成，延续了“龙头企业＋生产基地＋脱贫户”帮扶模式，陈氏金福元、家家康等34家省邵龙头企业带动10479名脱贫人口持续产业增收。洞口县将产业发展与脱贫攻坚紧密结合，确定了以“山外柑橘、山内茶叶”为主的产业扶贫发展模式，建好130个产业扶贫示范基地，建成“一村一品”产业扶贫村55个。支持多家龙头企业采用委托、直接帮扶等方式，带动8000余名贫困人口发展产业，人均年增收1000元以上。邵阳县坚持“扶贫”与“扶智”并重，“授之以鱼不如授之以渔”的原则，邵阳县采取集中培训、专题讲座、田间课堂等形式，开展产业科技培训280余场次，培训贫困户21000余人次。做到了参与产业扶贫的贫困户产业科技培训全覆盖，确保了贫困户不因缺技术而导致产业失败，有效防范了风险。产业扶贫经验做法、产业扶贫典型被党报党刊等主流媒体予以了广泛宣传报道和推介，在广大贫困户中引起了强烈反响。2019－2021年三年来，全县实现了所有有产业发展能力、意愿的贫困户和边缘户全部得到了产业帮扶。

三、邵阳脱贫地区发展特色产业的优势

(一)地理区位优势

一是地理优势，自然资源良好。邵阳总面积20824平方千米，属江南丘陵大地形区，地形类型多样，山地、丘陵、岗地、平地、平原各类地貌兼有，以丘陵、山地为主，山地和丘陵约占全市面积的三分之二，大体是“七分山地两分田，一分水、路和庄园”。境内溪河密布，有5千米以上的大小河流595条，分属资江、沅江、湘江与西江四大水系，流域面积遍及市辖9县3区，适宜发展种养殖等农业特色产业。城步苗族自治县依托丰富的草山资源，以“奶农＋合作社＋公司”的发展模式，大力培育南山牧业、龚牧牧业等龙头企业。南山牧业2019年成功创建国家级农业产业化龙头企业，龚牧牧业建成了西岩镇五桂“千头级”奶山羊种养殖场和金紫乡太坪奶山羊“万头级”养殖示范牧场。二是区位优势，道路交通便利。邵阳市位于湘中偏西南，资江上游，东与衡阳为邻，南与永州和桂林接壤，西与怀化交界，北与娄底毗连。交通发达，同时拥有高速、高铁、机场，邵阳将实施“二中心一枢纽”战略，打造

湖南省域副中心、湘中湘西南经济文化中心、全国区域性交通枢纽。基于邵阳市民族文化多样、自然人文景观丰富、道理交通便利的特点，在发展文化旅游业上具有天然优势。新邵县白水洞文化旅游特色小镇，被评为湖南十佳"冬季气候旅游目的地"，脱贫村坪上镇清水村获评国家3A级景区，新邵县城与邵阳市区相邻，至省会长沙只需2个小时，距上瑞高速潭邵段仅需20分钟，至沪昆高速公路仅需16分钟；湘黔铁路跨县北境而过，320国道、207国道和217省道贯穿县境。每年到清水村旅游近15万人次，带动了餐饮、住宿业的发展，中央电视台多次报道推介。

(二)特色资源优势

邵阳市充分发挥本土资源优势，因地制宜利用产业基础和生态优势，推进旅游产业与特色农业产业相融合，利用特色农业发展生态旅游业，形成产业联动，引导当地社区村民参与，带动农民脱贫致富，以农业带旅游、以旅游促农业，以生态旅游推进经济高质量发展。一是打造生态旅游。隆回县积极挖掘县域现有特色生态旅游资源，实现农旅融合发展，建立发展观光旅游产业园区，在湖南省"脱贫攻坚示范村""美丽乡村建设示范村""旅游扶贫示范村"向家村建设辣椒观光旅游产业园区，在基地中建设集辣椒种植、品尝、销售、观光旅游于一体的休闲农业旅游中心。二是发展农旅融合。新宁县政府充分考察贫困地区的环境条件、资源状况等，坚持"旅游立县"发展战略，贯彻"百里脐橙连崀山"发展理念，以"景区带村"的工作思路，推动特色农产品品种与旅游业相结合。崀山景区被列入"全国'景区带村'旅游扶贫示范项目"，依托旅游优势积极推进乡村振兴，取得了显著成效。三是推进休闲农业。城步苗族自治县围绕经济、生态、旅游、保健、教育、社交等进行多功能综合开发，由一般的观光农业向多元复合型高级休闲农业方面发展，发展集居住、种养、采摘、休闲、观光、度假、游乐、习艺、疗养于一体的休闲农庄集群。截至2021年底，全县建成了白云湖生态茶旅示范基地、长安十里长寨、神龙山庄、桃林休闲农业聚集村、"红美人"观光基地等10个多元复合型休闲农业旅游区。

(三)农产品品牌优势

为发展邵阳市优质特色农产业，邵阳市委、市政府倾力打造了市级优质农产品区域公用品牌"邵阳红"。品牌源于邵阳的地理地质红、传统民俗红、地域特产红、气质血性红、革命传统红，根植于绿色生态、饱含着红色情怀、寄托了富民希望，承载着重信重义、敢闯敢拼、文明开放、求实图强的邵阳精神，品牌产品分为生态茶饮、优质粮油、绿色果蔬、美味食品、地道中药五大类别。2021年"邵阳红"集体商标成功获得国家知识产权局批准，意味着邵阳独创的"邵阳红"集体商标有了更好的法律保护基础。邵阳各县市区政府充分挖掘地区产业发展优势，打造特色产业品牌，充分利用多种网络新媒体、传统媒体等手段，扩大特色农产品品牌的影响力。一方面通过深加工提升品牌价值。邵阳县通过推进"邵阳茶油"

地理标志专用标志，全面提升了邵阳茶油精深加工产能和品牌价值。县政府引进湖南省东方油茶全产业链服务有限公司投资建设中国油茶科创谷首个油茶鲜果加工与交易物流示范基地，扶持湖南日恋茶油股份有限公司完成茶油精炼生产线提质升级和鲜果剥壳烘干生产线建设，引导10家茶油小作坊提质升级改造，出台了邵阳茶油团体标准；另一方面持续做好品牌宣传推广。新宁崀山脐橙种植达50万亩、年产量70万吨、产值50亿元，脐橙种植单县面积居全国第一，被誉为“中国脐橙第一县”。脐橙产业扶贫入选《全国产业扶贫100例优秀案例》，“百里脐橙连崀山”写入省政府工作报告；崀山脐橙相继被授予“一县一特”农产品优秀品牌、首届湖南气候好产品。通过宣传推广和品牌营销，实现市场的大拓展，推动崀山脐橙由论斤卖到论个卖的方式大转变，实现产值大幅增长、效益显著提升，真正形成百亿大产业。

（四）产业集群优势

打造独具特色的优势产业集群，能延伸产业链，提升价值链，推进产业高质量发展，发挥辐射带动与示范效应。邵阳市不断推进产业结构优化升级、新兴产业培育壮大、产业融合发展以及创新型产业集群建设，各脱贫县特色产业已发展成为具有独特优势和一定规模的集群产业。洞口县是湖南省温州蜜柑主产区，全县雪峰蜜桔生产、加工、销售整个产业链共有18余万人，总产值18亿元。共有221家种植专业合作社、7.6万农民从事生产，有辣妹子、三可等龙头企业从事加工与经营，湖南卫视快乐购、农村淘宝、县电商湖南农家好伙计、惠家乡等多家电商平台从事销售与市场拓展。隆回实施“湘九味”中药材产业集群项目，省农业农村厅组织的“湘九味”集群项目分三年实施，国家农业农村部和省农业农村厅下达至隆回县2021年项目专项资金822万元，主要用于金银花良种繁育基地、产地初加工、精深加工、药旅融合以及品牌建设。

四、邵阳脱贫地区特色产业发展存在的问题

（一）地质条件基础设施和土地流转制约产业发展

一是地质条件较差。虽然邵阳属中亚热带季风湿润气候区，气候温和、雨量充沛、土壤肥沃，适宜多种农作物的生长和栽培。但邵阳属典型的丘陵地貌，大多“七山一水二分田”，更有甚者“九山半水半分田”，土地种植条件差，能够用于农业生产的土地较少，且按照耕地和永久基本农田、生态保护红线、城镇开发边界的次序统筹划定三条控制线后，适合集中连片种植农产品的空间更是少之又少。二是基础设施滞后。油茶、脐橙、蜜桔多半开发种植在山旮旯旱地，部分农产品为在荒山上种植，农田、水利、农村生产便路等基础设施薄弱，沟渠等水利设施不配套，设施简陋，抵御自然灾害能力弱，阻碍产品的生产，影响全年的产量。三是土地流转难。部分农民有恋土情结，存在“宁愿抛荒，不愿失地”的心理，造成农产品种

植集中连片难、管理困难。同时,法律对土地流转等问题规定较为模糊,流转期长时,种植大户对进行大规模租地种植心存顾虑,担心产品收益高时,出现农民毁约收回土地或者提高租金等情况。

(二)农业产业化规模小,没有形成规模效应

一是龙头企业规模不大不强,拉动作用不明显。邵阳市龙头企业存在"起步晚、规模小、资金力量单薄"的现状,产权及产品结构都很单一,吸引的外来资本和社会投入不多,规模效益低,带动能力不强,带动面窄,产生的经济效益和社会效益相当有限。同时邵阳市国家级龙头企业较少,省、市级部分老龙头企业转型较慢面临破产风险,对农户的带动作用太小,无法带动农业产业化、规模化经营向纵深发展。二是农民专业合作社发展不够完善。组织规模偏小,经济实力弱,带动能力有限。很多农民专业合作社由于规模偏小、实力弱,会员与经济组织联系不是特别得紧密,不能形成真正利益上的共同体,参与市场竞争和抵御市场风险的能力较弱。管理人才缺乏。由于有文化的青壮劳动力大都外出打工,社员多是文化程度低,年龄较大的农民,他们普遍对于获得生产技术较有兴趣,但合作意识不够浓,创新精神不足,开拓市场能力不够强,农民专业合作社中的农民带头人,懂技术会管理、市场开拓能力强的复合型人才比较缺乏,制约了农民专业合作社的创新和发展。

(三)存在开发难、生产难、销售难的情况

一是开发难。如绥宁地属边远山区,虽盛产竹子但地处偏僻,山高路远,交通不便,竹子抚育、采伐、竹笋采挖等操作及其运输工具较为原始,劳动强度大、管理成本高,楠竹砍伐效益不高,导致全县楠竹资源得不到全面合理的开发利用。二是生产难。生产成本高。油茶、脐橙、蜜桔等农产品栽种周期较长,几年才能挂果进入盛产期,从整地造林到收获期标准化生产每亩需投入资金5000元以上,普通农户根本无力承担,部分较有实力的种植个体或企业,经过数年的投入也经营困难、举步维艰,陷入资金断裂、破产倒闭的困境。技术人才少。农业技术指导人员严重不足,农作物病虫害防治、检验检疫、化肥统配统施等基础服务不齐全,乡镇农技人员青黄不接、人员混岗、专业能力不强,未能全方位为特色农业发展提供技术指导服务,缺乏标准化、科学化种植,科技服务"最后一公里"没有完全打通,很大程度地影响了特色产业健康发展。三是销售难。近几年来,邵阳市特色农业产业已初具规模,但销售上缺少"销售红娘"领路人,仍是自寻销路、各自为政,存在"零、散、小"的情况,难以及时获取市场需求信息,水果销售渠道仍然停留在"等待"客商上门的状态,市场销路不宽。同时,邵阳各县市农业生产还是较传统的粗加工,深加工、精细加工、综合利用加工及农产品的延时延季、错季加工能力差,规模优势形成较难,产品质量及附加值提升有限。

(四)地方品牌建设力度较小

全市拥有农产品驰名商标9个。培育和打造市级农产品区域公用品牌"邵阳红",已有

56家企业、90个优质产品进入品牌目录。“洞口雪峰蜜桔”“邵阳茶油”进入2019中国农产品区域公用品牌名录，邵阳县以“邵阳茶油”为主导产业被评为中国特色农产品优势区，“崀山脐橙”被列入全省片区公用品牌名单。但品牌建设规划滞后，品牌管理和营销手段缺乏，在发展中缺乏正确的引导，没有很好地结合本地有利的自然地理环境和人文环境，因地制宜，科学合理地做好规划，导致品牌规模小，多而杂，品牌市场认知度低，影响力和竞争力不强。

五、对邵阳脱贫地区发展特色产业的意见建议

（一）提高政治站位，把农业产业化发展作为乡村振兴的重中之重

一是坚持以习近平新时代中国特色社会主义“三农”思想为指导，全面贯彻党的十九大及十九届一中、二中、三中、四中、五中、六中全会精神，认真贯彻落实党中央国务院关于实施乡村振兴战略的决策部署。二是坚持生态优先、绿色发展，紧紧抓住大力发展乡村振兴产业的历史机遇，因地制宜发展特色农业产业。三是按照“产业兴旺”的要求，扎实推进农业产业化高质量发展，强力助推乡村振兴战略的实施，不断提高农业比较效益和附加值，增强农业和农产品竞争力，促进农民稳定增收。

（二）加强组织领导，健全管理机制

一是特色产业的发展既要“百花齐放”，又要树立“一盘棋”的思想，要立足于邵阳市地理环境、气候条件等当前实际情况，加强产业发展组织领导，完善相关产业发展指导思想、基本原则、发展目标。二是要针对特色产业现状，完善管理机构，配备专项资金，明确责任分工，统一协调指挥。三是积极鼓励特色产业龙头企业负责人等通过人大、政协会议参政议政，形成顶层设计明确思路，管理机制高效运转，市场主体建言献策的良好局面。

（三）因地制宜，合理规划产业布局

邵阳市作为传统的农业大市，地域广阔，特色经济作物品种丰富。一是各地应根据地形地貌特征、土壤条件、种植习惯、经济效益等因素，合理规划特色产业布局，引导支持各乡村突出培育具有地方特色的高质量产品，大力推进邵阳“一县一特”品牌，做好乡村产业中长期规划、设计，要以资源整合促进区域协调，以地域文化促进品牌发展，形成可持续发展的乡村产业布局结构，走特色化、差异化发展之路。二是根据本地实际，科学制定长远规划，明确实施时间和推进措施，充分调动政府力量和市场参与主体，出台具有竞争力的、灵活的招商优惠政策，以此吸引优质投资者进入农村特色产业领域，在行政服务上，精简审批流程，提高办事效率，创造良好的营商环境和发展条件。

(四)加大投入整合资源,夯实特色产业农产品基地和市场主体建设

一是高质量推进特色农产品基地建设,夯实产业发展基础,各地应根据实际情况,合理整合土地资源,出台并扎实推进相关政策落地落实,积极推动土地流转,提供法律保障,确保规模户一定时期内土地使用权合理合法,稳定有效。二是加大标准化农业产业园、示范基地的投入和建设,以发展现代先进农业为主体思路,建立起涵盖育种、生产、仓储、营销、物流整个产业链必备的完整体系,发挥示范效应。三是积极培育新型特色农业经营主体,推进特色产业龙头企业的认定与运营监管,依托本地龙头企业的资金、市场、技术、渠道、信息等优势对下游产业链和就业人群进行辐射带动,推进"企业+合作社+家庭农场+农户"的产销一体化模式,推进产业与当地农户相互融合,提升规模化生产能力,提高资源整合效应,夯实产业发展根基。

(五)注重人才培养引进,推动农业职业教育发展

农业老龄化问题日趋加重,专业技能无人传承,本土品牌逐渐式微,这些都需要新生代力量为农业现代化发展注入活力。依托特色农产品推动县域乡村振兴、壮大本地特色产业,促进农民增收的长效机制最终依靠的是专业化人才的引进和培养。一是要制定科学的惠农助农人才引进政策,积极引进农业研发、销售和管理人才,加大对于高等院校毕业生返乡种养殖创业的扶持政策,提供适当的创业补贴和贷款优惠,建立良好的社会实践平台,鼓励年轻人返乡创业就业,给本地特色农产品开发、培育、管理注入新的动能。二是推动基层农民的职业教育发展,利用集中培训、经验分享、现场观摩、短视频宣传等方式,将最先进最科学的职业技术传播到田间地头,树立技术优秀标杆,突显模范带头作用,打造一批专业人才队伍,不断提升农产品研发和培育水平。

(六)提高科学管理技术,完善产业链条建设

在全国特色农产品百花齐放的大背景下,邵阳市特色农产品质量、环保、运输、保鲜水平是产业竞争力的重要指标。一是要加大标准化种植技术、病虫害防治技术、科学施肥技术、栽培管理技术、生产加工技术、科学保鲜技术的学习培训,降低生产成本、提高生产效率、提升产品附加值。二是要统筹规划,进一步完善仓储冷链保鲜物流体系,确保邵阳市特色产品生产高标准,仓储高技术,物流高效率,营销高产值。

(七)利用互联网平台,拓宽产品销售渠道

近年来,农产品的销售模式发生了翻天覆地的变化,从传统的地摊贩卖、实物市场交易逐步转变为网络销售,直播带货。一是为当地特色农产品企业与农户做好网络技术知识与互联网营销技能等培训,确保企业与农户熟练掌握相关知识与技能,准确发布与搜集农产

品信息，强化农户网络营销意识，有效开展农产品网络营销活动。二是要树立“互联网+”与农业特色产品销售深度融合的思维，积极推进龙头企业建设互联网销售渠道，尝试抖音等直播销售模式，不断将市场从本地拓宽至全国。三是积极对接有影响力的专业主播，打造专场直播销售会，提升本地农产品影响力。

(八)加大宣传力度，提升品牌影响力

邵阳市特色产业产品种类丰富、发展基础牢固、规模效应明显，发展后劲十足，潜力空间巨大。“酒香也怕巷子深”，在全国同类产品如雨后春笋般开花结果之际，市场竞争激烈，全市应整合产品优势，塑造本地品牌。一是加大宣传力度，利用电视、网媒、公众号等权威新闻媒体和网络平台，积极推介“邵阳红”农产品品牌。二是积极参与各类农产品博览会，推进地理标志集体商标注册审批和绿色产品、有机农产品的认证。三是建设“邵阳红”品牌溯源系统平台，实现上联湖南省农产品“身份证”管理平台，下接“邵阳红”目录企业的生产基地、车间，实行一品一码赋码销售。四是通过统一包装标识推动文化创意与“邵阳红”品牌建设的有机融合，进一步提升邵阳市文旅产业和“邵阳红”品牌文化的品位内涵，扩大邵阳市文旅产业与“邵阳红”品牌的美誉度、影响力，形成有影响、有特色、有品牌竞争力的产业链。

（陈旭阳　赵利亮　车文　陈斐　邓黎黎　李剑航）

民生 加油站 MINSHENGJIAYOUZHAN

全面反映农业全产业链价值
加快促进乡村产业振兴

我国农业正处在由传统农业向现代农业转型的关键时期，农业的内涵、功能正在发生重要变化。这次发布的农业及相关产业增加值主要数据，比较全面地反映了农业及相关产业发展的进展和成效。

一是农业生产稳定发展。保障重要农产品有效供给始终是“三农”工作的头等大事。近年来，我国农业支持保护制度不断健全，政策措施不断加力，粮食产量稳定在1.3万亿斤以上，生猪产能全面恢复，“菜篮子”产品量足价稳。2020年农林牧渔业增加值81397亿元，占农业及相关产业增加值比重48.8%，体现了农林牧渔业是其他延伸性、辅助性经济活动的重要基础，为有效应对各种风险挑战、稳定经济社会发展大局发挥了“压舱石”作用。

二是农业全产业链建设深入推进。推动农业全产业链优化升级，是提高农业质量效益和竞争力的潜力所在。近年来，我国深入实施农产品加工业提升行动、农产品仓储保鲜冷链物流设施工程，支持建设国家现代农业产业园、优势特色产业集群、产业强镇等平台载体，不断延伸产业链、提升价值链、打造供应链。2020年全国农业及相关产业增加值构成中，第二、第三产业增加值分别为48606亿元、40263亿元，合计占到53.2%，反映出现代农产品加工业、流通业取得长足发展，农业全产业链建设新格局加快形成。

三是农村新产业新业态加快发展。随着居民收入水平提高和消费结构升级，乡村生态涵养、休闲体验、文化传承等功能日益凸显，依托农业农村资源的乡村旅游、农村电商等新产业新业态蓬勃发展。近年来，我国深入实施休闲农业和乡村旅游精品工程，乡村休闲旅游接待人次快速增加，2020年全国农林牧渔业休闲观光与农业农村管理服务实现增加值6213亿元。深入实施“互联网+”农产品出村进城工程，开展电子商务进农村综合示范，农产品网络零售额大幅增长，2020年全国农林牧渔业及相关产品流通服务实现增加值22278亿元。

四是农业发展要素支撑不断增强。党的十九大以来，科技兴农、人才强农战略深入实施，各地区各有关部门坚持农业农村优先发展，制定出台一系列含金量高的政策，不断强化农业农村发展的要素保障。2020年农林牧渔业科研和技术服务、教育培训与人力资源服务增加值分别为2515亿元、1520亿元，农业信息技术、农业金融等其他支持服务增加值为3717亿元，反映出资金、人才、技术和信息等要素加快向农业农村投入。

（来源：农业农村部网站）

市县链接

湘西州：新型农业经营主体发展态势良好 五个突出问题亟待高度关注

2022年4月，国家统计局湘西调查队深入粮食生产大县永顺县，采取召开座谈会、实地走访、问卷调查等方式开展新型农业经营主体发展状况调研工作。调研显示：当前，新型农业经营主体发展态势良好，存在五个方面的突出问题亟待重点关注。

一、湘西州新型农业经营主体发展现状

(一)发展规模不断壮大

近年来,湘西州坚持政府引导和政策激励,加快发展和培育新型农业经营主体,截至2021年,全州发展农民合作社6720家(国家级示范社22家,省级示范社71家,州级示范社142家),家庭农场2615家(省级示范家庭农场62家,州级示范家庭农场98家),农业龙头企业205家(国家级龙头企业3家,省级龙头企业40家,州级龙头企业162家)。以永顺县为例,2021年出台《永顺县培育新型农业经营主体实施意见》文件,为稳步推进全县经营主体规范化发展提供了政策支持和制度保障。截至2021年底,永顺县发展家庭农场482家(省级示范家庭农场11家,州级家庭农场13家);农民合作社突破1000家,示范社316家(国家级示范社3家,省级示范社13家,州级示范社13家);种植粮食规模百亩以上规模户67家;省级农业龙头企业4家,州级龙头企业18家。

(二)产业融合发展增强

注重小农户与现代农业发展有机衔接,培育发展种养大户、家庭农村、农民合作社、农业企业等新型农业经营主体,延伸产业链、拓宽产业范围,有效推动农业转型升级,实现一二三产业融合发展。截至2021年,全州州级以上龙头企业达205家,农产品加工企业实现农产品加工产值198.5亿元,其中过亿企业13家、过十亿企业1家。全州申报获批省级农业特色产业园6个。如湘西万源生态农业发展有限责任公司,通过"公司+合作社、基地+农户+加工配送、冷链物流"模式,自建繁殖育苗基地,发动2060户农户开展蔬菜种植及畜禽养殖(湘西本地黑猪幼崽),通过公司建立的物流冷链配送基地,将优质肉类及绿色环保安全蔬菜配送覆盖湘西州八县市。

(三)示范引领增收明显

加大乡村本土优秀人才培育,有效吸纳农村剩余劳动力就业,发挥新型农业经营主体示范引领作用,带动农户实现增产增收。截至2021年,全州发展合作社6720家,直接带动377810人加入合作社。如永顺县和顺现代农业专业合作社,积极吸纳农村剩余劳动力就业,目前入社成员109人(均为本地周边农户)。通过"优质稻+旱杂粮,优质稻+稻田综合种养"模式发展产业,与农户签订协议,实行统一供种、统一栽培、统一收购模式,为农户提供技术指导、机械化作业服务,有效提高农业生产效率,产业链从农机作业服务延伸到稻米生产加工销售领域,年加工销售稻谷1.4万吨,"颗砂贡米"品牌效应突出,农民收益明显增加,种粮积极性明显提高。

（四）促进农业现代化发展

结合山区农业产业发展实际需要，成立农业企业、合作社、家庭农场，有效整合资金、劳动力、耕地等农业发展资源，构建集约化、专业化、组织化、社会化相结合的新型农业经营体系，确保在品质、品牌化运作、区域生产规模等方面更具有竞争力。加强农业科技服务，扎实推进官春云院士专家工作站建设工作。加强现代农业技术体系建设，抓好油菜、蔬菜、旱粮等产业技术体系湘西综合试验站建设。开展新型职业农民认定工作，2021 年完成新型职业农民认定 3000 人，评选年度优秀新型职业农民 100 人。推动山区农业机械化发展，大力支持农业机械推广，2021 年水稻、油菜耕种收综合机械化水平达 73.19%、31.66%，推进设施农业发展和田土宜机化改造，提升果菜茶等特色产业机械化水平，扶持农机合作社建设，促进农机企业发展，提高农机社会化服务水平。

二、存在问题

（一）农业信贷融资难度较大

13 家认为当前农业生产融资信贷融资难度较大，占 76.47%。基层反映，当前农业生产周期长、产业散、收益慢，虽然政策要求银行要支持新型农业经营主体发展，为农业贷款提供便利，但由于农业生产类贷款门槛较高（不能以合作社名义贷款，农业生产设备、田间预期收益不能作贷款抵押物，须有公职人员作担保或个人不动产作抵押），且申请手续繁杂，导致贷不了款或者贷款额度较低。

（二）基础设施配套不够到位

11 家反映生产基础设施落后，占 64.71%。基础设施配套不够到位主要表现在：一是由于耕地位于山区，部分耕地地势偏远，至今尚未修建机耕道。已经修建机耕道的耕地，由于设计不够合理（未设置与耕地连接口），导致机械无法下地耕作。二是部分灌溉工程老化，水利基础设施未全覆盖。水利灌溉设施老化，管理落后，管理队伍整体素质不高，管理经费长期不足，管水用水观念落后、方式粗放，与国家现代化灌区建设目标要求不相适应。鸿丰猕猴桃、西岐月林等部分合作社、家庭农场表示，部分农田水利灌溉设施陈旧老化，水沟多处漏水，由于猕猴桃等水果种植区域多在山坡上，水利灌溉设施未全覆盖，每到天旱时节，便需要人工晚上浇水，目前仍有大面积的猕猴桃基地尚未修建灌溉设施。

（三）农业农村专业人才相对不足

一是文化程度普遍不高，17 家新型农业经营主体主要负责人中，本科及以上学历仅 1 人，其余均为小学、初高中学历。二是团队人员结构不合理，缺少技术、管理、营销等方面专业人才，严重制约创新发展。基层反映，从省里或者其他地区聘请的技术人员对于果木种植技术大多停留于理论阶段或者不适应本地区，另外，省里组织的农业技术培训多半是适合湖区，并不适合在山区发展，县级职能部门技术指导水平有限，对于如何科学施肥、果木如何管理等主要靠自己摸索学习。

（四）成片规模化土地流转效果不明显

湘西州属于山区，耕地多数呈零散分布，连片流转较难，即便有一部分相对较为集中，但由于土地承包经营分散到各家各户，小田整合成大田较难，部分农户宁愿抛荒也不愿意流转农田，在一定程度上限制了农业的规模化发展。另外，受农业设施用地审批条件等限制，部分新型农业生产经营主体存在生产管理用房、产品加工车间、烘干场地等设施无法建设的问题，影响了新型农业生产经营主体的进一步发展。基层反映，想要申请农业加工用地修建厂房、冷库，但是因为耕地、林地保护等种种原因，始终未获批准。

（五）部分惠农政策不够完善

一是部分种粮政策未能享受。湖南省作为国家粮食主产省份，大部分地区均为粮食主产区，但是湘西地区因山多地少，属于非粮食主产区，省农业农村厅部分种粮政策仅落实在粮食主产区，未涉及湘西，比如，水稻集中育秧政策，省内粮食主产区每亩补贴 30～50 元，湘西地区未能享受此项政策。二是其他补贴标准不高，如农机补贴仅为购买价格的 10%～30%，近两年来补贴比例呈下降趋势，且农机具更新换代的速度较快，一般三至四年左右即需要更换，农户购买农机成本依旧较贵。三是农业保险未完全覆盖。基层反映，目前农业保险险种包括水稻保险、水稻大灾保险、水稻制种保险、玉米保险、油菜保险、茶叶保险、蔬菜保险等，对于油茶、猕猴桃、黄桃等水果种植则没有相应的农业保险。

三、意见建议

（一）拓宽农业融资渠道

一是加大针对新型农业经营主体的信贷政策支持力度，通过降低信贷门槛、提高小额信贷额度、简化农业信贷程序、灵活还款方式、盘活农业生产资源，比如农村土地承包经营权、厂房、机械设备、田间预期收益等可质押等方式，为其提供相应信贷资金，缓解资金困境。二是鼓励社会各界非农工商资本进入农业领域。在国家政策的引导下灵活运用政策支持新型农业经营主体发展壮大，同时建立动态监管机制，管理规范工商企业促进其发展现代农业。三是各级政府应该针对生产经营管理效益好、发展规模大、示范带动作用强的新型农业经营主体给予更大的优惠政策和奖励制度支持。

（二）完善基础配套设施

一是完善农村机耕道网络。湘西山多地少，适宜农机具不多，机械化程度较低，需因地制宜统筹设置机耕道网络，提高机耕道建设质量，合理设计机耕道，比如合理设计机耕道与耕地连接口等，方便机械下田作业，解决农业机械化的“肠梗阻”问题。二是不断完善农业灌溉工程。整修现有陈旧的农业灌溉工程，因地制宜逐步运用并完善现代化农业灌溉技术，有效解决农户用水难、管理难等问题，促进水资源高效利用和农业可持续发展。三是加强农业用电网络升级改造。实现农业生产到哪里，电路就跟到哪里，加大农业用电优惠政策，降低生产成本，刺激生产积极性。

（三）加大专业人才培育

一是政府发挥引导和激励作用，鼓励高素质、高学历、懂技术、会管理的优秀本土人才积极回乡创业，加入新型农业经营体成员，培育发展新型农业经营体高素质精英团队，真正实现农业现代化、产业化、规模化经营。二是积极探索适合山区农业发展的农业科技技术，组织农业科技专家现场培训指导，加大对新型农业经营主体带头人和骨干人才实地培训，培育一支既专业又接地气的农业科技队伍，解决农业生产中出现的技术难题。

（四）规范农村土地流转

一是借助高标准农田建设契机，通过土地整治建设形成集中连片、设施配套、高产稳产、生态良好、抗灾能力强，与现代农业生产和经营方式相适应的基本农田，让山区零碎的土地能够“化零为整”，提高耕地生产率。二是尊重农户在土地经营权流转中的主体地位，鼓励新型农业经营主体统一流转土地，按照“依法、自愿、有偿”原则，兼顾土地流转双方合理收益，促进土地长期平稳、有序流转。三是逐步规范完善农业加工厂房、冷库等建设用地政策，切实解决农业产业链延伸过程中的建设用地问题。

（五）优化惠农扶持政策

一是加大对新型农业经营主体的政策支持力度，对发展态势良好、达到一定规模的新型农业经营主体采取以奖代补的方式进行补贴，适当提高适用山区的农机具补贴标准，切实帮助新型农业经营主体解决实际问题。二是充分发挥政策性农业保险作用，逐步扩大高效农业保险覆盖面，将油茶、猕猴桃等本地区大面积种植的水果、经济作物也逐步纳入农业保险范畴，积极为新型农业经营主体预防自然风险提供有力服务，增强其自我发展和抗风险能力。三是鼓励新型农业经营主体对山区农产品品牌意识培养及优质品种种植推广，通过农博会、网络直播等方式宣传推广山区特色农产品，提高农产品价格，扩大销量销路，同时延伸加工产业链，深挖农产品附加值，进一步加快一二三产业融合发展，增加效益。

（彭丽霞）

民生加油站 MINSHENGJIAYOUZHAN

以产业兴旺促乡村全面振兴

乡村要振兴，产业必振兴。产业兴旺，是解决农村一切问题的前提。只有实现乡村产业振兴，才能更好推动农业全面升级、农村全面进步、农民全面发展。

近年来，我国支持乡村产业发展的一系列政策措施不断落地，推动实施了一批重大工程、重大项目，乡村产业发展取得积极成效。农业生产继续稳定发展，2020 年，我国粮食总产量稳定在 1.3 万亿斤以上，农林牧渔业增加值约 8.14 万亿元，占农业及相关产业增加值比重的 48.8%；农业全产业链条发展更加成熟，2020 年，我国农产品加工业营业收入超过 23.2 万亿元，较上年增加 1.2 万亿元，全国农业及相关产业增加值为 16.69 万亿元，随着农业产业链条不断延伸，产业发展的质量和效益不断提高；乡村旅游、农村电商等新产业新业态蓬勃发展，2020 年，全国农林牧渔业休闲观光与农业农村管理服务实现增加值 6213 亿元，建设了一批产值超 10 亿元的特色产业镇（乡）和超 1 亿元的特色产业村；技术、人才等要素对农业发展的支撑不断增强，2020 年，农林牧渔业科研和技术服务、教育培训与人力资源服务增加值分别为 2515 亿元、1520 亿元，农业信息技术、农业金融等其他支持服务增加值为 3717 亿元，资金、人才、技术和信息等要素加快向农业流动。

总的来看，我国乡村产业发展态势良好，仍有广阔发展空间，关键要在产业发展基础方面继续夯实，当前存在的一些短板弱项也需及时补足和加强。一方面，乡村产业综合实力和竞争力仍不够强，表现出门类不全、规模较小、链条较短、布局较散的特征；乡村一二三产业融合程度不高，品种、品质、品牌等方面都亟待提升，产业发展的质量效益和农民获得的增值收益都比较低；一些地方同质化竞争现象比较突出，产业的内生动力和自我发展能力都需增强。另一方面，农产品加工水平和能力有待提升，主要是农业发展方式较为粗放，农产品加工技术和装备等较为薄弱，农业标准化建设推进较为缓慢，这些都制约了农产品加工产业的发展。与此同时，乡村产业发展的资源要素和配套设施支撑仍不足，制约城乡要素双向流动和平等交换的障碍依然存在，资金稳定投入机制尚未建立，技术研发支持力度不够，人才激励保障机制尚不健全，乡村交通物流、网络通信、仓储冷链、商业网点等设施建设也有待加强。

要解决好这些现实问题，需着眼国家重大战略需要，聚焦稳住农业基本盘的要求，顺应产业发展规律，立足农业产业特征，以农民为主体，以农业农村特色优势资源为依托，以科技创新为支撑，以农村一二三产业融合发展为路径，发挥有效市场和有为政府的作用，以更大力度、更实措施推动乡村产业振兴，带动乡村全面振兴。

一是做强做优现代农业。聚焦产业现存的关键薄弱环节切实发力，继续培育壮大新型农业经营主体，加快发展农业社会化服务，提升农机装备研发应用水平，推动农业生产规模化、集约化、信息化，形成现代化农业生产方式，切实保障粮食和重要农产品供给；加快推动现代农业标准体系建设，规范农产品生产过程和流通环节质量安全监管，把农业生产产前、产中、产后纳入标准化管理轨道，逐步形成与国际接轨的国家农业标准化体系；完善农产品品牌建设体系，培育彰显地域特色的“新名片”。

二是发展特色富民产业。重点是依托乡村农产品资源优势，按照“集链成群”的思路，以工补农、以工促农，让一产能够“接二连三”，健全产业链、融合创新链、打造供应链、提升价值链，推动农业向“生产＋加工＋科技”一体化全产业链条方向发展，提高综合效益，把增值收益更多留给农民。还需依托县域链主企业，强产业龙头、扩生产基地、带广大农户、创区域品牌，选择市场空间大、经济效益高、资源后备足、比较优势大的特色优势产业来发展“一县一业”，将资源优势转化为产业优势，使产业优势转化为经济优势。

三是培育发展新产业新业态。全面挖掘农业多种功能和乡村多元价值，拓宽产业门类，重点发展乡村休闲旅游、农村电商等新产业新业态。依托乡村独特资源优势，推动农业与旅游、教育、康养等产业深度融合，发展各类休闲农业新业态。同时，加快培育农村电子商务主体，优化农村电子商务公共服务中心功能，扩大电子商务进农村覆盖面，畅通产品进出乡村的通道。

四是充分发挥功能性平台的作用。依托现代农业产业园区、农业现代化示范区、国家农村产业融合发展示范园、中小微企业集聚区等平台，加强资源整合、要素集聚和政策集成，培育特色优势产业集群。特别是要围绕产业链部署创新链，依托国家农业高新技术产业示范区、国家农业科技园区、农业科技创新平台、农村创新创业孵化实训基地等，健全产学研用协同创新机制，大力推进技术攻关和转化应用。

五是不断完善支撑乡村产业发展的基础设施。既要健全县乡村三级物流配送体系，加强城乡交通、农产品仓储保鲜和冷链物流等基础设施建设，加快补齐制约乡村产业发展的物流短板，又要瞄准构建世界一流数字农业基础设施目标，加强新型基础设施建设，推动大数据、物联网、5G、人工智能等在乡村产业发展中的应用。

此外，还需在健全要素保障体系上下功夫。打破地方保护和市场分割，打通制约城乡要素流动的堵点，促进要素资源更多向乡村产业流动。重点在放活土地要素、完善财政支农投入机制、完善人才发展机制等方面切实发力，持续增强乡村产业发展动力、活力和竞争力。

（来源：经济日报）

娄底：农村电商发展势头良好　存在问题不容忽视

随着农民生活水平的提高和网络基础环境改善，农村网民规模增长，网购频率加快，农村电商市场展现出巨大潜力。为了解娄底市农村电商发展情况，2022 年 5 月国家统计局娄底调查队走访市县商务粮食局、市供销合作联社、市邮政管理局等有关部门和部分电子商务企业。调查数据显示：政府政策利好，电商物流园网点建设逐步完善，电商运营模式多样化，但在推动电商发展中还存在问题亟待关注。

一、农村电商发展现状

（一）电商物流园发展迅速

为助推电商发展，娄底各县市区加大园区等基础设施建设，涟源市建成一个面积达 7000 平方米，集农村电子商务服务、农村生产生活资料仓储配送服务、农村快递包裹分拣服务、农产品包装分拣、农产品冷库储存于一体的电商物流园，在此基础上新建了一个 3800 平方米的冷链仓储，形成一条完整的以“农村物流＋电子商务”的模式，达成产销一体的综合物流体系。

双峰县在其经开区建立了一个面积达 110 亩，吸纳快递、物流企业共 40 余家的大型物流园——丰厚物流园。丰厚物流园正在打造形成专业物流园区，加大现代化仓储运营体系的管理，优质物流资源的整合，进一步助推双峰县经济。

新化县在上梅镇建立了广通物流园，含安达十八站、新天物流、冷链仓库等 13 家物流企业。据园内高海物流公司曾总介绍，高海物流于 2005 年 8 月入驻营业，现有员工 30 余人，主营零担货物运输。

（二）农村电商产业发展运营模式多样

1. 邮商合作模式

涟源市以“农村电商＋农村物流”共同发展，依托电商营利，助农取款服务引流，将物流快递收入作为增值，既打通农村物流“最后一公里”，企业又能持续发展，电商服务站又能长期坚持做好服务。物流平台具备适时反映配送车辆定位信息，农村物流配送可实现上接市、下联村，涟源市 462 个行政村全覆盖并运营，具备网上代购、代销业务；快递物流收、发业务；便民、金融服务业务。涟源家利多电商公司通过政府协调、适当补贴的方式，免费承接了“四通一达”、邮政、顺丰、京东、菜鸟、天天、德邦、极兔等 20 余家知名物流企业从县级分拣包裹送至村级站点的业务。

2. 邮村合作模式

新化县为全力推进“工业品下乡、农产品进城”综合服务职能，加快打通新化县双向流通渠道，新化县供销合作联社借助成功申报湖南省深化供销合作社综合改革惠农综合服务工程规范化县的契机，通过全资下属企业——新化县供销惠农服务有限公司，参股新化快线电子商务有限公司，共同筹建物流快递网络，切实解决通村快递的共同配送难题，积极实施“两个到户”，打通农村物流配送的“最后一公里”。

村级服务点均经村支两委推荐，在村里开有商超或小卖部的地方布点，要求服务点经营者有服务意识和为民意识，并采取“村村响”和村微信群等方式整合村内资源，收取农产品对外销售，降低农户经营成本，实现多方互利共赢。通过利用农村综合服务中心和村级综合服务社，自建物流快递网络解决通乡、村快递的共同配送模式，带动全县农村物流快递包裹实现双向接力式集中仓储转运。新化快线在游家镇试点，经过2021年年底两个月的试点情况，在游家镇已投入资金50万，建立一个镇级分拣中心，35个村级站点，创造就业岗位55个，带动群众增收10余万元，两个月遏制违规收费10多万元，挽回经济损失20多万元，拉动农村消费3万余元，再生回收成本约1万余元。

3. 客货邮一体化建设模式

从2022年开始，在全市5个县市区开展城乡客货邮一体化建设工作，通过节点网络共享、末端线路共配、运力资源共用等方式，探索农村客货运、快递、物流、电商等“一网多用、一站多能、多点合一、深度融合”的新模式，打通农产品进城“最初一公里”和工业品下乡“最后一公里”。构建完善的县乡村三级物流体系，确保农村客运、货运、快递100%全部通达行政村，具备条件的通达自然村。下行快件县级配送中心分拨后，乡镇当日达、村庄最迟次日达。上行快件当日取件，当日送达县级配送中心，最迟次日发往县外。

4. 直播带货模式

2020年举办的首届娄底电商节全网销售总订单达122万单，全网交易总额4386万元，其中农产品销售额850万元。第一届电商节新化5次县长直播带货带动农产品销售1000多万元；双峰为期两个月的“线上农博会”累计销售农产品1000多万元。2021年第二届电商节，顺德造直播小镇会场总销售额6608万元，湖南世茂优博会场跨境电商销售4.1万美元，国内直播3.5万元，线上营销82.37万元。合计销售总额6720余万元。第二届电商节特邀“网红县长”陈灿平、“周周珍可爱”“柯柯 baby”“湘妹心宝”等32名知名主播现场为219种湖南农特产品推广和带货。全年全市电商销售农副产品零售额17.31亿元，完成省商务厅下达娄底市年度目标任务11.97亿元的144.6%。

(三)政府政策利好，助推电商发展

近年来，娄底市商务、发改、交通等多部门联合印发《娄底市城乡客货邮一体化建设工作》和《推进电子商务进农村全覆盖工作实施方案》全力推动农村电商发展。在《娄底市城

乡客货邮一体化建设工作》中，以促进乡村振兴和城乡融合发展为主题，以农村客货运、快递等多领域融合发展为目标，因地制宜、突出重点、创新引领，切实破解工业品下乡“最后一公里”和农产品进城“最初一公里”的突出问题，实现物流畅通、城乡覆盖、设施完善、成本降低、服务提升。在《推进电子商务进农村全覆盖工作实施方案》中，按照“资源整合、体系健全、功能完善、服务规范”的工作思路，大力发展农村电子商务，全力推进全市农村电子商务“三个全覆盖”，即：公共服务全覆盖、物流配套全覆盖、乡村网点全覆盖。加快推进全市农村电子商务“一个中心，四体系”，推动农村经济发展方式转变，促进农村产品提质增效和农民增收，推进电商精准扶贫，实现城乡流通服务一体化。

（四）农村电商村级站点体系逐步完善

截至 2021 年底，涟源已完成 464 个站点建设，373 个益农信息社建设，整合物流快递企业，实行共同配送到村，做到了村村通物流，实现“一点多能、一网多用、多站合一”，有效助力农产品上行。

娄星区按照客运站、农资站、商超、快递站所等“多站合一”模式，根据乡镇物流发展实际需求，按照“适度超前”原则，新建或升级改造现有乡镇客运站邮政所和物流服务设施为乡镇运输服务站，使其具有客运服务、农资与农产品仓储、日用品分拨配送、再生资源回收、快递配送、冷链保鲜等功能。

新化快线在游家 36 个网点的基础上在全县 688 个村迅速建立和完善所有村级网点，在保证邮政普遍服务和特殊服务质量的前提下，创新乡镇邮政网点、供销网点运营模式，发挥邮政网络、供销网点、金融网点在边远乡镇的基础支撑作用，推进多方面、多网点合并，实现“一点多能”。

二、农村电商发展所面临的问题

（一）农产品上行有难度

本地农特色产品标准化、规模化、品牌化的农产品少，未形成产业链。很多农产品生产企业无法达到电商销售的要求，属于小规模生产（无小作坊证，sc 证，产品合格检验证等），满足不了市场的要求，因此无法与外部市场形成长期的合作关系。

（二）电商物流基础设施不完善

据涟源家利多公司负责人介绍，近年来企业发展迅速，实现了“四通一达”，包裹数量与日俱增，然而公司可以用的包裹分拣、仓储，商贸中心共有土地不到 9 亩，面积十分狭小，满足不了本地需求。农村物流车共 17 台，每天要跑 100～200 公里，运营 4 年以上，共跑了 20 万公里每台，油费十分昂贵，急需更换新能源车。据新化县供销合作社数据显示，2021 年新化县日均收件超过8万件，日均派件约10万件，圆通、韵达、百世实行共配，共用一个分拨中心，全县均存在场地不足的情况，县城土地资源紧张，新化中通的分拨中心在桑梓镇。其他小型的快递公司又在不同的地方，不但没有正式的场地，路与周边的环境都不方便，也不安全，消防也存在安全隐患，在城区的又随时要面临拆迁的准备，随着快递日益的增多，这些公司都会受到场地的制约。

(三)农村人才流失，缺乏电商人才

因为互联网的发达，在农村的大学生通过网络知道并了解了外面更加精彩和广阔的世界，因此向往大城市的生活而并非留在农村，所以造成大学生人才的流失，而留在家中的老年人不了解也不精通网上直播，而且大部分专业人员不能忍受艰苦的农村生活不愿扎根农村，才造成电商人才“只出不进”；留在农村的人一般文化程度不高，文化水平素质比城市人口低，对互联网更是不了解，也没有受过专业的电商培训，因此信息技术不足，也严重阻碍了电商的发展。

(四)物流成本较高

各快递企业为抢占市场，竞争激烈，快递企业出现积亏损，导致科技含量低，投入少，企业发展缺乏后劲，难以进一步提升服务水平。以中通快递为例，2019年给涟源公司配送费1.2元/单，2021年总公司给涟源公司0.8～1元/单，涟源公司从长沙托运包裹回涟后，还要给镇级加盟店0.7～0.8元/单的配送费。

三、发展电商的建议

(一)整合物流资源，建设县域电商统仓共配中心

一是强化村级站点物流服务功能。给予村级站点相应的补贴和项目支持。二是整合物流资源，实现统仓共配。完善农村电商基础建设，整合物流、供销、快递、仓储、政务等资源，加强统仓共配功能的仓储物流分拨中心建设，实现物流中心辐射服务周边农村电商，降低电商营运成本，推动产品信息资源共享、产业运营集聚发展、仓储物流统仓统配。

(二)大力发展培养电商人才

政府通过改善农村物流设施环境，加大对农村电商的宣传，吸引外出就业的大学毕业生以及有技术电商人才回乡发展。

(三)推进农产品标准化，打造农产品特色品牌

着力打造特色化农产品，为农产品构建身份信息，树立长远意识，为产品贴上标签，保

障产品的品质。同时应着力打造品牌的特点，赋予农产品一定的文化故事，使其有内涵，能带给消费者一种健康而美好之感。

（邓露茜）

郴州：旅游业遇倒春寒　纾困解难有四盼

疫情下郴州旅游业在停摆—重启—停摆的走走停停中度过了极不平凡的两年。为了解当前郴州旅游业面临的困难梗阻和期盼建议，2022 年 3 月国家统计局郴州调查队走访了市文旅新局和资兴东江湖旅游景区。调查显示：当前，郴州旅游业经营困难、亏损严重，亟待扶持力度上做“加法”，企业运营成本上做“减法”，推动创新转型渡难关。

一、郴州旅游业遇倒春寒

去年以来，受疫情冲击影响最大的文化和旅游业逐渐回暖提升。按文旅部 2021 年统一核算方法，郴州 2021 年接待国内游客 5361 万人次，国内旅游收入 531 亿元，同比分别增长 19.9%、14.9%。2021 年春节长假，按 2021 年文化和旅游部统一核算方法，郴州市共接待国内游客 95.97 万人次，实现国内旅游收入 8.87 亿元，按同口径同比分别增长 6.80%、5.53%。旅游经济一直是回暖提升的态势，但是从 2021 年下半年起，郴州主要客源市场广东和长株潭先后发生疫情，旅游业遭受了较大冲击，回暖提升势头减弱，部分行业面临的危机甚至比 2020 年更加大。

（一）旅游接待游客量大幅减少

2022 年一季度，郴州旅游接待 968.05 万人次，95.45 亿元，同比分别下降 23.35%、27.33%。据初步统计，今年一季度，全市 63 家旅行社法人社已暂停营业 51 家，退团数 350 个，涉及游客 12205 人，退费总额数达 585 万元。其中涉及游客最多的是郴州假期旅行社、五连冠国际旅行社、湖南海外旅游郴州公司、合一研学旅行。出境游暂停，组团业务极少，地接业务几乎停滞，很多旅行社面临活不下去的状况。

（二）对星级饭店的冲击大

2022 年，郴州市星级饭店 13 家，较 2021 年减少了 8 家，星级饭店 2021 年全年平均出租率不足 50%，客房及餐饮收入较疫情发生前减少 35%左右，部分星级饭店经营不下去，纷纷选择了停业。目前，在营业的星级饭店瑞际酒店、国际大酒店、苏仙宾馆等都是亏本经营，且没有看到好转的迹象。等级景区投资动能不足，小部分景区（点）项目暂时停工，新产品供给不足，部分私营景区经营困难。资兴白廊景区半岛渔村酒店，位于白廊景区内，据该酒店负责人介绍：2020年较2019年相比净利润亏损30%，2021年较2020年相比净利润亏损20%，2022年到目前为止都在亏损状态。防疫政策要求超过20人以上的游客不允许接待，还需要向相关部门进行报备，极大限制了游客的出行意愿，目前该酒店已关闭网上预订渠道（美团），从2022年开始，预计已退掉游客200多人。不仅外地游客大幅减少，本地游客周末出游也大幅下降，酒店经营受到严重冲击。

二、疫情影响下，旅游业呈现三新特点

（一）低密度、近郊、自驾、康养成为旅游发展的新方向

疫情让旅行节奏减缓，但人们对美好生活的向往依然存在，人们的旅游消费需求仍然存在。调查中，多数居民表示如果条件允许，仍希望能出门走走，短期内会选择近郊游、自驾游等旅游方式；从长远来看，新冠肺炎疫情唤醒了民众的生命和养生意识，低密度游、生态旅游、乡村旅游以及康养医养类旅游产品的关注度提升。这些或将成为旅游业发展的新方向。

（二）云旅游、大数据等数字化应用模式成为旅游发展新动能

一是云模式应用空间扩大。调查中，有居民表示不能出去旅游，但可以看直播。上海野生动物园等旅游点开办的“云”模式，为居家旅游提供平台，使旅游向行动不便人群延伸，又为线下旅游提供有效推广，激活线下潜在游客的旅游意愿。二是数据科技融入旅游产业。实名制登记、在线预约等已成为不少景区恢复开放的“标配”。这些景区利用大数据等科学手段，促进升级改造票务系统，使用提前预约、线上购票、语音导览等非接触方式购票和健康游览，最终实现景区智能化管理。

（三）疫情倒逼旅游供需双方的文明新提升

旅游企业把常态化疫情防控和安全保障提到新的高度，防范和处置旅游纠纷的举措更加全面务实，旅游服务软硬件设施建设和整体服务水平的提升被放到更重要的位置。游客更加注重生命和养生、防疫和安全，守规矩、讲卫生、不扎堆、强防疫的自觉性大为提高。

三、郴州助力旅游业复苏的三项举措

（一）强项目建设，满足人们在家门口旅游的需求

郴州今年预计实施文旅项目101个，总投资354亿元，其中已开工项目80个，总投资303亿元。集中开工的项目涉及景区扩容提质、餐饮住宿、温泉康养、文旅消费、基础配套

设施等内容，涵盖了旅游“吃住行游购娱”等要素。如正在推进“郴州八点半，夜空最闪亮”夜间文旅消费集聚区项目，围绕“古”字做文章、磨心塘片区延续都市田园风情、北湖公园片区展现热闹繁华的城市景象、爱莲湖片区莲溪书院为核心，打造意境高雅的文化区。

（二）强红色文旅，丰富人们精神文化旅游需求

郴州重点推进红色文旅项目12个，总投资23亿元。其中省重点项目湖南（沙洲）红色文旅特色产业园年度投资1.2亿元，主要实施“半条被子的温暖”专题陈列馆扩容提质、红色文化与非遗传承基地、红色研学基地等建设；长征文化传承展览馆总投资8000余万元，建成后将成为长征文化公园（湖南段）重要标志性工程。

（三）推动文旅、体旅融合

郴州推进文旅融合项目，西河文旅将建成为乡村振兴的示范带、富民带；重点推进体旅融合，中国女排郴州体育训练基地对五连冠酒店、训练基地、展览陈列馆等进行扩容提质。实施“体育惠民工程”，向全市100个行政村、社区安装全民健身器材100套，进一步完善城乡居民15分钟运动休闲圈。

四、旅游企业纾困解难有四盼

郴州着力推动文旅产业创优发展，但旅游企业在疫情影响下仍面临困难梗阻，期盼政府在扶持力度上做“加法”，给企业运营成本上做“减法”。

（一）乡村、近郊旅游景点基础设施薄弱，期盼强化旅游配套基础设施建设，补齐乡村、近郊游硬件短板

调查中，旅游企业表示，郴州乡村游、近郊游多存在公交不达、标识不清、信号不好、吃住不便、询问无门的问题。要对民宿、客栈等加强行业培训和防疫安保指导，并加强旅游公路与高速公路的衔接，把县乡公路改造和旅游公路建设结合起来，建设和完善公路沿线、景区景点旅游标识标牌，推动旅游景点互联互通，完善游客集散中心，完善功能，规范运作。

（二）软件技能运用不够，期盼强化数字科技应用，加快智慧旅游步伐

郴州旅游行业还未跟上信息数字时代的步伐，在网络推广运用等方面缺乏技术。旅游行业期盼政府能帮扶建立信息平台。一要完善智慧旅游平台，开通“旅游百事通”电话热线，健全旅游信息咨询服务体系。二要拓宽数字技术在旅游产业中的应用空间，加大旅游景区、旅游公路5G网络等新型基础设施系统建设，完善景区实时监控和秩序监管等功能，强化高峰时段旅游服务保障。三要加大为线上线下旅游连接服务的科技型企业培育力度，

使人才技术缺乏的旅游企业找的到帮助线上服务的载体。

(三)人才缺乏,期盼强化人才引进和专业培训,提升旅游从业人员素质

旅游企业表示,郴州本地懂旅游、会经营、善管理的人才奇缺,理念不新、业务不精、导游难找、业态雷同单一。期盼与省内外的旅游培训学校、优强景区景点建立旅游人才培训机制,通过培训、考级、评优、大赛、表彰等方式,引进人才。让导游在发挥基本作用的同时,发挥好承上启下、有序推荐省内景区、特色餐饮、住宿、娱乐项目等方面的作用,增加景区景点的综合魅力。

(四)经营压力大,期盼政府帮助减轻运营成本,渡过难关

一是帮助制定危机应对预案,包括疫情防控、安全防护等,打通交通、医疗、物资供应等环节。二是帮助旅游行业企业提高融资额度。调查中,资兴白廊景区半岛渔村酒店想在疫情停业期间进行酒店提质改造,优化酒店绿化装修吸引游客。但资金方面不够充裕,现有贷款额度为200万,希望能再提高50万额度,期盼对受疫情影响较大的旅游行业融资额度能适当提高,以便渡过难关。

(曹成茜)

2022湖南民生调查报告

数据篇

历年城镇居民生活

单位：元

年 份	人均可支配收入	指数（1978年=100）	消费支出	#食品支出	每一就业者负担人数（人）	人均居住面积（平方米）
1978	323.9	100.0	289.6	166.1	1.90	3.90
1980	475.9	125.2	425.5	244.1	1.76	4.30
1981	505.1	118.7	465.8	260.3	1.72	4.80
1982	519.0	116.8	449.4	264.5	1.70	5.10
1983	564.0	123.2	492.7	289.4	1.72	5.40
1984	645.0	138.0	540.8	310.4	1.71	5.80
1985	760.8	161.8	685.3	366.5	1.88	6.00
1986	904.4	182.5	775.3	427.9	1.90	6.40
1987	1017.8	184.5	871.6	497.1	1.87	6.50
1988	1255.0	181.0	1142.7	580.7	1.84	6.90
1989	1492.6	183.5	1234.0	678.3	1.82	7.00
1990	1591.5	194.5	1294.0	720.3	1.80	6.91
1991	1783.2	207.3	1446.0	772.1	1.80	7.07
1992	2166.5	221.9	1732.0	881.6	1.76	7.41
1993	2816.5	245.8	2194.0	1049.4	1.73	8.14
1994	3887.6	271.9	3138.0	1496.8	1.70	7.93
1995	4699.2	278.7	3886.0	1898.1	1.67	7.75
1996	5052.1	279.2	4098.0	1986.6	1.64	8.06
1997	5209.7	280.1	4317.2	1972.8	1.64	8.66
1998	5434.3	290.7	4371.0	1907.6	1.62	9.91
1999	5815.4	312.2	4800.0	1942.2	1.66	10.77
2000	6218.7	328.9	5218.8	1943.7	1.71	11.75
2001	6780.6	362.6	5546.2	1943.6	1.77	11.80
2002	6958.6	399.7	5574.7	1985.9	1.97	12.40
2003	7674.2	434.7	6082.6	2179.3	1.89	24.43
2004	8617.5	468.9	6884.6	2479.6	1.88	25.39
2005	9524.0	507.6	7505.0	2689.4	2.05	22.03
2006	10504.7	551.2	8169.3	2850.9	2.03	22.54
2007	12293.5	613.2	8990.7	3243.9	1.99	34.71
2008	13821.2	651.2	9945.5	3970.4	2.10	36.52
2009	15084.3	713.1	10828.2	4174.6	2.06	37.25
2010	16565.7	759.4	11825.3	4322.1	2.07	37.51
2011	18844.1	819.4	13402.9	4943.9	2.15	39.69
2012	21318.8	907.1	14609.0	5441.6	2.05	40.22
2013	24352.0	970.6	16867.3	5323.0	1.95	39.97
2014	26570.2	1037.6	18334.7	5596.0	1.84	39.52
2015	28838.1	1109.2	19501.4	6075.5	1.90	41.02
2016	31283.9	1181.3	21420.0	6407.7	1.96	44.04
2017	33947.9	1261.6	23162.6	6585.0	1.98	46.48
2018	36698.3	1338.6	25064.2	6848.9	2.03	48.76
2019	39841.9	1413.7	26924.0	7499.6	2.02	49.66
2020	41697.5	1450.4	26796.4	7807.1	2.06	51.14
2021	44866.1	1520.0	28293.8	8129.8	1.99	52.30

注：1. 1991年及以前的可支配收入均系全部收入。2002年起，可支配收入剔除了出售财物收入和个人交纳的社会保障支出。

2. 2002—2012年，消费支出中，居住支出剔除了自有房屋折算金。2013年起，居住消费中加入自有住房折算租金。

历年城镇居民平均每人家庭收入及来源

单位：元

年　份	可支配收入	全部收入				
			工资性收入	经营净收入	财产净收入	转移净收入
1978	323.9	323.9	306.0			
1980	475.9	475.9	466.2			9.7
1981	505.1	505.1	496.6	0.3		8.2
1982	519.0	519.0	507.3	0.1		11.6
1983	564.0	564.0	549.7			14.3
1984	645.0	645.0	627.7	0.4		16.9
1985	760.8	760.8	651.1	9.5		100.2
1986	904.4	904.4	752.4	9.7		142.4
1987	1017.8	1017.8	840.4	11.2		166.2
1988	1255.0	1255.0	1078.7	21.3		155.0
1989	1492.6	1492.6	1213.2	28.2	14.2	237.0
1990	1591.5	1591.5	1327.7	23.6	16.4	223.7
1991	1783.2	1783.2	1567.0	14.4	19.8	182.1
1992	2166.6	2172.0	1768.2	18.2	28.8	356.8
1993	2821.6	2822.0	2298.9	31.2	54.5	437.4
1994	3892.7	3893.0	3154.5	27.8	81.5	629.2
1995	4699.2	4705.2	3971.1	26.0	81.6	626.5
1996	5052.1	5060.0	4309.5	44.3	86.8	619.4
1997	5209.7	5248.9	4433.6	35.2	112.0	668.1
1998	5434.3	5474.6	4517.5	35.4	142.6	779.1
1999	5815.4	5855.7	4723.6	52.4	153.9	925.8
2000	6218.7	6261.2	4954.2	140.1	158.8	1008.1
2001	6780.6	6832.6	5168.4	170.0	239.5	1254.7
2002	6958.6	7371.8	5408.2	235.4	111.0	1617.2
2003	7674.2	8145.1	5984.8	356.2	100.7	1703.4
2004	8617.5	9190.2	6807.3	494.0	92.9	1796.0
2005	9524.0	10106.1	6805.4	872.2	195.6	2232.9
2006	10504.7	11146.1	7401.7	929.8	287.2	2527.3
2007	12293.5	14148.9	8612.5	2343.4	170.9	3022.1
2008	13821.2	14577.3	9071.0	1575.1	316.5	3614.7
2009	15084.3	16078.1	9854.1	1744.4	419.2	4060.5
2010	16565.7	17657.1	10782.0	1880.9	541.1	4453.0
2011	18844.1	20083.9	11550.1	2674.2	770.7	5089.0
2012	21318.8	22804.6	13237.1	3008.3	867.8	5691.4
2013	24352.0	26107.6	13453.0	3254.8	2387.3	5256.8
2014	26570.2	28796.4	14661.7	3566.7	2628.6	5713.1
2015	28838.1	31468.3	15902.8	3993.6	2801.0	6140.8
2016	31283.9	35055.6	17274.9	4339.2	3009.6	6660.2
2017	33947.9	38845.9	18765.9	4605.8	3204.1	7372.2
2018	36698.3	42316.8	20021.5	5252.5	3715.3	7708.9
2019	39841.9	46345.4	21534.1	5946.8	3950.9	8410.1
2020	41697.5	47985.1	22457.3	6255.2	4146.1	8839.0
2021	44866.1	52258.7	24160.9	6878.0	4436.0	9391.2

历年城镇居民平均每人消费性分类支出

单位:元

年份	消费性支出	食品	衣着	居住	家庭设备用品及服务	交通和通信	文教娱乐用品及服务	医疗保健	其他商品和服务
1978	289.6	166.1					99.5		24.0
1980	425.5	244.1	54.0	17.0	46.3	6.4	32.8	2.8	22.2
1981	465.8	260.3	57.8	18.5	50.6	5.8	47.0	3.8	21.9
1982	449.4	264.5	54.8	20.0	42.7	6.1	35.6	4.2	21.4
1983	492.7	289.4	61.9	21.4	46.8	7.2	39.1	4.2	22.7
1984	540.8	310.4	70.4	22.2	53.9	7.8	47.5	4.2	24.4
1985	685.3	366.5	86.5	33.0	80.2	7.6	74.8	8.3	28.6
1986	775.3	427.9	102.0	36.4	89.0	8.4	67.2	9.7	34.7
1987	871.6	497.1	101.5	36.0	96.6	9.4	77.3	10.3	43.3
1988	1142.7	580.7	132.0	54.9	168.1	11.9	110.9	18.4	65.8
1989	1234.4	678.3	146.4	51.5	144.9	14.9	108.3	21.6	68.6
1990	1294.1	720.3	170.4	60.0	124.6	26.8	122.8	19.2	50.0
1991	1445.5	772.1	197.6	71.3	142.8	33.2	135.4	25.6	67.6
1992	1731.6	881.6	237.0	95.9	164.7	39.3	176.8	41.1	95.3
1993	2194.0	1049.4	305.0	141.8	230.6	72.4	215.2	57.7	121.9
1994	3138.2	1496.8	420.7	184.5	301.9	184.6	316.6	82.1	151.0
1995	3885.6	1898.1	481.1	244.3	370.7	206.9	408.4	108.7	167.5
1996	4098.3	1986.6	507.1	267.8	334.1	210.6	460.9	149.8	181.4
1997	4317.2	1972.8	497.6	316.7	327.8	276.7	576.4	161.3	188.1
1998	4371.0	1907.6	458.4	411.2	332.2	255.8	642.7	183.9	179.2
1999	4800.0	1942.2	512.3	492.6	401.4	321.3	697.2	206.1	226.5
2000	5218.8	1943.7	495.2	576.7	544.5	395.6	753.8	270.2	239.1
2001	5546.2	1943.6	551.5	662.4	460.1	474.7	826.9	328.6	298.4
2002	5574.7	1985.9	577.7	581.9	420.4	596.0	883.6	343.7	185.6
2003	6082.6	2179.3	621.3	586.9	420.2	680.2	993.9	391.3	209.5
2004	6884.6	2479.6	689.5	640.7	388.2	881.9	1091.3	475.6	237.9
2005	7505.0	2689.4	790.7	771.5	451.0	801.3	1138.7	601.3	261.2
2006	8169.3	2850.9	868.2	871.7	513.6	965.1	1182.2	632.5	285.0
2007	8990.7	3243.9	1017.6	869.6	603.2	986.9	1285.2	668.5	315.8
2008	9945.5	3970.4	1090.7	960.8	674.8	971.1	1110.1	791.0	376.6
2009	10828.2	4174.6	1146.3	1074.7	798.4	1233.8	1207.7	784.7	408.1
2010	11825.3	4322.1	1277.5	1182.3	903.8	1541.4	1418.9	776.9	402.5
2011	13402.9	4943.9	1499.0	1292.6	940.8	1975.5	1526.1	790.8	434.3
2012	14609.0	5441.6	1624.6	1301.6	1034.3	2084.2	1737.6	918.4	466.7
2013	16867.3	5323.0	1387.9	3427.8	1108.3	2141.2	2016.4	1022.8	439.8
2014	18334.7	5596.0	1442.1	3567.6	1098.6	2462.1	2537.5	1209.8	421.0
2015	19501.4	6075.5	1638.1	3519.6	1202.6	2430.2	2934.1	1174.6	526.6
2016	21420.0	6407.7	1666.4	3918.7	1384.1	2837.1	3406.1	1362.6	437.4
2017	23162.6	6585.0	1682.4	4353.2	1492.6	2904.6	3972.9	1693.0	478.9
2018	25064.2	6848.9	1823.5	5060.9	1635.6	3220.3	3924.5	2034.4	516.0
2019	26924.0	7499.6	1843.7	5447.8	1660.4	3425.2	4172.2	2305.2	569.8
2020	26796.4	7807.1	1778.4	5465.5	1708.7	3722.5	3360.8	2350.5	602.8
2021	28293.8	8129.8	1857.0	5795.6	1830.0	3802.7	3859.5	2399.2	620.0

注:1. 1992 年以前的数据,按现行的指标进行重新计算。

2. 2002—2012 年,消费支出中,居住支出剔除了自有房屋折算金。2013 年起,居住消费中加入自有住房折算租金。

历年农村居民生活

年份	平均每人每年(元)					每一劳动力负担人数(人)	农村人均居住面积(平方米)
	可支配收入	收入指数(1978年=100)	总支出	生活消费支出	#食品支出		
1978	142.56		167.10	140.07	97.93	2.33	10.50
1980	219.72	147.6	236.13	192.95	127.70	2.09	11.15
1981	241.70	160.5	265.29	207.59	135.98	1.95	11.87
1982	284.40	186.5	323.22	248.69	164.02	2.00	12.89
1983	315.70	205.0	409.19	273.86	175.62	1.77	16.10
1984	348.20	221.9	441.76	293.19	190.96	1.74	16.77
1985	395.26	239.4	519.85	348.45	219.43	1.69	18.20
1986	439.70	255.9	568.00	386.35	228.96	1.68	19.25
1987	471.30	257.4	639.14	434.75	245.68	1.67	20.01
1988	515.35	244.8	730.06	480.75	266.89	1.65	20.48
1989	558.34	236.5	786.48	516.29	290.35	1.63	21.57
1990	664.23	229.4	930.23	608.73	390.73	1.65	22.27
1991	688.91	234.4	1008.06	655.54	412.63	1.69	22.58
1992	739.40	239.7	1116.06	707.79	442.56	1.67	23.12
1993	851.90	244.5	1306.48	816.56	498.95	1.63	24.56
1994	1155.00	257.0	1766.51	1088.73	665.72	1.60	24.23
1995	1425.16	270.4	2203.36	1367.30	823.91	1.60	25.57
1996	1792.30	292.8	2784.64	1736.71	1025.32	1.56	26.88
1997	2037.06	318.9	2853.42	1815.79	1078.00	1.56	27.37
1998	2064.85	326.6	2829.93	1889.18	1107.23	1.54	28.79
1999	2147.18	344.6	2772.35	1920.15	1122.96	1.52	29.88
2000	2197.2	361.1	2964.9	1942.9	1053.4	1.46	30.92
2001	2299.5	379.5	3030.1	1990.3	1053.2	1.45	32.87
2002	2397.9	398.5	3114.7	2068.7	1086.1	1.44	34.05
2003	2532.9	417.2	3184.3	2139.2	1111.3	1.42	35.09
2004	2837.8	450.6	3729.1	2472.3	1338.7	1.40	36.55
2005	3117.7	483.0	4289.5	2756.4	1433.0	1.40	38.38
2006	3389.8	519.7	4502.7	3013.1	1463.3	1.38	39.28
2007	3904.3	562.8	5009.9	3377.4	1675.2	1.37	40.18
2008	4512.5	607.8	5695.0	3805.0	1947.5	1.37	40.72
2009	4910.0	664.3	6024.2	4020.9	1967.5	1.36	41.69
2010	5622.0	737.1	6507.9	4310.4	2087.9	1.36	42.01
2011	6567.1	815.2	8480.5	5179.4	2343.1	1.35	46.62
2012	7440.2	909.0	9356.8	5870.1	2574.8	1.36	46.78
2013	9028.6	998.0	14349.5	7832.6	2708.9	1.51	52.93
2014	10060.2	1096.8	16612.3	9024.8	3095.2	1.50	54.2
2015	10992.5	1185.6	17387.2	9690.6	3188.9	1.50	57.3
2016	11930.4	1262.7	18231.3	10629.9	3370.7	1.68	60.6
2017	12935.8	1353.6	19309.0	11533.6	3521.2	1.71	63.5
2018	14092.5	1445.7	23632.9	12720.5	3713.9	1.83	63.6
2019	15394.8	1531.8	24603.3	13968.8	4024.9	1.87	63.9
2020	16584.6	1603.8	25198.1	14974.0	4635.9	1.95	65.3
2021	18295.2	1769.0	29636.7	16950.7	5254.1	1.85	63.9

注：从2013年开始收入指标改为可支配收入，收支口径有所变化。主要变化是参与平均的人口由家庭户籍人口改为家庭常住人口。居住面积也因人口口径变化而变化，指标名称由农村人均居住面积改为农村居民人均自有现住房面积。收入指数扣除价格因素影响。

历年农村居民平均每人家庭收入及来源

单位:元

年　份	可支配收入	工资性收入	经营净收入	财产净收入	转移净收入
1978	142.56				
1979	177.12				
1980	219.72	104.21	88.51		26.99
1981	243.17	110.52	102.49		30.17
1982	284.39	132.32	124.55		27.52
1983	315.67	50.10	236.04		29.53
1984	348.20	52.99	266.45		28.76
1985	395.26	53.81	326.23		15.22
1986	439.66	59.18	364.40		16.08
1987	471.30	74.85	379.53		16.92
1988	515.35	86.53	409.52		19.31
1989	558.34	99.88	436.21		22.25
1990	664.23	85.11	557.10		22.03
1991	688.91	94.16	570.76		23.99
1992	739.42	114.01	601.11		24.30
1993	851.87	135.85	685.85		30.17
1994	1155.00	206.77	903.01		45.22
1995	1425.16	268.00	1095.89		61.27
1996	1792.25	352.07	1367.11		73.07
1997	2037.06	459.97	1508.55		68.54
1998	2064.85	613.10	1383.34		68.41
1999	2147.18	695.62	1372.68		78.88
2000	2197.2	789.7	1329.1	20.7	57.6
2001	2299.5	840.1	1371.1	23.2	65.1
2002	2397.9	914.3	1376.7	29.0	77.9
2003	2532.9	988.4	1427.2	32.3	85.0
2004	2837.8	1081.2	1614.6	41.9	100.1
2005	3117.7	1228.8	1713.4	42.1	133.6
2006	3389.8	1449.7	1743.5	42.5	154.2
2007	3904.3	1712.3	1963.9	39.9	188.1
2008	4512.5	1990.5	2196.6	57.1	268.3
2009	4910.0	2234.0	2257.3	81.2	337.5
2010	5622.0	2655.6	2463.9	101.6	400.9
2011	6567.1	3240.8	2725.2	112.2	488.9
2012	7440.2	3847.6	2903.2	112.8	576.6
2013	9028.6	3671.6	3255.5	130.7	1970.7
2014	10060.2	4088.1	3638.9	165.6	2167.5
2015	10992.5	4515.2	3911.7	174.1	2391.5
2016	11930.4	4946.2	4138.6	143.1	2702.5
2017	12935.8	5340.8	4368.9	148.2	3077.9
2018	14092.5	5769.3	4785.7	179.3	3358.2
2019	15394.8	6224.0	5268.3	208.8	3693.6
2020	16584.6	6569.6	5804.0	231.7	3979.3
2021	18295.2	7165.0	6530.2	261.5	4338.5

注:从2013年开始收入指标改为可支配收入,口径与纯收入有所变化。主要变化是参与平均的人口由家庭户籍人口改为家庭常住人口。

历年农村居民生活消费分类支出

单位:元

年份	生活消费支出	食品烟酒	衣着	居住	生活用品及服务	交通通信	教育文化娱乐	医疗保健	其他用品和服务
1978	140.07	97.93	14.29	18.15					
1980	192.85	127.91	20.46	27.29	3.05	0.51	7.54	3.15	2.94
1981	207.59	135.98	23.06	27.85					
1982	248.69	164.02	24.74	35.83					
1983	273.86	175.62	26.71	41.77	16.27	1.29	6.38	4.70	1.12
1984	293.19	191.19	28.81	41.51	16.15	1.62	7.03	5.53	1.33
1985	348.45	219.57	33.77	50.96	15.69	6.63	11.92	7.49	2.42
1986	386.35	229.13	36.47	66.81	23.92	2.65	16.08	8.33	2.96
1987	434.75	248.06	36.93	79.33	29.70	3.08	22.97	10.68	4.00
1988	480.75	269.77	38.69	88.38	33.00	3.86	31.52	11.61	3.92
1989	516.29	293.98	39.64	87.67	33.53	4.64	37.05	16.14	3.64
1990	608.73	390.73	37.29	82.75	28.62	8.83	39.18	18.29	3.04
1991	655.54	412.63	42.87	92.29	34.67	6.79	41.14	20.56	4.59
1992	707.29	442.56	43.51	98.80	35.92	8.23	52.59	22.69	3.49
1993	816.55	498.95	45.40	108.07	40.13	16.14	74.16	24.37	9.33
1994	1088.73	665.72	61.23	148.63	50.39	21.59	98.91	29.28	12.98
1995	1367.30	823.91	73.51	192.42	68.79	26.29	128.84	35.78	17.75
1996	1736.71	1025.32	96.04	229.74	84.74	38.70	176.96	58.66	26.55
1997	1821.13	1081.60	90.53	241.93	84.24	46.30	187.99	58.26	30.29
1998	1889.18	1107.23	91.45	251.73	85.69	45.90	206.60	61.69	38.88
1999	1920.15	1122.96	82.65	267.92	79.73	60.24	207.67	62.13	36.86
2000	1942.9	1053.4	89.8	251.9	78.1	99.4	222.5	82.2	65.7
2001	1990.3	1053.2	93.4	268.7	80.8	102.4	234.4	95.7	61.8
2002	2068.7	1086.1	97.9	271.3	84.8	118.6	248.6	102.8	58.7
2003	2139.2	1111.3	106.2	272.0	79.6	146.9	270.5	105.2	47.5
2004	2472.3	1338.7	112.4	293.2	92.4	174.5	280.0	124.1	57.1
2005	2756.4	1433.0	127.9	307.3	114.3	219.0	329.3	168.2	57.5
2006	3013.1	1463.3	137.7	420.8	129.8	249.6	341.7	196.5	73.6
2007	3377.4	1675.2	161.8	508.3	152.6	278.8	293.9	220.0	86.9
2008	3805.0	1947.5	169.1	629.8	171.1	286.0	278.7	244.2	78.7
2009	4020.9	1967.5	182.5	691.6	203.7	341.3	291.0	258.1	85.3
2010	4310.4	2087.9	209.9	719.2	243.9	343.8	315.9	293.6	96.2
2011	5179.4	2343.1	260.4	969.7	330.7	421.7	346.6	396.5	110.6
2012	5870.1	2574.8	318.0	1088.2	373.5	481.6	400.2	497.2	136.6
2013	7832.6	2708.9	403.1	1764.6	511.6	798.8	733.8	747.1	164.6
2014	9024.8	3095.2	468.0	1982.4	541.9	871.9	1112.1	771.4	181.9
2015	9690.6	3188.9	494.5	2191.0	604.7	920.2	1276.4	844.1	170.7
2016	10629.9	3370.7	508.3	2369.4	639.9	1083.1	1477.3	986.5	194.6
2017	11533.6	3521.2	527.2	2562.5	642.8	1234.5	1710.2	1171.8	163.4
2018	12720.5	3713.9	624.1	2920.6	756.8	1449.7	1678.6	1385.5	191.4
2019	13968.8	4024.9	674.9	3152.9	787.7	1642.9	1851.0	1614.5	220.1
2020	14974.0	4635.9	674.4	3367.0	853.0	1730.5	1783.8	1706.6	222.6
2021	16950.7	5254.1	767.9	3764.4	965.5	1921.0	2212.1	1827.5	238.2

注:从 2013 年开始支出口径有所变化。

历年各种物价总指数

年 份	居民消费价格指数	商品零售价格指数	农产品生产者价格指数	工业生产者购进价格指数	工业品出厂价格指数
上年＝100					
1985	110.9	111.1	111.6		
1986	105.3	104.8	105.7		
1987	109.8	110.6	110.2		
1988	125.6	125.9	123.1		
1989	118.2	118.1	106.8	122.5	118.1
1990	100.4	99.4	94.1	103.3	100.6
1991	104.4	104.1	94.3	110.4	104.7
1992	110.7	109.5	99.1	116.2	111.1
1993	116.8	115.1	114.7	139.7	128.9
1994	125.3	124.5	114.1	119.6	117.6
1995	119.0	115.5	117.2	117.6	121.4
1996	107.7	105.2	104.9	105.7	105.6
1997	102.8	100.3	95.3	100.1	99.2
1998	100.2	97.9	90.4	94.8	95.9
1999	100.5	97.6	91.1	96.2	98.5
2000	101.4	99.3	96.8	106.7	102.9
2001	99.1	98.8	100.9	101.1	99.8
2002	99.5	99.2	99.9	99.3	99.2
2003	102.4	100.6	106.8	106.7	102.6
2004	105.1	103.9	127.3	114.4	108.0
2005	102.3	102.3	99.5	109.4	106.0
2006	101.4	101.3	100.7	106.5	104.3
2007	105.6	104.3	130.6	106.1	106.1
2008	106.0	105.6	126.7	112.0	109.3
2009	99.6	98.5	90.6	92.6	94.3
2010	103.1	103.1	109.9	110.0	106.9
2011	105.5	105.5	121.9	110.8	108.5
2012	102.0	101.7	100.2	100.1	99.1
2013	102.5	101.7	102.1	98.4	98.5
2014	101.9	101.2	98.6	97.9	98.4
2015	101.4	99.9	104.1	94.5	96.3
2016	101.9	101.0	104.7	98.0	98.9
2017	101.4	101.3	98.0	107.2	105.8
2018	102.0	102.3	95.4	103.5	103.2
2019	102.9	102.3	118.0	100.2	99.6
2020	102.3	101.3	123.3	98.9	99.0
2021	100.5	101.6	90.1	108.1	105.9

续表

年　份	居民消费价格指数	商品零售价格指数	农产品生产者价格指数	工业生产者购进价格指数	工业品出厂价格指数
1978 年＝100					
1985	143.6	137.1	190.3		
1986	151.2	143.7	201.1		
1987	166.0	158.9	221.6		
1988	208.5	200.1	272.8		
1989	246.4	236.3	291.4	122.5	118.1
1990	247.4	234.9	274.2	126.5	118.8
1991	258.3	244.5	258.6	139.7	124.4
1992	285.9	267.7	256.3	162.3	138.2
1993	333.9	308.2	294.0	226.7	178.1
1994	418.4	383.6	335.5	271.1	209.4
1995	497.9	443.1	393.2	318.8	254.2
1996	536.2	466.1	412.5	337.0	268.4
1997	551.2	467.5	393.1	337.3	266.3
1998	552.3	457.7	355.4	319.8	255.4
1999	555.1	446.7	323.8	307.6	251.6
2000	562.9	443.6	313.4	328.2	258.9
2001	557.8	438.3	316.2	331.8	258.4
2002	555.0	434.8	315.9	329.5	256.3
2003	568.3	437.4	337.4	351.6	263.0
2004	597.3	454.5	429.5	402.2	284.0
2005	611.0	465.0	427.4	440.0	301.0
2006	619.6	471.0	430.4	468.6	313.9
2007	654.3	491.3	562.1	497.2	333.0
2008	693.6	518.8	712.2	556.9	364.0
2009	690.8	511.0	645.3	515.7	343.3
2010	712.2	526.8	654.3	567.3	367.0
2011	751.4	555.8	797.6	628.6	398.2
2012	766.4	565.2	799.2	629.2	394.6
2013	785.6	574.8	816.0	619.1	388.7
2014	800.5	581.7	804.6	606.1	382.5
2015	811.7	581.1	837.6	572.8	368.3
2016	827.1	586.9	877.0	561.3	364.3
2017	838.9	594.2	859.4	601.7	385.4
2018	855.4	607.7	819.9	622.8	397.7
2019	880.2	621.7	967.5	624.0	396.1
2020	900.4	629.8	1086.5	617.1	392.1
2021	904.9	639.9	978.9	667.1	415.3

注：主要原材料、燃料、动力购进价格指数和工业品出厂价格指数以 1988 年为 100。

居民消费价格分类指数(2021 年)

上年＝100

类　　别	合计	城镇	农村
居民消费价格指数	**100.5**	**100.7**	**100.0**
服务项目价格指数	100.8	100.9	100.6
工业品价格指数	102.3	102.4	102.3
消费品价格指数	100.3	100.6	99.5
扣除食品和能源价格指数	100.8	100.9	100.6
食品烟酒	98.0	98.6	96.7
食品	96.6	97.1	95.4
粮食	102.1	102.6	101.2
薯类	99.5	101.1	92.9
豆类	104.3	104.0	105.1
食用油	102.3	103.5	100.2
菜及食用菌	104.0	104.4	102.9
畜肉类	78.0	79.2	75.8
禽肉类	97.7	97.0	99.6
水产品	116.8	114.6	122.4
蛋类	105.7	105.2	106.8
奶类	100.8	100.7	100.8
干鲜瓜果类	102.8	103.0	102.0
糖果糕点类	100.8	100.8	100.7
调味品	101.4	100.8	102.1
其他食品类	100.5	100.6	100.2
茶及饮料	100.4	100.3	100.6
烟酒	102.3	103.4	100.2
在外餐饮	100.6	100.8	99.9
衣着	100.7	100.8	100.4
服装	100.7	100.8	100.3
鞋类	101.0	101.2	100.5
居住	101.2	101.1	101.2
租赁房房租	101.6	101.7	100.8
住房保养维修及管理	101.1	101.0	101.4
水电燃料	101.1	100.9	101.4
自有住房	101.2	101.2	101.1
生活用品及服务	100.3	100.3	100.2
家具及室内装饰品	100.5	100.8	99.7
家用器具	101.1	101.0	101.2
家用纺织品	100.3	100.3	100.3
家庭日用杂品	99.9	100.0	99.6
个人护理用品	99.1	99.0	99.5
家庭服务	100.8	100.9	100.4
交通通信	104.8	105.0	104.3
交通	106.0	106.2	105.5
通信	100.6	100.5	100.7
教育文化娱乐	101.0	101.1	100.8
教育	101.1	101.0	101.1
文化娱乐	101.0	101.3	99.8
医疗保健	100.7	100.9	100.4
药品及医疗器具	101.0	100.9	101.0
医疗服务	100.7	100.9	100.3
其他用品和服务	97.9	97.8	98.2
其他用品类	99.4	99.4	99.6
其他服务类	96.4	96.5	96.3

历年粮食播种面积

单位：千公顷

年　份	粮食	稻谷	早稻	中稻	晚稻
1983	5423.2	4418.9	1895.0	509.7	2014.2
1984	5390.9	4401.1	1885.4	507.0	2008.7
1985	5161.4	4246.5	1825.1	495.0	1926.4
1986	5210.4	4327.6	1838.3	499.4	1989.9
1987	5150.9	4255.1	1779.5	508.4	1967.2
1988	5196.3	4293.7	1803.9	505.7	1984.1
1989	5330.5	4354.1	1827.8	497.8	2028.5
1990	5365.7	4370.5	1844.1	484.3	2042.1
1991	5365.2	4298.1	1813.3	512.0	1972.8
1992	5243.6	4188.0	1741.0	477.5	1969.5
1993	5050.5	4025.9	1618.0	516.9	1891.0
1994	5077.4	4040.7	1633.8	525.1	1881.8
1995	5115.6	4084.1	1675.6	510.2	1898.3
1996	5133.9	4064.1	1669.3	513.7	1881.1
1997	5155.3	4075.8	1651.2	515.0	1909.6
1998	5074.8	3976.4	1610.1	538.1	1828.2
1999	5135.2	3984.5	1571.1	585.4	1828.0
2000	5029.9	3896.1	1515.8	632.1	1748.2
2001	4802.8	3691.6	1361.1	707.4	1623.1
2002	4652.6	3541.5	1224.5	812.5	1504.5
2003	4529.8	3410.0	1173.3	834.5	1402.1
2004	4754.1	3716.8	1288.3	1061.8	1366.7
2005	4838.6	3795.2	1324.4	1068.6	1402.2
2006	4545.4	3931.7	1355.9	1156.3	1419.5
2007	4539.7	3915.1	1303.6	1232.1	1379.5
2008	4607.1	3968.3	1306.6	1258.3	1403.4
2009	4827.2	4103.4	1399.8	1225.3	1478.3
2010	4847.8	4105.2	1385.7	1251.2	1468.3
2011	4932.2	4160.8	1427.7	1245.6	1487.4
2012	4975.3	4209.6	1464.5	1216.5	1528.5
2013	5010.0	4218.5	1494.0	1210.1	1514.5
2014	5065.6	4275.0	1507.7	1217.6	1549.6
2015	5053.7	4287.8	1505.9	1228.3	1553.6
2016	5010.7	4277.6	1487.3	1263.0	1527.3
2017	4978.9	4238.7	1448.2	1291.3	1499.2
2018	4747.9	4009.0	1238.2	1472.5	1298.3
2019	4616.4	3855.2	1094.6	1602.1	1158.5
2020	4754.8	3993.9	1225.7	1476.1	1292.0
2021	4758.4	3971.1	1219.6	1479.2	1272.3

注：2004年起为抽样调查数，2006、2007年为农普口径修正数。根据第三次全国农业普查结果对2007—2017年粮食播种面积及产量进行了修正。

续表

单位:万亩

年 份	粮食	稻谷	早稻	中稻	晚稻
1983	8134.8	6628.4	2842.5	764.6	3021.3
1984	8086.4	6601.7	2828.1	760.5	3013.1
1985	7742.1	6369.8	2737.7	742.5	2889.6
1986	7815.6	6491.4	2757.5	749.1	2984.9
1987	7726.4	6382.7	2669.3	762.6	2950.8
1988	7794.5	6440.6	2705.9	758.6	2976.2
1989	7995.8	6531.2	2741.7	746.7	3042.8
1990	8048.6	6555.8	2766.2	726.5	3063.2
1991	8047.8	6447.2	2720.0	768.0	2959.2
1992	7865.4	6282.0	2611.5	716.3	2954.3
1993	7575.8	6038.9	2427.0	775.4	2836.5
1994	7616.1	6061.1	2450.7	787.7	2822.7
1995	7673.4	6126.2	2513.4	765.3	2847.5
1996	7700.9	6096.2	2504.0	770.6	2821.7
1997	7733.0	6113.7	2476.8	772.5	2864.4
1998	7612.2	5964.6	2415.2	807.2	2742.3
1999	7702.8	5976.8	2356.7	878.1	2742.0
2000	7544.9	5844.2	2273.7	948.2	2622.3
2001	7204.2	5537.4	2041.7	1061.1	2434.7
2002	6978.9	5312.3	1836.8	1218.8	2256.8
2003	6794.7	5115.0	1760.0	1251.8	2103.2
2004	7131.2	5575.2	1932.5	1592.7	2050.1
2005	7257.9	5692.8	1986.6	1602.9	2103.3
2006	6818.1	5897.6	2033.9	1734.5	2129.3
2007	6809.5	5872.7	1955.4	1848.1	2069.3
2008	6910.6	5952.4	1959.8	1887.5	2105.1
2009	7240.8	6155.1	2099.7	1837.9	2217.5
2010	7271.8	6157.9	2078.6	1876.8	2202.5
2011	7398.3	6241.2	2141.6	1868.4	2231.2
2012	7462.9	6314.3	2196.8	1824.8	2292.8
2013	7515.0	6327.8	2240.9	1815.2	2271.7
2014	7598.5	6412.4	2261.6	1826.4	2324.4
2015	7580.5	6431.6	2258.8	1842.4	2330.4
2016	7516.0	6416.4	2231.0	1894.5	2291.0
2017	7468.4	6358.1	2172.3	1936.9	2248.8
2018	7121.9	6013.5	1857.3	2208.8	1947.5
2019	6924.6	5782.8	1641.9	2403.2	1737.8
2020	7132.1	5990.8	1838.6	2214.2	1938.0
2021	7137.6	5956.7	1829.4	2218.8	1908.5

历年粮食产量

单位：万吨

年份	粮食	稻谷			
			早稻	中稻	晚稻
1983	2654.0	2458.1	1038.4	280.5	1139.2
1984	2613.0	2416.5	1069.0	280.8	1066.7
1985	2514.3	2338.8	991.7	247.3	1099.8
1986	2631.6	2464.4	1050.6	289.2	1124.6
1987	2593.7	2414.2	948.7	302.3	1163.2
1988	2519.8	2343.9	987.8	258.5	1097.6
1989	2648.2	2445.2	994.2	307.7	1143.3
1990	2651.4	2468.2	1033.5	302.4	1132.3
1991	2682.0	2473.3	957.5	314.1	1201.7
1992	2620.1	2423.1	916.1	305.0	1202.0
1993	2570.2	2343.5	825.7	324.8	1193.0
1994	2661.0	2414.9	903.5	350.6	1160.8
1995	2691.6	2438.5	854.7	336.8	1247.0
1996	2701.6	2418.6	854.6	344.2	1219.8
1997	2801.9	2495.8	945.2	359.6	1191.0
1998	2647.9	2345.1	830.6	357.1	1157.4
1999	2725.4	2360.6	817.5	404.4	1138.7
2000	2767.6	2392.5	877.6	436.1	1078.8
2001	2700.3	2328.9	783.2	478.4	1067.3
2002	2501.3	2119.2	627.8	590.8	900.6
2003	2442.7	2070.2	621.2	637.9	811.1
2004	2640.0	2285.5	716.4	720.0	849.1
2005	2678.6	2296.2	734.4	723.8	838.0
2006	2654.2	2414.5	747.6	782.0	884.9
2007	2698.5	2435.3	743.0	833.5	858.8
2008	2822.2	2551.3	774.1	890.9	886.3
2009	2928.8	2614.3	821.0	862.0	931.3
2010	2881.6	2551.8	779.5	867.1	905.2
2011	2983.6	2634.2	824.5	883.8	925.9
2012	3061.9	2704.3	841.6	881.4	981.3
2013	2989.5	2645.3	888.5	795.6	961.2
2014	3078.9	2732.7	886.8	847.1	998.8
2015	3094.2	2756.8	895.2	857.7	1003.9
2016	3052.3	2724.6	873.5	871.4	979.8
2017	3073.6	2740.4	846.5	932.6	961.3
2018	3022.9	2674.0	755.5	1086.7	831.8
2019	2974.8	2611.5	661.4	1206.8	743.3
2020	3015.1	2638.9	718.7	1110.2	810.0
2021	3074.4	2683.1	743.8	1122.2	817.1

注：粮食产量1988年起为抽样调查数。2006、2007年为农普口径修正数。

续表

单位:亿斤

年 份	粮食	稻谷	早稻	中稻	晚稻
1983	530.8	491.6	207.7	56.1	227.8
1984	522.6	483.3	213.8	56.2	213.3
1985	502.9	467.8	198.3	49.5	220.0
1986	526.3	492.9	210.1	57.8	224.9
1987	518.7	482.8	189.7	60.5	232.6
1988	504.0	468.8	197.6	51.7	219.5
1989	529.6	489.0	198.8	61.5	228.7
1990	530.3	493.6	206.7	60.5	226.5
1991	536.4	494.7	191.5	62.8	240.3
1992	524.0	484.6	183.2	61.0	240.4
1993	514.0	468.7	165.1	65.0	238.6
1994	532.2	483.0	180.7	70.1	232.2
1995	538.3	487.7	170.9	67.4	249.4
1996	540.3	483.7	170.9	68.8	244.0
1997	560.4	499.2	189.0	71.9	238.2
1998	529.6	469.0	166.1	71.4	231.5
1999	545.1	472.1	163.5	80.9	227.7
2000	553.5	478.5	175.5	87.2	215.8
2001	540.1	465.8	156.6	95.7	213.5
2002	500.3	423.8	125.6	118.2	180.1
2003	488.5	414.0	124.2	127.6	162.2
2004	528.0	457.1	143.3	144.0	169.8
2005	535.7	459.2	146.9	144.8	167.6
2006	530.8	482.9	149.5	156.4	177.0
2007	539.7	487.1	148.6	166.7	171.8
2008	564.4	510.3	154.8	178.2	177.3
2009	585.8	522.9	164.2	172.4	186.3
2010	576.3	510.4	155.9	173.4	181.0
2011	596.7	526.8	164.9	176.8	185.2
2012	612.4	540.9	168.3	176.3	196.3
2013	597.9	529.1	177.7	159.1	192.2
2014	615.8	546.5	177.4	169.4	199.8
2015	618.8	551.4	179.0	171.5	200.8
2016	610.5	544.9	174.7	174.3	196.0
2017	614.7	548.1	169.3	186.5	192.3
2018	604.6	534.8	151.1	217.3	166.4
2019	595.0	522.3	132.3	241.4	148.7
2020	603.0	527.8	143.7	222.0	162.0
2021	614.9	536.6	148.8	224.4	163.4

历年畜禽出栏量

年 份	生猪(万头)	牛(万头)	羊(万头)	禽(万只)
1983	1850.1	11.9	27.6	
1984	2128.9	10.1	28.8	
1985	2296.6	9.3	30.1	8458.6
1986	2471.8	9.9	28.5	9453.9
1987	2657.4	11.7	30.3	10255.8
1988	2813.7	15.3	32.6	10548.9
1989	2866.5	15.8	35.2	11384.5
1990	3092.1	16.3	35.3	11832.6
1991	3247.9	20.2	42.9	12607.1
1992	3536.3	26.5	50.1	14187.4
1993	3813.2	33.4	71.0	15872.9
1994	4372.6	43.5	101.5	18441.2
1995	5001.7	58.0	157.9	23198.2
1996	4387.5	87.0	319.1	28315.8
1997	5127.0	96.5	291.1	31458.2
1998	5467.3	109.0	331.3	35703.4
1999	5385.3	118.8	354.2	27967.5
2000	5491.3	128.1	397.1	30448.9
2001	5540.5	125.0	435.2	32672.0
2002	5653.1	146.8	526.0	35286.0
2003	5905.8	148.3	604.9	41497.0
2004	6088.7	154.6	662.1	42816.6
2005	6176.3	167.4	763.4	39209.8
2006	5126.9	121.7	638.9	32867.8
2007	4822.4	125.0	661.8	32806.7
2008	5165.2	125.2	682.1	34779.9
2009	5528.1	132.0	722.7	36895.8
2010	5750.4	134.1	711.6	38377.1
2011	5608.7	128.9	700.6	39292.2
2012	5920.4	131.1	720.7	41686.0
2013	5951.0	136.8	757.9	41324.9
2014	6279.0	139.1	795.4	40089.6
2015	6141.7	142.5	840.0	41528.0
2016	5990.8	143.4	888.5	42732.9
2017	6116.3	147.0	901.8	42263.8
2018	5993.7	152.7	911.0	42476.7
2019	4812.9	162.5	971.5	51057.0
2020	4658.9	174.6	983.3	54403.6
2021	6121.8	180.7	1064.1	54025.2

历年畜禽存栏量

年 份	生猪（万头）	能繁母猪（万头）	牛（万头）	羊（万头）	禽（万只）
1983	2233.0	166.2	323.5	69.8	
1984	2337.1	157.4	334.7	63.9	
1985	2441.7	177.5	349.1	55.7	
1986	2596.9	208.5	364.7	58.0	
1987	2647.8	185.5	378.6	63.4	
1988	2694.4	188.4	383.8	63.8	
1989	2727.6	195.3	392.4	68.6	
1990	2798.3	204.6	399.2	66.5	
1991	2837.5	197.7	404.9	71.4	
1992	2912.1	218.9	411.6	79.4	
1993	3016.1	257.0	414.7	109.2	
1994	3171.8	260.3	420.5	140.0	
1995	3391.1	275.5	430.5	214.8	
1996	3008.0	247.1	469.4	390.2	
1997	3401.0	288.8	481.9	345.3	
1998	3492.2	280.7	489.0	336.6	
1999	3422.4	275.1	493.9	349.5	
2000	3583.8	360.2	504.8	375.2	
2001	3604.3	378.3	507.9	387.9	
2002	3908.5	394.4	534.0	483.0	22364.0
2003	4108.7	415.4	556.2	588.4	28611.0
2004	4343.4	430.2	583.6	671.1	26986.6
2005	4435.0	421.0	591.3	711.3	24949.1
2006	3452.5	349.2	405.7	499.1	24346.5
2007	3776.4	403.9	399.6	511.9	26103.1
2008	3924.5	425.4	399.5	523.9	26890.1
2009	4047.0	435.1	414.3	553.8	27111.6
2010	4063.9	433.1	401.7	552.7	27278.2
2011	4182.7	442.3	385.0	567.3	27583.5
2012	4275.5	443.9	381.8	565.6	29048.3
2013	4130.7	449.5	385.0	590.6	29950.4
2014	4227.8	442.3	389.2	622.1	31060.1
2015	4122.7	417.1	393.9	655.4	32147.1
2016	3983.1	398.7	374.1	648.1	33148.4
2017	3968.1	396.0	379.4	661.7	33012.8
2018	3822.0	378.7	385.4	668.3	32616.0
2019	2698.3	248.0	410.4	712.2	36333.2
2020	3734.6	351.6	438.1	433.3	37688.5
2021	4202.0	368.1	435.1	775.1	37456.1

注：生猪 2000 年起为抽样调查数，牛 2001 年起为抽样调查数，1997 年起禽为农普衔接数，2006—2016 年猪牛羊禽数据为三农普衔接数。

历年畜禽产品产量

单位:万吨

年　份	猪肉	牛肉	羊肉	禽肉	牛奶	禽蛋
1983	103.6	0.8	0.3		10.2	18.1
1984	124.0	0.7	0.3		11.2	23.2
1985	137.5	0.7	0.3	9.3	10.3	24.4
1986	154.8	0.8	0.3	10.6	10.0	23.5
1987	162.6	0.9	0.3	11.5	11.1	22.6
1988	176.9	1.4	0.4	12.0	10.3	26.0
1989	178.8	1.3	0.4	13.4	10.0	26.3
1990	187.7	1.4	0.4	14.0	10.5	27.9
1991	197.0	1.9	0.5	15.2	11.8	29.1
1992	211.1	2.3	0.6	16.6	12.0	31.1
1993	233.7	3.0	0.8	19.4	11.5	33.6
1994	267.1	3.9	1.2	22.8	8.7	36.3
1995	310.1	5.3	1.9	28.0	8.2	46.6
1996	286.9	8.5	4.4		6.0	58.8
1997	343.5	10.8	4.2	33.6	7.7	44.5
1998	365.0	11.7	5.1	40.6	8.0	47.3
1999	364.9	13.0	5.4	42.6	10.3	49.6
2000	371.8	13.5	6.1	43.2	10.5	52.3
2001	389.8	13.2	6.7	46.4	18.5	54.7
2002	396.9	15.9	8.1	50.1	3.0	62.7
2003	419.3	16.1	9.4	57.3	5.2	64.6
2004	429.1	16.8	10.1	58.9	6.6	88.1
2005	437.0	18.2	11.6	54.2	6.9	92.1
2006	365.8	13.8	9.6	45.2	6.7	78.3
2007	348.9	14.3	10.5	47.0	4.8	85.6
2008	381.1	14.4	11.1	50.0	4.8	87.6
2009	396.8	14.8	11.7	52.3	4.8	89.0
2010	414.3	15.1	11.5	53.3	4.9	91.8
2011	408.5	14.7	11.3	54.7	5.1	93.6
2012	430.6	15.0	11.6	58.3	5.4	95.3
2013	434.2	16.0	12.3	57.5	5.6	95.7
2014	462.4	16.3	13.1	56.0	5.9	98.0
2015	452.8	16.8	13.9	58.1	6.1	101.6
2016	439.9	16.9	14.7	60.0	6.4	104.8
2017	449.6	17.0	14.9	59.2	6.1	103.2
2018	446.8	17.9	14.9	59.7	6.2	105.4
2019	348.5	19.0	15.9	73.4	6.3	114.7
2020	337.7	20.5	16.1	78.2	5.6	118.8
2021	443.1	21.3	17.5	77.8	5.7	117.9

注:生猪2000年起为抽样调查数,牛2001年起为抽样调查数,1997年起禽为农普衔接数,2006—2016年猪牛羊禽数据为三农普衔接数。

各省(区、市)人均可支配收入(新口径)(2021年)

单位:元

地 区	全体居民			城镇常住居民			农村常住居民		
	2021	2020	增速(%)	2021	2020	增速(%)	2021	2020	增速(%)
全 国	**35128**	**32189**	**9.1**	**47412**	**43834**	**8.2**	**18931**	**17131**	**10.5**
北 京	75002	69434	8.0	81518	75602	7.8	33303	30126	10.5
天 津	47449	43854	8.2	51486	47659	8.0	27955	25691	8.8
河 北	29383	27136	8.3	39791	37286	6.7	18179	16467	10.4
山 西	27426	25214	8.8	37433	34793	7.6	15308	13878	10.3
内蒙古	34108	31497	8.3	44377	41353	7.3	18337	16567	10.7
辽 宁	35112	32738	7.2	43051	40376	6.6	19217	17450	10.1
吉 林	27770	25751	7.8	35646	33396	6.7	17642	16067	9.8
黑龙江	27159	24902	9.1	33646	31115	8.1	17888	16168	10.6
上 海	78027	72232	8.0	82429	76437	7.8	38521	34911	10.3
江 苏	47498	43390	9.5	57743	53102	8.7	26791	24198	10.7
浙 江	57541	52397	9.8	68487	62699	9.2	35247	31930	10.4
安 徽	30904	28103	10.0	43009	39442	9.0	18368	16620	10.5
福 建	40659	37202	9.3	51140	47160	8.4	23229	20880	11.2
江 西	30610	28017	9.3	41684	38556	8.1	18684	16981	10.0
山 东	35705	32886	8.6	47066	43726	7.6	20794	18753	10.9
河 南	26811	24810	8.1	37095	34750	6.7	17533	16108	8.8
湖 北	30829	27881	10.6	40278	36706	9.7	18259	16306	12.0
湖 南	31993	29380	8.9	44866	41698	7.6	18295	16585	10.3
广 东	44993	41029	9.7	54854	50257	9.1	22306	20143	10.7
广 西	26727	24562	8.8	38530	35859	7.4	16363	14815	10.4
海 南	30457	27904	9.1	40213	37097	8.4	18076	16279	11.0
重 庆	33803	30824	9.7	43502	40006	8.7	18100	16361	10.6
四 川	29080	26522	9.6	41444	38253	8.3	17575	15929	10.3
贵 州	23996	21795	10.1	39211	36096	8.6	12856	11642	10.4
云 南	25666	23295	10.2	40905	37500	9.1	14197	12842	10.6
西 藏	24950	21744	14.7	46503	41156	13.0	16935	14598	16.0
陕 西	28568	26226	8.9	40713	37868	7.5	14745	13316	10.7
甘 肃	22066	20335	8.5	36187	33822	7.0	11433	10344	10.5
青 海	25919	24037	7.8	37745	35506	6.3	13604	12342	10.2
宁 夏	27904	25735	8.4	38291	35720	7.2	15337	13889	10.4
新 疆	26075	23845	9.4	37642	34838	8.0	15575	14056	10.8

各省(区、市)人均消费支出(新口径)(2021年)

单位:元

地区	全体居民			城镇常住居民			农村常住居民		
	2021	2020	增速(%)	2021	2020	增速(%)	2021	2020	增速(%)
全国	**24100**	**21210**	**13.6**	**30307**	**27007**	**12.2**	**15916**	**13713**	**16.1**
北京	43640	38903	12.2	46776	41726	12.1	23574	20913	12.7
天津	33188	28461	16.6	36067	30895	16.7	19285	16844	14.5
河北	19954	18037	10.6	24192	23167	4.4	15391	12644	21.7
山西	17191	15733	9.3	21965	20332	8.0	11410	10290	10.9
内蒙古	22658	19794	14.5	27194	23888	13.8	15691	13594	15.4
辽宁	23831	20672	15.3	28438	24849	14.4	14606	12311	18.6
吉林	19605	17318	13.2	24421	21623	12.9	13411	11864	13.0
黑龙江	20636	17056	21.0	24422	20397	19.7	15225	12360	23.2
上海	48879	42536	14.9	51295	44839	14.4	27205	22095	23.1
江苏	31451	26225	19.9	36558	30882	18.4	21130	17022	24.1
浙江	36668	31295	17.2	42193	36197	16.6	25415	21555	17.9
安徽	21911	18877	16.1	26495	22683	16.8	17163	15024	14.2
福建	28440	25126	13.2	33942	30487	11.3	19290	16339	18.1
江西	20290	17955	13.0	24587	22134	11.1	15663	13579	15.3
山东	22821	20940	9.0	29314	27291	7.4	14299	12660	12.9
河南	18391	16143	13.9	23178	20645	12.3	14073	12201	15.3
湖北	23846	19246	23.9	28506	22885	24.6	17647	14472	21.9
湖南	22798	20998	8.6	28294	26796	5.6	16951	14974	13.2
广东	31589	28492	10.9	36621	33511	9.3	20012	17132	16.8
广西	18088	16357	10.6	22555	20907	7.9	14165	12431	14.0
海南	22242	18972	17.2	27565	23560	17.0	15487	13169	17.6
重庆	24598	21678	13.5	29850	26464	12.8	16096	14140	13.8
四川	21518	19783	8.8	26971	25133	7.3	16444	14953	10.0
贵州	17957	14874	20.7	25333	20587	23.1	12557	10818	16.1
云南	18851	16792	12.3	27441	24569	11.7	12386	11069	11.9
西藏	15342	13225	16.0	28159	24927	13.0	10577	8917	18.6
陕西	19347	17418	11.1	24784	22866	8.4	13158	11376	15.7
甘肃	17456	16175	7.9	25757	24615	4.6	11206	9923	12.9
青海	19020	18284	4.0	24513	24315	0.8	13300	12134	9.6
宁夏	20024	17506	14.4	25386	22379	13.4	13536	11724	15.5
新疆	18961	16512	14.8	25724	22952	12.1	12821	10778	19.0

各省(区、市)居民消费和商品零售价格指数(2021年)

上年同期=100

地　区	居民消费价格指数	商品零售价格指数
全　国	**100.9**	**101.6**
北　京	101.1	101.7
天　津	101.3	101.5
河　北	101.0	101.9
山　西	101.0	102.7
内蒙古	100.9	103.8
辽　宁	101.1	101.9
吉　林	100.6	101.8
黑龙江	100.6	101.6
上　海	101.2	101.3
江　苏	101.6	102.3
浙　江	101.5	102.2
安　徽	100.9	101.6
福　建	100.7	101.1
江　西	100.9	101.2
山　东	101.2	101.4
河　南	100.9	101.5
湖　北	100.3	101.2
湖　南	100.5	101.6
广　东	100.8	101.4
广　西	100.9	101.1
海　南	100.3	101.3
重　庆	100.3	101.4
四　川	100.3	101.4
贵　州	100.1	101.2
云　南	100.2	101.4
西　藏	100.9	101.5
陕　西	101.5	101.6
甘　肃	100.9	102.0
青　海	101.3	101.5
宁　夏	101.4	102.0
新　疆	101.2	102.0

各省(区、市)工业生产者出厂与购进价格指数(2021年)

上年同期=100

地　区	工业生产者出厂价格指数	工业生产者购进价格指数
全　国	**108.1**	**111.0**
北　京	101.1	103.7
天　津	110.9	114.7
河　北	116.4	119.8
山　西	130.2	116.3
内蒙古	128.5	128.0
辽　宁	113.6	115.0
吉　林	105.1	106.2
黑龙江	112.3	110.5
上　海	102.1	107.3
江　苏	106.3	113.8
浙　江	106.3	114.5
安　徽	107.7	111.5
福　建	104.9	109.2
江　西	110.5	112.3
山　东	110.3	109.5
河　南	107.8	109.5
湖　北	104.1	108.5
湖　南	105.9	108.1
广　东	103.4	108.0
广　西	108.9	110.7
海　南	113.5	116.5
重　庆	103.2	107.2
四　川	105.9	107.5
贵　州	106.5	112.0
云　南	110.0	108.9
西　藏	101.5	
陕　西	116.9	116.3
甘　肃	116.4	118.1
青　海	114.5	111.5
宁　夏	119.9	120.8
新　疆	119.4	115.0

各省(区、市)主要农作物播种面积和总产量(2021 年)

地　区	粮食(千公顷)	粮食(万吨)
全　国	**117631.5**	**68285.1**
北　京	60.9	37.8
天　津	373.5	249.9
河　北	6428.6	3825.1
山　西	3138.1	1421.2
内蒙古	6884.3	3840.3
辽　宁	3543.6	2538.7
吉　林	5721.3	4039.2
黑龙江	14551.3	7867.7
上　海	117.4	94.0
江　苏	5427.5	3746.1
浙　江	1006.7	620.9
安　徽	7309.6	4087.6
福　建	835.1	506.4
江　西	3772.8	2192.3
山　东	8355.1	5500.7
河　南	10772.3	6544.2
湖　北	4686.0	2764.3
湖　南	4758.4	3074.4
广　东	2213.0	1279.9
广　西	2822.9	1386.5
海　南	271.4	146.0
重　庆	2013.2	1092.8
四　川	6357.7	3582.1
贵　州	2787.7	1094.9
云　南	4191.4	1930.3
西　藏	187.2	106.5
陕　西	3004.3	1270.4
甘　肃	2676.8	1231.5
青　海	302.4	109.1
宁　夏	689.3	368.4
新　疆	2371.7	1735.8

注:以上数据来源于国家统计局 2021 年粮食产量数据的公告。